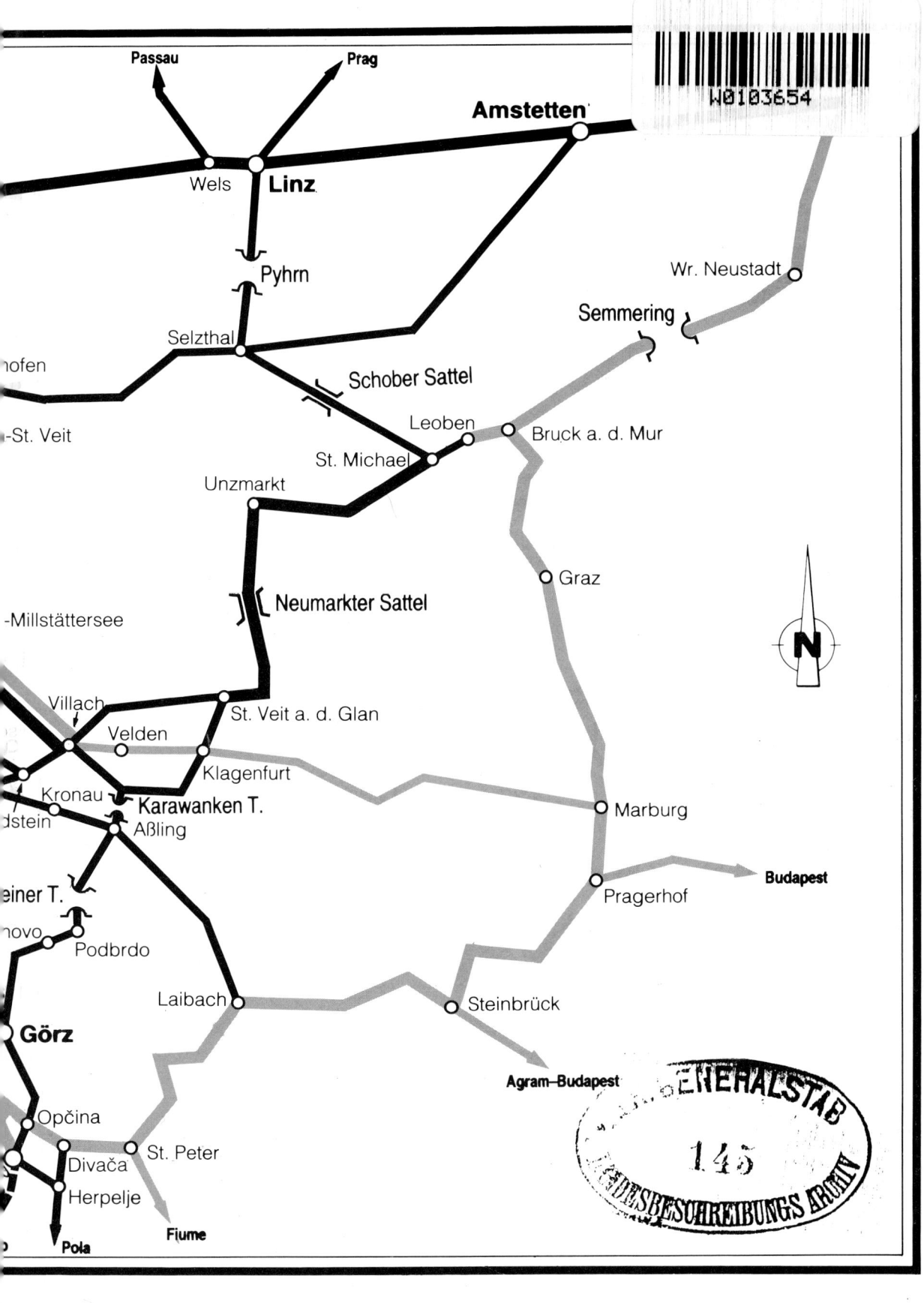

WALTHER SCHAUMANN

Die Bahnen zwischen Ortler und Isonzo 1914 - 1918

Vom Friedensfahrplan zur Kriegsfahrordnung

Der Einsatz der k.u.k. Eisenbahntruppe,
der k.k. Eisenbahner und der
Kaiserlich deutschen Eisenbahnformationen

BOHMANN VERLAG

Umschlagentwurf und Layout: Fritz Kobelhirt

Titelseite: Schienenauto der Betriebsinspektion überholt zwei Truppentransporte in der Ausweiche Temnica der Benzinelektrobahn Dutovlje – Kostanjevica; Isonzofront, Sommer 1916.

ISBN 3 7002 0726 3

© 1991 by Bohmann Druck und Verlag Gesellschaft m.b.H. & Co. KG., Wien.
Alle Rechte vorbehalten. Jede Art der Vervielfältigung, auch auszugsweise, gesetzlich verboten.
Satz und Druck: Bohmann Druck und Verlag Gesellschaft m.b.H. & Co. KG, Wien
Printed in Austria

VORWORT

Wenn man fünf Jahrzehnte hindurch im Sommer und im Winter in den Tälern und Bergen zwischen Ortler und Isonzo unterwegs ist, so begegnet man auch heute noch bis in die Hochregion den Spuren und Überresten des Völkerringens der Jahre 1915–1918. Schützengräben und Kavernen, verfallene alpine Steiganlagen, schwere Betonfundamente einstiger Seilbahnen und von Unkraut überwucherte Bahndämme – dies alles fordert zu einer harten Konfrontation mit einem entscheidenden Abschnitt europäischer Zeitgeschichte heraus, dessen Folgewirkungen zumindest teilweise bis in unsere Gegenwart reichen.

Fast zwangsläufig erhebt sich aus dem persönlichen Erleben des alpinen Geländes und Klimas die Frage, wie unter diesen extremen Bedingungen ein Überleben möglich war, wie man die Probleme der Versorgung löste, um auch entlegenste und höchste Punkte mit dem Lebens- und Kampfbedarf auszustatten.

Im Zuge der einschlägigen Forschungen zeigte sich, daß kaum zusammenfassende Literatur über dieses Thema existiert; dagegen ist jedoch in Archiven und Privatsammlungen eine Vielfalt von Dokumenten und Einzelberichten vorhanden.

Die erste größere Teilerfassung derselben bot die Möglichkeit, in Fachzeitschriften örtlich begrenzte Berichte über diverse Bahn- und Seilbahnbauten im Bereich der Südwestfront zu veröffentlichen. Diesen schlossen sich dann Beiträge über Gesamtmaßnahmen der Versorgung bei größeren taktisch-operativen Operationen an. Schließlich erschien 1971 im Bohmann-Verlag mein inzwischen längst vergriffenes Buch über die Bahnen zwischen Ortler und Piave.

Durch weiteres Quellen- und Archivstudium ergab sich aus einem zeitgeschichtlichen Mosaik eine zusammenfassende Übersicht über Projekte, konkrete Baudurchführungen und den Betrieb auf dem Gebiet des Eisenbahnverkehrs 1914–1918. Diese bildete dann die Grundlage für die Veröffentlichung des vorliegenden Buches.

Eine zeitliche Beschränkung auf die Jahre 1915–1918 an der Südwestfront könnte nur den historisch begrenzten Ablauf der Ereignisse wiedergeben, ohne jedoch jene Voraussetzungen aufzuzeigen, die es ermöglichten, daß mit der Kriegserklärung im Jahre 1914 innerhalb weniger Stunden der schicksalsschwere Schritt vom Frieden zum Krieg vollzogen wurde.

Die Beschreibung der Bahnverbindungen zwischen Österreich-Ungarn und dem Königreich Italien sowie der letzte Friedensfahrplan 1914 sollen dem Leser die Gelegenheit bieten, die weitgespannten internationalen Zugsverbindungen in Europa nachzuvollziehen, ehe diese durch Frontlinien jäh unterbrochen wurden. Mit der Geschichte der k.u.k. Eisenbahnformationen werden die personellen und materiellen Voraussetzungen für die Bewältigung der Probleme des Bahnverkehrs zwischen den Heimatgebieten und den Fronten geschildert.

Das vielseitige Spektrum des Schienenverkehrs in Vergangenheit und Gegenwart ist zugleich eines der empfindlichsten Barometer, das nicht nur innenpolitische Spannungen registriert, sondern auch kontinentumspannend zwischenstaatliche und wirtschaftliche Faktoren wiedergibt.

Und wenn man heute wieder frei und ungehindert Grenzen überschreiten kann, sollte man bedenken, daß dies in unserem Jahrhundert durch viele Jahre hindurch nicht möglich war. Kriege und deren Folgen haben oft alle jene Verbindungen unterbrochen oder einschneidend beschränkt, die einst zur Kommunikation zwischen Menschen und Ländern geschaffen wurden. In Verbindung mit der historischen Dokumentation ist es das Hauptanliegen dieses Buches, jene Werte aufzuzeigen, die es nach wie vor zu erhalten gilt: „Die Lehren aus der Zeitgeschichte sind die besten Wegweiser für die Zukunft."

Wien, Feber 1990   *Walther Schaumann*

Dank für Unterstützung und Mitarbeit

Die Erfassung und Bearbeitung des umfangreichen Archivmaterials wurde nur durch die Mitarbeit vieler meiner Freunde im In- und Ausland ermöglicht, die sich in selbstloser Weise zur Verfügung stellten:
Christian Tietze, Wien; Mag. Fritz Maiwald, Brunnen/Schweiz; Claudio Brach, Triest; Alex Cabas, Monfalcone; Sergio Chersovani, Görz; Alberto Querci della Rovere, Monfalcone; und meine Frau Gabriele.
Weiters gilt mein Dank für die bereitwillige Unterstützung und die Möglichkeit der Einsichtnahme in die dortigen Archivalien sowie die Anfertigung von Reproduktionen:
Eisenbahnmuseum Triest; Feld- und Industriebahnmuseum, Freiland bei Türnitz, NÖ; Italienisches Kriegsmuseum, Rovereto; Österreichisches Kriegsarchiv, Wien; Österreichisches Staatsarchiv, Wien; Stadtmuseum Görz; Chefredakteur Alfred Horn, Wien; Mag. Horst Knely, Villach; Walter Kreutz, Innsbruck; Paolo Masetti, Mestre; Andreas Ostadal, Wien; Dr. Giulio Roselli, Triest.
Abschließend danke ich dem Verlag Bohmann in Wien mit Dr. Hauptfeld und allen dortigen Mitarbeitern für die Herausgabe des Buches.

Hinweise für den Leser

Ortsbezeichnungen sind mit Rücksicht auf die historischen Dokumente und Karten in der ehemaligen k.u.k. Nomenklatur wiedergegeben. Das im Anhang befindliche Verzeichnis verweist auf die nach 1918 üblichen Namen.

Links- und rechtsseitiges Ufer: stets im orographischen Sinne.

Militärische und eisenbahntechnische Fachausdrücke
Wegen der meist sehr langen Fachbezeichnungen sind diese nur einmal im Text voll ausgeschrieben, dann nur mit ihren amtlichen Abkürzungen; siehe Seite 7.

Historische Fotos, Faksimile und Karten
Bei besonders seltenen, nun über siebzig Jahre alten Motiven und Texten wurde unter Berücksichtigung des historischen Informationsgehaltes auch eine schlechtere Qualität des Originales für Zwecke der Reproduktion in Kauf genommen.

Die mit *) bezeichneten Karten sowie die im Text enthaltenen Lagepläne sind Reproduktionen nach Originalkarten der Heeresbahn SW.
Wenn nicht besonders gekennzeichnet, sind alle anderen Karten und Skizzen vom Verfasser nach amtlichen Unterlagen und Feldakten neu erstellt.

INHALTSVERZEICHNIS

Fachausdrücke und Abkürzungen 7

DAS MILITÄRISCHE EISENBAHNWESEN 9
Das k.u.k. Eisenbahnregiment 9
Fahrbetriebsmittel und rollendes Material bis 1918 12
    Pferdefeldbahnen 12
    Lokomotivfeldbahn Nr. 1, Spurweite 70 cm 14
    Schienenkraftwagen für Normalspur 18
    Generatorzüge für Normalspur 19
    Motorisierte Feldbahnen, Spurweite 70 cm 21
    Rollbahnen, Spurweite 60 cm 24
    Waggonumbauten für Sonderzwecke, Normalspur 26
    Seilbahnbau 31
Planung und Organisation für den Kriegsfall 31
Kriegsmäßige Organisation 35

DER VERKEHR NACH ITALIEN VOR 1914 36
K.k. österreichische Staatsbahnen (K.k.StB) 37
K.k. privilegierte Südbahngesellschaft (K.k.priv. SB) 40

DIE BAHNEN ZWISCHEN ORTLER UND ISONZO 1915 – 1918 51
Die Reschenscheideckbahn 53
Die Brennerbahn 54
Die Nonstalbahn 57
Feld- und Rollbahnen zwischen Riva und dem Adamello-Abschnitt 62
Die Feldbahnen der Festung Trient 63
Die Valsuganabahn 66
Die Rollbahnen im Valsugana 75
Die k.u.k. Fleimstalbahn 75
Die k.u.k. Grödnerbahn 83
Die Pustertalbahn 92
Die Dolomitenbahn 103
Die Gailtalbahn 111
Die Kanaltalbahn 122
Feld- und Rollbahnen im Raum Tarvis 131

DIE BAHNEN IM BEREICH DER ISONZO-ARMEEN 1915 – 1917 135
Bahnlinie Tarvis – Aßling 135
Karawankenbahn und Wocheinerbahn 137
Die Wocheiner Feldbahn 139
Der Karst und seine Bahnen 143
Die Karstbahn Laibach – Triest 144
Die Bahnlinie Triest – Opčina – Görz 147
Bahnlinie Triest – Nabresina – Monfalcone (IV) 152
Linie Prvačina – Haidenschaft (IVa) 156
Feld- und Rollbahnen im Bereich der ISA 160
Der Eisenbahnaufmarsch für die Isonzo-Offensive im Herbst 1917 177
Der Wiederaufbau bis zur k.u.k. Reichsgrenze nach der Herbstoffensive 1917 181

DIE K.U.K. HEERESBAHN SÜDWEST 1917–1918 ZWISCHEN ISONZO UND PIAVE 203

Organisation, Gliederung, Streckennetz 205
Piavetalbahn 213
Feld- und Rollbahnen im Anschluß an die Piavetalbahn 220
Das Normalspurnetz der Heeresbahn SW zwischen Isonzo und Piave 224
Kriegstagebuch der Heeresbahn 234
Weitere Bahnlinien im Betrieb durch die Heeresbahn SW 275
   Oberer Tagliamento bis Raum Udine 280
   Rollbahnen im rückwärtigen Bereich 291
   Feld- und Rollbahnen im Frontbereich des Piave 293

DER ZUSAMMENBRUCH ÖSTERREICH-UNGARNS 304

Der Rücktransport ab 28.10.1918 in die Heimat 308
Materielle Verluste 312
Personelle Verluste 314

ANHANG 315

Formationen der k.u.k. Eisenbahntruppe am 25.8.1918 315
Formationen der Kaiserlich deutschen Eisenbahntruppe an der
Südwest-Front, Stand Jänner 1918 315
Ortsnamensverzeichnis 316
Quellen- und Literaturverzeichnis 317
Empfehlenswerte Museen 318

Reste eines italienischen Munitionszuges bei Fossalto

Fachausdrücke und Abkürzungen

AK	Armeekommando
AOK	Armeeoberkommando
Baon	Bataillon
BBÖ	Bundesbahnen Österreich, 1921–1938
BES	Bahnerhaltungssektion; Dienststelle eines HB-Kommandos; verantwortlich für alle Erhaltungsarbeiten in einem genau festgelegten Abschnitt.
Betr. Kp	Betriebskompanie der k.u.k. Eisenbahntruppe. Ihr oblag die Zugförderung in frontnahen Strecken oder in den Bereichen der Heeresbahnen. Im Verlauf des Krieges trat eine Spezialisierung der Betr. Kp. ein für: Vollbahnen, Benzin-Elektro-Bahnen, Elektrobahnen, Kleinbahnen, Feldbahnen und Seilbahnen.
Betr. S	Betriebssektion, betriebsführende untergeordnete militärische Dienststelle.
Bhf	Bahnhof
ČSD	Ceskoslovenské Státni Dráhy/Tschechoslowakische Staatsbahnen
DOHL	Deutsche Oberste Heeresleitung
DRB	Deutsche Reichsbahn 1920 – 1945
Décauville	Sammelbegriff in Italien für sm-Bahnen. Der Franzose Paul Arman Décauville entwickelte die transportable Feldbahn ab 1875, die in allen Weltteilen raschen Absatz fand, so beim Bau der transkaspischen Bahn oder durch die englische Armee in Afghanistan. Die italienische Regierung setzte beim Bahnbau in Abessinien Décauville-Gleise ein.
EAA	Eisenbahnarbeiterabteilung
EBB	Eisenbahnbüro des k.u.k. Generalstabes
EBK	Eisenbahnkompanie der Kaiserlich deutschen Armee
EisbKp	k.u.k. Eisenbahnkompanie
Exp. FTL	Expositur einer Feldtransportleitung
FABrig.	k.u.k. Feldartilleriebrigade
FAR	Feldartillerieregiment
FbWaggons	Feldbahnwaggons
Feldb	Feldbahn
Feldb. Betr. Kp.	Feldbahn-Betriebskompanie
FeldbKp	Feldbahnkompanie
FS	Ferrovie dello Stato/Italienische Staatsbahnen
FTL	Feldtransportleitung
GFM	Generalfeldmarschall
GM	Generalmajor
Gstb	k.u.k. Generalstab
H	Honvéd
HB, Hb	Heeresbahn
HbSt	Heeresbahnstation
HFB	Heeresfeldbahn
HIR	Honvédinfanterieregiment
Hughes	David Edward Hughes, englischer Ingenieur, erfand 1855 den nach ihm benannten Drucktelegraphen
IR	Infanterieregiment
ISA	Isonzoarmee
ISG	Internationale Schlafwagen-Gesellschaft
JDZ	Jugoslovenske Državne Zeleznice/Jugoslawische Staatsbahnen, seit 1956 JZ
Kgf AA	Kriegsgefangenen-Arbeiterabteilung
Kgf AK	Kriegsgefangenen-Arbeiterkommando
Kgf AKp	Kriegsgefangenen-Arbeiterkompanie
Kgf EAA	Kriegsgefangenen-Eisenbahnarbeiterabteilung
Kgf EAK	Kriegsgefangenen-Eisenbahnarbeiterkommando
KISA	Kommando Isonzoarmee

Kohn-Brücke	k.u.k. Kriegsbrückengerät
Kp	Kompanie
Ldst AA	Landsturm-Arbeiterabteilung
Ldst AK	Landsturm-Arbeiterkommando
Ldst ETBt	Landsturm-Eisenbahntransportbataillon
Lokfb	Lokomotivfeldbahn
MÁV	Magyar Királyi Allamvasutak/Ungarische Königliche Staatseisenbahnen
MG	Maschinengewehr
Mobiler Bauzug	selbständige Einheit der k.u.k. Eisenbahntruppe, im Verlauf des Krieges aufgestellt.
Op. Nr.	Operationsnummer; Numerierung von k.u.k. militärischen Schriftstücken
ÖBB	Österreichische Bundesbahnen
Peage Verkehr	Vertraglich geregelter Gemeinschaftsverkehr von zwei oder mehr Bahngesellschaften auf einer Strecke
Pffb	Pferdefeldbahn
QuAbt	Quartiermeister-Abteilung; die für Logistik zuständige Fachabteilung in höheren Stäben
RB	Rollbahn
REBK	Reserve-Eisenbahnbetriebskompanie der Kaiserlich deutschen Armee
Reservat	Vertraulich zu behandelndes Schriftstück
RW-Brücke	Roth-Waagner-Kriegsbrückengerät
S.M.	Seine Majestät
SB	k.k. priv. Südbahngesellschaft
SbBKp	Seilbahn-Baukompanie
SchBr.	Schützenbrigade
SF	Zug verkehrt Sonn- und Feiertag
sm	Schmalspur
StB	k.k. Staatsbahnen
StEG	Staatseisenbahngesellschaft
Stodeis	Stabsoffizier als Eisenbahnreferent in höheren Stäben
SW	Südwest
TrassDet	Trassierungsdetachement
TÜK	Transportüberwachungskommando
Ziv AA	Zivil-Arbeiterabteilung
ZTL	Zentrale Transportleitung
ZWD	Zentrale Wagen-Lokomotiv-Dirigierung

Das einleitende Kapitel soll zuerst anhand der chronologischen Entwicklung des k.u.k. Eisenbahnregiments jene personellen und materiellen Voraussetzungen auf dem Sektor des militärischen Transportwesens zeigen, mit denen die k.u.k. Armee 1914 zunächst im Zweifrontenkrieg gegen Serbien und Rußland antrat.
Anschließend folgt die sich aus der Kriegserklärung Italiens ergebende Lage auf dem Eisenbahnsektor bis zum Kriegsende 1918.

DAS MILITÄRISCHE EISENBAHNWESEN

Der Deutsch-Französische Krieg 1870 bis 1871 war für die Heere des Kontinents Anlaß, sich mit den Verwendungsmöglichkeiten der Eisenbahn für Zwecke des militärischen Transportwesens zu befassen.
In Österreich gehen die Anfänge, einzelne Abteilungen der „Technischen Truppen" in den Eisenbahnbetrieb einzuweisen, auf das Jahr 1868 zurück.
Seit dem Jahre 1873 bestanden in der österreichisch-ungarischen Monarchie spezielle, dem Generalstab direkt unterstellte Eisenbahntruppen, zunächst als Feldeisenbahnabteilungen 1, 2, 3, 4 und 5. Auf eine praxisnahe Fachausbildung legte man besonderen Wert. So kamen diese Truppen wiederholt bei Bahnneubauten, wie bei der „Salzburger-Tiroler"-Bahn, zum Einsatz.
Zu ihrer ersten kriegsmäßigen Verwendung gelangten die Feldeisenbahnabteilungen 1878 bei der Okkupation Bosniens. Hier führten die um weitere fünf Abteilungen vermehrten Truppen den Bau der bekannten Bosna-Bahn durch. Auch die unter türkischer Verwaltung vollkommen verrottete Bahnlinie Banjaluka − Doberlin wurde zur Gänze neu erstellt, sie verblieb unter ausschließlicher Betriebsführung der Eisenbahntruppe.
Das immer größer werdende Streckennetz in der k.u.k. Monarchie sowie die rasche technische Weiterentwicklung erforderten schließlich eine Reorganisation der Feldeisenbahnabteilungen.

Das k.u.k. Eisenbahnregiment

1883 erfolgte die Aufstellung des k.u.k. Eisenbahn- und Telegraphenregiments mit dem Regimentsstab und dem 1. Bataillon in Korneuburg, das 2. Bataillon hatte seine Garnison in Banjaluka (pro Bataillon 4 Kompanien).
1911 wurde die Trennung zwischen dem Eisenbahn- und Telegraphenregiment durchgeführt. Das Eisenbahnregiment verblieb in Korneuburg, während das Telegraphenregiment St. Pölten als Garnison zugewiesen erhielt.

Ausbildung: Neben der normalen infanteristischen Grundausbildung erhielten die Soldaten eine Spezialausbildung im Eisenbahnwesen; diese umfaßte: Bau, Erhaltung und Wiederinstandsetzung von Bahnanlagen, Betriebsdienst bei den Strecken der Staatseisenbahnen − in diesem Fall übten die Bahnbeamten nur den Verwaltungs- und den kommerziellen Dienst aus −, Praxis in den Werkstätten, Zerstörung von Bahnanlagen und den Bau provisorischer Eisenbahnbrücken.
Beide Bataillone des Regiments hatten außerdem die Möglichkeit, ihre Soldaten, angefangen vom Bahnbau über Streckenerhaltung bis zum Betrieb − einschließlich des kommerziellen und des Verwaltungsdienstes −, auf heereseigenen Normalspurstrecken auch im normalen Personen- und Güterverkehr auszubilden:
Das 1. Bataillon betrieb das umfangreiche Strecken- und Schleppbahnnetz der k.u.k. Munitionsfabrik in Wöllersdorf-Blumau im Steinfeld bei Wr. Neustadt.
Das 2. Bataillon hatte alle eisenbahnmäßigen Belange der Linie Banjaluka-Doberlin (100 km) wahrzunehmen. Für diese Strecke beschaffte die Armeeverwaltung leistungsfähige Lokomotiven von Henschel und Borsig.

Ausrüstung: Jede Kompanie besaß eine Standardausrüstung für die wichtigsten vorkommenden Arbeiten: Vorarbeiten beim Bahnbau, Erd- und Bekleidungsarbeiten, Maurer- und Steinbrucharbeiten, Mineurdienst, Holz- und Eisenarbeiten, Oberbauarbeiten.

Die Ausrüstung der Eisenbahntruppe wurde in einen Straßen- oder Eisenbahntrain verladen, der jeder Einheit beigegeben war. Das gesamte reichhaltige Gerät war in genormten, numerierten Transportbehältern untergebracht. Sowohl Straßen- als auch Eisenbahntrainwagen trugen die entsprechenden Transportbehälter-Nummern. Ein Verladen bzw. Umladen von einer zur anderen Transportart konnte so in kürzester Zeit durchgeführt werden und ermöglichte eine rasche Beweglichkeit der Truppe. Diesem System kam beim Eisenbahnregiment eine besondere Bedeutung zu, da bei ihm, zum Unterschied von den anderen Regimentern der Monarchie, alle Nationalitäten vertreten waren. Sprachschwierigkeiten bei der Mannschaft waren also hier besonders zu berücksichtigen.

Der Straßentrain umfaßte 11 Gerätewagen, 1 Proviantwagen und 1 Fahrküche, der Eisenbahntrain dagegen zuerst 30, später 50 Waggons.

Zuerst bestanden die mobilen Eisenbahnzeugsdepots I–IV, die nach Bedarf den Einheiten beigegeben werden konnten. Jedes Depot erhielt zehn Einheiten der Kriegsbrücke System Kohn mit den verschiedensten Ergänzungen. Die Vorräte lagerten in den Depots stets abschubbereit, meist auf Eisenbahnwaggons verlastet.

Bei einer Zeugdepotverlegung waren erforderlich:
für eine Brückensektion   106 Waggons und 6 in Reserve
für eine Werkzeugsektion   28 Waggons und 2 in Reserve
für eine Materialsektion   80 Waggons und 4 in Reserve

Neben den mobilen Zeugsdepots I–IV bestand das zentrale Zeugsdepot, das in Korneuburg seinen Sitz hatte und materialmäßig hervorragend dotiert war.

Die unmittelbare Flußnähe der Garnison Korneuburg an der Donau bot mit den Auen, Seitenarmen und dem Hauptstrom ein ideales Gelände für den übungsmäßigen Brückenbau.

Das österreichische Kriegsbrückengerät war bei Kriegsausbruch so konstruiert, daß es als das beste seiner Zeit bezeichnet werden konnte. Es kam die Bauart nach Ing. J. Kohn (Budapest) zur Einführung:

a) 30 m lange, 3 m hohe Gitterbrücke, mit Fahrbahnlage oben, versenkt, eingeschoßige Ausführung.

b) 45 m Stützweite mit Fahrbahnlage oben, unten und versenkt in zwei Höhenlagen.
Gewicht 1142 kg. Zugelassen für einen Achsdruck von 15 t. 1906/07 wurde die freitragende Montierungsart im Gleichgewichtsvorbau mit Kran bis 45 m eingeführt.

Die Gesamtlänge der in den Jahren 1914–1918 eingesetzten Kohn-Brücken betrug 5311 m.

Kohn-Kriegsbrücke

Im Jahre 1915 wurde durch die Firma Waagner/Biro nach den Plänen des Hauptmanns der Reserve Dipl.-Ing. Friedrich Roth eine neue Kriegsbrücke unter der Bezeichnung Roth-Waagner-Brücke eingeführt. Man konnte mit dieser Bauart zum Unterschied zur Kohnbrücke wesentlich größere Stützweiten erreichen. Hier bestanden die Gurtstäbe aus flachen Blechen, während beim System Kohn zusammengenietete Brückenelemente angewandt wurden.
Trägerhöhe 4 m, Eigengewicht 1348,49 kg, Stützweite 90 m, dreigurtige Hauptträger, Brückenpfeiler bis 50 m Höhe, zugelassener Achsdruck 20 t.
Die Gesamtlänge der Roth-Waagner-Brücken, die in der Zeit von 1915–1918 zum Einbau kamen, betrug 2667,5 m.
Wahrscheinlich die letzte Roth-Waagner-Brücke einer wichtigen ÖBB-Hauptstrecke wurde im Zuge des zweigleisigen Ausbaues der Linie (Villach–) Arnoldstein – Tarvis 1989 abgetragen und durch eine Stahlbetonbrücke ersetzt. Ein kurzer zeitgeschichtlicher Rückblick auf dieses Bauwerk scheint angebracht:

Der genannte Streckenabschnitt der Kronprinz-Rudolf-Bahn wurde am 25.11.1873 dem Verkehr übergeben. Ein interessantes Objekt derselben war die Brücke über den Gailitzbach: eine Eisenkonstruktion auf gemauerten Pfeilern, 17 m hoch, mit einer lichten Weite von 52 m. Im Jahre 1908 wurde die Brücke einer gründlichen Erneuerung unterzogen. Über sie rollte dann 1915–1918 der gesamte militärische Zugsverkehr von Villach nach Tarvis und ab Spätherbst 1917 weiter in Richtung Udine.

Die DRB verstärkte 1941 die Brückenkonstruktion. Knapp vor Kriegsende im Frühjahr 1945 wurde sie durch einen Bombenangriff zerstört. Nach Beendigung des Krieges fehlte den Engländern dadurch die wichtige Verbindung aus Italien zu ihrer Besatzungszone in Österreich.

Im darauffolgenden Jahr wurde sie durch kriegsgefangene deutsche Pioniere unter englischer Aufsicht als Roth-Waagner-Brücke aus Altbeständen errichtet. Das Tragwerk mit untenliegender Fahrbahn besaß eine Stützweite von 54,8 m.

Roth-Waagner-Kriegsbrücke

Fahrbetriebsmittel und rollendes Material bis 1918

Pferdefeldbahnen

Sie wurden dem Eisenbahnregiment als erste serienmäßige Ausrüstung zugewiesen. Die Spurweite von 70 cm wurde in der Folge aus wirtschaftlichen Gründen bei der Anschaffung von neuen Feldbahnen beibehalten.
Die Schienen waren nach handelsüblichem Vorbild 5 m lang und auf Eisenschwellen montiert, die Verbindung stellten Laschen und Schrauben her. Übungsmäßig erfolgte auch eine Verlegung auf Holzschwellen mit Nägeln – eine Praxis, die sich dann während des Krieges infolge der Eisenknappheit bewährte.
Der gebräuchliche Halbmesser betrug 20 m. Eine reichliche Ausstattung mit Weichen ermöglichte eine klaglose Betriebsabwicklung.

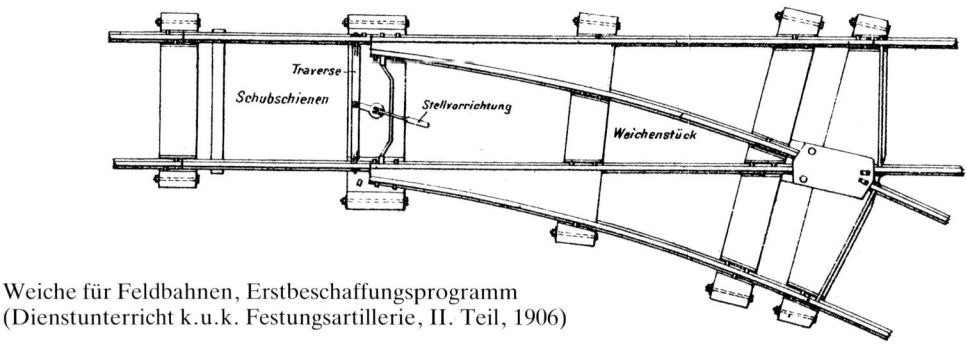

Weiche für Feldbahnen, Erstbeschaffungsprogramm
(Dienstunterricht k.u.k. Festungsartillerie, II. Teil, 1906)

Als Rollmaterial fanden Verwendung: 4achsige Plattformwagen, Kastenwagen sowie 2achsige Muldenkipper; ein Teil des Wagenmaterials war mit Handbremse und Bremsplattform ausgerüstet. Friedensstand: 1200 Wagen.

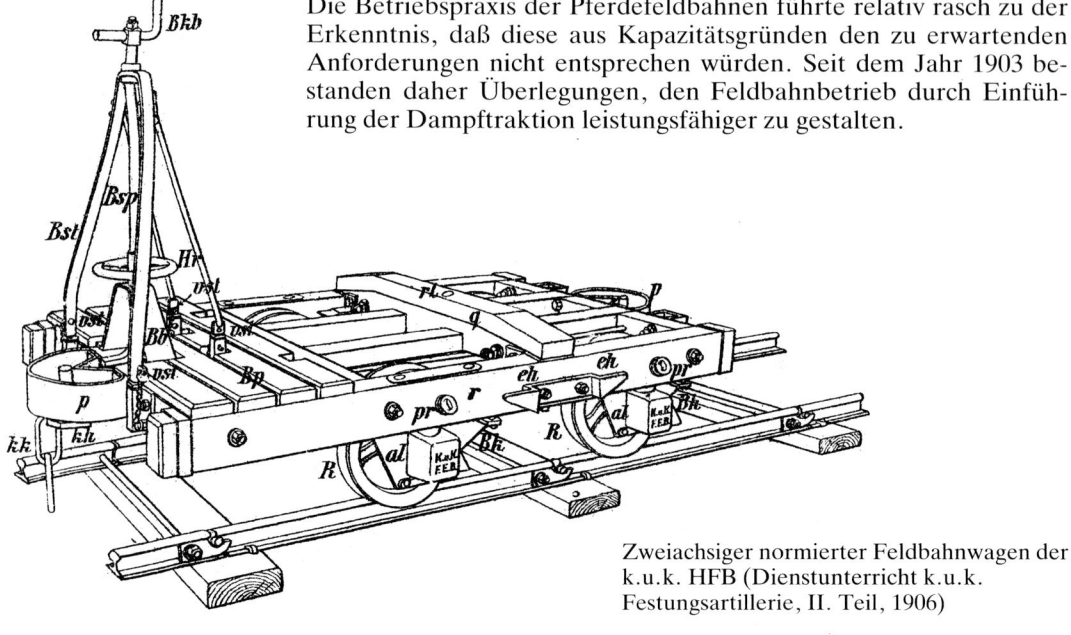

Die Betriebspraxis der Pferdefeldbahnen führte relativ rasch zu der Erkenntnis, daß diese aus Kapazitätsgründen den zu erwartenden Anforderungen nicht entsprechen würden. Seit dem Jahr 1903 bestanden daher Überlegungen, den Feldbahnbetrieb durch Einführung der Dampftraktion leistungsfähiger zu gestalten.

Zweiachsiger normierter Feldbahnwagen der k.u.k. HFB (Dienstunterricht k.u.k. Festungsartillerie, II. Teil, 1906)

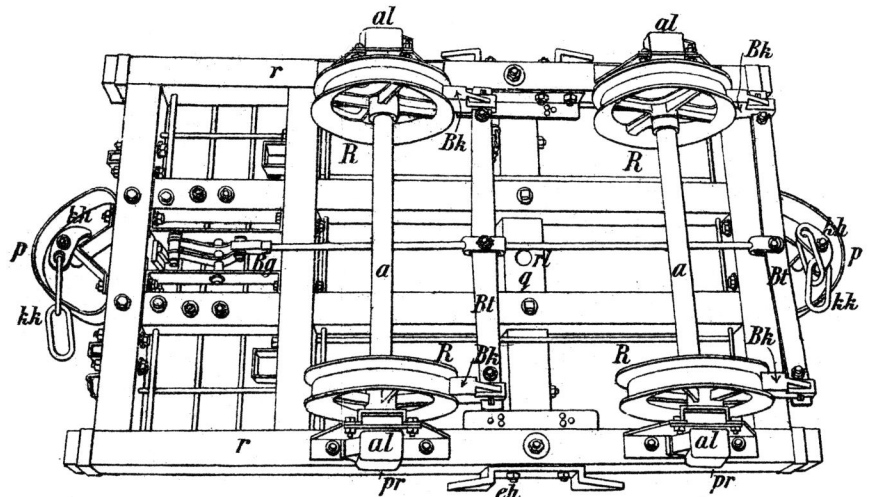

Unterseite des Feldbahnwagens

Pferdefeldbahn

Lokomotivfeldbahn Nr. 1, Spurweite 70 cm

Nach eingehenden Versuchen wurde die Lokomotivfeldbahn Nr. 1 gebildet. Man erteilte den Auftrag für den Bau viergekuppelter Verbundmaschinen mit 17 atü Kesseldruck als Regelausführung. Jede Maschine führte einen Vorrat für 30 km mit sich. Eigengewicht 12,6 t, geeignet für Steigungen bis 6‰.

Die Lokomotivfeldbahn Nr. 1 besaß Gleismaterial für 100 km, 60 Dampflokomotiven und 1200 Eisenbahnwaggons. Für den Transport dieser gesamten Einheit waren 25 Eisenbahnzüge mit 100 Achsen notwendig. Die Betriebsabwicklung erfolgte mittels Fernsprecher und Feldtelegraph. Die drei dazugehörigen Betriebssektionen besaßen komplette Signaleinrichtungen, die ihnen die Möglichkeit boten, den Vollbahnbetrieb durchzuführen. Eine reichlich dotierte Betriebswerkstätte gestattete die Durchführung aller im Felde anfallenden Instandsetzungsarbeiten.

Die Garnison Korneuburg besaß für diese Bahn einen kompletten Bahnhof mit umfangreichen Gleisanlagen, Lokschuppen, Werkstätten und Magazinen, die auch über einen großzügig angelegten normalspurigen Bahnanschluß für die umfangreichen Transportbewegungen verfügten.

Eine relativ lange eingleisige Übungsstrecke mit Betriebsausweichen bot die Möglichkeit, das künftige Zugspersonal eingehend für die Lokomotivfeldbahn zu schulen. Für Lokführer und Werkstattenleiter waren die obligaten Fachprüfungen zwingend vorgeschrieben. Offiziere hatten durch zwei Jahre hindurch Pflichtvorlesungen an einer Technischen Hochschule zu besuchen.

Aufgrund dieser gründlichen Ausbildung wurden länger dienende Soldaten des Eisenbahnregiments nach Ablauf ihrer Dienstzeit gerne von den Bahnverwaltungen der Monarchie in ihre Dienste übernommen.

Übungsstrecke der Lokomotivfeldbahn

K.u.k. Feldbahnlok, Einheitsbauart Reihe 3.13

Quelle: Club 70

Lokomotivfeldbahn bei Station Doblerberg; zur Ausbildung des Lokpersonals gehörte auch der Fahrbetrieb mit Schiebeloks

Auch das Wagenmaterial war genormt. Der einfache Feldbahnwaggon konnte durch Aufsetzen einer Brücke zum vierachsigen Betrieb umgestellt werden. Daneben wurden zahlreiche Sonderausführungen in Auftrag gegeben. Das Gewicht des gewöhnlichen Feldbahnwaggons betrug 810 kg bei einer Traglast bis 2710 kg, bei Kohlenwagen bis zu 6 t.

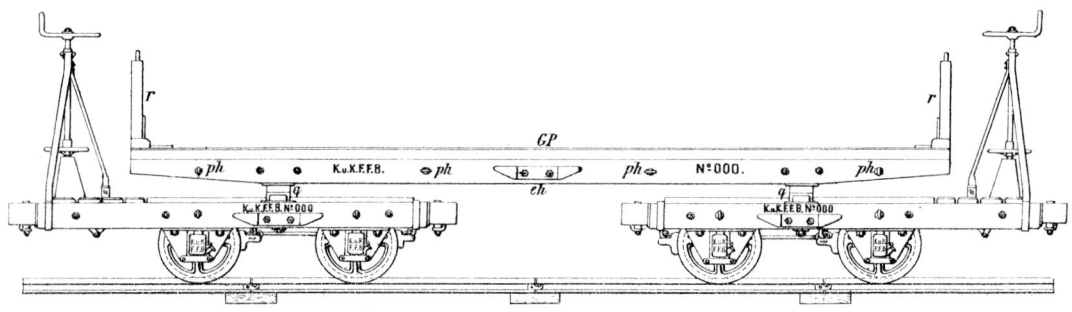

Vierachsiger Feldbahnwagen (Dienstunterricht k.u.k. Festungsartillerie, II. Teil, 1906)

C-n2 Lok, Reihe IIId 133 „Jelen" der CLB (galizische Carl Ludwig Bahn), erbaut von Kessler in Esslingen, Fabriksnr. 1125, Baujahr 1872; stationiert in Wola Ducha (Krakau); kassiert 1904.
Das Bild zeigt Lok mit der Nummer 3858 bei einer militärischen Übung auf Drehschemelwagen der k.u.k. Heeresbahn verladen.

Für Sondertransporte, wie sie im Bereich der Heeresfeldbahnen häufig vorkamen, wurden Spezial-Transportwagen entwickelt. Diese waren befähigt, besonders schwere Güter zu verlasten, Geschütze oder auch Normalspurfahrzeuge aus gefährdeten Gebieten zu schaffen oder, wie in Italien, vom Gegner geräumte Strecken mit Betriebsmitteln zu versorgen.
Für den Abtransport von Verwundeten gelangte eine Eigenkonstruktion eines Sanitätswagens zum Einsatz.

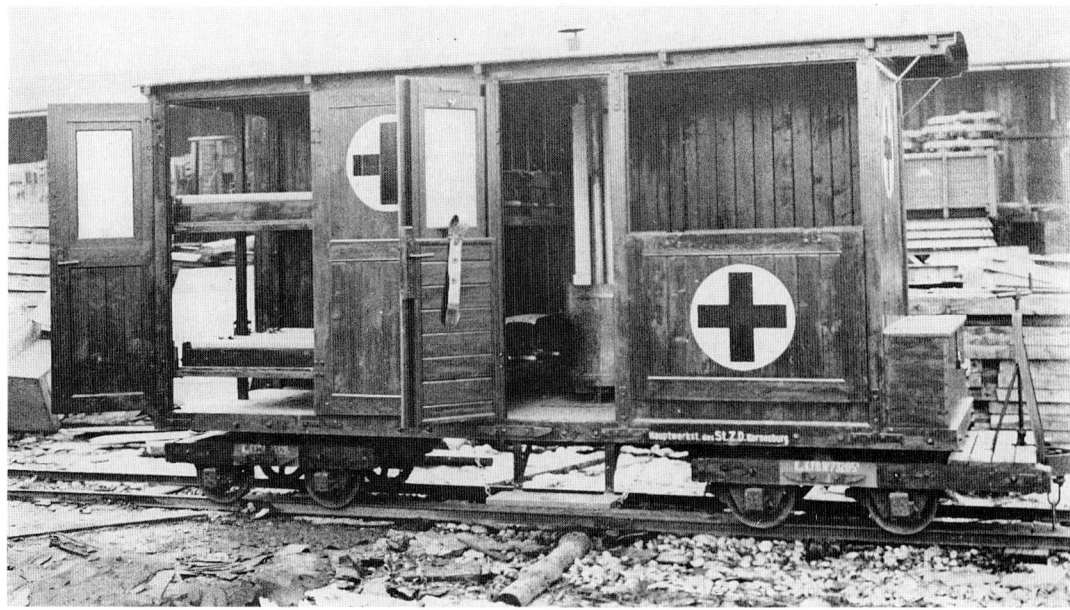

Sanitätswaggon der Lokomotivfeldbahn

Schienenkraftwagen für Normalspur

Schienenkraftwagen waren für den Straßenverkehr gebaute Lastautos, Bauart Fross-Büssing, mit einem Vierzylinder-35-PS-Benzinmotor. Die Kraftübertragung erfolgte durch Kettenantrieb auf die Hinterachse. Die Räder konnten durch das Aufziehen von Eisenreifen für den Schienenverkehr adaptiert werden.

Die Umstellung von einer Betriebsart zur anderen benötigte ca. eine Stunde. Bei Schienenbetrieb wurde die Vorderachse festgezurrt. Der Wagen besaß eine Kupplungsvorrichtung für normale Eisenbahnfahrzeuge. Für die Schienenkraftwagen standen eigene, zerlegbare Plattformwagen zur Verfügung, mit 3,5 t Eigengewicht und 10 t Tragfähigkeit. Der Zusammenbau eines Anhängers dauerte eine halbe Stunde. Die Geschwindigkeit eines Schienenkraftwagens betrug pro Gang:

1. 4− 5 km/h
2. 10−12 km/h
3. 15−18 km/h
4. 20−25 km/h

im Rückwärtsgang maximal 3,5 km/h. Da nur die Vorwärtsfahrt für längere Zugleistungen in Frage kam, war am Ende der Fahrt ein Wenden des Wagens notwendig. Dazu führte jeder Schienenkraftwagen eine eigene Drehscheibe mit sich.

Die Bremsung von Kraftwagen und Anhängern erfolgte mittels Handbremsen. Die Ladeflächen des Schienenkraftwagens waren mit Ballast beladen, um seinen Reibungswert zu erhöhen. Die Anzahl der eingesetzten Schienenautos betrug bis Kriegsende 60 Stück.

Personal: 1 Zugsführer, 1 Motorschlosser, 1 Mechaniker, 6 Mann.

Schienenkraftwagen

Generatorzüge für Normalspur

Die Entwicklungsgeschichte dieses kombinierten Straßen- und Eisenbahnverkehrsmittels ist von so großer technischer und historischer Bedeutung, daß näher darauf eingegangen wird. Zugleich soll damit eine Großleistung österreichischer Konstrukteure und Techniker wieder in Erinnerung gerufen werden.

In Anbetracht der meist katastrophalen Straßenverhältnisse in dem von Eisenbahnen kaum noch erschlossenen Okkupationsgebiet Bosniens und der Herzegowina bestand von Seiten der k.u.k. Armee dringendster Bedarf an einem Fahrzeug, das auf den kurvenreichen und schmalen Gebirgsstraßen die militärischen Transportansprüche erfüllen konnte.

Der Major im k.u.k. Generalstab Ottokar Landwehr nahm in dieser Angelegenheit mit Ferdinand Porsche, Direktor der Österreichischen Daimler Motoren AG in Wr. Neustadt, Verbindung auf. Bereits 1908 lagen dem k.u.k. Kriegsministerium der Konstruktionsplan und ein Kostenvoranschlag für den „A-Zug", auch „Landwehr-Zug" genannt, vor, dem 1909 die Auftragserteilung folgte.

Maschinenwagen mit Sechszylinder-Daimler-Motor, Typ M; 1000 min^{-1}; 100 PS; direkt gekoppelt mit einem Gleichstromdynamo 300 V, 70 kW; Geschwindigkeitsregelung über Kontroller mit 6 Stufen; Höchstgeschwindigkeit 18 km/h auf ebener Straße und 4–5 km/h bei 10% Steigung; beim Maschinenwagen wurden die Hinterräder durch Elektromotoren angetrieben; elektrische Kurzschlußbremse, Handbremse sowie mechanische Bandbremsen über Seilzug zu den Anhängern.

Pro „A-Zug" 10 Stück einachsige Anhänger; jedes zweite Räderpaar wurde durch einen in einem gemeinsamen Gehäuse befindlichen Doppelmotor angetrieben, der über ein auf der Motorwelle befindliches Ritzel auf den Innenzahnkranz des Rades wirkte; zur Gewichtsersparnis verwendete man bei den Elektromotoren bereits weitgehend Aluminiumteile.

Für Rückwärtsfahrt besaß der letzte Anhänger eine Achsschenkellenkung sowie die erforderlichen Schalter und Bremsbetätigungen. Wurde beim Maschinenwagen auf Rückwärtsfahrt geschaltet, konnte dadurch der Schlußwagen so gelenkt werden, daß der gesamte Anhängerzug exakt folgte.

Generatorwagen, hinten Kabeltrommel der Übertragungsleitung zu den Anhängewagen

Der A-Zug bewährte sich im praktischen Einsatz so gut, daß bereits 1913 eine Weiterentwicklung in Form des „B-Zuges" zum Einsatz kam.

Der Maschinenwagen besaß nunmehr einen Motor mit 150 PS, gekoppelt mit einem 250 V Gleichstromdynamo mit Fremderregung, 93 kW, zwei Elektromotoren für den Antrieb des Maschinenwagens sowie 10 Elektromotoren für die Vorderachsen der Anhänger. Höchstgeschwindigkeit 26 km/h; Mindest-Krümmungsradius 6 m; zusätzlich durchlaufende Vakuumbremse und elektrische Licht- und Signaleinrichtungen.

Beim „B-Zug" konnten folgende Anhängerkombinationen verwendet werden:
10 einachsige Anhänger mit einer Nutzlast von insgesamt 20 t;
Vorteil: bei Brücken oder Straßenstücken mit geringer Tragfähigkeit passierte der Maschinenwagen zuerst allein die kritische Zone, dann wurden die abgekuppelten Anhänger einzeln mit eigener Motorkraft über die Gefahrenstelle geführt; der Maschinenwagen besaß für diesen Zweck eine große Zusatzkabeltrommel zur Stromübertragung an die einzelnen Anhänger.
5 zweiachsige Anhänger mit insgesamt 30 t Nutzlast;
Vorteil: diese konnten einschließlich des Maschinenwagens in vier Stunden mittels Spurkranzrädern, die zur Normausrüstung gehörten, auf Schienenfahrt umgerüstet werden. Damit bestand die öfters genützte Möglichkeit, unterbrochene Streckenteile von Bahnlinien im Straßenmarsch zu umfahren, um dann wieder auf die Schiene zurückzukehren.
Später kam noch ein vierachsiger Sonderanhänger mit acht Elektromotoren für besonders schwere Geschütztransporte zum Einsatz; Eigengewicht 15 t, Nutzlast 27 t.
Der B-Zug bewährte sich in den Jahren 1914–1918 außerordentlich, auch unter den besonders schwierigen und harten Betriebsbedingungen im Gebirge.

Zug mit auf Eisenschwellen montierten Schienenfeldern, kurz vor dem Endbahnhof Kostanjevica

Bei Kriegsbeginn 1914 standen vor allem die Lokomotivfeldbahn Nr. 1 und zahlreiche Pferdefeldbahnen zur Verfügung, die aber bald für das sprunghaft ansteigende Verkehrsaufkommen nicht mehr genügten.
Die wachsende internationale Eskalation des Krieges führte zu einem Anstieg der von den Eisenbahnformationen geforderten Transportleistungen, die ein vorher nie ins Kalkül gezogenes Ausmaß annahmen und sich auch im ständigen Bedarf an zusätzlichen Fahrbetriebsmitteln niederschlugen. Der akute Pferdemangel bei der Fronttruppe ab 1916 zwang in der Folge zur Abgabe von Zugpferden der Pferdefeldbahnen an die verschiedenen Kriegsschauplätze.
Der bereits begonnene Einbau von Benzinmotoren in Feldbahnwaggons wurde deshalb konsequent fortgesetzt und durch die Einführung zusätzlicher, technisch neuer Traktionsmittel ergänzt. Diese motorisierten Betriebsformen hatten überdies den Vorteil, daß – im Gegensatz zu den Strecken mit Dampfbetrieb – der Zugverkehr von gegnerischen Artilleriebeobachtern nur schwer festgestellt werden konnte.

Motorisierte Feldbahnen, Spurweite 70 cm

Triebwagen

Normierte vierachsige Feldbahnwagen mit Handbremse erhielten einen luftgekühlten Daimler-Benzinmotor eingebaut; die Kraftübertragung erfolgte über Kettenantrieb auf beide Achsen eines Drehgestells. Traglast: 2500 kg, Steigfähigkeit: 80 ‰
Geschwindigkeit: in der Ebene 6 km/h, bei Steigungen 3 km/h
Benzinverbrauch: 1,3 l pro Kilometer, Ölverbrauch: 0,3 l pro Kilometer
Personal: 1 Triebwagenführer
Der Daimler-Motor konnte auf die Dauer den rauhen Einsatzbedingungen, vor allem auf Gebirgsstrecken, nicht entsprechen. Die Umrüstung auf Puch-Daimler-Motoren erbrachte zwar eine gewisse Besserung, aber auch keine vollkommen befriedigende Lösung.

Feldbahngeneratorzüge

Diese bestanden aus dem Generatorwagen mit einem 60 kW Benzinmotor, starr gekoppelt mit einem Gleichstromdynamo (Antriebsprinzip nach Ferdinand Porsche, wie bei den normalspurigen Generatorzügen).
Die zu dem Zug gehörenden 25 vierachsigen Feldbahnwaggons besaßen pro Waggon einen Elektromotor, der über einen Kettenantrieb auf die Wagenachsen wirkte. Die Stromzufuhr erfolgte durch ein den ganzen Zug entlangführendes Kabel.
Ladefähigkeit pro Zug: 60 t, Geschwindigkeit: 5–7 km/h, zulässige Steigung: bis 100‰
Benzinverbrauch: 3,3 l/km, Ölverbrauch: 0,3 l/km
Zugpersonal: 2 Lokführer, 1 Elektriker, 2 Schlosser, 10 Bremser.
Ein großer Nachteil dieser Betriebsart bestand darin, daß bei jeder Fahrtrichtungsänderung (also auch bei Verschub!) jeder der 25 Elektromotoren händisch umgeschaltet werden mußte.

Elektrische Lokomotiven

Die damals noch relativ neue Traktionsform fand bald auch beim feldbahnmäßigen Betrieb Eingang. Nähere technische Angaben fehlen. Die Unterlagen geben nur ungefähre Werte über Zugkraft (800 kg) und Ladefähigkeit (6 t) an. Einen besonderen Vorteil gegenüber den herkömmlichen Traktionen bildete hier die Unabhängigkeit von der kriegsbedingt oft ungenügenden Versorgung mit Kohle und Treibstoffen.

Akkumulatoren-Lokomotiven
Vorteil: unabhängig von einer durch gegnerische Waffenwirkung leicht zu beschädigenden Fahrleitung; Ersatz der damals in geringen Entfernungen notwendigen Umspannstationen durch nur eine Akku-Ladestation.
Nachteil: Geringe Leistungsfähigkeit der Akkumulatoren, die oft schon nach kürzeren Fahrtstrecken einen Austausch derselben notwendig machte.

Elektrolokomotiven mit Oberleitungsbetrieb
Nach dem vorliegenden Archivmaterial wurde nur die Wocheiner Feldbahn (siehe dort) mit dieser Traktionsform erbaut.
Vorteil: der zeitraubende Vorgang des Ladens und Tauschens der Akkumulatoren entfällt, damit war eine ständige Fahrbereitschaft gegeben.
Nachteil: materiell und zeitlich aufwendiges Bauvorhaben für die Elektrifizierung; kein Einsatz in frontunmittelbaren Gebieten wegen Beschädigungsgefahr der elektrischen Anlagen.

Motorisierter Feldbahnwagen, mit 3,5 PS Daimler-Motor

Motorisierter Feldbahnwagen Quelle: Feld- und Industriebahnmuseum

Akku-Lok; vermutlich Übungsstrecke des Eisenbahnregiments in Korneuburg, leichter Oberbau; besonders interessant die Oberleitung, deren Vorhandensein in keinen Unterlagen erwähnt wird
Quelle: Feld- und Industriebahnmuseum

Generatorlok, Prototyp 1918

Im Zuge des Neubaues von Feldbahnen unter besonders schwierigen Geländeverhältnissen mußte man vom Prinzip der normierten Typen abgehen und speziell auf die örtlichen Gegebenheiten abgestimmte Fahrbetriebsmittel beschaffen, wie bei der Grödner- oder Fleimstalbahn. Gegen Kriegsende ging man vom Straßen-Schienenfahrzeug ab und entwickelte reine Schienengenerator-Lokomotiven, die jedoch nicht mehr zum praktischen Einsatz kamen.

Rollbahnen, Spurweite 60 cm

Der ständig steigende Bedarf an Feldbahnmaterial konnte von der ohnehin mit Rüstungsaufträgen überlasteten Industrie bald kaum mehr gedeckt werden. Deshalb mußte man auf den vorhandenen Bestand an 60 cm Material bei privaten Bau-, Forst- und Industrieunternehmen oder auf erbeutetes Material zurückgreifen.
Die Gleise bestanden meist aus 5 m langen Schienen auf Eisenbahnschwellen, die durch Laschen und Schrauben miteinander verbunden waren, mit dem Vorteil der raschen Verlegung.

Bei starkem Verkehrsaufkommen und festerem Unterbau erfolgte die Traktion durch:

Dampfbetrieb
mit meist dreiachsigen Tenderlokomotiven;
Achsdruck: $10^{1}/_{2}$ t Dienstgewicht
Zugkraft: bei 40‰ Steigung und 10 km/h Geschwindigkeit vier bis zehn beladene zweiachsige Waggons.

Benzinlokomotiven
Zwei- oder dreiachsige Ausführungen mit 1,2 t Achsdruck;
Zugkraft: bei 100‰ Steigung und 10 km/h, 4–10 vierachsige Waggons zu je 2 t Ladefähigkeit.
Bei kürzeren Strecken oder sehr schlechtem Unterbau erfolgte der Betrieb mittels Pferde- oder Mannschaftszug.

Wagen
Meist zweiachsige Kastenwaggons, Muldenwaggons (Kipper) mit einem Fassungsvermögen von $3/4$ m^3, Ladegewicht bis 1,7 t; ferner noch Plattform- und Langholzwaggons. Es kamen auch in Eigenregie umgebaute, improvisierte Personen- und Sanitätswaggons zur Verwendung.

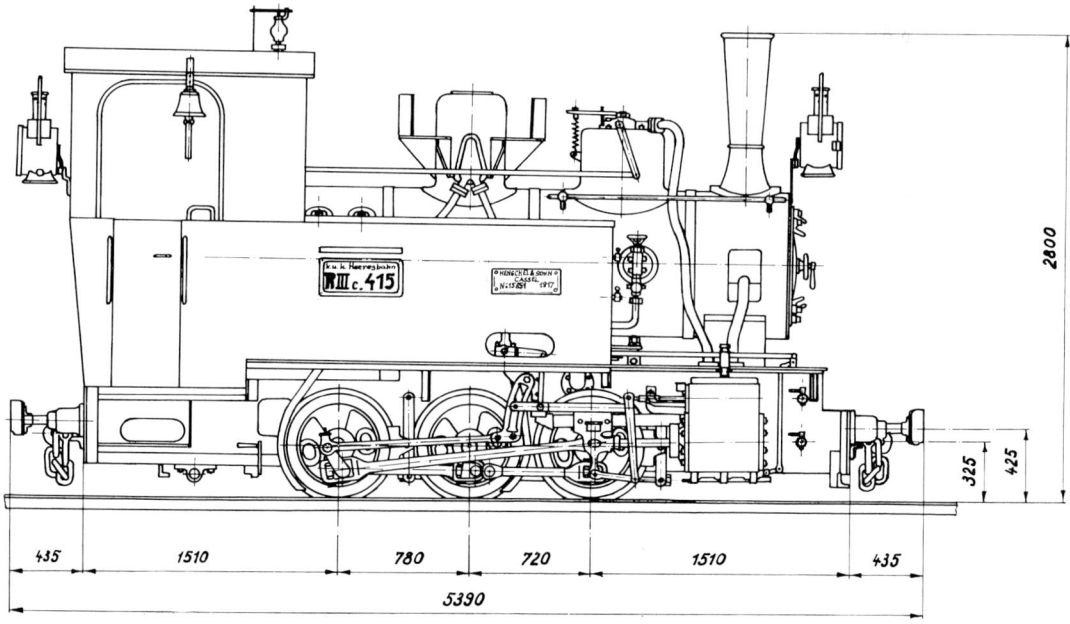

K.u.k. Heeresbahn, Rollbahnlokomotive Serie R IIIc, Bahnnummer 415

Rollbahn Benzollokomotive im Bereich HB-SW, 1918; Bauzug mit Kasten- und Kipperwagen

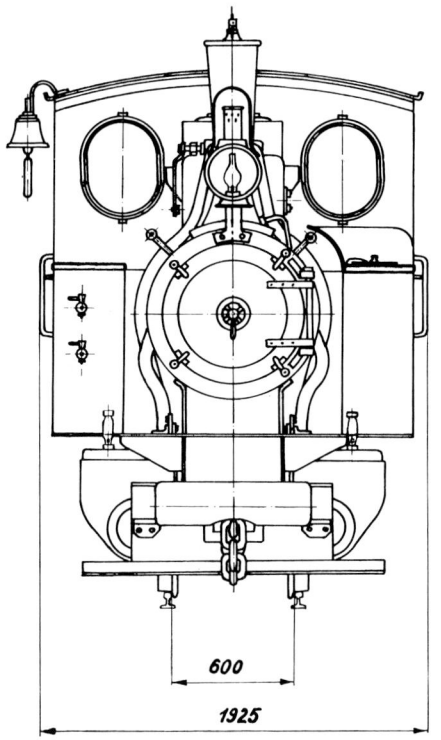

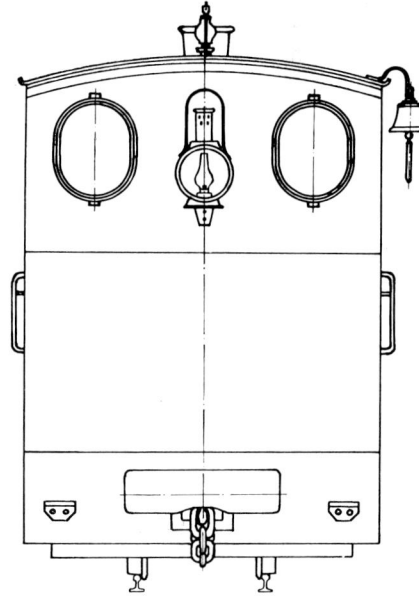

Technische Daten:
Bauart:	C-tn2
Baujahr:	1917
Rostfläche:	0,5 m²
Verdampfungsheizfläche:	18,8 m²
Anzahl der Heizrohre:	76
Länge zwischen den Rohrwänden:	1850 mm
Kesseldruck:	12 bar
Zylinderdurchmesser:	220 mm
Kolbenhub:	300 mm
Treibraddurchmesser:	600 mm
Fester Radstand:	1500 mm
Dienstmasse (halbe Vorräte)	10,5 t
Zul. Höchstgeschwindigkeit:	20 km/h
Anfahrzugkraft:	17,4 kN
Kleinster befahrbarer Krümmungsradius:	25 m
Achslast:	3,5 t
Wasservorrat:	1,0 m³
Kohlenvorrat:	0,4 t
Erzeuger: Henschel & Sohn, Kassel	

Quelle: Feld- und Industriebahnmuseum

Waggonumbauten für Sonderzwecke, Normalspur

Für militärische Zwecke wurden normale gedeckte Güterwagen aus dem Bestand verschiedener Bahnverwaltungen umgebaut.

Fahrbare Eisenbahnwerkstättenzüge

Zweck der selbständigen Einheiten war die Durchführung auch umfangreicherer maschineller Arbeiten für den Eisenbahnbau und -betrieb nahe hinter der Front in einer mobilen Werkstätte.
Der fahrbare Eisenbahnwerkstättenzug bestand aus mehreren gedeckten Waggons mit einem Generatorwagen und elektrisch angetriebenen Arbeitsmaschinen für Holz- und Eisenbearbeitung, die in den Waggons montiert waren (Gattersägen, Kreissägen, Holzhobelmaschinen, Drehbänke, Bohrmaschinen, Shapingmaschinen, Fräsen, Schmiedeeinrichtungen etc. für die Eisenbearbeitung).
Im Kriegsverlauf kam es überdies zur Aufstellung mobiler Bauzüge als selbständige Einheiten.
Bei Kriegsende standen fünf dieser Werkstättenzüge in Verwendung.

Mobile Eiserzeugungsanlagen

Zweck dieser Spezialwaggons war die Konservierung von Verpflegung und medizinischem Material in frontnahen Gebieten, wo andere Lagerungsmöglichkeiten zur Frischhaltung fehlten.
Ein 6 PS-Sechszylinder-Benzinmotor diente für den Betrieb der Kühlmaschine, deren Produktion 25 kg/h betrug; zwei Waggons besaßen eine leistungsstärkere Anlage mit 100 kg/h;
Betriebsmittelverbrauch: $4^1/_2$ kg/h;
Bedienungspersonal: 1 Maschinist und 1 Gehilfe.
Bei Kriegsende 1918 standen 9 derartige Anlagen in Betrieb.

Eiserzeugungswagen des Ungarischen Roten Kreuzes in Cervignano, 17.8.1918

Fahrbarer Eisenbahnwerkstättenzug, Waggon mit Bohrmaschinen, 29.5.1918

Eine detaillierte Angabe der für Sonderzwecke eingesetzten weiteren Züge würde über den vorgegebenen Textumfang hinausgehen. Deshalb sind die folgenden Angaben nur für die notwendigste Information des Lesers zusammengefaßt.

Sanitätszüge

Ihre Unterscheidung erfolgte je nach den Transportzwecken in Verwundeten- oder Krankenzüge sowie Infektionszüge (für die zahlreichen Malariafälle in den Sumpfgebieten der Ost-, Balkan- und Piavefront oder Trachomerkrankte der Balkangebiete).

Bereits friedensmäßig waren für den Mobilisierungsfall 1332 gedeckte Güterwagen vorgesehen, die sich durch vergrößerte Plattformen und Türen für den leichteren Transport von Tragbahren in das Wageninnere eigneten und deren Umrüstung von ihrer bisherigen Verwendung im Güterverkehr auf Sanitätszüge in kürzester Zeit im waggontechnischen Bereich durch Bahnwerkstätten und für die Sanitätsbelange durch Garnisonsspitäler vorgesehen war.

Die Transportkapazität sollte bei den 52 Garnituren 10.478 Mann betragen. 122 Bahnhöfe waren nach diesem Plan als Krankenhaltstationen eingeplant, die in insgesamt 11.284 Betten nicht mehr Weitertransportfähige aufzunehmen hatten.

Schwerverwundete bei der Verladung in einen Lazarettzug, SW-Front, 23.8.1917

Feldbahnwagen für improvisierten Verwundetentransport, 1910 *Quelle: Sammlung Witz*

Die enorme Anzahl von Verwundeten und Kranken erforderte jedoch schon bald nach Kriegsbeginn zusätzliche Sanitätsgarnituren, die aus vorhandenen, meist zweiachsigen Personenzugswagen, seltener aus vierachsigen Schnellzugswaggons, gebildet wurden. Der Umbau erfolgte zum geringen Teil bei der einschlägigen Industrie, meist in den Betriebswerkstätten der Bahngesellschaften.

  Vorteile: Bessere Federung als bei den G-Waggons, ausreichendere Dampfheizung.
  Nachteile: Schwierigeres Verladen der Tragbahren.

Personal: Ärzte, Sanitäter, Gehilfen, in manchen Zügen auch Krankenschwestern. Die Zuweisung des Personals erfolgte für die k.u.k. Armee über Sanitätstruppen, ferner durch das Rote Kreuz, den Malteser Orden u.a.

Einsatz: durch Bereitstellung von Erforderniszügen in frontnahen Bahnhöfen; Verkehr auch nach festem Fahrplan (meist im Stellungskrieg).

Schlafwagen der ISG, im Frieden ein Begriff für luxuriöses Reisen, jetzt Hoffnung auf ein Überleben
Quelle: Armeemuseum Budapest

Im Gegensatz zu den humanitären und oft lebensrettenden Aufgaben der Sanitätszüge stand der Einsatz der

Panzerzüge

Zusammensetzung: Ein oder zwei Tenderlokomotiven und gedeckte Güterwaggons mit Panzerung sowie Niederbordwaggons mit Oberbaumaterial.
Im Einsatz fuhr stets ein beladener Niederbordwagen als Schutz gegen Minen an der Zugspitze.
Bei Verlegungen oder für längeren Aufenthalt in Stationen erfolgte die Beigabe von Wohnwagen für die Zugmannschaft (2achsige Personenwaggons).
Die Panzerzüge wurden in Bahnbetriebswerkstätten umgebaut.

Bewaffnung und Ausrüstung: Ein bis zwei 47 mm/L33 Schnellfeuerkanonen M 1890 System Skoda (oder 7 cm L/30 SFKn), zwei bis acht Maschinengewehre sowie 25 bis 55 Gewehre. Die Panzerung schützte nur gegen Infanteriegeschoße und Granatsplitter, aber nicht gegen Geschütz-Volltreffer.

Besatzung: 26 bis 77 Mann und 1 bis 2 Offiziere; zehn Mann des Eisenbahnregiments, der übrige Teil bestand aus abkommandierten Infanteristen.

Verwendung: Als mobile konzentrierte Feuerkraft für einen raschen Erkundungsvorstoß, zur Durchführung von Eisenbahnzerstörungen oder zur provisorischen Wiederherstellung des Oberbaus. (Einsätze von Panzerzügen siehe Bahnlinie Triest–Opčina–Görz und Triest–Nabresina–Duino.)

K.u.k. Panzerzug kurz nach der Kriegserklärung 1914; an der Zugspitze die mit Fahnen geschmückte Lok, die Waggons zeigen erste Versuche einer Tarnung; letzter Waggon links ist mit Schienenmaterial für Streckenreparaturen beladen; im Ernstfall befand sich dieser als „Vorlaufwagen" zum Schutz gegen Minen vor der Lok.
Quelle: Archiv Chersovani

Seilbahnbau

Als Folge des Stellungskrieges im Hochgebirge der Südwestfront, erhielt das Eisenbahnregiment eine neue, zusätzliche Aufgabe durch den Seilbahnbau, der damals noch in vielen Belangen technisches Neuland bildete, zum Teil in schwierigstem Felsgelände oder im Bereich von Gletschern. Es sei nur kurz erwähnt, daß die Seilbahn-Detachements und später die Seilbahnkompanien an der Südwestfront einen Stand von 6.665 Mann aufwiesen und bis zum Herbst 1918 ein Seilbahnnetz von 1735,1 km erbauten und betrieben.
Eine Übungsseilbahn befand sich beim Regiment in Korneuburg nahe von Wien und führte von Langenzersdorf auf den Bisamberg.
Die reichen Bau- und Betriebserfahrungen der Jahre 1915 bis 1918 trugen wesentlich zum großen Aufschwung des Seilbahnwesens nach dem Ersten Weltkrieg bei.
Eine genauere Schilderung würde ein eigenes Buch erfordern. Seilbahnen finden deshalb nur dort Erwähnung, wo sie von Bahnendpunkten aus ein weiteres Glied in der Transportkette bis zu den Höhenstellungen bildeten.

Auf die weiteren Spezialkommandos der Eisenbahntruppe einzugehen, ist aus Platzgründen ebenfalls nicht möglich. Dem Anhang „Die Formationen der k.u.k. Eisenbahntruppe" ist die Vielfalt der speziellen Anforderungen zu entnehmen (Seite 315).
Um die Durchführung des militärischen Transportwesens verständlicher zu gestalten, ist ein kurzer Gesamtüberblick über die Organisationsformen in Krieg und Frieden notwendig.

Planung und Organisation für den Kriegsfall

Das bereits 1875 gegründete „Eisenbahnbüro des Generalstabes (EBB)" hatte die organisatorischen Maßnahmen für nachstehende Mobilmachungsfälle vorzubereiten:

                Balkan = „B-Fall / Gelb"
                Rußland = „R-Fall / Weiß"
                Italien = „J-Fall / Blau"

Hinweis: Der jeweilige Buchstabe vor dem Wort „Fall" bezeichnete das betreffende Land aus Gründen der Geheimhaltung bei schriftlichen Befehlen und bei Telefongesprächen. Die Farbangaben bezogen sich auf das Papier der verwendeten Drucksorten. Mischangaben bei gleichzeitigen Mobilisierungen waren möglich: z. B. „BR-Fall / Gelb-Weiß".
Von entscheidender Bedeutung waren auch die Vorschriften und Dienstbehelfe für die konkrete Durchführung des Bahnverkehrs, die im Einvernehmen mit den Bahnverwaltungen erfolgten.
Die Friedensvorkehrungen der Bahnen waren von der Überlegung ausgegangen, daß man im Kriegsfall häufig mit streckenfremdem Personal arbeiten muß und Lokomotiven auf Strecken zum Einsatz gelangen, für die sie von der Konstruktion her wenig geeignet waren. Auch die Arbeit des Werkstätten- und Zugförderungspersonals mit fremdem Lokomotiv- und Waggonmaterial war zu berücksichtigen. Die theoretischen Grundlagen für die Bau- und Fahrordnung wurden aus Sicherheitsgründen mit geringen Fahrgeschwindigkeiten aufgestellt.
Je nach der baulichen Anlage gab es Grundgeschwindigkeiten von 40, 35, 30 und 25 km/h. Bei Steigungen, im Gefälle und in Kurven sank sie rasch, bei 5‰ auf 19 km/h, bei 10‰ auf 17 km/h, bei 20‰ auf 13 km/h, bei 33‰ auf 11 km/h. Bei allen Militärzügen mußte jeder vierte Wagen eine Bremse haben (1/4 des Zuggewichts mußte auf gebremsten Achsen ruhen = 25 Bremsprozente).

Militärtransport *Quelle: Archiv Ostadal*

Die Reisegeschwindigkeit der Militärzüge konnte dann ab Anfang 1916, durch den Zugang aus der Produktion der heimischen Industrie, mit neuen, leistungsstärkeren Lokomotiven allmählich erhöht werden. Zusätzlich beschaffte die k.u.k. Heeresverwaltung weitere Maschinen in Deutschland, die rasch lieferbar waren:

Anzahl	Bauart	Fabrik	Jahr	Reihe
20	1'C h2 GL (serb.)	Henschel, Kassel	1916	860
20	1'C h2 PL (rum.)	Schwartzkopf, Berlin	1916	328
22	D t n2 VL	Henschel, Kassel	1916/17	578
35	D n2 GL (preuß.)	Henschel, Kassel	1916	274
31	1'D h2 GL (serb.)	Linke-Hof, Breslau	1914/17	870
20	E h2 GL (preuß.)	Henschel, Kassel	1917	680

Außer diesen neu gebauten Lokomotiven kamen noch 11 Stück ausgemusterte, aber noch gut brauchbare C n2 GL der Schweizerischen Bundesbahnen, gebaut zum Teil in Winterthur und in Esslingen in den Jahren 1873 bis 1889, hinzu.

Militärsendungen blieben grundsätzlich von der Einwaggonierung bis zum Zielbahnhof im selben Wagen, auch bei Langstreckenfahrten, wie von der französischen Front nach Konstantinopel oder von Warschau nach Tirol. Dagegen mußten Lokomotiven und Dienstwagen aus bahntechnischen Gründen (Übergang zu einer anderen Bahnverwaltung) oft gewechselt werden.

Um die sehr unterschiedlichen Lokomotivtypen der verschiedenen Bahnverwaltungen nach einheitlichen Normen leichter disponieren zu können, wurden diese in „Kriegskategorien" eingeteilt. Die Kategorie hing von der Anzahl der gekuppelten Achsen ab, von der Zugkraft (die schwächste Lok zog 75 t auf 10‰ mit 17 km/h, die stärkste unter denselben Voraussetzungen 700 t), ferner von der Kurvengängigkeit, vom Durchgangsprofil und vom Raddruck.

Die Festlegung einer Einheits-Militärzugtype für den Bereich der gesamten Monarchie sollte eine möglichst reibungslose Verkehrsabwicklung durch gleiche Zuglängen und Zuggewichte sicherstellen. Für die Belastungstabellen wurden daher Strecken mit ungünstigen Neigungs- und Krümmungsverhältnissen oder schwachem Oberbau herangezogen. Hier benötigte ein 500 t Zug bzw. der 100achsige Zug eine hohe Maschinenleistung. Die Traktion erforderte oft zwei, mitunter auch drei Lokomotiven, die vorne und am Zugschluß und manchmal auch in der Zugmitte eingereiht wurden.

Nach der Dienstvorschrift wurden die Zuggewichte wie folgt ermittelt:

1 gedeckter Güterwagen, leer, für Pferde oder Mannschaft	10,5 t
1 offener Güterwagen, leer	8,5 t
1 gedeckter Güterwagen, voll mit Truppen	12,5 t
1 offener Güterwagen, voll mit Fuhrwerken oder Geschützen	12,5 t
1 gedeckter Güterwagen, voll mit Vorräten, Geräten	20,5 t
1 offener Güterwagen, voll mit Material	18,5 t

Dem großen militärischen Vorteil der einheitlichen Bildung von Militärzuggarnituren stand einerseits bei betrieblich guten Strecken die Gefahr einer Zugkraftverschwendung, andererseits die Überbeanspruchung der Lokomotiven bei ungünstigen Voraussetzungen gegenüber.

1865 wurde erstmals eine Kriegsfahrordnung ausgearbeitet, die den Friedensfahrplan zu ersetzen hatte. 1904 erhielt die Kriegsfahrordnung − unter Berücksichtigung der oben genannten Kriterien − jene Fassung, die im wesentlichen bei Beginn des Ersten Weltkrieges Gültigkeit hatte. Die Reisegeschwindigkeit nach der Kriegsfahrordnung − vermehrt um Warte- und Manipulationszeiten sowie Verköstigungsaufenthalte − schwankte zwischen 11 km/h auf eingleisigen und 18 km/h auf zweigleisigen Strecken. So fuhr man von Wien nach Trient 2 Tage und 6 Stunden.

Jedes Jahr wurden im Eisenbahnbüro über den Winter diese vorbereitenden Maßnahmen neu überarbeitet, um inzwischen eingetretene Veränderungen der außerpolitischen Lage, Garnisonswechsel von Truppenteilen, Zu- und Abgänge und Umstationierungen der Fahrbetriebsmittel sowie Um- und Neubauten an Bahnhofs- und Streckenanlagen für die Neuauflage der Kriegsfahrordnung und Berichtigungen der Dienstbehelfe (je Ausgabe 28.170 Exemplare) zu berücksichtigen. (Kriegsfahrordnung Pontebba−Udine siehe Heeresbahn Südwest.)

An Kriegskohlenvorräten wurden ca. 3,000.000 t bereitgehalten, die für einen achtwöchigen Vollbetrieb reichten. Sonstige Betriebs- und Verbrauchsstoffe lagerten stets für einen Monatsbedarf.

Die einzelnen Bahnverwaltungen waren verpflichtet, für 45% der gedeckten Güterwagen Mannschaftseinrichtungen und für 60% derselben auch Pferdeeinrichtungen bereitzuhalten. Für den Mobilisierungsfall lagerten nach Weisungen der Heeresverwaltung somit 34.451 Mannschaftseinrichtungen sowie für je 6 Pferde pro Waggon die Transportvorkehrungen. In den großen Mobilisierungsstationen und im voraussichtlichen Auswaggonierungsraum wurden bis zu 466 m lange Militärrampen errichtet. Verladebrücken und transportable Rampen für Improvisationen wurden bereitgehalten. Zur Verpflegung der fahrenden Transporte wurden 171 Pferdetränk- und 171 Verköstigungsstationen mit 308 Herden vorgesehen. Die Tagesleistung betrug jeweils 50.000 Mittagsportionen und 5000 Zubußen.

Verpflegshalt, Mai 1916   Quelle: Archiv Ostadal

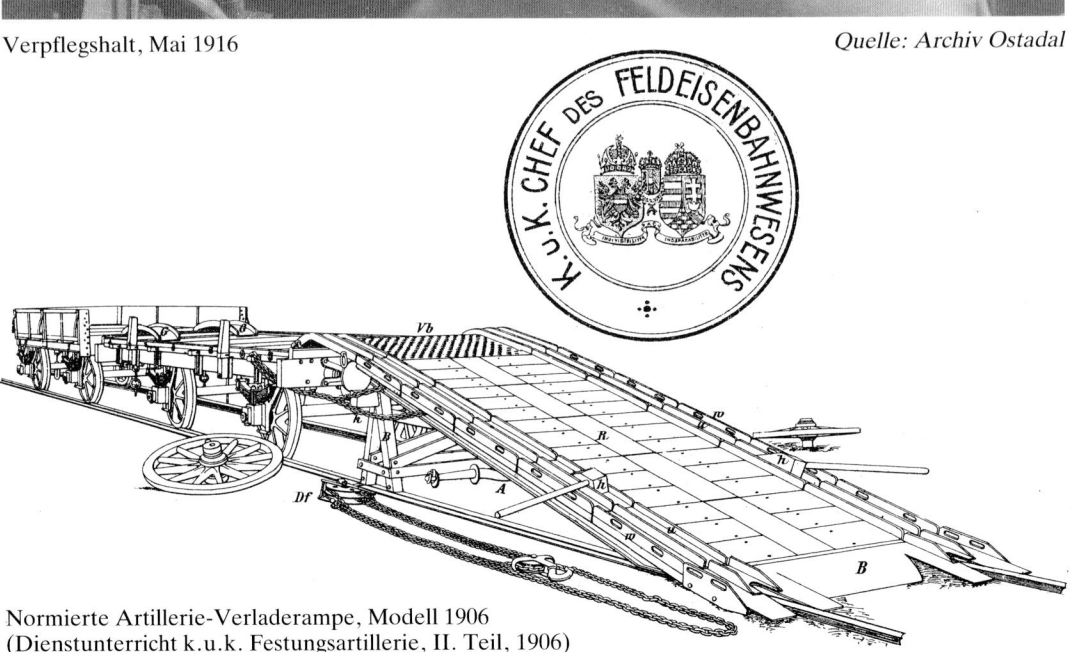

Normierte Artillerie-Verladerampe, Modell 1906
(Dienstunterricht k.u.k. Festungsartillerie, II. Teil, 1906)

Kriegsmäßige Organisation

Aufgrund der ersten Kriegserfahrungen legte man ein neues Organisationsschema für alle militärischen Eisenbahndienststellen fest, das in entscheidenden Belangen auch für die zivilen Bahnverwaltungen galt.

Chef des Feldeisenbahnwesens
mit Stab im Kriegsministerium; dann beim AOK

Umwandlung des Eisenbahnbüros des Generalstabes mit Wirkung vom 27.7.1915 in die

Zentrale Eisenbahn- und Dampfschifftransportleitung = ZTL
im Kriegsministerium, dann als selbständige Abteilung beim AOK. Die ZTL hatte neben der zentralen Lenkung aller größeren militärischen Transportbewegungen und Überwachung der untergeordneten ZTL auch für die Zuweisung von Personal und rollendem Material für die HB, FTL, etc. zu sorgen. Die ZTL konnte die Einschränkung oder Einstellung des zivilen Verkehrs anordnen.
Personal: neben Armeeangehörigen zahlreiche Beamte der k.k. Staatsbahnen sowie der k.u.k. Bahnen, der priv. Bahngesellschaften und Reedereien.

Zentral-Wagen-Lokomotiv-Dirigierung = ZWD
als Dienststelle d. ZTL oblag ihr die Gesamtdisposition über das rollende Material.
Täglich zu Mittag trafen dafür vom gesamten Bahnnetz die Lok- und Wagenmeldungen ein.

Kriegs-Filial-Dirigierungen befanden sich als ausführende Stelle der ZTL bei den FTL.

Feldtransportleitung = FTL
Ihnen oblag die Leitung des Bahnbetriebes für Bereiche der Armeen im Felde sowie dessen Überwachung über mehrere große Streckenabschnitte. Den FTL unterstanden die zivilen Bahnbehörden. Für die Südwestfront bestanden:
FTL 7 in Innsbruck
FTL 8 in Villach
FTL 9 in Laibach
(Organisation einer FTL siehe Kanaltalbahn).

Heeresbahnen = HB; Hb
waren für den Gesamtverkehr in besetzten Gebieten verantwortlich:
HB-Ost für Rußland
HB-Süd für den Balkan
HB-Südwest für Oberitalien zwischen Isonzo und Piave;
(Organisation siehe unter Heeresbahn Südwest).

Expositur einer FTL = Exp. FTL
Leitung und Überwachung des Verkehrs auf Bahnhöfen mit großem Verkehrsaufkommen, Be- und Entladungen. Meist in größerer Entfernung von der FTL.

Bahnhofskommando
im Auftrag einer FTL nur für den Bahnhofsbereich tätig.

Seetransportleitung
ab Frühjahr 1918
Adriaverkehrsleitung

DER VERKEHR NACH ITALIEN VOR 1914

Die wichtigsten Magistralen in der k.u.k. Monarchie nach Süden verliefen nach einem anderen Konzept als in der Gegenwart. Da diese Strecken in den Jahren von 1915–1918 den Hauptanteil der Militärtransporte an die Südwestfront zu übernehmen hatten, erscheint es angebracht, eine Übersicht über das Liniennetz der verschiedenen Bahngesellschaften zu geben, das den Zuglauf bestimmte.

Neben den zu berücksichtigenden wirtschaftlichen, außenpolitischen und militärischen Einflüssen waren die einzelnen Gesellschaften von sich aus bestrebt, den Übergang ihrer Züge auf Strecken anderer Verwaltung aus Gründen der Betriebseinnahmen soweit als möglich zu vermeiden, zumal außerdem jeweils ein Lok- und Personalwechsel erforderlich war (außer bei Peage-Strecken).

Die den damaligen Gegebenheiten entsprechenden Kurswagen- und Zugsverbindungen brauchen einen Vergleich mit der Gegenwart nicht zu scheuen. Bei den einzelnen Strecken werden die wichtigsten Kurswagenverbindungen angeführt, um einerseits das umfangreiche in- und ausländische Angebot vorzustellen, andererseits soll eindringlich daran erinnert werden, wie rasch sich der Wandel von einem Europa verbindenden Friedensverkehr zur harten Realität des Krieges vollzog.

Die folgenden Angaben beziehen sich auf den letzten friedensmäßig erstellten Fahrplan für August – September 1914. Bei den heutigen ÖBB-Bahnhöfen sind in Klammern die Fahrplannummern des Kursbuches 1989/90 hinzugefügt. Diese sollen dem Interessierten einen leichteren Vergleich zwischen dem Verkehrsangebot von gestern und heute ermöglichen.
(Unterstrichen = Ausgangs- und Zielbahnhöfe; kursiv = anderer Zuglauf als heute.)

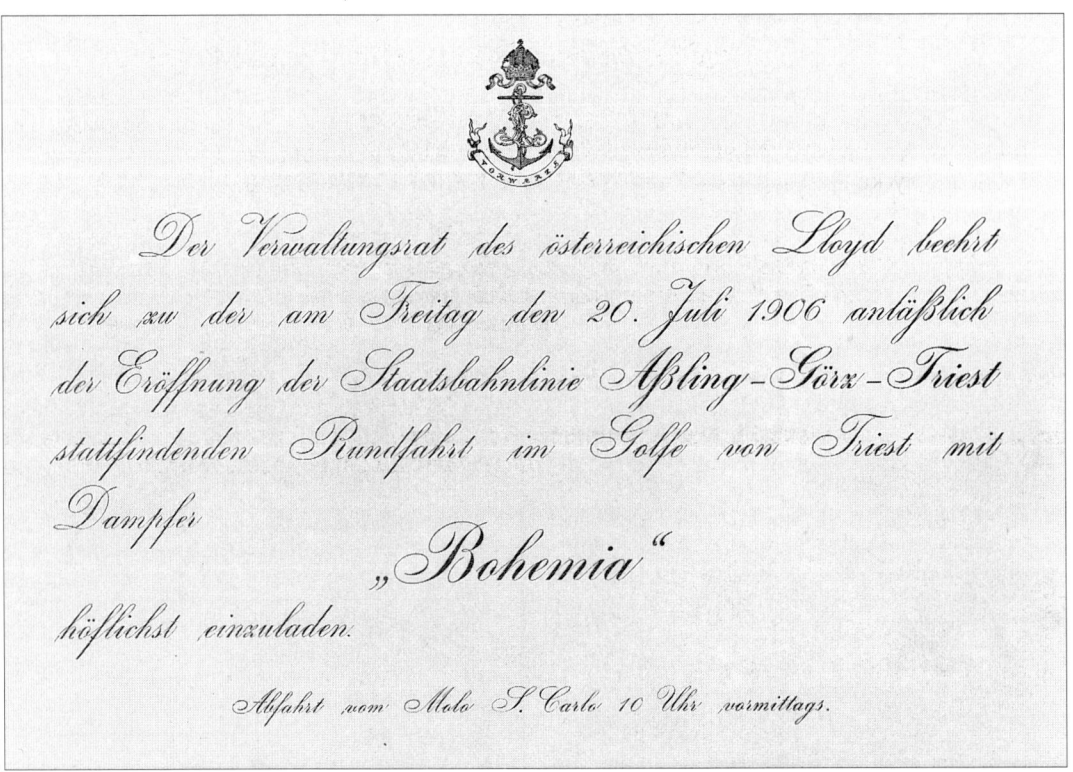

Große Erwartungen verbinden sich mit der Eröffnung der „Transalpina" (Wocheinerbahn)
Quelle: Österr. Staatsarchiv (Nachlaß Pirker-Pleyer)

K.k. österreichische Staatsbahnen (K.k. StB)

1. <u>Wien West</u> (1) — *Amstetten (13)* — *Gesäuse* — *Selzthal (14)* — *St. Michael (6)* — St. Veit a. d. Glan — Klagenfurt (66) — Weizelsdorf — Rosenbach (22) — Aßling — Feistritz/ Wocheinersee — Isonzotal — Görz — <u>Triest Staatsbahnhof</u> (Transalpina).
   Zwei Schnellzugspaare Wien — Triest und zwei München — Salzburg — Tauernbahn — Villach — Triest.
   Kurswagen: Paris — Innsbruck — Brenner — Franzensfeste — Lienz — Villach — Triest; Berlin — Triest über Salzburg; Hamburg — Triest; (London—) Vlissingen — Triest; Meran — Bozen — Franzensfeste — Lienz — Villach — Triest.
   Schlafwagen: München — Triest;
   Speisewagen: München — Triest; Linz — Pyhrnbahn — Selzthal — Klagenfurt — Triest; Meran — Bozen — Franzensfeste — Lienz — Villach — Triest;
   Aussichtswagen: Salzburg — Villach — Triest.
   Fahrzeit: Wien — Klagenfurt 11 h 27 min; Wien — Triest 16 h 10 min.

   Früher benützten wichtige Schnellzüge nach Triest die Route durch das Isonzotal, heute dient diese nur dem regionalen Personenverkehr und einem stärkeren Güterverkehr zur Entlastung der Route über Laibach.

2. <u>Wien West</u> — (wie unter 1. nach) *St. Veit a. d. Glan (65)* — *Feldkirchen in Kärnten* — *Ossiachersee* — Villach (6) — Arnoldstein — Tarvis — <u>Pontafel/Reichsgrenze</u> (heute FS-Bhf. Pontebba).
   Zwei Schnellzugspaare Wien — Pontafel (—Udine — Venedig — Rom)
   Kurswagen: Wien — Pontafel — Udine — Venedig — Florenz — Rom; Warschau — Wien Südbhf. — Leoben — St. Michael — Villach — Pontafel — Rom; (Moskau—) Podwoloczyska (österr. Grenzbahnhof in Galizien) — Lemberg — Přzemysl — Krakau — Oderberg — Lundenburg — Wien Südbhf. — St. Michael — Pontafel — Venedig — Mailand — Ventimiglia; Podwoloczyska — Wien Südbhf. — Villach — Meran.
   Fahrzeiten: Wien — Villach 12 h; Wien — Venedig 18 h 50 min;
   Moskau — Wien 39 h 16 min; Podwoloczyska — Wien 19 h 38 min;
   Podwoloczyska — Rom 35 h 25 min; Moskau — Venedig 58 h 06 min;

3. <u>Salzburg</u> (2) — Schwarzach St. Veit (22) — Badgastein — Spittal a. d. Drau — <u>Villach</u> (Spittal a. d. Drau — Villach Peage-Strecke mit k.k. priv. SB).
   Fünf Schnellzugspaare
   Kurswagen: Berlin Anhalter Bhf. — Prag — Budweis — Linz — Salzburg — Villach — Triest; Berlin Anhalter Bhf. — Landshut — Salzburg — Villach — Triest; München — Villach — Triest — Fiume über Aßling — Laibach; Badgastein — Villach — Marburg — Pragerhof — Budapest;
   Schlafwagen: Stuttgart — München — Triest;
   Speisewagen: München — Triest;
   Aussichtswagen: Salzburg — Triest
   Fahrzeiten: Salzburg — Villach 4 h 23 min; Salzburg — Triest 10 h.

4. <u>Wien West</u> (1) — *Amstetten (13)* — *Selzthal* — *Bischofshofen (2)* oder Amstetten — Linz— Salzburg (2) — Bischofshofen und weiter — Zell am See — Wörgl (3) — <u>Innsbruck</u>.
   Drei Schnellzugspaare über Amstetten — Selzthal — Bischofshofen und zwei über Linz — Salzburg — Bischofshofen nach Innsbruck.
   Kurswagen: Wien — Selzthal — Innsbruck — Zürich — Biel — Paris (—Lyon — Marseille); Budapest Ostbhf. — Wien West — Zürich — Mühlhausen — Paris;
   Schlafwagen: Wien — Zürich;
   Speisewagen: Wien — Selzthal — Zürich.

Caffè degli Specchi al Municipio in Triest.

Besitzer: Anton Cesareo und Vincenz Carmelich.

Diese zwei grossen, höchst eleganten Cafés nehmen die zwei schönsten Façaden des **Grossen Platzes** ein, des Centrums der Stadt, mit herrlichem Ausblicke auf den Hafen, und sind der Sammelpunkt des distinguiertesten Publicums.

Die Localitäten und die ganze Umgebung sind brillant elektrisch beleuchtet. — An Sommerabenden finden vor beiden Cafés Concerte der Militärkapelle, sowie anderer Musikkapellen statt. Im Winter werden diese Concerte um die Mittagsstunde abgehalten.

Telephon stets zur Verfügung. **Abgesonderte Spiel- und Billardsäle. Zeitungen aus allen Ländern in allen europäischen Sprachen. Ausserordentlich zahlreiche illustrierte und Kunstfachblätter.** — Tadelloser Dienst. **Beide Cafés sind Tag und Nacht offen.**

*** Triest. ***

Hôtel Volpich
zum schwarzen Adler.

Restauration u. Bäder im Hause.

Peinlichste Reinlichkeit.

Im Mittelpunkt der Stadt gelegen, mit 3 Fronts: **Corso**, via S. Spiridione und via S. Nicolo. Schöne, grosse und luftige Zimmer, mit allem Comfort ausgestattet.

Omnibus am Bahnhof.

Vollständig umgebaut und neu möbliert.

Mässige Preise.

** Hôtel Europa **

Telegramm-Adresse „Hôtel Europa Triest". ❖ Telephon Nr. 23.

Einziges Hôtel mit **Garten-Restaurant** in der nächsten Nähe des k. u. k. Post- u. Telegraphenamtes, sowie des Südbahnhofes, mit comfortabel eingerichteten Zimmern im Preise von 80 kr. aufwärts; reisende Kaufleute 20% Ermässigung. Ausschank des weltberühmten Pilsner Bieres aus dem bürgerl. Bräuhaus in Pilsen und Reinighaus in Graz. Ausgewählte Weinmarken, sowie auch Eigenbauwein. Exquisite deutsche u. italienische Küche. Omnibus zu allen Zügen. **Alois Lohr**, Hôtelier.

Triest erwartet sein internationales Reisepublikum   Quelle: Österr. Staatsarchiv (Nachlaß Pirker-Pleyer)

K.k. privilegierte Südbahngesellschaft (K.k. priv. SB)

1. <u>Wien Südbhf.</u> (5) – Semmering – Bruck a. d. Mur – Graz – Marburg – Cilli – Laibach – <u>Triest Südbhf.</u> (Meridionale)
   Vier Schnellzugspaare Wien – Laibach – Triest
   Kurswagen: Wien – Abbazia – Mattuglie – Fiume; Wien – Pola über Divača;
   Wien Südbhf. – Bruck a. d. Mur – St. Michael – Villach – Pontafel;
   Warschau – Wien Südbhf. – Villach – Venedig – Rom;
   (Moskau–) Podwoloczyska – Wien Südbhf. – Villach – Venedig;
   Budapest Südbhf. – Pragerhof – Triest – Cormons – Venedig – Mailand;
   Schlafwagen: Wien – Triest – Venedig – Rom; Wien – Pola (mit direktem Schiffsanschluß nach Brioni); Wien – Abbazia – Fiume; Budapest – Triest;
   Speisewagen: Mürzzuschlag – Triest
   Fahrzeit: Wien – Triest über Laibach 11 h 05 min.

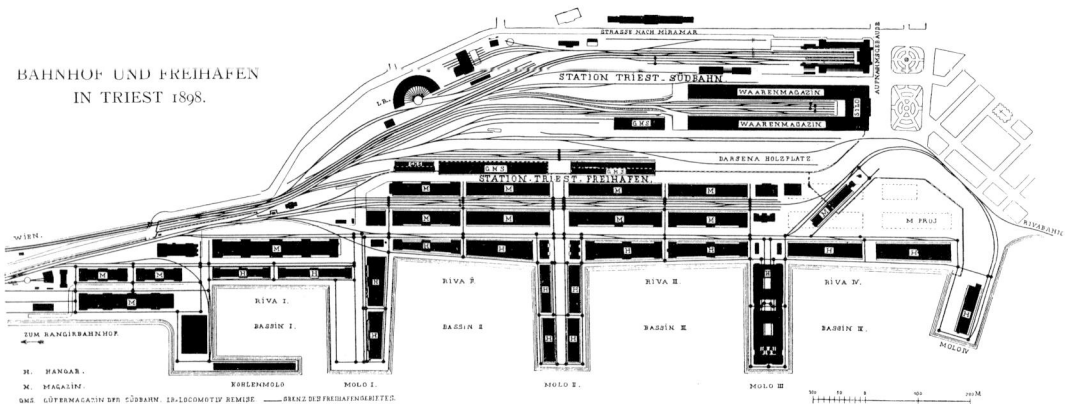

BAHNHOF UND FREIHAFEN IN TRIEST 1898.

2. **Die Anschlußverbindungen von Triest nach Italien**
   In Triest, dem bedeutendsten Hafen Österreich-Ungarns, endeten die direkten Zugsverbindungen aus allen Teilen der Monarchie. Kurswagen in Richtung Venedig gingen jedoch in Nabresina auf die nach Italien weiterführenden Züge über.
   Die in der Folge beschriebenen Strecken dienten einerseits der Verbindung aus der Türkei über Serbien nach Triest und weiter über Venedig nach Rom oder bis nach Frankreich, anderseits dem verkehrsmäßigen Anschluß von Dalmatien und Istrien an diese Magistrale.
   Im Ersten Weltkrieg erlangten diese Bahnlinien besondere strategische Bedeutung, da sie die einzigen, in Teilabschnitten noch befahrbaren Verbindungen zu den in zwölf Isonzoschlachten schwerst umkämpften Gebieten von der Adria bis zum Karst waren.

2a. <u>Triest</u> – Nabresina – Monfalcone – Gradisca – Görz Südbhf. – <u>Cormons</u>/Grenzbahnhof (–Udine)
   Betrieb: K.k. priv. Südbahngesellschaft, Direktion Triest
   Streckenlänge: 50 km
   1 Luxuszug/Simplon Expreß, 2 Schnellzugspaare
   Kurswagen: Budapest Südbhf. – Laibach – Triest – Venedig – Mailand;
   Fiume – Triest – Venedig.
   Fahrzeit: Triest – Cormons 1 h 54 min.

2b. (Triest − Nabresina−) Monfalcone − Cervignano/Grenzbahnhof (−Portogruaro).
Betrieb: K.k. priv. Friauler Eisenbahngesellschaft. Im Staatsbetrieb, Direktion Triest
Streckenlänge: 17 km
Zwei Schnellzugspaare.
Kurswagen: Wien Südbhf. − Marburg − Triest − Cervignano − Venedig;
Budapest Südbhf. − Marburg − Triest − Cervignano − Venedig;
Schlafwagen: detto.
Fahrzeit: Triest − Cervignano 1 h 27 min.
Kürzeste Verbindung Wien − Venedig 11 h 05 min.

Von Cervignano führte eine Nebenstrecke, die sich im Besitz der gleichen Gesellschaft befand, über Aquileja nach Belvedere. Von hier bestand zu jedem Zug eine Schiffsverbindung nach Grado, einem damals schon sehr beliebten Badeort.
Streckenlänge: 13 km
Täglich mehrere Kurswagen:
Triest − Belvedere
Fahrzeit: Cervignano−Belvedere 35 min;
(Schiff Belvedere − Grado 25 min).

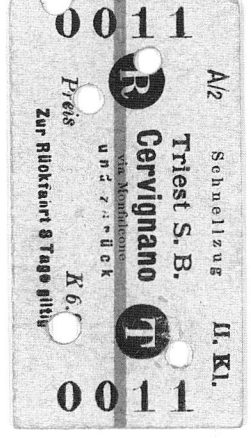

Die Bahnhofs-Monumentalbauten entsprachen der Bedeutung der Stadt in der k.u.k. Monarchie; der neue Südbahnhof in Triest.   *Quelle: Museo ferroviario Triest*

41

In der geräumigen Halle des Südbahnhofes wird die Ankunft des nächsten Schnellzuges aus Wien erwartet.
Quelle: Museo ferroviario Triest

Die Zahnradbahn brachte bisher die Touristen von Triest nach Opčina zu dem berühmten Aussichtspunkt auf Stadt und Meer. Ab 1915 transportierte sie Verwundete von der Karstfront in die Lazarette

Miramare ist einer der Höhepunkte bei einer Triest-Reise   *Quelle: Museo ferroviario Triest*

Wenige Jahre später rollt der k.u.k. Panzerzug Nr. 2 anstelle der Schnellzüge über diese Strecke

Klimatischer Curort in schöner, geschützter **Lage, am Ausgange der Isonzo- u. Wippacher-Thäler,** m. schönen Anlagen u. Stadtpark. Prächtige Umgebung (s. Heinrich Noé, Görz u. Umgebg.) Ausflüge mit der Eisenbahn n. Udine (1 St.), nach Triest (1½ St.), nach Aquileja u. Grado (Station Villa Vicentina 3 St.), nach Venedig (4 St.). **Hôtels,** Kaffeehäuser, mit reicher Zeitungsauswahl, Cur-Casino, Promenade-Concerte der städtischen und Militär-Musik, Theater. Oeffentliche u. Privat-Erziehungs-Anstalten, k. k. Ober-Gymnasium, Ober-Realschule und Lehrerinnenbildungsanstalt. Katholische, evangelische und israelitische Kirchen. Wannen-, Douche- und Dampfbäder. **Prospecte gratis beim Magistrat.**

GÖRZ

Die Südbahn unter Generaldirektor Schüler war auch bahnbrechend auf dem Gebiet des „Tourismus-Marketing" tätig. Diese Bahngesellschaft errichtete eigene Hotels in Abbazia, Görz, Semmering und Toblach.

Bald nach Beginn des Weltkrieges sind die Hotels beschlagnahmt oder zerstört, der Zugverkehr ruht; Bahnsteig Südbahnhof-Görz, Spätherbst 1917
Quelle: Musei provinciali Gorizia

2c. Görz Südbhf. – Prvačina – Haidenschaft

Betrieb: Wippachtalbahn; im Staatsbetrieb, Direktion Triest
Streckenlänge: Görz – Haidenschaft 28 km
Drei Personenzugspaare tgl., ein zusätzlicher Zug nur SF.
Fahrzeit: 1 h 31 min.

Nebenbahn, die der wirtschaftlichen Erschließung des Wippachtales diente. Sie bildete während der Isonzoschlachten eine wichtige Nachschublinie, die über eine Seilbahn ihre Fortsetzung entlang des Kampfgebietes fand. Da diese Strecke in den Bauberichten der k.u.k. Eisenbahntruppen häufig genannt wird, erfolgt hier deren Erwähnung.

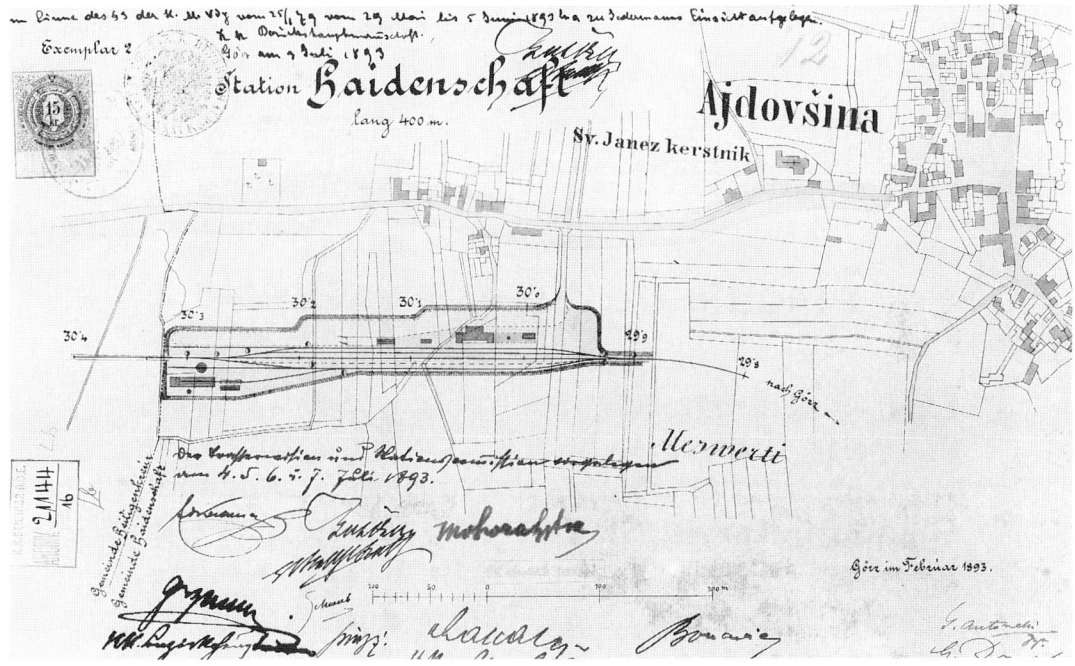

Station Haidenschaft, 1893, Gleis rechts nach Prvačina
Quelle: Österr. Staatsarchiv, (StA 21144/16b)

Haidenschaft, Nebenbahn-Endpunkt, wurde 1915 zu einem wichtigen Umschlagplatz. Die „Eugen-Seilbahn" führte mit mehreren Abzweigungen über den Ternovaner Wald weiter in Richtung Norden. Erbauer: 17. und 25. EisbKp, Betriebsaufnahme Ende Juli 1915

3. Transversalbahn:
Wien Südbhf.; wie bei Pkt. 1. bis Marburg − Unterdrauburg − Völkermarkt (62) − Klagenfurt (6) − Villach (22) − Spittal/Drau (22a) − Lienz − Innichen − Franzensfeste (Anschluß: Brenner − Innsbruck; Bozen − Meran; Bozen − Trient − Ala).
(Ala = öst. ung. Grenzbahnhof, hier Übernahme der Züge durch die FS;
Villach − Spittal/Drau Peage-Strecke mit k.k. StB).
Drei Schnellzugspaare.
Kurswagen: Wien − Bozen − Meran; Wien − Bozen − Ala;
(Moskau −) Podwoloczyska − Wien Südbhf. − St. Michael − Villach − Meran;
Budapest Südbhf. − Marburg − Meran; Budapest Südbhf. − Marburg − Villach − Franzensfeste − Brenner − Innsbruck − München; Triest Staatsbhf. − Villach − Franzensfeste − Brenner − Innsbruck − Buchs − Paris;
Schlafwagen: Wien Südbhf. − Bozen − Meran; Wien Südbhf. − Bozen − Trient − Ala;
Budapest − Meran;
Speisewagen: Wien Südbhf. − Meran; Triest Staatsbhf. − Villach − Meran.
Fahrzeit: Wien − Villach 10 h 52 min; Wien Südbhf. − Meran 18 h 35 min;
Wien − Ala 19 h 46 min.

Ambulante Speiseservices

werden in den Stationen

Linz, Bischofshofen, Saalfelden, Schwarzach, St. Veit, Wörgl, Landeck, Langen, Budweis-Hieflau, Selzthal, Stainach-Irdning, St. Michael, Glandorf, Tarvis, St. Veit a. d. Glan, Herpelje-Kozina, Pilsen, Zditz, Furth i. W., Klattau, Gmünd, Marienbad, Tabor und Weseli

bei den zur Mittagszeit eintreffenden Zügen, gegen vorherige Bestellung, in die Coupés gereicht.

Speisekörbchen

mit kalter Küche, enthaltend Schinken, kalten Braten, eventuell für einen solchen ein viertel Huhn, Torte, Käse, eine kleine Flasche Wein, eine kleine Flasche Gießhübler, Salz, Pfeffer, ein Trinkglas, ein Korkzieher, ein Messer und eine Papierserviette als Eigentum des Erstehers, sind **bei allen Zügen** in den Stationen

Wien, Salzburg, Bischofshofen, Stainach-Irdning, Saalfelden, Schwarzach-St. Veit, Meran, Landeck, St. Anton, Langen, Feldkirch und Bregenz erhältlich.

„Bahn Totalservice" im Juni 1914; Staats- und Südbahn werben um Reisepublikum

4. (München −)   Kufstein (3) − Wörgl − Innsbruck − Brenner − Bozen − Trient − Ala (−Verona).

Vier Schnellzugspaare Kufstein − Ala; ein Schnellzugspaar Innsbruck − Franzensfeste (−Lienz − Villach); ein Schnellzugspaar (Villach − Lienz−) Franzensfeste − Bozen
Kurswagen: Berlin − München − Innsbruck − Verona − Rom;
Breslau − München − Bozen; München − Verona − Venedig;
München − Verona − Mailand − Ventimiglia;
Schlafwagen: München − Verona;
Speisewagen: München − Ala
Fahrzeiten: München − Innsbruck 4 h 5 min; Innsbruck − Meran 3 h 22 min; Innsbruck − Ala 5 h 58 min.

Im Jahre 1913 glaubte Europa noch fest an ein langes Andauern der friedlichen Epoche. Industrie, Handel und Tourismus blühten, die Intensität des Bahnverkehrs erreichte einen Höhepunkt.
Doch die Gefahren eines ausufernden Nationalismus und das Streben vieler Völker nach staatlicher Selbständigkeit führten zu wachsenden diplomatischen und militärischen Spannungen.

Nicht lange danach bietet sich ein anderes Bild: Verköstigungsstelle an der SW-Front

Für die k.u.k. Monarchie zählte das Königreich Italien trotz des gültigen Bündnisvertrages zu den potentiellen Gegnern. Dementsprechend fand die Verschärfung der außenpolitischen Situation in flankierenden militärischen Aktivitäten ihren Niederschlag.

Das „Eisenbahnfeldelaborat" über die ausschließlich auf italienischem Staatsgebiet befindliche Strecke Sacile – Vicenza gewährt einen kleinen Einblick in die umfassenden operativen und taktischen Vorbereitungen Österreich-Ungarns. Vermutlich bildeten Agentenmeldungen die Hauptgrundlage für die Planung des Evidenzbüros des k.u.k. Generalstabes. Gegen sonstige Gepflogenheiten führt das Elaborat keine verfassende Dienststelle und Ordnungszahl an. Lediglich der Vermerk „Korneuburg 1913", läßt darauf schließen, daß dem k.u.k. Eisenbahnregiment die Detailausarbeitung möglicher Zerstörungen und deren Behebung übertragen wurde.

Der Ausbruch des Ersten Weltkrieges am 28.7.1914 beendete jäh den Friedens-Fahrplan. An seine Stelle trat die Kriegsfahrordnung. Statt internationaler Fernverbindungen verkehrten nun die Transporte zur Front und die Züge mit Verwundeten zurück Richtung Heimat.

Die schweren Kämpfe der zunächst im Zweifrontenkrieg gegen Serbien und Rußland stehenden k.u.k. Monarchie forderten eine erschreckend hohe und noch ständig wachsende Anzahl Verwundeter, mit deren Höhe man bei keiner vorsorgenden Planung gerechnet hatte. Es mußte daher auch beim Abtransport Schwerverwundeter auf jede sich nur anbietende Improvisationsmöglichkeit zurückgegriffen werden.

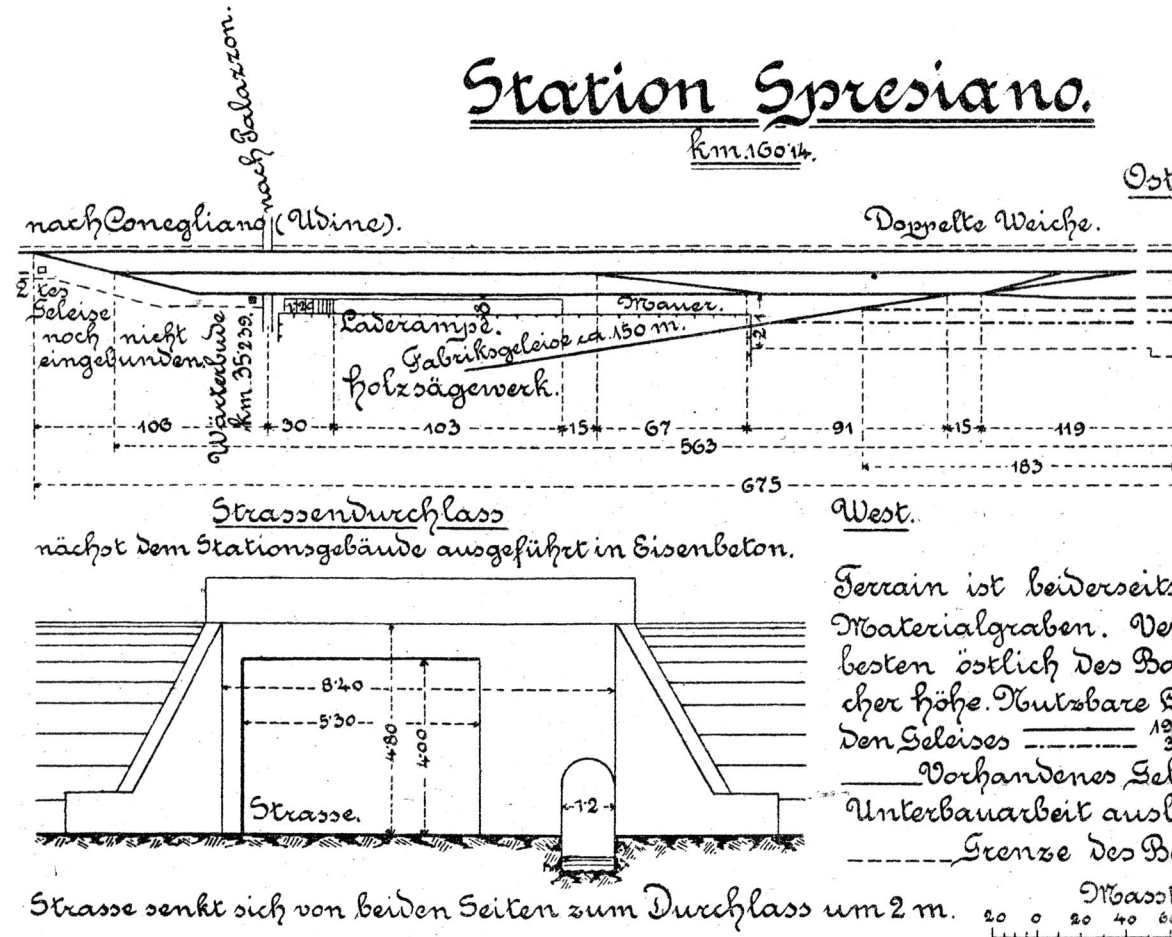

Station Spresiano Km 160·14

Beschreibung: 600 m lang. 1 Ausweichgeleise für Züge mit 70 Achsen.

Wahrscheinliche Zerstörung: Von den Einfahrts- weichen Wechsel- und Herzstück zer- stört, von den übrigen Zungen abge- nommen, Telegraphenapparate entfernt.

Eisenbahnfeldelabora[torium]
für die
Wiederherstellung der Linie
Sacile–Treviso–Vicenza.
Korneuburg, 1913.

Post	Art	Benanntlich			Anzahl	Anmerk.
1	Oberbau-Material	Querschwellen	Stück		280	
2		Schienen u. Kleineis.	m		400	
3		Weiche	links	Stück	2	
4			rechts		4	
5	Telegraphen-Material	Telegraphenleitung	Km		3	
6		Stationen	Telephon	Stück	2	
7			Morse		2	
8		Gewicht in Tonnen	Holz		27·95	
9			Eisen		71·31	
		Tagschichten à 10 Stund.			190	
		Max. Arbeitskraft in Kompagn. à 200 Arb.			1/4	

Beschreibung: Steingewölbe, 434 m lang, 7·50 m hohe Anschlussdämme.

Wahrscheinliche Zerstörung: Tragwerk gesprengt.

Post	Art	Benanntlich			Anzahl	Anmerkung
1	Holz	Rundholz d. 25-30 cm		Längenmeter	160	
2		Kantholz 30/30			200	
3		Halbhölzer 30/15			200	
4		Hilfshölzer 20 / 15-20			700	
5		Pfosten 5/27	Stück		500	
6	Eisen	Walzeisenträger			3	
7		Eisenbahnkriegsbr. Bahn			3 × 21	
8		Rundeisen d. 15-26 mm			120	
9		Gerüstklammern			600	
10		Pilotenschuhe		Stück	30	
11		Nägel			120	
12	Diverse	Brückenschwellen			90	
13		Schienen u. Kleineis.	m		120	
14		Wasserfahrzeuge			6	
15		Gewicht in Tonnen	Holz		72·20	
16			Eisen		109·00	
		Tagschichten à 10 Stunden			1100	
		Max. Arb.Kr. in Komp. à 200 A.			1	

nach Treviso.

Cader. / Stationsgeb.
15 — 43 — 26 — 30

...m Kiefer. Kein
...össerung am
...hofes in glei-
...ge des bestehen-
...Ohne
...bar Geleise.
...hofes.

0   100   150   200 m

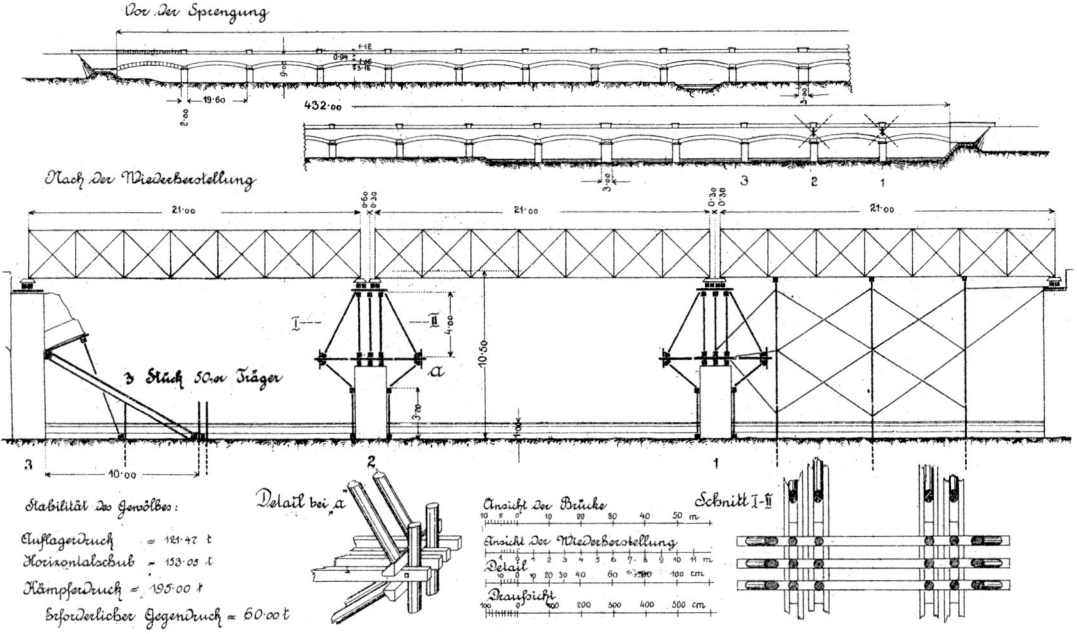

„Verwundeten-Zug" an der russischen Front, 1914   *Quelle: Feld- und Industriebahnmuseum*

DIE BAHNEN ZWISCHEN ORTLER UND ISONZO 1915–1918

Die Südwestgrenze der Monarchie erstreckte sich fast ausschließlich auf hochalpinem Gelände, das bisher nur Hirten, Jäger und Bergsteiger betreten hatten. Die militärische Planung klammerte dieses Gebiet als ungangbar fast zur Gänze aus. Dementsprechend waren auch nur minimale vorbereitende Maßnahmen in verkehrsmäßiger Hinsicht getroffen worden.

Bereits in der Zeit der zunehmenden Spannungen zwischen dem Königreich Italien und Österreich-Ungarn seit Juni 1914 traten die militärischen Transportbelange im Raum entlang der südwestlichen Reichsgrenze der Monarchie immer mehr in den Vordergrund. Sie führten zu einer fast völligen Auslastung der vorhandenen Transportkapazitäten der wichtigsten Bahnlinien.

In den ersten Monaten der außenpolitischen Krise waren die zivilen Baukräfte der örtlichen Bahnverwaltungen beim Streckenausbau eingesetzt, der vor allem eine Leistungssteigerung der vorhandenen Anlagen zum Ziele hatte.

Mit der zunehmenden Kriegsgefahr wurden diese Arbeitskräfte in immer größerem Ausmaß durch das militärische Personal der k.u.k. Eisenbahntruppe abgelöst. Mit der Kriegserklärung Italiens an Österreich-Ungarn am 24. Mai 1915 übernahm die k.u.k. Armee fast zur Gänze die Agenden des Bahnbaues in diesem Gebiet. Nur bei den weiter von der Front entfernt gelegenen Bauvorhaben kamen auch weiterhin zivile Baufirmen mit ihren Kräften und ihrer Ausrüstung zum Einsatz. Zumeist handelte es sich dabei um besonders vordringliche Projekte, die mit den zur Verfügung stehenden militärischen Spezialeinheiten nicht in der von der Führung geforderten kurzen Frist hätten ausgeführt werden können. Neben dem Einsatz von militärischen Kräften der Eisenbahntruppe griff man daher auch auf die Ingenieur-Reserve der k.k. Staatsbahndirektion Innsbruck sowie auf leistungsfähige Zivilfirmen zurück. Im folgenden Teil befindet sich zu jedem erwähnten Bauvorhaben ein Hinweis auf die dort zum Einsatz gelangten Kräfte.

Von den End- und Ausladebahnhöfen bis zur Front bestanden in fast allen Abschnitten große Verkehrslücken. Die bestehenden Straßen konnten den ständig anwachsenden Nachschubverkehr von den Ausladebahnhöfen zu den einzelnen Frontabschnitten nicht mehr aufnehmen. Überdies verursachten die schwierigen Gebirgsstraßen einen hohen Verschleiß der eingesetzten Kraftwagenkolonnen. Diese wieder beschädigten mit ihren hartgummibereiften Eisenrädern den Oberbau der Straßen.

Unter dem Druck des kaum mehr zu lösenden Transportproblems wurde von der Heeresleitung der Bau von Schmalspurbahnen und der Ausbau der bestehenden Bahnen vordringlich befohlen. Im Gesamtkonzept strebte man eine von Witterungseinflüssen weitgehend unabhängige Verbindung an. Ausgehend vom leistungsstarken Netz der Hauptstrecken sollten diese Bahnen die großen, für den Nachschub wichtigsten Seitentäler erschließen. Von den Endpunkten oder Umschlagstationen der Schmalspurbahnen übernahmen Seilbahnanlagen den Weitertransport strahlenförmig zu den einzelnen Frontabschnitten.

In Anpassung an die geländemäßigen Gegebenheiten des Berglandes kamen verschiedenartige Zubringersysteme zur Ausführung:
1. Beginnend von den Ausladebahnhöfen der Normalspurlinien hatten Feldbahnen durch Seitentäler, in denen die Straßen den Verkehr nicht mehr aufnehmen konnten, bis zu den Talendpunkten zu führen.
2. Von den Endstationen der zu erbauenden Bahnen sollten Seilbahnen den Weitertransport übernehmen, und zwar:
   a) Schwer- und Nachschubseilbahnen von den Endstationen der Feldbahnen bis in Frontnähe,
   b) von den Endpunkten der Nachschubseilbahnen dienten Stellungsseilbahnen zum Weitertransport bis unmittelbar zu den Höhenstellungen (siehe Grödnerbahn).

Die Seilbahnen stammten von heute noch bestens bekannten Firmen: Bleichert, Zuegg, Köllensperger, Pohlig und Waagner/Biro als Modelle M 150 und M 100.

Auch schon damals gab es Probleme mit dem Straßenverkehr, SW-Front 1915

Während in der Zeit von 1915 bis zur Herbstoffensive 1917 nur Einheiten der k.u.k. Eisenbahntruppe Verwendung fanden, trafen im Zuge der Offensivvorbereitung in steigender Anzahl auch Kaiserlich deutsche Eisenbahnformationen am südwestlichen Kriegsschauplatz ein. Sie standen vom Valsugana über die Dolomiten bis zum Unterlauf des Piave gemeinsam mit den österreichisch-ungarischen Eisenbahntruppen im Einsatz. Erst im Verlauf des Frühjahrs 1918 erfolgte die Herauslösung der deutschen Eisenbahnformationen aus der Südwestfront zur Verwendung an anderen Kriegsschauplätzen.

Die nun anschließenden Abschnitte bringen eine dem Frontverlauf folgende Beschreibung der von den k.u.k. Eisenbahntruppen errichteten Bauten (von West nach Ost). Auch solche Projekte werden geschildert, die im Zuge einer Frontveränderung oder infolge des Zusammenbruchs nicht mehr vollendet wurden, deren besondere Art der Planung oder Bauausführung aber von bleibendem Interesse ist. Entscheidend für eine Beschreibung sind der militärische Zweck des zu erbauenden oder wieder zu errichtenden Eisenbahnobjektes und sein Standort.

Die Reschenscheideckbahn

Landeck – Reschenpaß – Mals

Um die einzige bestehende Bahnverbindung, die von Nordtirol über den Alpenkamm nach Südtirol führt, die Brennerbahn, zu entlasten, beschloß man den Bau einer zweiten Bahnlinie.

Als Ausgangspunkt wählte man den Bahnhof Landeck der Linie Innsbruck – Arlberg. Die geplante Trasse verläuft im Inntal über Tösens zum Reschenscheideck und über die Malserheide nach Mals, dem Endpunkt der Vinschgaubahn (Bozen–) Meran – Mals.
Befehlsbereich: X.AK. Für die Bauausführung wurde ein Stab mit Ingenieuren der k.k. Staatsbahnen und der Eisenbahntruppe geschaffen. Diesem stand Oberst Julius Khu der Eisenbahntruppe als Verantwortlicher vor. Bei Kriegsende war das Los Landeck – Tösens in Bau, Tösens–Reschenscheideck in der Trassierung begriffen. Unterbau größtenteils in Bau. Tunnels zu 6%, Brücken zu 10% (Beton, Stein) fertiggestellt. Nach dem Zusammenbruch wurde der Bau eingestellt und die vorhandenen Baulichkeiten abgesichert.
Bauleitung: Oberst Ing. Julius Khu mit dem Zivil-Ingenieurstab: Langsteiner, Hopfgartner, Dr. Korger, Innerebner und Mayr.
Bauausführende: Firmen Mayreder u. Co, Redlich und Berger, Dr. Korger und Riehl.
Bauzeit: 1.4.1918 – 31.10.1918.

Daß bis zum Kriegsende der Bau fortgesetzt wurde, zeigt die Zuweisung von Rollbahn-Loks:

> „ZTL 134.635/18
> Übernahme der R IIIc 120 und 123 in der Station Prutz der im Bau befindlichen Reschenscheideckbahn am 30.9.1918."

In der letzten Phase des Zweiten Weltkrieges wurde der Bau wieder in Angriff genommen. Das Jahr 1945 beendete auch hier die Ausführung weiterer größerer Bauten.

An der Vinschgaubahn (Bozen–) Meran – Mals wurden außer Rampenbauten für militärische Verladungen keine Erweiterungsbauten durchgeführt.

Auch ein weiteres Projekt zur Erschließung des Inntales, das noch auf die Zeit vor 1914 zurückgeht, konnte durch die kriegerischen Ereignisse und die folgende Wirtschaftskrise nicht realisiert werden. Die Rhätische Bahn beabsichtigte vom Endpunkt ihrer Engadinlinie in Scuol-Tarasp eine Verlängerung bis zur Arlbergbahn in Landeck.
In Anbetracht des ständig ansteigenden Nord-Süd-Verkehrs hätten die projektierten Strecken einschließlich der jetzt in Planung begriffenen „Vereinalinie" als Direktverbindung von Chur über Landquart und Klosters ins Engadin heute größere Entlastungsaufgaben erhalten können.
Nun schließen Buslinien diese Lücken im Bahnnetz in den Vinschgau und das Engadin.

Die Brennerbahn

Innsbruck – Brenner – Franzensfeste – Bozen – Trient – Rovereto – Ala

Betrieb durch die k.k. priv. Südbahngesellschaft; Direktion Innsbruck
Militärische Transportleitung: FTL 7, Innsbruck. Mitte April 1916 Errichtung der Expositur Trient der FTL 7, mit der Hauptaufgabe der Regelung des Zugverkehrs ab Trient.
Gesamtstreckenlänge von Kufstein bis Ala (Reichsgrenze) 305,71 km; von Innsbruck bis Trient 145 km und von Franzensfeste bis Trient 105 km.
Im Streckenabschnitt Wörgl – Innsbruck (59,563 km) Peage-Verkehr mit der k.k.StB.
Der Verkehr über die Brennerbahn wurde durch die Kapazität der Zubringerstrecken entscheidend bestimmt. Die Tageszugzahlen betrugen im Mai 1915 von Innsbruck nach Branzoll 38 hundertachsige Züge, weiter in Richtung Trient nur mehr 21 Züge. Auf der Pustertalbahn von Spittal a. d. Drau über Lienz nach Franzensfeste konnten pro Tag nur 16 Züge verkehren.

Das Inntal konnte bei Kriegsbeginn 1915 über Saalfelden – Wörgl nur eingleisig mit 24 Zügen erreicht werden. Der Bau des zweiten Gleises Saalfelden – Wörgl war bei Kriegsbeginn eingestellt worden. Über Betreiben der FTL 7 wurde der Ausbau wieder aufgenommen und bis 25.8.1915 vollendet, womit sich eine Leistungssteigerung zum Brenner auf 48 hundertachsige Züge ergab. Das zweite Gleis von Branzoll bis Trient ging Ende 1915 in Betrieb und bis Calliano am 20.2.1916.

Ein Verkehr von Salzburg über Rosenheim nach Kufstein war damals wegen Überschreiten der Bayerischen Staatsgrenze nicht möglich.

Im Zuge der freiwilligen Aufgabe kleinerer Gebiete durch die k.u.k. Armee aus taktischen Gründen bei Kriegsbeginn erfolgte auch die Räumung eines Streifens im Etschtal von Ala bis knapp vor Rovereto. Die Stadt gelangte somit in den Ertragsbereich der italienischen Artillerie. Das Bahnpersonal mußte aus diesen Gründen im Laufe der Zeit in dem gesamten Streckenabschnitt von Ala bis über Rovereto abgezogen und der Bahnbetrieb eingestellt werden. Im Bahnhof Rovereto verblieb nur das Personal, das zur Aufrechterhaltung des Telephon- und Telegraphendienstes erforderlich war. Durch Zufall blieb der Dienstzettel betreffend die Räumung der Station Rovereto über die Wirren des Zusammenbruches hinaus erhalten.

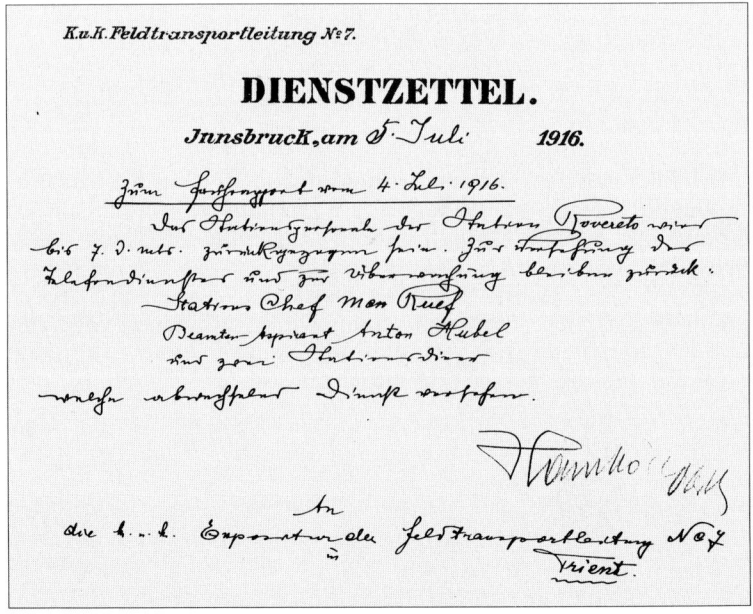

Räumungsorder für die Stadt Rovereto, 5.7.1916

Die Überwachung der geräumten Streckenteile und Stationsanlagen, die sich nicht im unmittelbaren Frontbereich befanden, oblag dem Bahnmeister der Station Volano. Dieser hatte sich durch Kontrollgänge von dem jeweiligen Zustand der Objekte zu überzeugen.
Nach der Verkehrseinstellung Ala – Rovereto konnten auf der Brennerbahn die Züge über Trient hinaus nur bis Calliano geführt werden. Für besonders wichtige militärische Transporte verkehrten außerdem nachts Bedarfszüge:

> „In finsteren Nächten abgeblendet tgl., max. 20 Waggons mit Verpflegung von Calliano nach Villa Lagarina; Exp. Trient d. FTL 7, Exh. Nr. 10175, vom 26.8.1916.

Die weiter im Verkehr stehenden nördlichen Hauptteile der Strecke erfuhren vor allem im Zeitabschnitt bis Mitte 1916 wesentliche Erweiterungen. Die großen militärischen Anforderungen an den Transportverkehr verlangten einen großzügigen Ausbau der Strecken- und Bahnhofsanlagen zur Kapazitätssteigerung, vor allem im Abschnitt südlich von Bozen. Die im Zuge dieser Maßnahmen durchgeführten Bauten betreffen die Erhöhung der Nutzlänge der Überholgleise in den Stationen für jeweils mehrere Züge zu je 100 Achsen sowie den betriebstechnisch überaus wichtigen zweigleisigen Streckenausbau zwischen den Bahnhöfen Branzoll und Trient. Ausgehend von der Station Auer in südlicher Richtung mußten für die stärkeren Transport- und Nachschubbewegungen weitläufige Rampenanlagen erstellt werden, um einen raschen Wagenumlauf durch schnelle Entladung zu ermöglichen. Im Verlauf dieser Arbeiten erfolgte die Verlegung und das Einbinden neuer Rampen-, Stutz- und Abstellgleise. Die zahlreichen Depots, Fassungsstellen und militärischen Anlagen entlang der Strecke erhielten die notwendigen Gleisanschlüsse und Stutzgleise. Da jederzeit mit der Bereitstellung einer größeren Anzahl von Transportzügen auf Abruf zur Fahrt an andere Frontabschnitte gerechnet werden mußte, waren Abstellgleise für diese Leergarnituren zu erbauen. Im Einvernehmen mit der Südbahngesellschaft und der FTL errichtete man in Branzoll und Matarello je einen Abstellbahnhof. In der Station Matarello mußte außerdem für die sehr umfangreichen Transportbewegungen vorgesorgt werden, die mit dem Bau der Schwerseilbahn Matarello – Vigolo Vattaro – Carbonare eintraten. Diese bildete den Hauptverkehrsträger in das schwer umkämpfte Gebiet der 7 Gemeinden.

Spannvorrichtung der Schwerseilbahn von Matarello, 198 m – Carbonare, 1075 m – Mte. Rover, 1225 m

Zielbahnhof Front; Feldkanonenbatterie bei der Verlegung für die österr.-ung. Maioffensive 1916
Quelle: Archiv Ostadal

Bauabschnitt Bozen — Matarello:
Bauzeit: 27.5.1915 — Mitte 1916
Bauausführende: 5., 26., 29. und 38. EisbKp. Kgf EAA 13, 25 und 51. Ziv AA 205.
Kgf AA 1008, 126, 126b, 169, 328, 338, 348, 318, 1036;
außerdem einige Pionier- bzw. Sappeurkompanien, alle in abwechselnder Reihenfolge.
Ausbau der Bahnhöfe; Stand Mai 1916:

Bahnhof	Gleisanzahl	Rampen in m	Bahnhof	Gleisanzahl	Rampen in m
Bozen	13	175	Lavis	8	505
Branzoll	28	207	Trient	21	500
Auer	5	160	Matarello	20	1065
Neumarkt	4	110	Calliano	8	536
Mezzocorona	6	160	Villa Lagarina	4	---

Die umfangreichen Arbeiten im Bereich des Bahnhofes Trient werden gemeinsam mit der Valsuganabahn beschrieben, da ein wesentlicher Teil der Um- und Neubauten mit dieser Strecke direkt im Zusammenhang steht.

Nach Mitte 1916 verlagerte sich das Schwergewicht der Bautätigkcit vom Etschtal in das Valsugana. Entlang der Brennerstrecke sind außer Erhaltungsarbeiten nur mehr geringfügige Neubauten einzelner Stutz- und Abstellgleise zu verzeichnen. Die ab dem Jahre 1917 sich stark mehrenden italienischen Fliegerangriffe auf Eisenbahnziele im Raum Bozen — Trient, aber auch einige schwere Betriebsunfälle erforderten nur mehr kurzfristig den Einsatz stärkerer Kräfte der k.u.k. Eisenbahntruppe.

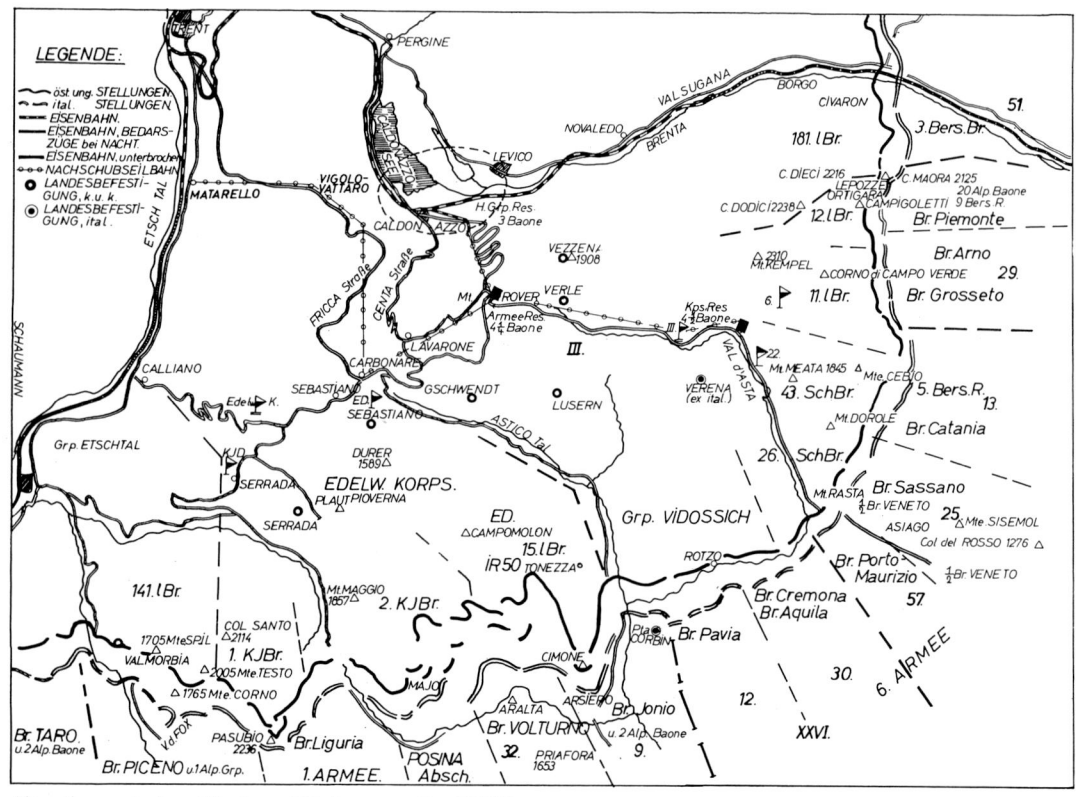

Situation zwischen Etsch und Valsugana, Juni 1917

Die Nonstalbahn

Trient (194 m) − Mezzolombardo (227 m) − Mollaro (472 m) − Tajo (530 m) − Cles (658 m) − Malé (738 m)

Obwohl die Bahn bereits fünf Jahre vor dem Ausbruch des Ersten Weltkrieges in Betrieb stand, ist ihre Entstehungsgeschichte von besonderem Interesse, da 1915−18 durch sie schwierigste hochalpine Frontabschnitte versorgt wurden.

Die Gemeinden des Nonstales hatten schon lange den Bau einer Bahn gefordert, da das langgestreckte Tal mit zahlreichen Ortschaften nur über eine kurven- und steigungsreiche, schlechte Straße erreichbar war. Man erhoffte sich durch eine Bahnverbindung mit dem Etschtal nach Trient eine Belebung der Wirtschaft und des beginnenden Tourismus. Auch die militärische Seite befürwortete das Projekt wegen der unmittelbaren Nähe der Grenze zum Königreich Italien.

Damit waren wesentliche Voraussetzungen für das behördliche Genehmigungsverfahren gegeben. In kurzer Frist konnte mit dem Bahnbau begonnen werden, da die Vermessungsarbeiten bereits vorausschauend erfolgt waren.

Aus Gründen der Kostenersparnis wurde die Trassenführung auf lange Abschnitte auf der bestehenden Straße festgelegt. Über Wunsch der Bevölkerung sollte die Bahn auch in den Ortsbereichen die Straße benützen. Man dachte an einen Kurzstreckenverkehr in den einzelnen Gemeinden.

Um diese Zeit begann zum ersten Mal die elektrische Traktion an Bedeutung zu gewinnen, man entschied sich für diese. Mit der Betriebseröffnung am 12.10.1909 war die Nonstalbahn die längste Überlandstrecke der Monarchie mit Elektrotraktion.

Spurweite: 1m   Max. Steigung: 53‰   Betriebslänge: 60 km

Stromversorgung: durch das große Sarca-Kraftwerk mit Drehstrom 20.000 V, drei Unterwerke formten den Drehstrom auf Gleichstrom um; Betriebsspannung 800 V, Gleichstrom.

Lieferfirma: Österreichische Siemens-Schuckert Werke

Fahrbetriebsmittel

12 Triebwagen, 4achsige Drehgestelle, mit Drehzapfenabstand von 6,70 m Länge, über Puffer 13,50 m, Breite 2,55 m; Gewicht 21 t.

Hölzerner Wagenkasten mit Tonnendach, ein Abteil I. Klasse mit 12 Sitzplätzen, ein Abteil III. Klasse mit 24 Plätzen sowie ein Gepäckabteil; 1 Klosett; elektrische Beleuchtung und Beheizung; Erzeugerfirma: Grazer Waggonfabrik.

Elektrischer Teil: Schleifringkontroller mit neun Serien = 5 Parallel- und 7 Bremsstufen; Umschaltung von Fahrt auf Bremsen mit Umstellwalze; 4 Wendepolmotoren, Type AEG U 105 mit 52 PS; Aufnahmewiderstände unter dem Wagenboden; Elektrische Pumpe für die automatische Vakuumbremse, die Abluft diente zur Betätigung des Signalhorns; 2 Lyrabügel führten den Strom über 2 Dachaufbauten zu;

Lieferfirma: AEG
Höchstgeschwindigkeit: 35 km/h

Beiwagen: 2achsig, Radstand 3,96 m; Gewicht 7,5 t; hölzerner Wagenkasten mit Tonnendach; elektrische Beleuchtung und Beheizung; Stromverbindung zwischen Trieb- und Beiwagen über einen auf dem Dach montierten, beweglichen und federnden Arm (Züricher Lichtkupelung); Erzeuger: Grazer Waggonfabrik.

Ferner waren noch 2 Postwagen, 27 Güterwaggons sowie Fahrzeuge zur Bahnerhaltung vorhanden.

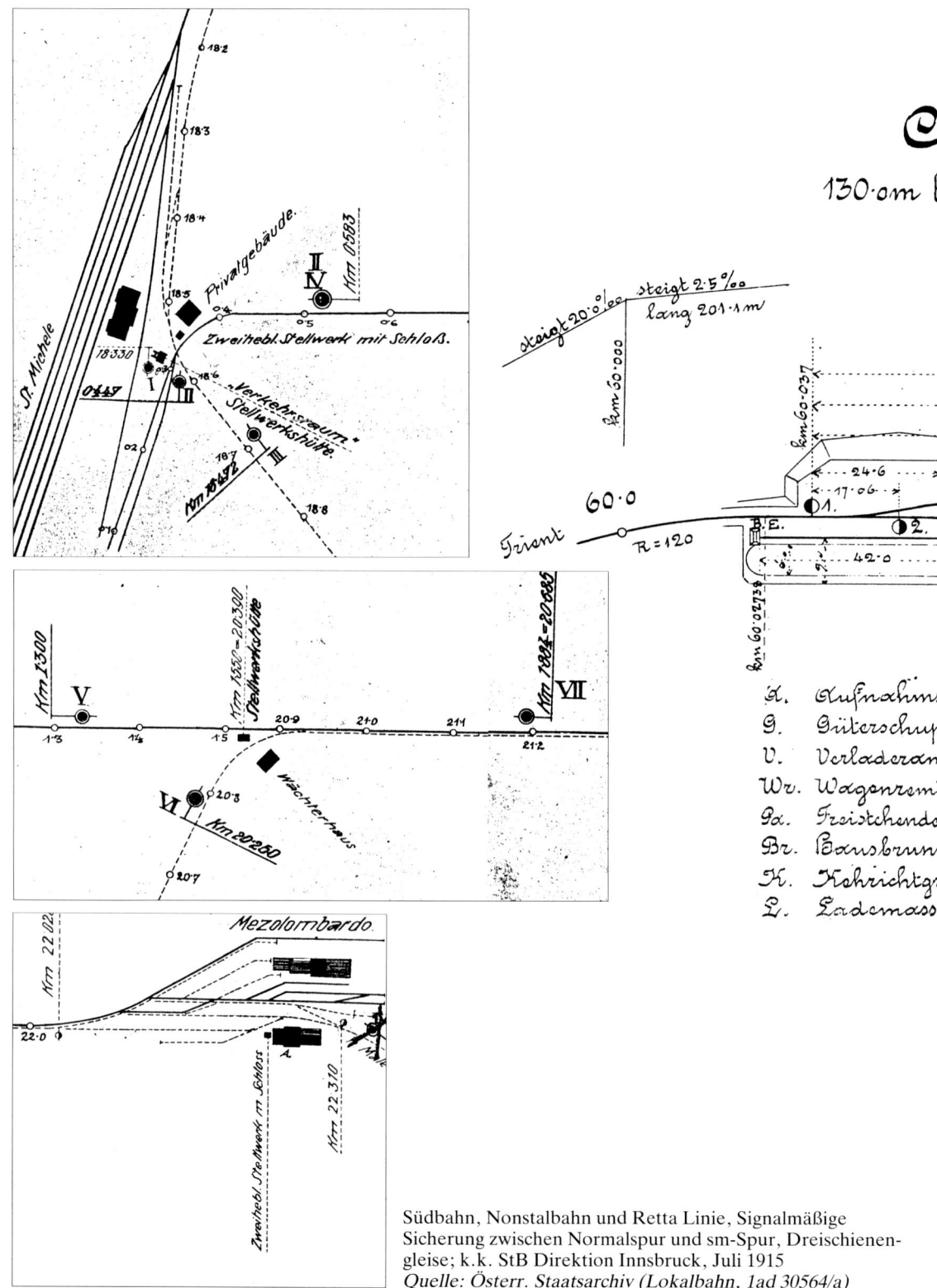

Südbahn, Nonstalbahn und Retta Linie, Signalmäßige Sicherung zwischen Normalspur und sm-Spur, Dreischienengleise; k.k. StB Direktion Innsbruck, Juli 1915
Quelle: Österr. Staatsarchiv (Lokalbahn, 1ad 30564/a)

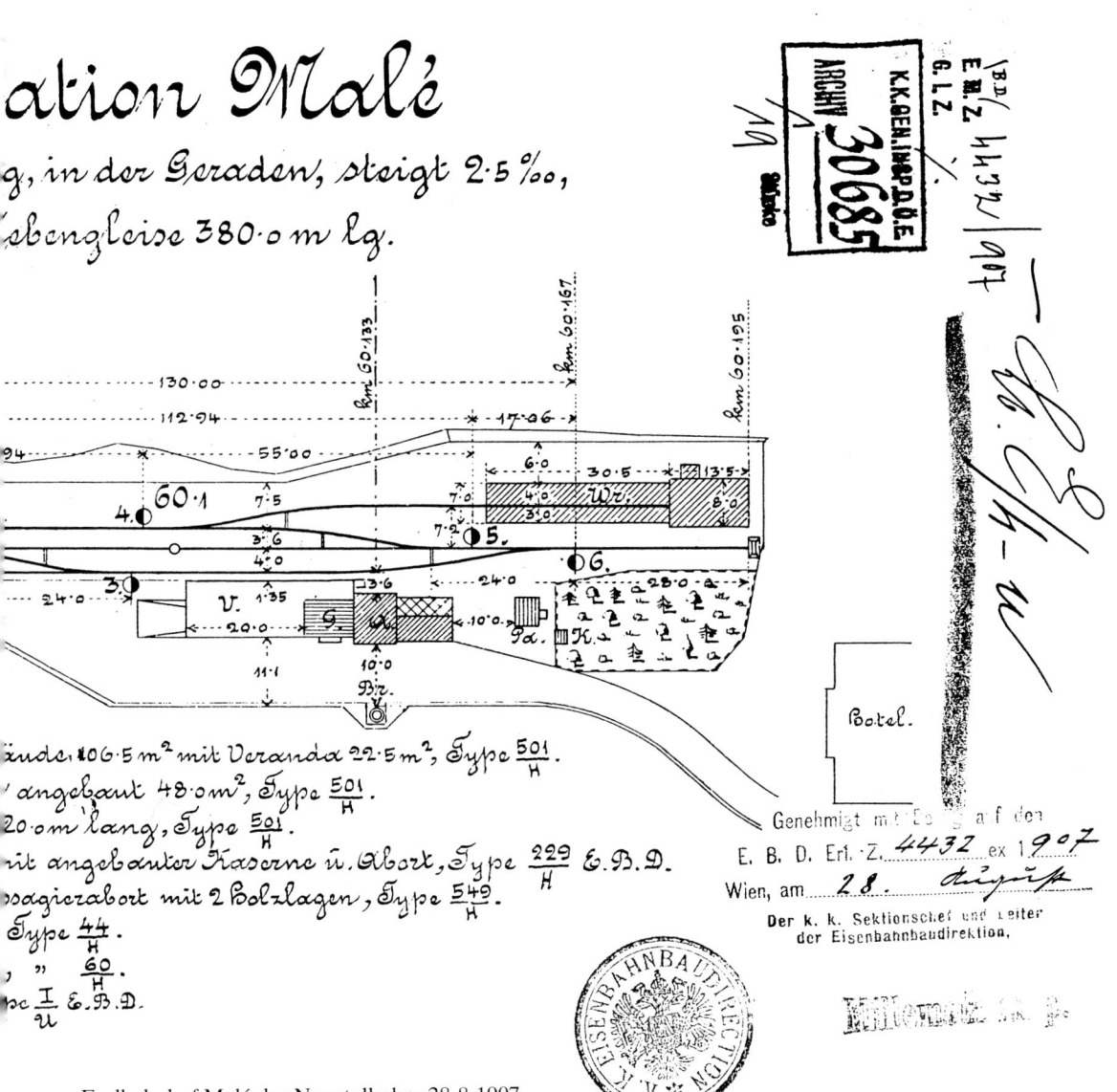

Endbahnhof Malé der Nonstalbahn; 28.8.1907
Quelle: Österr. Staatsarchiv, (Lokalbahn, 1ad 30564/a)

Der sich stark entwickelnde Güterverkehr führte 1911 zur Beschaffung von zwei **Lasttriebwagen,** ebenfalls geliefert durch die Grazer Waggonfabrik und AEG; 4achsige amerikanische Drehgestelle mit nur einem Bremsklotz pro Rad; Drehgestellabstand 6,50 m; Drehgestellradstand 2 m; Länge über Puffer 13,20 m; Leergewicht 19 t; Ladegewicht 8 t; elektrische Ausrüstung wie bei den Personentriebwagen.

Im Bahnhof S. Michele an der Strecke Bozen – Trient zweigt die dem Güterverkehr dienende, sogenannte „Retta-Linie" ab, die normalspurig zum Übergabebahnhof Mezzolombardo, 2,7 km, führt.

Die Nonstalbahn erreicht von ihrer eigenen Station S. Michele mit einem großen Bogen zunächst Mezzocorona. Von hier weiter einen Bogen beschreibend mündet sie nach 2,5 km, durch ein kleines Stellwerk in allen Fahrtrichtungen signalgesichert, in die Retta-Linie ein. Ab hier stellt ein Dreischienengleis die Verbindung bis Mezzolombardo her. Dieser Bahnhof besitzt mehrere Gleise für beide Spurweiten (siehe Bahnhofsplan Mezzolombardo aus dem Jahre 1906).

In den Jahren 1915 – 1918 herrschte über die Retta-Linie, bedingt durch den militärischen Nachschubverkehr, ein besonders starkes Güterwagenaufkommen. Heute ist der mit Dieselloks durchgeführte normalspurige Gütertransport eher bescheiden. Im Bahnhof Mezzolombardo sind für die Weiterleitung der normalspurigen Güterwaggons sm-Rollschemel-Wagen beheimatet.

In den Jahren 1915–1918 bildete die Bahn, die der Expositur Trient der FTL 7 unterstellt war, die wichtigste Nachschubverbindung für die angrenzenden Höhenabschnitte der südlichsten Ortlergruppe – Tonalepaß – und der westlichen Presanellagruppe. Dementsprechend stieg das Verkehrsaufkommen infolge der zahlreichen Militärzüge an. An vielen Tagen wurde der gleichzeitige Einsatz aller Traktionsmittel erforderlich, und die für den Friedensbetrieb ausgelegte Stromversorgung war überlastet. Dies führte durch den starken Spannungsabfall zu schwierigen Betriebssituationen und zu Schäden an den Triebfahrzeugen. Bereits gegen Ende 1915 sah sich die FTL 7 veranlaßt, Sofortmaßnahmen für eine verstärkte Stromlieferung durch Ausbau vorhandener Anlagen und Neubauten zu beantragen.

Baubeginn: (?) März 1916. Bauende: (?) Oktober 1916
Bauausführende: k.u.k. Betriebskompanie für Elektrische Bahnen Nr. 1; zusätzlich Ldst AA:
Erweiterung der Zentrale Nanno-Tajo am Noce durch eine zusätzliche Turbine und Errichtung einer Übertragungsleitung zum Bahnhof Cles; Erhöhung der Betriebsleistung mit zwei zusätzlichen Turbinen beim betriebseigenen E-Werk der Ziegelei Raut am Noce. Hier mußte auch ein neuer, vergrößerter Oberwasserkanal gebaut werden.
Neubau eines E-Werks „Novella" am gleichnamigen Wasserlauf mit Bau einer Übertragungsleitung für 20.000 V, auf 138 Holzmasten. Verstärkung des Umspannwerkes in Mollaro durch einen zusätzlichen Transformator, neue 3.600 V Leitung.
Verstärkung der Zentrale Ceramico von 400 kW auf 800 kW.
Gesamtlieferung aller Anlagen durch J. M. Voith und Ganz & Co.
Folgende Übertragungsleitungen wurden außerdem neu gebaut oder verstärkt:
    E-Werk Raut zur Umspannstation Mollaro mit 180 hölzernen Masten
    E-Werk Cles zur Umspannstation Tuenno, mit 140 Masten
    E-Werk Romallo zur Umspannstation Cles, mit 130 Masten.
Nähere technische Angaben sind aus den vorhandenen Unterlagen nicht mehr ersichtlich.
Mit der Inbetriebnahme dieser zusätzlichen Anlagen konnte die Elektrotraktion problemlos bis zum Kriegsende durchgeführt werden.
Um für den Fall eines längeren Stromausfalls oder für ein noch weiter ansteigendes Verkehrsaufkommen vorzusorgen, wurden der Nonstalbahn durch die FTL 7 fahrdrahtunabhängige Traktionsmittel zugewiesen:
    die Dampflok Nr. 3 der Tiroler Mittelgebirgsbahn (MTB) und einige Beiwagen derselben Linie; (nach mündlichen Berichten soll diese Lok noch während des Zweiten Weltkrieges in Verwendung gestanden sein).
    Ferner durch Ankauf in der Schweiz: mehrere Lokomotiven der Brünigbahn; mehrere Dampftramway-Lokomotiven aus Genf, die in Innsbruck an die Betriebsbedingungen der Nonstalbahn angepaßt wurden.
Nähere technische Daten und Angaben über den tatsächlichen Verbleib der Maschinen nach Kriegsende fehlen.
Zu versorgende Frontabschnitte siehe Kleinbahn Nr. 35.

Abtransport Verwundeter, Bhf. Malé

Während des Krieges hatte die Bahn keine Ausfälle an Fahrzeugen oder Schäden an Bahnhofs- oder Streckenanlagen zu verzeichnen. Mit den vorhandenen Fahrzeugen konnte nach dem Zusammenbruch 1918 – nach einer nur kurzen Unterbrechung – der Betrieb wieder aufgenommen werden.

Verluste an rollendem Material traten erst im Zweiten Weltkrieg im Jahr 1945 durch Bombenangriffe auf Trient ein.

Nach 1945 wurde der Betrieb mit dem bereits veralteten Material weitergeführt. Der ständig steigende Individualverkehr brachte täglich gefährliche Situationen durch die zahlreichen unbeschrankten Kreuzungen mit Straßen, in den engen Ortsdurchfahrten sowie den langen Streckenabschnitten, auf denen Straße und Bahn parallel auf gleicher Trasse verliefen. Die Bahn schien nun ernstlich von der Einstellung bedroht.

Man entschied sich jedoch Ende der 60er Jahre für eine großzügige Modernisierung der für das Tal lebenswichtigen Bahn. Die Strecke wurde (unter abschnittsweiser Stillegung mit Autobus-Ersatzverkehr) fast zur Gänze neu – ohne schienengleiche Kreuzungen – trassiert, mit modernsten Sicherungsanlagen ausgerüstet und die 1 m Spur beibehalten.

Betriebsstrom mit 3000 V; Verkehr mit drei- und vierteiligen Triebwagenzügen, täglich acht Zugspaare.

Damit wurde der weitere Fortbestand der Nonstalbahn für die Zukunft gesichert.

Feld- und Rollbahnen zwischen Riva und dem Adamello-Abschnitt

Im Zuge der Verbindungslinien entlang der Etsch und ihrer Seitentäler entstanden zahlreiche Kleinbahnen, die dem unmittelbaren lokalen Bedarf dienten. Wegen der Vielzahl dieser Strecken können im Rahmen dieses Berichtes nur jene aufgenommen werden, die über 2,5 km Betriebslänge aufweisen. Strecken, die nach dem Rückzug der italienischen Truppen im Valsugana von österreichischen Truppen wiederhergestellt und in Betrieb genommen wurden, sind nicht berücksichtigt. Es handelt sich bei den erwähnten Kleinbahnen ausschließlich um von österreichischen Truppen errichtete und betriebene.

Kleinbahn 29 Trient — Villazzano — Trient
Diese Bahnverbindung verband zahlreiche Depots, Magazine etc. Um den Umlauf der Züge zu erleichtern, wurde die Anlage der Strecke in Form einer langgezogenen Schleife ausgeführt. Motorfeldbahn; 70 cm Spurweite; 11 km.
Bauzeit: 30.3. — 28.7.1918.
Bauausführende: KgfEAA 17.
Betriebsführung: 17. Feldb. Betr. Kp.
Betrieb: 29.7. — 31.10.1918

Kleinbahn 30a S. Ilario (bei Villa Lagarina) — Nogaredo — Marano
Motorfeldbahn, 5 km, Tagesleistung 50 t, Bereich X. AK.
Bauzeit: 4.5. — 5.8.1918.
Bauausführende: 21., 23. EisbKp.
Betrieb: 6.8.1918 — Kriegsende.

Kleinbahn 30b Volano — S. Ilario — Rovereto
Motorfeldbahn, 5 km, Planung als Anschluß an die Seilbahn auf die Zugna Torta.
Bauzeit: 4.5. — 11.7.1918.
Bauausführende: 21., 23. EisbKp.
Betrieb: 5.8. — 1.9.1918

Kleinbahn 31 Arco — Riva, mit Abzweigung Tommaso — Varone
Motorfeldbahn, 6 km, benützte mit Ausnahme der Abzweigung den Bahnkörper der stillgelegten Schmalspurbahn Mori — Riva.
Betriebsaufnahme: 5.1.1918

Kleinbahn 31a Arco — Nago — Torbole
Motorfeldbahn, 8 km, benützte den Bahnkörper der mit Kriegsbeginn stillgelegten Schmalspurbahn.
Bauzeit: unbekannt.
Betrieb: 5.1. — 31.10.1918
Die Betriebsart der Kleinbahnen 31 und 31a geht nicht aus den Feldakten hervor. Es ist anzunehmen, daß das rollende Material der stillgelegten Schmalspurbahn (76 cm) Rovereto — Riva auf diesen nicht geräumten Streckenteilen zum Einsatz kam.

Kleinbahn 32 Arco — Dro — Pietramurata — Sarca di Calavino
Motorfeldbahn, 30 km, Tagesleistung 120 t, Bereich X. AK.
Bauzeit: 5.1.1918 — 13.3.1918.
Bauausführende: EAA 17, Ldst. AA 207/6
Betriebsführung: Betr. Detachement/Einsatz
Betrieb: 6.8. — 31.10.1918

Kleinbahn 34   Pinzolo (Sarcatal) – Caderzone – Spiazzo – Pelugo – Villa Rendena – Tione – Lardaro
Motorfeldbahn, 6,5 km.
Ausbau in Teilstücken vollendet, sonst bei Kriegsende in Trassierung begriffen; Gesamtlänge hätte bei Endausbau 30 km betragen.
Baubeginn: 1.8.1918.
Bauausführende: 21. EisbKp., Kgf AA 856, Brücken-Partie V.

Kleinbahn 35   Malé – Fucine
Motorfeldbahn, 16 km, Tagesleistung 300 t.
Ausgangsbahnhof der Feldbahn war die Endstation der Nonstalbahn Trient – Mezzolombardo – Malé. Der Endpunkt der Kleinbahn in Fucine wurde zur Umladestelle der Seilbahn in das Tonale- und südl. Ortlergebiet ausgestaltet.
Bauzeit: 1.9.1917 – 4.1.1918.
Bauausführende: 23. EisKp., Kgf AA 1471, 1472, 93a.
Betrieb: 5.1.1918 – 30.10.1918.
Betriebsführung: 15. Feldbahn-Betr. Kp.

Zu versorgende Abschnitte:
Tonalepaß; Val Stavel – Monticellolager – Monticello und Cima Presanella.
In Dimaro zweigte die wichtige Nachschubstraße in das Val Melédrio ab. Diese führte über Madonna di Campiglio – Pinzolo in das Val Rendena und weiter nach Tione. Sie diente der Versorgung der hochalpinen Abschnitte in der Presanella- und Adamello-Gruppe.

Die Feldbahnen der Festung Trient

Das Etschtal und das Valsugana bildeten strategisch entscheidende Einbruchspforten aus dem Süden nach Trient und von hier weiter in Richtung des Brenners. Bereits länger vor der Jahrhundertwende entstanden auf den Trient umgebenden Höhen Befestigungsanlagen. Diese wurden nach 1900 durch damals modernste Panzerforts (in der k.u.k. Terminologie = Panzerwerke) im Raum der Hochfläche der Sieben Gemeinden/Sette Comuni bis zum Brandtal/Vallarsa ergänzt. Ein Raum, der dann zum Brennpunkt schwerster Kämpfe werden sollte.
Mit dem Bau der Befestigungsanlagen stieg die Bedeutung von Trient als zentraler Versorgungspunkt, die sich 1915–1918 noch ständig erhöhte. Es entstanden Magazine für den von der Fronttruppe benötigten Kampf- und Lebensbedarf, Werkstätten für die Instandsetzung oder Umbauten von Gerät und Waffen aller Art wurden errichtet, ebenso Lazarette für eine gründliche ärztliche Betreuung der Verwundeten und Kranken.
Da die Altstadt von Trient keinen freien Raum für die meist große Flächen beanspruchenden militärischen Neubauten aufwies, mußte man zum Stadtrand ausweichen und damit in eine größere Entfernung vom Bahnhof. Bereits 1915 ließ sich das anfallende Transportvolumen vom Bahnhof zu den verschiedenen Versorgungseinrichtungen kaum mehr mittels Straßenverkehr bewältigen. Erst der Bau von Feldbahnen, die bis 1918 einen bedeutenden Umfang erreicht haben mußten, erleichterte die Lage auf dem Transportsektor.
Durch die Ereignisse des Zusammenbruchs 1918 gingen sämtliche Unterlagen des Festungskommandos Trient verloren, somit fehlen auch die Aufzeichnungen über diese Bahnanlagen. Im Zuge der Archivforschung konnten jedoch Fotos gefunden werden, die interessante Aufschlüsse über den dortigen Bahnbetrieb geben.

Puch-Draisine passiert eine Pionierbrücke

Motorisierter Feldbahnwagen; russische Kriegsgefangene als Wagenführer und Weichensteller, Trient 1918

Ladestation für Akku-Loks,

Festungsfeldbahn Trient, Zug mit Akku-Lok, 1918

Trient, 1918

Zug mit Akkumulator-Lok; als Personal russische Kriegsgefangene, Trient 1918

Die Valsuganabahn

Trient (194 m) − Fersina Schlucht − Pergine (480 m) − Calceranica − Caldonazzo (490 m) − Levico (455 m) − Tezze (Reichsgrenze) − Primolano (217 m)

Im Staatsbetrieb, Direktion Innsbruck
Militärische Transportleitung durch Exp. Trient der FTL 7
Streckenlänge: von Trient bis Tezze/Reichsgrenze 65,138 km, bis Primolano 80 km.
Letzter Friedensfahrplan: 6 Zugspaare, 2 davon durchgehend bis Venedig (Fahrzeit 6 h 52 min.)

Diese Strecke ließ zu Kriegsbeginn nur den Verkehr für zwölf Züge zu je 50 Achsen pro Tag zu. Als Ausladestationen standen lediglich die Stationen Villazzano, Roncegno und Pergine mit 3−5 Gleisen zur Verfügung.

Wie im Etschtal erfolgte nach der Kriegserklärung Italiens am 24.5.1915 auch die Räumung des Valsugana ab Tezze in Richtung Levico unter teilweiser Zerstörung der Bahnanlagen und Brücken durch die sich auf die befohlenen Stellungen zurückziehenden k.u.k. Truppen. Im weiteren Verlauf der Kampfhandlungen bis zum Oktober 1918 veränderte sich dann noch zweimal der Frontverlauf grundlegend mit dem Vorrücken der öst. ung. Kräfte im Valsugana. Damit war auch jeweils zwangsläufig eine neue Situation auf dem Sektor des Bahnbaues und -betriebes gegeben. Aus dem militärischen Geschehen heraus ergaben sich somit 3 völlig unterschiedliche Zeitabschnitte:

1. 1915−Mai 1916: Ausbau des verbleibenden Reststückes Trient − Levico.
2. Ab Juni 1916−Oktober 1917: Instandsetzung der rückeroberten Teilstrecke Levico−Borgo.
3. Ab November 1917−31.10.1918: Instandsetzung der Reststrecke bis Tezze und weiter über Primolano in Richtung Cismon. Ausgestaltung der Gesamtstrecke für den Verkehr mit 20 Zügen zu je 100 Achsen innerhalb von 24 Betriebsstunden.

Eigenbau-Kreuzung zwischen Normalspur und Feldbahn; Puch-Draisine, Trient 1918

Bedingt durch den wechselnden Frontverlauf im Valsugana werden anschließend alle Baumaßnahmen in zeitlicher Reihenfolge geschildert.

Bahnhof Trient: Wesentliche Erschwerungen im durchgehenden Zugverkehr Etschtal − Valsugana ergaben sich durch die ungenügenden Anlagen des Bahnhofes Trient. Um für die zu erwartenden weiteren Steigerungen des Transportaufkommens in das Valsugana die notwendigen Vorkehrungen zu treffen, sollte als erste Sofortmaßnahme mit dem großzügigen Umbau begonnen werden; er umfaßte folgende Bauvorhaben:
Erweiterung des Bahnhofes unter gleichzeitiger Schaffung einer getrennten Ausfahrt für die Valsuganabahn; damit verbunden Verbreiterung der Lorenzobachbrücke bei der Südausfahrt Trient sowie die Herstellung eines Bahndammes mit 5 kleineren Brückenobjekten für die neue Ausfahrt der Valsuganabahn; gleichzeitig mit diesen Arbeiten mußte der zu klein gewordene Vorbahnhof Trient erweitert werden.
Bauzeit: 28.3.−28.5.1916
Bauausführende: 29., 23. EisbKp. KgfEAA 25, 13, 51; KgfAA 328, 348, 169, 1008, 1036.

Haltestelle Povo: Erweiterung für den Verkehr mit 20 Zügen zu 100 Achsen.
Bauzeit: 21.3.−23.5.1916. Bauausführende: 15. EisbKp.

Abstellbahnhof km 19: Neubau zwischen Pergine − S. Vito.
Bauzeit: 21.3.−10.5.1916. Bauausführende: 5. EisbKp, KgfAA 126 b

Bahnhof Pergine: Erweiterung für den Verkehr mit 100-Achs-Zügen, Bau einer Militärladestelle, eines Krangleises, eines Artilleriegleises und eines San-Zuggleises.
Bauzeit: 21.3.−12.5.1916.
Bauausführende: 35. EisbKp; KgfEAA 59, anschließend 5. EisbKp, KgfEAA 13.

Haltestelle Calceranica: Bau einer Gleisharfe für ein Geschütz schwersten Kalibers.
Bauzeit: April 1916. Bauausführende: unbekannt

Die Bettung eines 24 cm Mörsers beim Schienenmarsch mit eigener Kraft; das Hauptsignal zeigt „Untauglich"

Station Caldonazzo: Erweiterung für 100-Achs-Züge; Neubau von 2 Abstellgleisen.
Bauzeit: 21.3.1916—?
Bauausführende: Feldb. Betr. S. 2/3, LdStAA 208/12, 205/22

Außerdem erfolgte in Caldonazzo der Bau einer Vollbahnverbindung von der Station bis zur Talstation der wichtigen Nachschubseilbahn nach Monte Rover (Eichberg) auf der Hochfläche der Sieben Gemeinden. Im Bereich der Talstation wurden außerdem die erforderlichen Weichenanlagen für die Verladegleise verlegt. Eine Rollbahn verband die Fassungsstelle Caldonazzo mit der zweiten Seilbahnstation in Al Dazio.
Bauzeit: 26.6.—25.7.1916. Bauausführende: 15. EisbKp; LdSt AA 208/12.

Die noch vorhanden gebliebenen Skizzen der Talstation der Seilbahn nach Monte Rover mit den Vollbahnanschlüssen sowie der Fassungsstelle mit der Rollbahn, deren Gleise zum rascheren Wagenumlauf in Schleifenform um die Depots angelegt waren, sind Musterbeispiele für Anlagen dieser Art. (Pferde FeldbKp. 1/3).

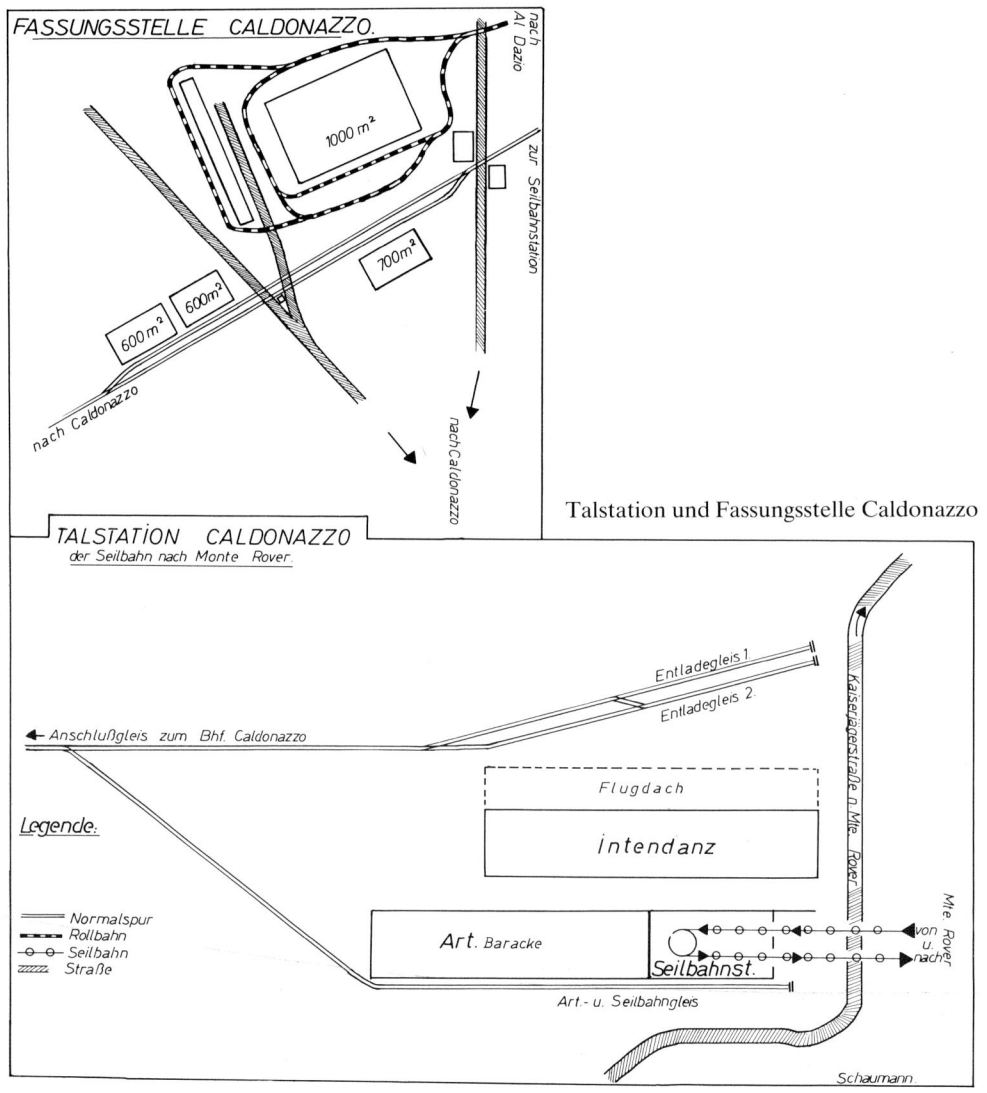

Talstation und Fassungsstelle Caldonazzo

Die Daten im dienstlichen Eingange der mittels Typendruckapparates ausgefertigten Telegramme bedeuten: 1. den Namen des Aufgabeamtes, 2. die Aufgabenummer, 3. die Wortzahl (eventuell in Bruchform), 4. den Monatstag und 5. die Stunde und Minute der Aufgabe.

Gattung: .... Eingangsnummer: ....

Die Telegraphenverwaltung übernimmt hinsichtlich der ihr zur Beförderung oder Bestellung übergebenen Telegramme keine wie immer geartete Verantwortung.

1): exp trient

2): ~~eisb referent marskomet~~

Dienstliche Angaben:

Telegramm aus

Aufgenommen von ...... auf Ltg. Nr. ...... am 21 JUN 1916 um ...... Uhr ...... M. ...... Mitt. durch: ......

2 adreszen fr insbruck ftl no 3854 21 4- n = ... M. ...... Mittag.

= beantragte herstellungen beim seilbahngleis auf eichberg (monte rover) sowie bei unterer seilbahnstation wird zugestimmt .- erforderliche materialien aus persener lager entnehmen geht an eisb ref marskomet und ftl expositur sowie zur kenntnis an hochkraus = ftl 7- no 3854+ +

Präs. am 21/6 1916. Exh. Nr. ...... mit ...... Blg.

k. k. Expositur der Feldtransportleitung Nr. 7 in Trient.

D. S. Nr. 769. (Auflage 1915.)

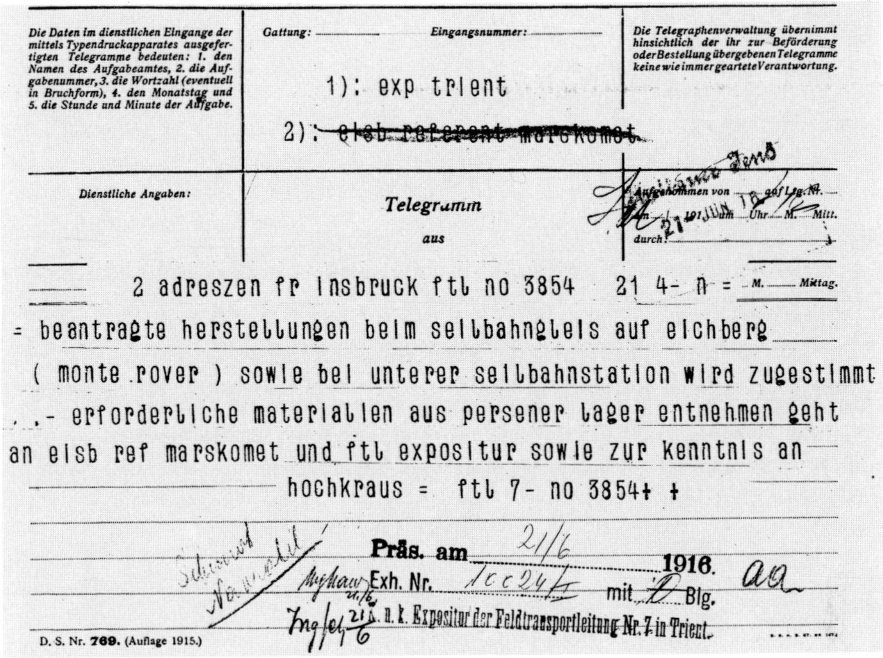

Telegramm mit Order für Seilbahngleisbau in Monte Rover

Besonders interessant an dem Baubefehl ist die Tatsache, daß es sich bei der zu errichtenden weiteren Rollbahn bei der Bergstation der Seilbahn in Monte Rover (Eichberg) um die einzige Bahn handelt, die jemals in dem hochgelegenen Teil der Sieben Gemeinden durch k.u.k. Truppen errichtet wurde.

Bahnhof Levico: Erweiterung für den Verkehr mit 100-Achs-Zügen; Bau von Abstellgleisen.
Bauzeit: 21.3.–24.5.; 25.5.–18.8.1916.
Bauausführende: (in obiger Reihenfolge) 15. EisbKp; 29. EisbKp, KgfAA 328.

Haltestelle Novaledo: Bau eines Artillerie-Spezialgleises.
Bauzeit: 26.7.–18.8.1916.
Bauausführende: 15. EisbKp, Feldb. Betr. S. 2/3, KgfAA 328 a.

Bahnhof Roncegno – Marter: Erweiterung für den Verkehr mit 100-Achs-Zügen; Neubau von zwei Kreuzungsgleisen, sowie Verlängerung der Abstellgleise und Stutzgleise.
Bauzeit: 10.3.–? .6.1916. Bauausführende: 33., 38. EisbKp; KgfEAA 204a, 13.

Bahnhof Borgo: Er wurde nach dem Vormarsch im Zuge der Mai-Offensive 1916 von den öst.-ung. Truppen zerstört vorgefunden. Stationsgleise und 5 Weichen gesprengt. Es erfolgte die Wiederherstellung im vollen Umfang, eine Erweiterung wurde jedoch 1916 nicht durchgeführt. Nähere Einzelheiten gehen aus den Feldakten nicht mehr hervor.

1. Brentabrücke, km 37,69
Ursprüngliche Brückenform: Ein Feld Gitterbrücke zu 15,90 m Lichtweite, ca. 19 m Stützweite, Parallelträger, auf gemauerten Endwiderlagern.
Zerstörung: Durch Sprengung in einem Mittelquerschnitt, Träger in das Flußbett gestürzt.
Wiederaufbau: Hebung der noch verwendbaren Trägerteile, Lagerung dieser auf einem gerammten 3-fachen Joch als Mittelunterlage.
Bauzeit: 23.5.–29.5.1916. Bauausführende: 25. EisbKp, KgfEAA 126 b.

2. Brentabrücke bei km 38,64
Ursprüngliche Brückenform: Ein Feld Gitterbrücke zu 16,8 m Lichtweite; ca. 19 m Stützweite; Parallelträger, gemauerte Endwiderlager.
Zerstörung: durch Sprengung Träger in das Flußbett gestürzt, Teile verwendbar.
Wiederaufbau: Hebung der noch verwendbaren Trägerteile, Lagerung dieser auf einem unter dem gesprengten Querschnitt gerammten Doppeljoch als Mittelunterlage.
Bauzeit: 23.5.–29.5.1916. Bauausführende: 5. EisbKp, KgfAA 126 b.

3. Brentabrücke bei km 40,05
Ursprüngliche Brückenform: Ein Feld Gitterbrücke zu 14,50 m Lichtweite, ca. 16,50 m Stützweite; Parallelträger auf gemauerten Endwiderlagern.
Zerstörung und Wiederaufbau: wie bei vorhergehendem Objekt.
Bauzeit: 28.5.–31.5.1916. Bauausführende: 38. EisbKp, KgfAA 157 a.

Der Durchbruch der verbündeten österreichisch-ungarischen und Kaiserlich deutschen Truppen bei Flitsch/Tolmein leitete auch im Valsugana im November 1917 einen Rückzug der italienischen Truppen bis südlich Cismon ein. Damit wurde gleichzeitig eine lebhafte Bautätigkeit der öst.-ung. und deutschen Truppen ausgelöst.

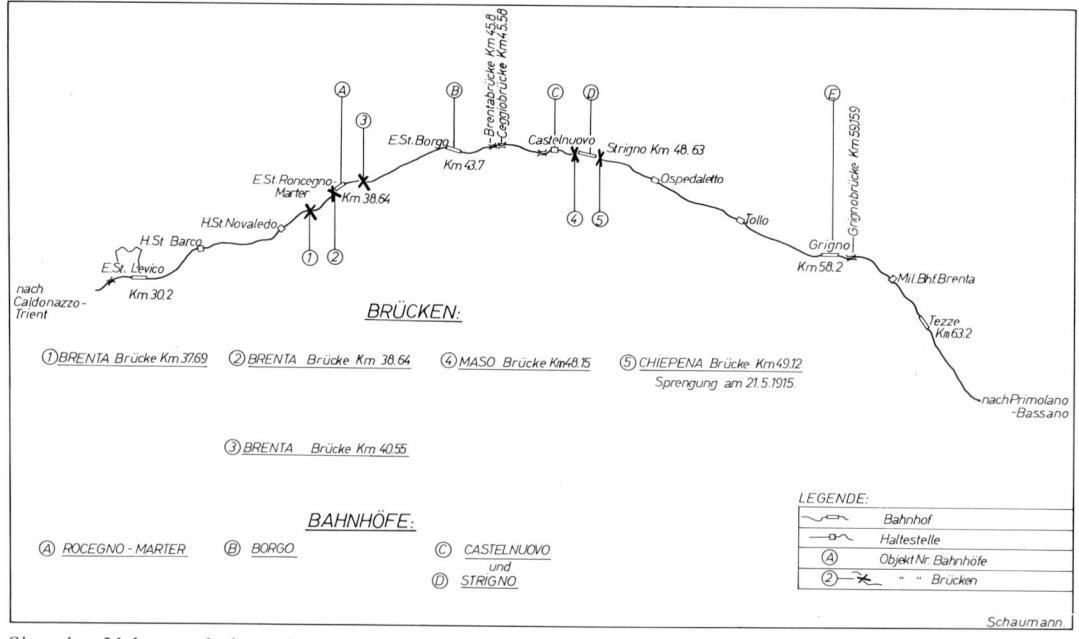

Situation Valsuganabahn zwischen Levico und Tezze, Juni 1916

Die Erkundungsberichte lauteten:
Masobrücke, Chiepinabrücke und Grignobrücke durch Sprengung zerstört. Die Stationen Vill'Agnedo, Strigno, Ospedaletto, Grigno, Tezze und Primolano durch Weichensprengungen unbenützbar. Außerdem einzelne Stationsgebäude, Wasserstationen und Drehscheiben zerstört. Südlich Primolano 2. Tunnel durch Sprengung unbefahrbar, die Brücke über den Cismon vollkommen zerstört.
Zur Bewältigung der überaus schwierigen Aufräumungsarbeiten wurden alle verfügbaren KgfAA herangezogen. Außerdem kamen die 8. und 28. EisbKp, SeilbahnbauKp 1 zur Brückenwiederherstellung, die BrückenbauKp 2/II (Pioniere) und die BauKp 2/59 zur Ausräumung und Instandsetzung des 2. südlich von Primolano gelegenen Tunnels zum Einsatz.

Die Wiederherstellung der Station Primolano mit 7 Verkehrsgleisen zu insgesamt 700 Achsen und mehreren Abstell- und Stutzgleisen führten deutsche Kräfte durch: REBK 46 (ab 18.11.1917).

Die Stationen Borgo, Vill'Agnedo, Grigno und Tezze wurden nach der ersten Instandsetzung des durchlaufenden und je eines Kreuzungsgleises für 100 Achsen laufend erweitert.

Ausweiche km 55,1 bei Tollo: Zwischen den Stationen Ospedaletto und Grigno gelegen, wurde eine neue Ausweiche größeren Umfanges erbaut, bei der noch mehrere Sonder- und Spezialgleise zur Ausführung kamen.
Bauzeit: 25.2.–1.7.1918.
Bauausführende: 26. EisbKp, 1/2 32., 1/2 28. EisbKp im wechselnden Einsatz, KgfEAA 27.

Militärbahnhof Brenta: Zwischen den Stationen Grigno und Tezze wurde unter schwierigen örtlichen Bedingungen der neue Militärbahnhof geschaffen. Über den Umfang geben die Feldakte keinen Aufschluß mehr.
Bauzeit: 16.1.–15.9.1918.
Bauausführende: 8., 11., 26., 28. und als Bauleitende die 20. EisbKp in abwechselnder Reihenfolge. Ferner LdStAK 14/4, KgfEAA 51 und neun KgfAA.

Masobrücke km 48,15
Ursprüngliche Brückenform: Ein Feld Gitterbrücke zu 37,7 m Lichtweite; ca. 40 m Stützweite, Halbparabelträger (Zugdiagonalenfachwerk) auf gemauerten Endwiderlagern.
Zerstörungen: beide Enden der Brücke abgesprengt, Träger in das Flußbett abgestürzt.
Wiederherstellung: Einbau einer zweigeschoßigen Kohnbrücke mit 42 m Stützweite unter Ausnützung der unbeschädigten Widerlager.
Bauzeit: 19.11.–25.11.1917. Bauausführende: 28. EisbKp.
Die Freimachung des Flußbettes von den gesprengten alten Konstruktionsteilen erfolgte im Feber 1918 durch die 28. EisbKp + KgfAA.

Wiederaufgebaute Brücke über den Masobach

Chiepinabrücke km 49,12
Ursprüngliche Brückenform: Ein Feld Gitterbrücke zu 28 m Stützweite; Parallelträger mit Bahn unten, auf gemauerten Endwiderlagern.
Zerstörungen: Durch Sprengung in einem Querschnitt zwischen der 2. und 3. Masche (von Trient aus), Träger in den Fluß gestürzt. Trägerteile auf den Endwiderlagern.
Wiederaufbau: Abwurf der Trägerteile in das Flußbett; Einbau einer eingeschoßigen Kohnbrükke, Bahn unten, Stützweite 30 m.
Bauzeit: 19.11.–25.11.1917. Bauausführende: 8. EisbKp.

Grignobrücke km 59,159
Ursprüngliche Brückenform: Ein Feld Gitterbrücke zu 23 m Stützweite; Parallelträger mit Bahn unten, gemauerte Endwiderlager.
Zerstörungen: Sprengungen in 2 Querschnitten, Träger in das Flußbett abgestürzt, unverwendbar.
Wiederaufbau: Einbau einer eingeschoßigen Kohnbrücke, mit Bahn nach unten, 24 m Stützweite.
Bauzeit: 19.11.–25.11.1917. Bauausführende: SeilbahnbauKp 1, KgfAA 358.

Bachbrücke bei Tezze: Keine näheren Angaben vorhanden; Bauzeit: 15.–26.11.1917.

Cismonbrücke südlich Primolano
Ursprüngliche Brückenform: 3 Felder Gitterbrücken zu je 41 m Stützweite; Parallelträger durchlaufend über 2 Mittelstützen; gemauerte Mittel- und Endpfeiler.
Zerstörungen: Mehrfache Zerstörung aller 3 Felder sowie eines Pfeilers durch Sprengung, sowie Beschädigung des Mittelpfeilers, Träger in den Fluß gestürzt.
Wiederaufbau: Keine näheren Angaben vorhanden, nur über Fundamentierungsarbeiten finden sich geringfügige Berichte. Infolge der mißglückten Junioffensive 1918 dürfte der Bau wieder eingestellt worden sein.
Bauzeit: 8.4.–26.6.1918.
Bauausführende: 11., 35., 32. EisbKp; Betr. Kp III der Lokfeldbahn Nr. 1; LdStBaon 216 mit Teilen.

2. Tunnel südlich Primolano (Gallotunnel): Ausgemauerter Lehnentunnel, durch Sprengung des Gewölbes auf 25 m zum Einsturz gebracht.
Wiederherstellung: Ausräumung des Sprengschuttes, Abtragen lockerer Mauerteile (Stützung?).
Bauzeit: 3.12.–31.12.1917; ab diesem Zeitpunkt ist der Streckenabschnitt Primolano bis Cismonbrücke ausschließlich befahrbar.
Bauausführende (abwechselnd): 1 Zug/8. EisbKp; BrückenbauKp 2/II; LdStAK 5/13.

Präs. am _____ 1916.
Exh. Nr. _____ mit _ Blg.
K. u. K. Expositur der Feldtransportleitung Nr. 7 in Trient.

Betriebsdienst

Über die Zugförderung auf der Valsuganabahn liegen nur mehr einzelne Meldungen vor. Doch gerade diese zeigen einen Teil der Schwierigkeiten auf, die mit dem Übergang vom zivilen zum militärischen Eisenbahnbetrieb entstanden.

Noch vor Beginn des Krieges erfolgte die Räumung der Strecke zwischen Tezze und Novaledo von rollendem Material und Inventar. Die Züge verkehrten nach der Kriegserklärung nur mehr zwischen Trient und Levico. Nachts konnten Bedarfszüge mit militärisch wichtigen Gütern im Streckenabschnitt Levico – Novaledo geführt werden.

Die kurzen Nutzlängen der Bahnhöfe erforderten immer häufiger schwierige Kreuzungen zwischen den länger werdenden Transportzügen; erst mit dem fortschreitenden Ausbau der Stationsanlagen konnte der Verkehr flüssiger gestaltet werden. Durch die große Zahl der schweren Transportzüge bedingt, stieg auch der Bedarf an Schiebeloks, vor allem zwischen Trient und Pergine, laufend an. Für die zahlreichen Schiebeloks wirkte sich besonders das Fehlen von leistungsfähigen Bekohlungsanlagen und Wasserstationen nachteilig aus. Lange Stehzeiten zur Versorgung an improvisierten Einrichtungen waren die Folge. Die Inbetriebnahme neuer leistungsfähiger Anlagen ab dem Frühjahr 1916 in Pergine und Caldonazzo beschränkten die für das Ausrüsten der Loks erforderlichen Zeiten auf ein Mindestmaß.

Im Zuge der Vorbereitungen für die Offensive im Mai 1916 setzte ein Transportaufkommen von bisher nicht dagewesenem Ausmaß auf dieser Strecke ein. Häufig kamen dadurch für den Schiebedienst zu wenig leistungsfähige Maschinen zum Einsatz. Oft blieben Transportzüge auf der schwierigen Steilrampe in der Fersinaschlucht liegen. Erst allmählich konnten durch dauernde Lokanforderungen bei den übergeordneten Dienststellen die notwendigen Zudirigierungen erreicht werden.

Militärzug mit Loks R 73 und R 229 im Valsuganatal, 1916

Der ständig, oft auch innerhalb eines Tages stark schwankende Anfall an Verwundeten und Kranken erforderte vom Betriebspersonal größte Anpassungsfähigkeit beim unterschiedlichen Bedarf an Lazarettzügen. Oft waren auch bürokratische Schwierigkeiten zu überwinden, um eine zweckentsprechende Reihung der Züge zu erreichen. Im Valsugana verkehrten im Juni 1916 folgende Krankenzüge:

1281/1292   Roncegno − Pergine − Roncegno (vormittags)
1275/1277   Pergine − Caldonazzo − Pergine (nachmittags)
1283/1294   Pergine − Caldonazzo − Pergine (abends/nachts);
            Verkehr bei Bedarf bis und ab Trient.

Die Garnituren bestanden aus 15 Gm + 15 G. Im Bahnhof Pergine standen zur gleichen Zeit die Hilfszüge Nr. 19 und 20 des Ungarischen Roten Kreuzes zur Gänze unbenützt auf einem Abstellgleis. Erst unter Hinweis auf den Befehl über den Zweck und die Benützung dieser Hilfszüge gelang es dem Bahnhofskommando von Pergine (Exh. Nr. 1008, v. 21.6.1916), deren Einsatz in den Verwundetentransportzügen zu erreichen.

Allmählich konnten auch auf der Valsuganabahn die innerbetrieblichen Schwierigkeiten überwunden werden. Auf der dann im weiteren Verlauf bis zur Cismonbrücke südlich Primolano wiederinstandgesetzten Strecke verkehrten die Züge bis zum 31.10.1918.

Heute weist die Valsuganabahn Triebwagenverkehr Trient − Venedig und für Güterzüge Traktion durch Diesellok auf.

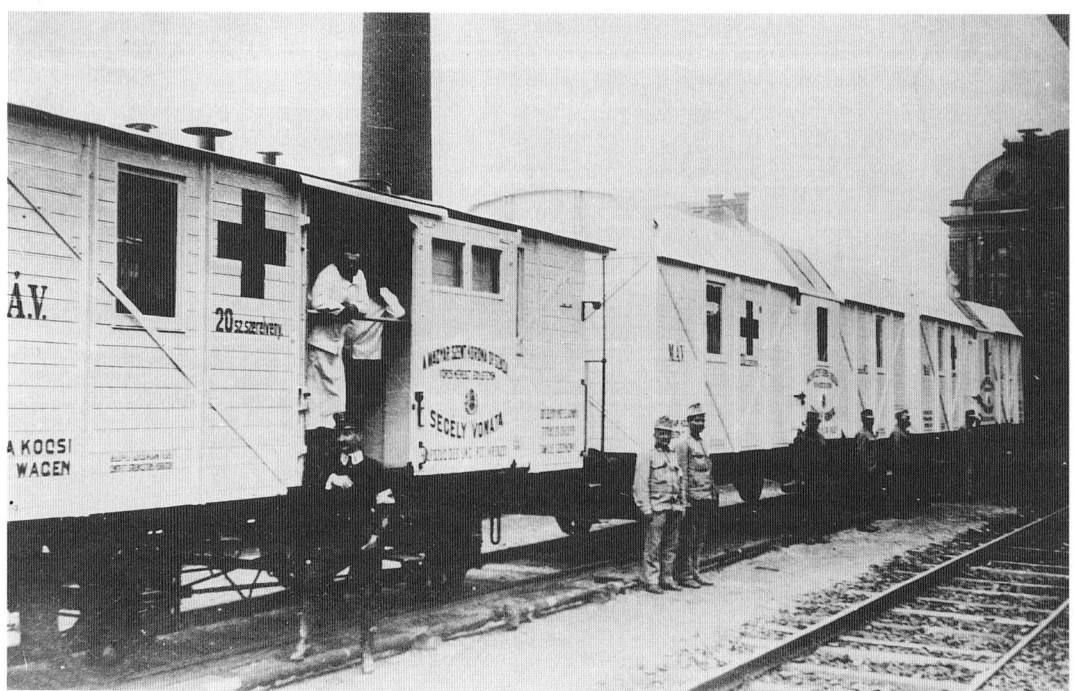

Quelle: Armeemuseum Budapest

Die Rollbahnen im Valsugana

Kleinbahn 28a   Borgo — Bieselenga
Kohlenförderbahn von Civaron zum Kohlenplatz Borgo mit eigenem regelspurigem Umladegleis.
Rollbahn: Spurweite 60 cm (Pferde?-Betrieb)
Bauzeit: 2.2.–5.3.1918
Bauausführende: Lokfb Betr. S. III Detachement 28. EisbKp
Betrieb: 5.3.–31.10.1918.

Kleinbahn 28b   Roncegno — Marter — Cadenzi
Rollbahn mit Spurweite von 60 cm, Betriebslänge 2,5 km. Nähere Angaben fehlen.

Über die zahlreichen anderen Rollbahnen, die von den Bahnhöfen Verbindungen zu Depots und Seilbahnstationen herstellten, fehlen sämtliche Unterlagen.

Die k.u.k. Fleimstalbahn

Auer — Montan — Cavalese — Predazzo

Maßgebend für die Projektierung waren die durch die Heeresleitung gestellten Forderungen, insbesondere bezüglich der Leistungsfähigkeit. Die Fleimstalbahn sollte innerhalb eines Tages eine ganze Infanterie-Brigade samt Train transportieren können. Zusätzlich mußte der Plan die Möglichkeit berücksichtigen, in Friedenszeiten die Strecke auf 1 m Spur mit elektrischer Zugförderung umzustellen. Für den Friedensbetrieb war die Verlängerung der Strecke bis nach Belluno vorgesehen. Unter diesen Voraussetzungen ergab sich bei der Anlagenplanung für die Fleimstalbahn der Charakter einer leistungsfähigen Lokalbahn.
Bereits am 19.12.1915 wurde mit den Vermessungs- und Absteckungsarbeiten begonnen. Erst am 26.12. traf die offizielle Baugenehmigung (Kleinbahn von 76 cm) ein.
Die technische Bauleitung oblag Ing. Prof. Dr. Leopold Örley. Für die materielle Beschaffung und alle militärischen Belange zeichnete Oberst Julius Khu verantwortlich. Diese Arbeiten wurden mit Unterstützung eines besonderen Fachstabes ausgeführt, der sich aus Ingenieuren der k.k. Staatsbahn-Direktion Innsbruck und der Ingenieurreserve des Eisenbahn-Regiments zusammensetzte. Zur Bauausführung verpflichtete man Zivilfirmen, denen man wegen des Arbeitermangels russische Kriegsgefangene zuteilte. Außerdem waren Eisenbahnkompanien und die Mineurabteilung der Eisenbahntruppe sowie zwölf Holzarbeiter-Abteilungen beim Bau eingesetzt. Die provisorischen Baumaßnahmen mit Holzimprovisationen wie im Grödnertal unterließ man hier, vor allem im Hinblick auf die doppelt so schweren Lokomotiven. Beim Tunnelbau mußte weicher Grödner Sandstein durchfahren werden. Vom Bahnhof Auer der Brennerbahn steigt die Strecke bis zum km 18 unter Überwindung von 560 m an. Sieben große Kehren mit 46‰ wurden für diesen Streckenabschnitt angelegt. Unter geschickter Ausnützung der geländemäßigen Gegebenheiten konnten fünf davon in Erdbauweise ausgeführt werden. Nur die beiden letzten großen Kehren mußte man unter Zuhilfenahme von Kunstbauten in der Form eines Kehrviadukts und eines Kehrtunnels dem Steilhang anpassen.
Von Cavalese weist die Strecke ein gleichmäßiges Gefälle von 42‰ bis zur Talsohle des Avisio auf. Den Fluß überquert die Bahn auf einer eisernen Brücke (zwei Öffnungen zu je 39 m Breite). Mit wechselnden Steigungen bis zu 30‰ führt die Trasse zum Endpunkt in Predazzo.
Die Bauarbeiten mußten unter schlechten Witterungsverhältnissen durchgeführt werden. Die schweren Kämpfe um den Cauriol beeinflußten überdies ungünstig den Zuschub von Baumaterial. Dieses Moment wirkte sich vor allem durch Verzögerungen bei der Fertigstellung von Kunstbauten aus. Der Bahnbau wurde in Teilabschnitten durchgeführt.

1. Bauabschnitt: Auer – Montan. Hier bereitete die Einhaltung des Terminplanes besondere Schwierigkeiten, da die Fa. Redlich u. Berger ihr Bauinventar nur schleppend mit der Südbahn zuführen konnte. Der Einsatz eines großen Löffelbaggers erforderte viele Vorarbeiten, bevor dieser beim Bau der schwierigen Lehnenstücke an der Trasse eingesetzt werden konnte; hier wirkte auch die 33. EisbKp mit.
Die Bauausführung des Betriebsbahnhofes Auer war der 28. EisbKp übertragen.
Die geforderte Kapazität machte die Anlage eines großen Umschlagbahnhofes und eines Betriebswerkes in der Station Auer notwendig. Für den Betrieb wurden 20 Lokomotiven und 200 Waggons bestellt. Die Heeresleitung machte in ihrem Auftrag an die Industrie die Umbaumöglichkeit der Fahrbetriebsmittel auf 1 m Spur zur Bedingung. Der Bahnhofsbau in Auer umfaßte ein Areal von 1500 m Länge und 100 m Breite; es gelangten 4 km Vollspur-, 8,2 km Schmalspurgleise und 85 Weichen zur Verlegung; Erdbewegung 160.000 m^3.

Heizhaus in Auer mit Mallet-Lokomotiven

Da der Betriebsbahnhof Auer als zentrales Reparatur- und Erhaltungswerk für die meterspurigen Lokalbahnen Südtirols gedacht war, hätte sich auch für den Frieden eine volle Ausnützung der großen Anlagen ergeben.
Betriebsaufnahme: 18. März 1917

2. Bauabschnitt: Montan – Castello. Betriebsaufnahme: 15.4.1917

3. Bauabschnitt: Castello – Cavalese. Betriebsaufnahme: 23.6.1917

4. Bauabschnitt: Cavalese – Predazzo. Betriebsaufnahme: 1.2.1918

Im Bauabschnitt 1 und 2 erforderten die Böschungskörper, bedingt durch die rasche Betriebsaufnahme, zahlreiche Nacharbeiten an den noch nicht gefestigten Aufschüttungen (Kgf EAA 26, 27, 51, 55).

Die Bahnhöfe an der Strecke wurden nach den Plänen des Hptm. d. Res. Architekt Heinrich Fanta erbaut. Diese Objekte passen sich in Stil und Bauformen besonders gut dem Landschaftsbild an.

Zusammenstellung aller größeren Kunstbauten in den Abschnitten 1–4:
Glenerviadukt km 11,0. Gewölbte Talbrücke mit 5 Öffnungen, 73 m lang. Höhe 22,6 m. 2 Öffnungen zu 11,75 m und 3 zu 12 m lichter Weite.
Windischgrabentunnel km 12. Länge 148,0 m.
Windischgrabenviadukt km 12. Gewölbte Talbrücke anschließend an den gleichnamigen Tunnel. 5 Öffnungen: 1 zu 7,7 m + 3 zu 12 + 1 zu 11,7 m Lichtweite. Gesamtlänge 70 m; Höhe 18,0 m.
Schloßbergtunnel km 13,0. Länge 108 m. Der Tunnel mußte gänzlich ausgemauert werden.
Feitnertunnel km 17,5. Länge 108 m.
Rottenhofviadukt km 18,5. 3 Öffnungen gewölbt zu 8 m Lichtweite; Höhe 8,8 m. Länge 32 m.
Kalditschertunnel km 18,8. Länge 102 m.
Rottenhoftunnel km 19,4. Länge 53 m.
Schelmgrabenviadukt km 22,7. Gewölbte Talbrücke; 3 Öffnungen, 1 zu 8 + 1 zu 12 + 1 zu 8 m Lichtweite; Höhe 14,5 m. Länge 40 m.
Aquaiviadukt I km 29,4. Gewölbte Talbrücke, 4 Öffnungen zu 8 m Lichtweite; Höhe 12 m; Länge 42 m.
Aquaiviadukt II km 29,5. Gewölbte Talbrücke, 3 Öffnungen zu 7 m Lichtweite; Höhe 10 m; Länge 30 m.
Schwarzbachviadukt km 34,6. Gewölbte Brücke mit 2 Öffnungen zu 10 m Lichtweite; Höhe 6 m; Länge 20 m.
Narenatunnel km 36,6. Länge 100 m.
Avisiobrücke km 39,6 bei der Haltestelle Masi. Eisenkonstruktion auf gemauerten End- und Mittelpfeilern mit 2 Feldern Kohnbrücke je 39 m Stützweite. Zweigeschoßig, Bahn unten.
Lagoraibachbrücke km 40,9. Gewölbter Durchlaß mit 10 m Lichtweite.
Val del Bus Bachbrücke km 42,6. Gewölbter Durchlaß mit 4,6 m Lichtweite.
Cavelontebrücke km 43,8. Gewölbter Durchlaß mit 10 m Lichtweite; Eisenkonstruktion auf gemauerten Endwiderlagern.
Castellirbrücke km 46,1. Gedeckter Durchlaß mit 9,3 m Lichtweite. Eisenkonstruktion auf gemauerten Endwiderlagern.
Sadolebrücke km 47,9. Gedeckter Durchlaß mit 9,3 m Lichtweite. Eisenkonstruktion auf gemauerten Endwiderlagern.
Pozzebachbrücke km 48,8. Gewölbter Durchlaß mit 8,5 m Lichtweite.
Travignolobachbrücke km 50,8. Ein Feld Gitterbrücke mit 33 m Stützweite, Bahn unten, auf gemauerten Endunterlagen. Kohnbrücke eingeschoßig.

Aufnahmsgebäude
Cavalese, 1916
Quelle: Skizzenbuch
Architekt Hptm Fanta

Aufnahmsgebäude
Auer, 1918
Quelle: Skizzenbuch
Architekt Hptm Fanta

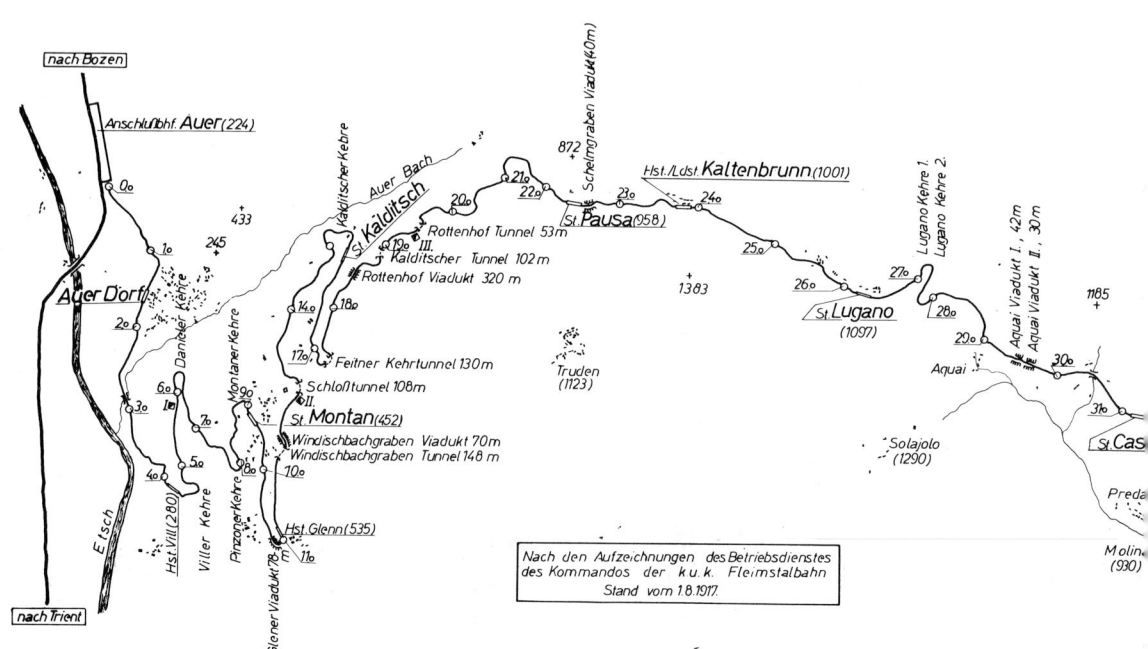

Technische Daten der Fleimstalbahn

Streckenführung: Auer (224 m) – km 10 Montan (498 m) – Kaltenbrunn (991 m) – Paßhöhe v. San Lugano (1100 m) – km 39 Cavalese (993 m) – Tesero – Panchia – Ziano – km 50,5 Predazzo (1018 m).

Größter Höhenunterschied: 875 m
Größte Steigung: 46‰
Schienengewicht: 18 kg/m
Schienenlänge: 10,8 m
Schienenhöhe: 100 mm
Zahl der Schwellen pro Schienenlänge: 14–16
Nutzlänge der Kreuzungsgleise: 150 m
Zahl der Brücken: 11
Zahl der Tunnels: 6
Gesamtlänge der Tunnels: 643 m
Zahl der Stationen: 9
Zahl der Ladestellen: 11

Bauzeit: 2 1/4 Jahre.
Arbeiterstand: 6000 Mann
Bauausführende:
17., 28., 33. und 35. EisbKp, 2/Ldst ETBt. 501
Bau Kp. 4/14, 5/14.
Kgf EAA. 26, 17, 28, 51, 55, 85, 102b und 358.
Kgf AA. 101a, 102a, 102b, 103b und 142a, 142b, 143b, 328, 348b, 358, 106a und 106b.
Baukosten: ca. 70 Millionen Kronen

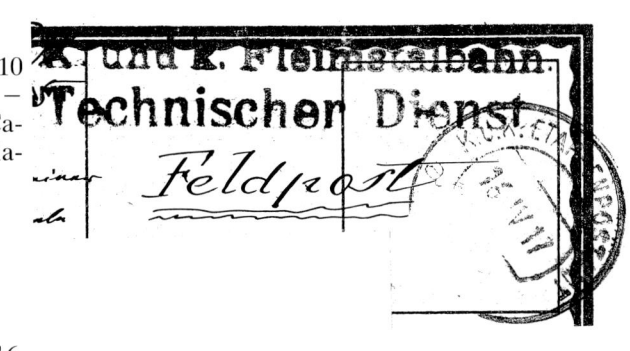

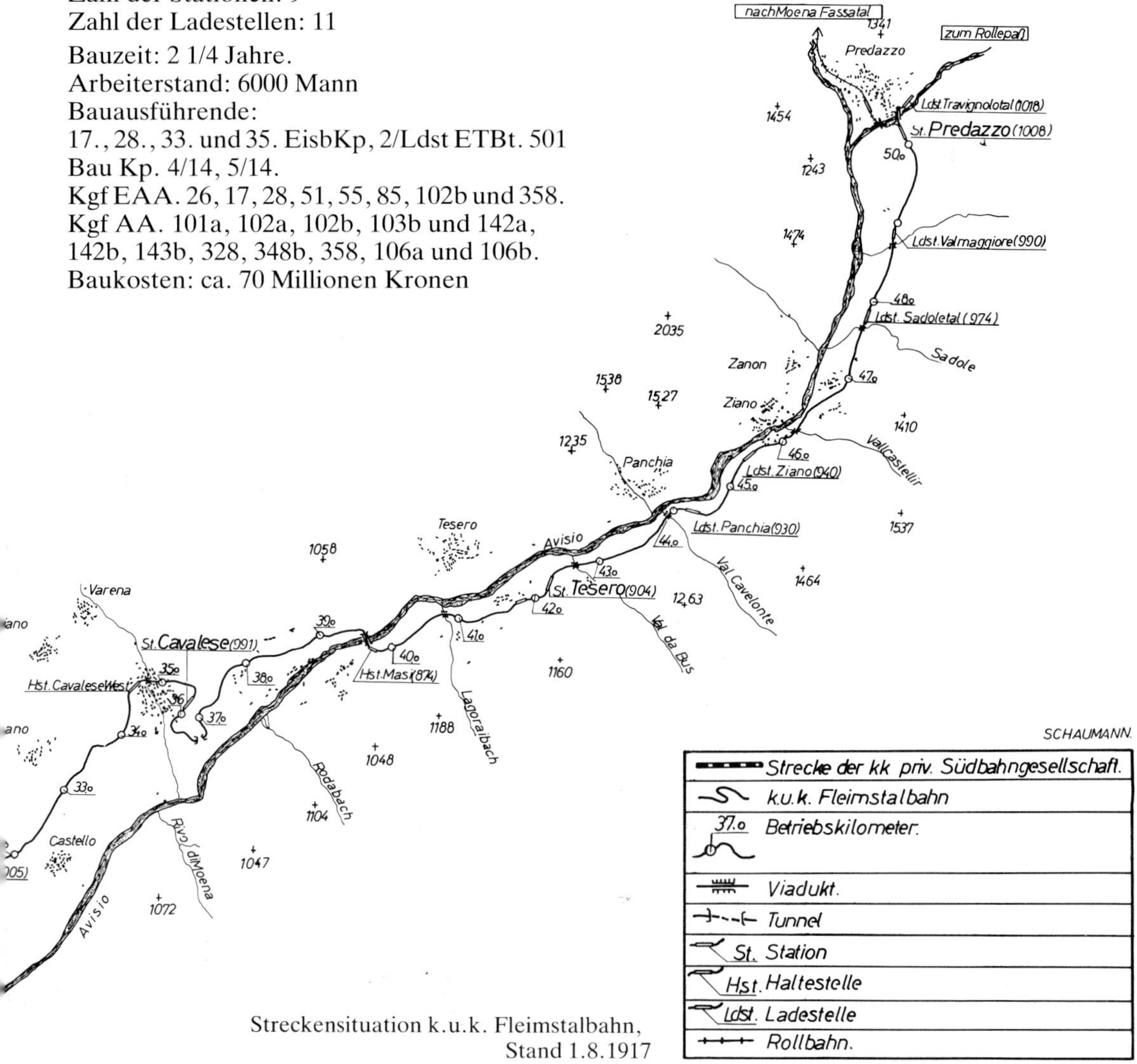

Streckensituation k.u.k. Fleimstalbahn,
Stand 1.8.1917

Betrieb

Die österreichische Industrie war zum Zeitpunkt der Ausschreibung mit Aufträgen überlastet. Um eine termingerechte Bereitstellung der notwendigen Lokomotiven zu gewährleisten, vergab die Heeresleitung die Bestellung an die Firma Henschel & Co in Kassel. Die gelieferten Maschinen übertrafen in ihrer Leistungsfähigkeit viele starke Loks der Normalspur. Auf der Höchststeigung von 46‰ beförderten sie einen vollbeladenen Güterzug mit 15 km/h.

Serie VI; Naßdampf-Verbund-Mallet-Tenderlokomotive:

Achsanordnung: 1C+C
System: Mallet
Gesamtradstand: 7800 mm
fester Radstand: 2000 mm
Treibraddurchmesser: 800 mm
min. Kurvenradius: 60 m
Länge ü. Puffer: 10.900 mm
Zylinderdurchmesser: 320/520 mm
Kolbenhub: 400 mm
ges. Heizfläche: 109,5 m^2
Wasservorrat: 6 m^3
Reibungsgewicht: 47 t
Dienstgewicht: 53 t
größter Achsdruck: 7,9 t
Kesselüberdruck: 13 atü

Rostfläche: 2,1 m^2
Kohlenvorrat: 2,8 m^3
max. Geschwindigkeit: 40 km/h
Höchstzulässige Geschwindigkeit:
Bergfahrt/Talfahrt 15/20 km/h

Für die Führung des Betriebes wurde ein Betriebsdetachement in der Stärke von 331 Mann aufgestellt, das den Verkehr bis 31.10.1918 durchführte. Betriebsleitung: k.u.k. Fleimstalbahn, Auer.

Mallet-Lokomotive der k.u.k. Fleimstalbahn, erzeugt von Henschel & Co

Kurz nach Betriebseröffnung ereignete sich ein Unfall durch Dammrutschung;
Bergung der abgestürzten Mallet-Lok

Zug der Fleimstalbahn, Sommer 1918

Zu versorgende Frontabschnitte: Fassaner Alpen (Monzoni, Costabella, Passo le Selle), Fanghostellung, Bocche, Lusia, Colbricon und Fleimstalkamm (Mte. Cauriol).

Seilbahnen:
 1. Mga. Bombasel → Kote 2535 → C. delle Buse d'Oro (2551 m)
 2. Vallon d'Aste → Cima di Cupola (2598 m)
    Vallon d'Aste → Kote 2480 (Formentone)
 3. L. dell' Aje → Cauriol (2495 m)
 4. 2197 → Cardinal (2454 m)
 5. Mga. Sadole (1589 m) → C. Busa alta
 6. Lago brutto (2097 m) → C. Cancenagol (2462 m)
 7. Mga. Valmaggiore (1622 m) ⌐→ Doss Caligher → C. Valmaggiore
                                └→ Forc. Coldose → C. di Moregna (2167 m)
 8. L. di Cece (1985 m) → C. di Valbona
 9. Mga. Valon → C. di Ceremana (2702 m)
10. Busi (1281 m) ⌐→ Kote 2132
                  └→ Kote 2512 (Colbricon 2604 m)
11. Bellamonte (1490 m) → Kl. Lusia (1954 m)

Zug der Fleimstalbahn auf der Fahrt in Richtung Montan, bald nach erfolgter Elektrifizierung

Nach einer kurzen, durch den Zusammenbruch des Jahres 1918 bedingten Unterbrechung wurde der Betrieb unter einer italienischen Privatgesellschaft am 1.2.1919 wieder aufgenommen. Im Jahre 1929 gelangten die früher geplante Umspurung auf 1 m und die Elektrifizierung zur Durchführung. Die erforderlichen Güterwaggons und zwei Lokomotiven als Reserve konnten durch die vorausschauende Planung der österreichischen Heeresverwaltung leicht umgespurt werden und standen bei der Aufnahme der Elektrotraktion am 28.10.1929 zur Verfügung. Die geplante Weiterführung nach Belluno unterblieb jedoch. Im Zweiten Weltkrieg wurden im Bahnhof Auer durch Bomben zahlreiche Betriebsmittel und Anlagen zerstört oder schwer beschädigt.
Die Betriebseinstellung der Fleimstalbahn erfolgte am 10.1.1963.

Die k.u.k. Grödnerbahn

Klausen − St. Ulrich − Plan

Der Plan zur Errichtung dieser Bahnlinie reicht weit vor den Beginn des Ersten Weltkrieges zurück, als der Zustrom der Touristen in die Dolomiten einsetzte. Das Projekt konnte infolge finanzieller Schwierigkeiten nicht realisiert werden. Erst die zwingende Forderung nach einer leistungsfähigen Nachschubverbindung beseitigte die früher bestandenen Hemmnisse. Eine rasche Durchführung des Bahnbaues war wegen des bevorstehenden Winters 1915/16 besonders dringend. Da die Straße Waidbruck − Plan bis 18% Steigungen aufwies, konnte mit den bisher eingesetzten Trainkolonnen die klaglose Abwicklung auf der winterlichen und stark zur Vereisung neigenden Straße nicht garantiert werden.

Am 12.9.1915 erteilte die Heeresleitung den Auftrag zum sofortigen Baubeginn. Trotz der durch die Kriegsverhältnisse bedingten Materialknappheit berücksichtigte man in der Planung den künftigen Friedensbetrieb der Bahn. Die Streckenführung bot die Möglichkeit eines späteren Umbaues auf die 1 m-Spur.

Obwohl die elektrische Zugförderung wegen der ungünstigen Neigungsverhältnisse in Betracht gezogen wurde, mußte darauf verzichtet werden. Die Industrie konnte in der kurzen zur Verfügung stehenden Zeit keine Liefergarantien übernehmen. Einer späteren Umstellung auf Elektrobetrieb wurde beim Bau der Tunnels durch ein größeres Lichtraumprofil Rechnung getragen.

Der Bau wurde unmittelbar auf Rechnung und Gefahr der Heeresleitung durchgeführt.
Bauleitung: Eisenbahnreferent des Landesverteidigungs-Kommandos Tirol, Oberst Julius Khu
Fachstab: Ingenieure Stb. Dion Innsbruck und Ingenieurreserve Eisb. Ers. Baon Korneuburg.

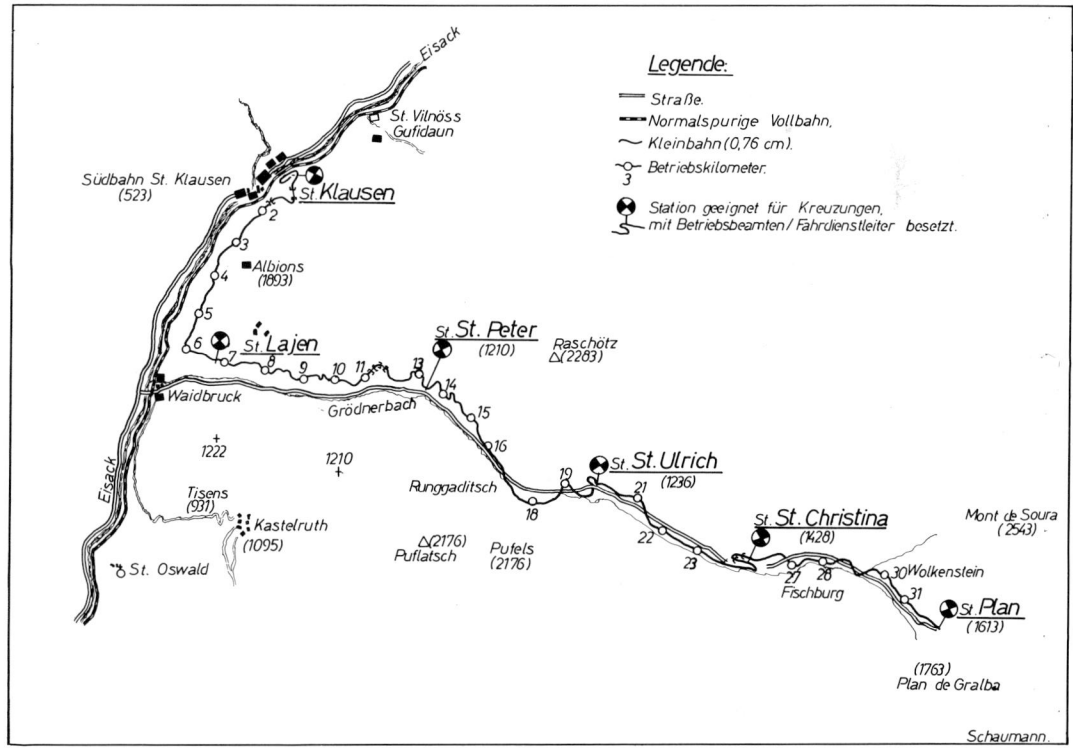

Streckensituation k.u.k. Grödnerbahn, Stand 7.5.1916

Westportal des Flötzentunnels, Bahnkilometer 9,1; im Vordergrund Gleisprovisoriums zum Umfahren des Tunnels

Behelfsbrücke oberhalb von Klausen zur Umfahrung der Baustelle „Großer Marzan-Viadukt"

Für Transportzwecke standen der Bauleitung 4 Kraftwagenkolonnen zu je 25 Fahrzeugen zur Verfügung, die das Material zu 4 Stapelplätzen entlang der künftigen Strecke schafften. Von diesen Plätzen ausgehend erfolgten die Bauarbeiten immer gleichzeitig in zwei entgegengesetzte Richtungen.

Die Truppe verlangte eine möglichst rasche Befahrbarkeit der Strecke. Aus diesem Grund erfolgte die Streckenführung unter Ausnutzung aller sich nur anbietenden geländemäßigen Möglichkeiten, unter Verzicht auf eventuell leichteren Betriebsdienst. Jene Stellen der Trasse, die nur unter Zuhilfenahme von Kunstbauten überbrückt werden konnten, wurden zuerst mit improvisierten Maßnahmen für den Betrieb freigegeben. Stützmauern und Brücken ersetzte man durch behelfsmäßige Holzkonstruktionen.

Länger dauernde Tunnelbauten wurden bis zur Fertigstellung auf einem Behelfsdamm vorläufig umfahren. Dadurch konnte die Zeit bis zur ersten Verkehrsaufnahme wesentlich verkürzt werden. Auf den weiteren Betrieb wirkten sich diese Maßnahmen allerdings durch die zahlreichen Materialtransporte und Baustellen sehr störend aus. Die geländebedingte große Zahl der Kunstbauten ließ eine andere Lösung nicht zu.

Der erste Streckenabschnitt, der vom Eisacktal über einen Steilhang in das untere Grödnertal führt, weist zahlreiche tiefeingeschnittene Seitengräben auf. Nach dem 15. Betriebs-km durchquert die Trasse den gewaltigen Porphyrbergsturz der Raschötz. Nach diesem erreicht die Bahn das Niveau des Grödnerbaches. Eine besondere Charakteristik des folgenden Teiles sind die Steilstufen, die zum Bau zahlreicher Schleifen zwangen. Große Schwierigkeiten ergaben sich beim Bau des Kehrtunnels in der Ortschaft von St. Christina. Bis zur Vollendung des Tunnels mußte der Verkehr über eine provisorische Spitzkehre geführt werden. Alle Behelfsbauten aus Holz und Stahltragwerken wurden im Zuge des weiteren Ausbaues durch massive Kunstbauten ersetzt.

Im Bahnhofsbereich Klausen der k.k. priv. Südbahngesellschaft mußte der Lokalbahnhof mit eigenem Betriebswerk und Verladerampen untergebracht werden. Um eine Aufschüttung bis zu 100.000 m³ zu ersparen, errichtete man die gesamte Anlage auf dem drei Meter tiefer liegenden Talgrund. Aufgrund der Begrenzung des zur Verfügung stehenden Raumes ergab sich die konstruktiv interessante Lösung der Bahnhofsausfahrt. Ein 100 m langer Viadukt übersetzte den Lokalbahnhof in einer vollständigen Schraubenwindung.

Trotz der ungeheuer großen Schwierigkeiten konnte die Fertigstellung in einer Rekordzeit verwirklicht werden. In den ersten Wochen des Betriebes mußten die verschiedensten Zugförderungsmittel anderer Bahnverwaltungen herangezogen werden. Aus den leistungs- und wartungsmäßig großen Unterschieden der einzelnen Lokomotiven ergaben sich für den Bahnbetrieb wesentliche Erschwerungen. Mit der Anschaffung eigener, leistungsstarker, neuer Berglokomotiven wurden der Bahn später geeignete Zugförderungsmittel zugeteilt.

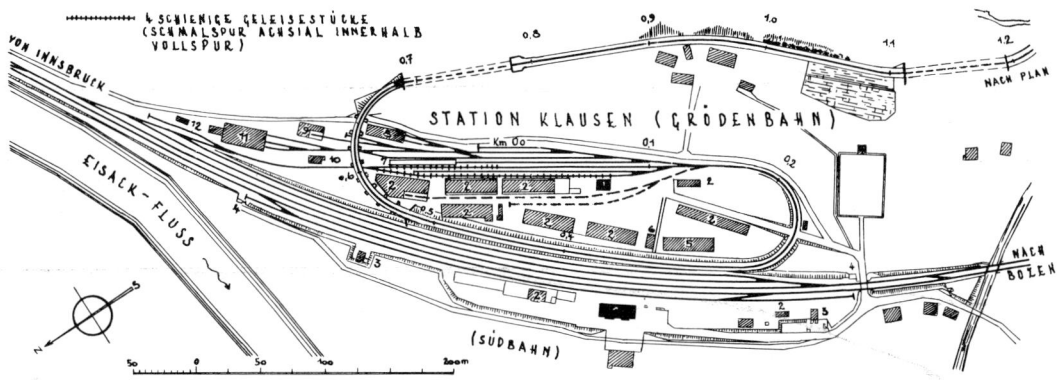

Lageplan Station Klausen*)
1 Aufnahmsgebäude; 2 Kriegsmagazin; 3 Wächterhaus; 4 Stellwerke; 5 Munitionsdepot; 6 Wache; 7 Bekohlungsanlage; 8 Reservelokomotivschuppen; 9 Wagenreparaturwerkstätte; 10 Röstanlage für Lokomotivsand; 11 Heizhaus mit neun Ständen; 12 Öldepot.

Bahnhof Klausen; Bau des Kehrviadukts, Provisorium mit Bauzug; Vollbahngleise links zur Umladeanlage; sm-Gleise rechts führen zum künftigen Heizhaus der Grödnerbahn; im Hintergrund Ausfahrtssignal der Brennerbahn in Richtung Brixen.

Naßdampf-Zwillingslokomotive mit vier Kuppelachsen, geliefert von Krauss & Cie., Linz, für die Grödnerbahn. Da sich deren Auslieferung verzögerte, kamen zunächst Maschinen von anderen Strecken zum Einsatz; so von der eingestellten Mori-Riva-Bahn die Lokomotive „Lago di Garda", die anschließend zur Fleimstalbahn transferiert wurde.

Serie K; Naßdampf-Zwillingslok
Erbauer: Krauss & Co., Linz 1916
Achsanordnung: D, 1.+4. Kuppelachse Hohlachse nach System Klien-Lindner
Treibraddurchmesser: 750 mm
fester Radstand: 1700 mm
Heizfläche des Kessels: 51,1 m^2
Rostfläche: 1,06 m^2
Dampfdruck: 13 atü
Zylinderdurchmesser: 320 mm
Kolbenhub: 350 mm
Länge über Puffer: 7050 mm
ges. Radstand: 3500 mm
Leistung: 150 PS
Leergewicht: 21 t

Dienstgewicht: 27,54 t
max. Geschwindigkeit: 25 km/h
Automatische Vakuumbremse System Hardy
Höchstzulässige Geschwindigkeit:
Bergfahrt/Talfahrt 14/18 km/h

Der Probebetrieb konnte am 27.1.1916 aufgenommen werden. Mit der Einführung des neuen Zugförderungssystems nach Ing. Findeis konnte ab 6.2.1916 eine wesentliche Steigerung der Betriebsleistung verzeichnet werden. Im Zugsgruppenverkehr wurden in Abständen von 10 Minuten Zugpaare, bestehend aus 6 bis 10 Zügen, abgefertigt. Sie verkehrten nach der Entladung ebenso zurück. Voraussetzung dafür waren entsprechend ausgebaute Gleisanlagen in den Endpunkten. Der Zugverkehr erfolgte im Raumabstand auf Streckenlänge. Durch den Zugsgruppenverkehr entstanden zwischen den Zugfahrten längere Pausen, die für den weiteren Streckenausbau und die Zubringung des benötigten Brennstoffes genützt werden konnten. Der Fahrbetrieb wurde mit drei Zugsgruppenfahrten, eine in der Früh, eine am Nachmittag und eine Nachtfahrt, abgewickelt. Dies entsprach einer Streckenleistung von 20 bis 30 Güterzügen in einer Fahrtrichtung. Eine beachtliche Leistung für eine schmalspurige Gebirgsbahn mit ungünstigen Neigungsverhältnissen.

Heizhaus Klausen, 1917 *Quelle: Archiv Ostadal*

Gleisverlegung im Endbahnhof Plan; Bildmitte das Ausziehgleis, rechts das im Bau befindliche Heizhaus, links die ebenfalls im Bau befindliche Seilbahn zum Sella- und zum Grödnerjoch

Der Eröffnungszug hat Plan erreicht

Quelle: Archiv A. Ostadal

Technische Daten der Grödnerbahn

Streckenführung: Klausen (520 m) – km 9 Layenried (792 m) – St. Peter (1037 m) – Runggaditsch – km 27 St. Ulrich (1236 m) – km 33 St. Christina (1428 m) – km 40 Wolkenstein (1567 m) – km 44 Plan (1613 m).

Spurweite: 760 mm, ausbaufähig auf 1 m
Höhenunterschied: 1072 m
Größte Steigung: 51‰
Krümmungshalbmesser: 50 m (2 zu je 38 m)
Tunnels: 7, mit Gesamtlänge von 790 m
Brücken: 37, mit Gesamtlänge von 1042 m
Viadukt: 1
Zwischenstationen: 4

Schienengewicht: 18 kg/m
Schienenlänge: 9 m
Schienenhöhe: 93 mm
Zahl der Schwellen pro Schienenlänge: 13
Oberbaumaterial: 1500 t
Nutzlänge der Kreuzungsgleise: 100 m
Wasserleitungen: 4000 m
Tageskapazität: 700 t

Bauausführende:
29. EisbKp, Holzarbeiter- und Mineurabteilungen, KgfAA
Firmen Redlich & Berger, Dr. Korger, Mayreder, Krauss & Co.
Arbeiterstand: 10.000 Mann (3500 Soldaten, 6000 Kriegsgefangene, 500 Zivilarbeiter).
Bauzeit: 4 Monate, Baukosten: 34 Millionen Kronen.

Zu versorgende Frontabschnitte: Travenanzes, Lagazuoi, Col di Lana, Padon und Marmolada.
Die Grödnerbahn kann mit ihren anschließenden Seilbahnen als Musterbeispiel dafür dienen, daß großräumige Versorgungsabschnitte durch eine sm-Strecke trotz größter Anforderungen witterungsunabhängig bedient werden konnten.

Endbahnhof Plan nach Fertigstellung, auch die Seilbahn hat den Betrieb aufgenommen

Wichtigste Verbindungen ab Endpunkt Plan zur Front:
Straßen: Grödnerjoch- und Sellajochstraße

Seilbahnen:
1. Plan – Grödnerjoch – Corvara – Pralongia
   ├─► Siefsattel
   └─► Col di Lana
   Gadertal – Groß Fanis
   ├─► Vallon Bianco
   └─► Cavallo
   Hexenfels
   ├─► Valparola
   Lagazuoi
   └─► Fanisscharte

2. Plan – Sellajoch – Kote 1807 – Pordojjoch
   ├─► Mezzodi
   └─► Arabba
   └─► Pizzazz
   Canazei – Campitello
   Alba-Penia – Contrin
   Pian Trevisan – Marmolata
   Kote 2059 – Mesola
   └─► Fedaja

Abfahrbereiter FS-Zug der Grödnerbahn, 1953

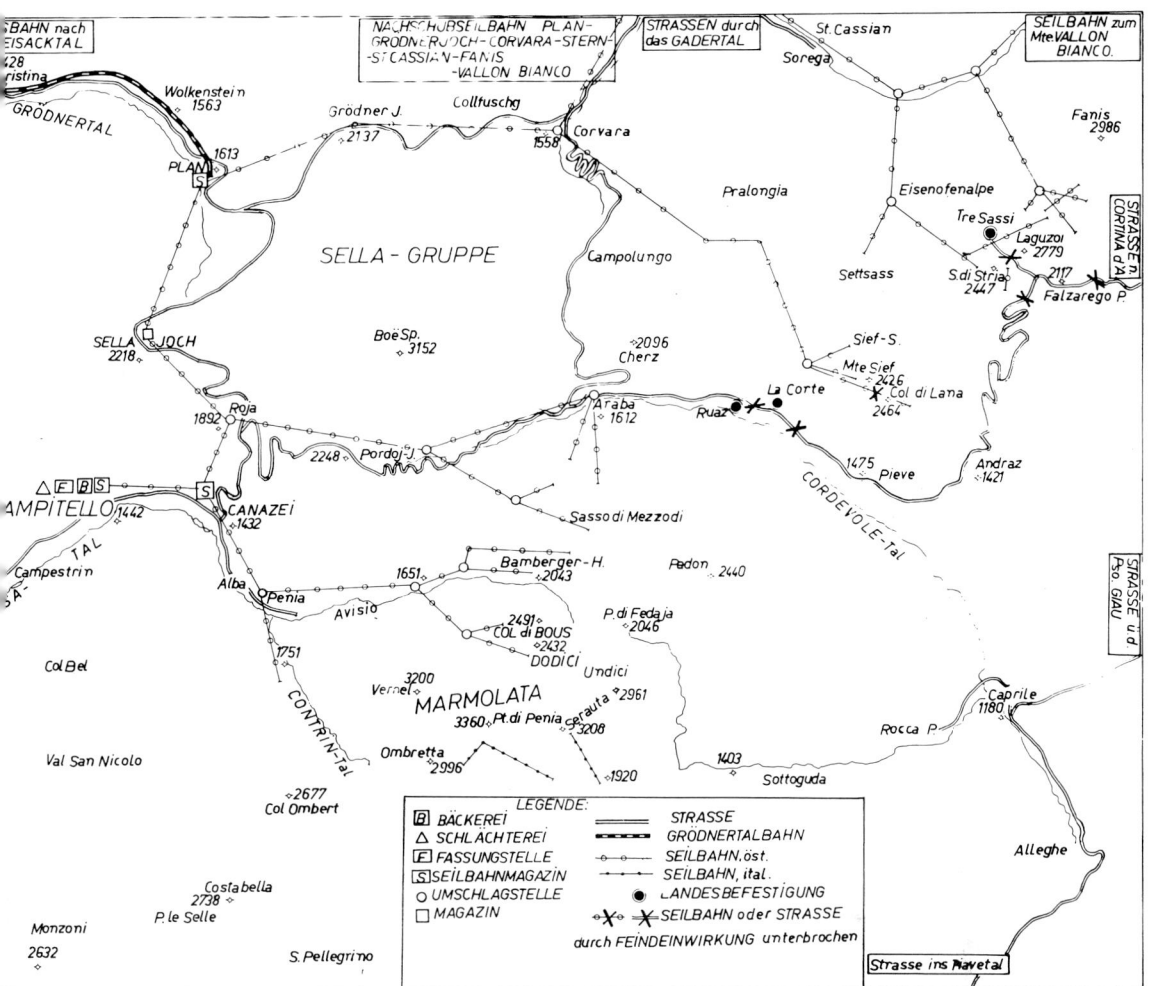

Die Grödnerbahn mit den anschließenden Seilbahnen, 1916/17

Bald nach dem Zusammenbruch 1918 wurde der Betrieb der Grödnerbahn wieder aufgenommen und von der FS mit den vorhandenen Betriebsmitteln weitergeführt. Die geplante Elektrifizierung und die Umspurung auf 1 m unterblieben aus finanziellen Erwägungen. Im Zweiten Weltkrieg wurde ein Teil der vorhandenen Waggons als Lazarettwagen adaptiert. Die Lazarettzüge der Grödnerbahn führten den Verwundetentransport zu den zahlreichen Lazaretten des Tales durch.

Mit 29.5.1960 erfolgte die Betriebseinstellung und die Einführung eines Schienenersatzverkehrs durch Autobusse. Die Gleisanlagen der Strecke wurden inzwischen demontiert. Die Trasse der Grödnerbahn erhielt im Zuge des großzügigen Straßenausbaues anläßlich der Schiweltmeisterschaften 1970 eine neue Aufgabe. Im Abschnitt Klausen – Layenried – St. Peter bis vor Runggaditsch benützt die neue „Panoramastraße" den zu einer modernen Autostraße erweiterten Bahnkörper.

Die Pustertalbahn

Spittal a. d. Drau (545 m) − Lienz (675 m) − Toblach (1210 m)
− Bruneck (828 m) − Franzensfeste (747 m)

Betriebslänge: 175 km
Betriebsleitung: Betriebsinspektorat der k.k. priv. SB, Klagenfurt.
Militärische Transportleitung: Strecke Villach − Lienz FTL 8 Villach; Strecke Lienz − Franzensfeste FTL 7 Innsbruck.

Für den Betrieb und Ausbau dieser Linie sind in den Jahren des Ersten Weltkrieges zwei grundlegend verschiedene Zeitabschnitte zu unterscheiden: zuerst die wachsende Spannung zwischen Österreich-Ungarn und Italien 1914 und 1915 und dann die Jahre nach der Kriegserklärung bis zum Herbst 1918. In der Spannungszeit 1914/15 erfolgte der Ausbau der Strecke und der sonstigen notwendig gewordenen Einrichtungen fast ausnahmslos durch die zivilen Kräfte der k.k. priv. Südbahnges. Mit der zunehmenden Kriegsgefahr ab dem Frühjahr 1915 kamen in ständig steigendem Ausmaß die militärischen Kräfte der Eisenbahnkompanien zum Einsatz, die allmählich die zivilen der Südbahn größtenteils ablösten.

Die Pustertalbahn bildete neben der Brennerstrecke die wichtigste militärische Verbindungslinie in Tirol, außerdem sollte sie den gesamten Nachschubverkehr für den Raum Östliche Dolomiten bewältigen. Ihre friedensmäßige Leistungsfähigkeit entsprach jedoch keinesfalls den zu erwartenden Anforderungen. Deshalb wurde bereits ab 1914 mit dem planmäßigen Ausbau der Gleisanlagen in den Bahnhöfen zwischen Spittal a. d. Drau und Franzensfeste für die Kreuzung 100-achsiger Züge begonnen. Die Betriebs- und Kriegstagebücher der Feldtransportleitungen Villach und Innsbruck geben Aufschluß über die Arbeiten und die Zugförderung durch die Süd-

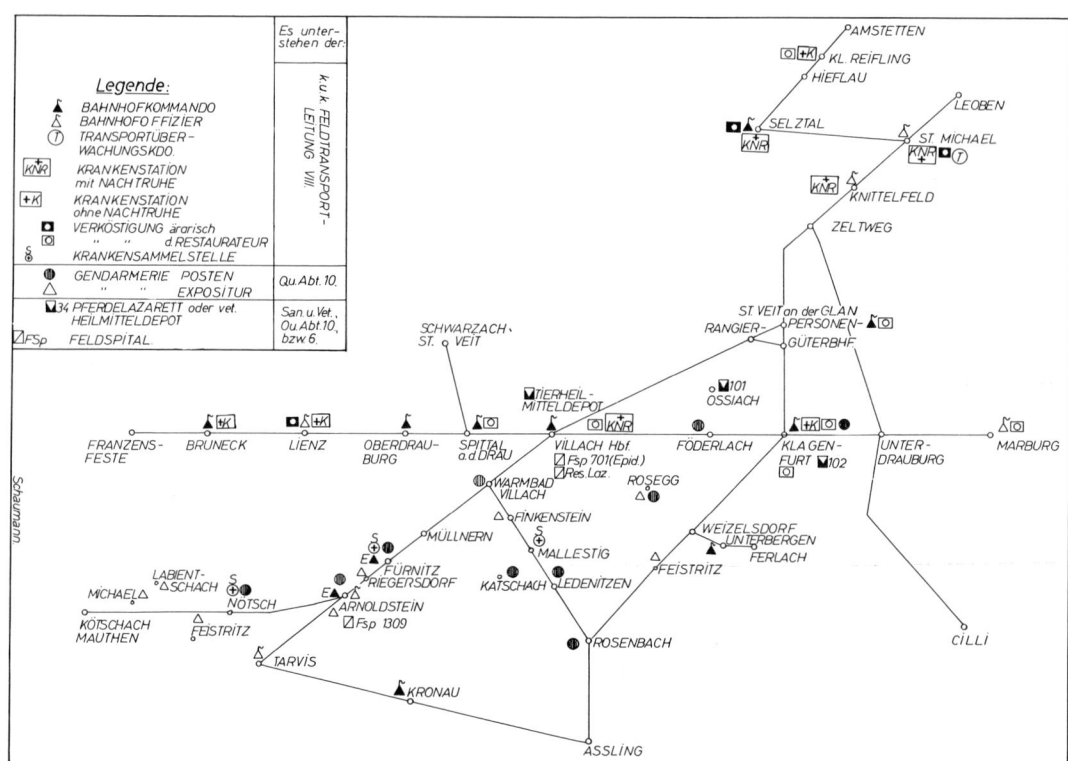

Die k.u.k. Feldtransportleitung Villach und ihre Einrichtungen

bahngesellschaft auf dieser Strecke. Es ist aufschlußreich, die gewaltigen Betriebsleistungen dieser Zeit, besonders in Anbetracht der schwierigen Bedingungen in den Abschnitten Lienz—Toblach — Bruneck, mit dem heutigen Verkehrsaufkommen zu vergleichen.
Heute dient die Strecke vornehmlich dem Regionalverkehr. Von Wien besteht eine Schnellzugsverbindung über Spittal und Franzensfeste nach Innsbruck, außerdem gibt es Korridorverbindungen Lienz — Innsbruck.

Auszug aus dem Tagebuch der FTL 8:
Trotz des ansteigenden Güter- und militärischen Transportverkehrs werden die durchlaufenden Schnellzüge (von und ab Wien/Budapest über Marburg — Klagenfurt) anstandslos nach Franzensfeste geführt. Der Bedarf an schnellfahrenden Lazarett-, Munitions- und Verpflegszügen führt zur Einlegung dieser Züge auf schnellfahrende Trassen. Mit deren Einführung treten zum ersten Mal ernstliche Störungen des Zivilverkehrs durch Vorfahren und Kreuzungen ein. Die ständig steigende Belastung der Sonderzüge entspricht auch nicht mehr den ursprünglich festgelegten Fahrzeiten. Mit 14. April 1915 wird angesichts der allgemeinen Verschlechterung der Situation die neu aufgelegte Kriegsfahrordnung Marburg — Franzensfeste verlautbart. Am 1.5.1915 ergeht der Befehl zur Räumung der Lagerplätze Bruneck — Innichen — Oberdrauburg und Greifenburg/Weißensee. Am 11.5. muß die rasche Entladung aller für militärische Transporte geeigneten Wagen angeordnet werden. Die Entladung wird noch in der Nacht durchgeführt und die Wagen in 100-Achs-Zügen in Richtung Marburg abgefahren. Das ständig anwachsende Verkehrsaufkommen aus Richtung Marburg sowie die Übergabe von über 100-achsigen Zügen durch die k.k. StB zwingt in den noch nicht ausgebauten Stationen zu schwierigen Kreuzungen. Durch den Mangel an direkten beschleunigten Zugstraßen müssen Personenzugstraßen mit 45/50 km/h für militärische Transporte herangezogen werden. Durch weiter anwachsende Belastung mit militärischen Transporten über 500 t können bald die Fahrzeiten nicht mehr eingehalten werden. Für alle in diesem Streckenabschnitt verkehrenden Züge werden einheitlich 33 Bremsprozente vorgeschrieben. Ab Mai nimmt die Transportbewegung weiter zu, die Anmeldung der aus Marburg und in Franzensfeste eintreffenden Züge erfolgt meist so knapp, daß lange Stehzeiten bis zur Übernahme entstehen. Ab Monatsmitte tritt eine allmähliche Regelung der weiter ansteigenden Transporte ein. Eine Verminderung der Verspätungen ist zu verzeichnen. Doch eine fühlbare Personalknappheit beginnt sich bemerkbar zu machen; nur erhöhte Dienstleistungen des Personals schaffen einen Ausgleich.

Nach der Kriegserklärung Italiens können die starken Transporte fast klaglos abgewickelt werden. Zum Abtransport des Deutschen Alpenkorps von Innichen und Bruneck ab 12.10.1915 müssen 50—60 Garnituren beigestellt werden. Wegen der geringen Leistungsfähigkeit der Bahnhöfe muß die Reihung dieser Züge bereits in Lienz oder Franzensfeste durchgeführt werden. Im Bahnhof Bruneck stehen zu diesem Zeitpunkt 300 Waggons. Überdies sind 3 große Verpflegszüge im Anrollen. Viel zur Beschleunigung der Truppentransporte trägt die Vereinfachung der Übergabe zwischen k.k. StB und SB in Villach bei. Die Züge verkehren nun direkt über die Lindner-Schleife zum Staatsbahnhof. Die Südbahn übernimmt die für das Pustertal bestimmten Transporte mit ihren Loks und Mannschaften bereits ab Villach Staatsbahnhof.

Zugverkehr auf der Pustertalbahn im Jahre 1915:

Streckenabschnitt	ab 23. Mai	Juni	Juli	Aug.	Sept.	Okt.	Nov.	Dez.
Villach — Spittal	257	738	897	876	787	1116	898	913
Spittal — Lienz		222	478	625	562	476	793	589	569
Lienz — Bruneck		185	448	589	619	591	866	678	625
Bruneck — Franzensfeste		139	395	510	486	453	587	477	434

Feldpost

31.5.1915 Chef des Feldpostwesens ordnet Führung von Feldpostkursen an.

26.6. Feldpostkurs Franzensfeste – Bruneck (Zug 420)

 1.7. Feldpostkurs Bruneck – Innichen (mit 420/417)

28.7. G 452 hält täglich zur Beförderung der Feldpost in Mühlbach, Vintl, Ehrenburg und Niederdorf.

30.7. Deutscher Feldpostkurs verkehrt täglich mit Zug 420/417 Franzensfeste – Innichen

13.8. Im Bahnhof Innichen wird der Wartesaal 3. Klasse als Feldpostamt 222 eingerichtet.

Zugförderung und Werkstättendienst

Heizhaus Lienz am 27.7.1914
Personalstand: 45 Lokführer, 31 Lokführer-Anwärter, 16 Lokheizer und 18 Hilfsarbeiter.
Lokstand: 63 Lokomotiven, davon 6 in Reparatur = 9,5%.

Immer wieder sind die Aufzeichnungen des Betriebsdienstes ein Spiegelbild der allgemeinen politischen Lage. Auch nach langer Zeit sagen diese über Ereignisse aus, die kaum in der Öffentlichkeit bekannt wurden oder bereits längst in Vergessenheit geraten sind. Kurz nach der Kriegserklärung zwischen Deutschland und Frankreich rechnete man von kompetenter österreichischer Seite mit dem Eingreifen Italiens gemäß dem Dreibundvertrag zugunsten Deutschlands auf dem westlichen Kriegsschauplatz. Das Tagebuch der Zugförderung Lienz sagt darüber aus:

Zur Beförderung des italienischen Hilfskorps auf der Strecke Ala – Kufstein werden vom Heizhaus Lienz am 5./6. August 1914 abgestellt:

4 Loks Reihe 9 + 4 Loks Reihe 35a an Heizhaus Innsbruck;

1 Lok Reihe 170 + 1 Lok 35a an Heizhaus Bozen;

3 Loks Reihe 35a an Heizhaus Franzensfeste.

Da das italienische Hilfskorps nicht eintraf, kehrten die Loks am 24.8. wieder nach Lienz zurück.

In der Folge werden zahlreiche Loks dem Heizhaus Lienz zudirigiert. Mit dem Zugang einer R 170 von Bozen beträgt der Lokstand in den beiden für das Pustertal wichtigen Heizhäusern Lienz und Villach am 11.2.1915 105 Lokomotiven. Am 25.3. gibt Lienz 2 Lokomotiven Reihe 35a an Mürzzuschlag ab. Lokstand am 24.4.1915 in Lienz: 59 Loks, davon 9 in Reparatur = 15,3%.

Am 24.4. wird die Bergung sämtlicher Reserve- und Ersatzteile der Zugförderung nach Franzensfeste und Innsbruck angeordnet.

Am 28.5.1915 wird in Bruneck eine Zugförderungs-Expositur errichtet. Zugförderung Lienz hat nun 50 Lokpartien zugeteilt. Mit der Kriegserklärung Italiens und den damit verbundenen größten Transportbewegungen wird für Lienz eine Aushilfe von 35 Führerpartien aus Villach erforderlich.

Bedarf an Lokpartien: Strecke Villach – Lienz 1,2 Führerpartien und Strecke Lienz – Franzensfeste 2,9 Führerpartien. Diese Werte gelten, wenn Lokomotiven der Reihe 35a Lienz – Franzensfeste und Schiebe Lienz – Toblach im Einsatz sind. Steht die leistungsfähige Reihe 80.180 im Verkehr, sinkt der Bedarf in der Strecke Lienz – Bruneck auf 2,6 Führerpartien.
Von Mai bis September hilft Knittelfeld dem Heizhaus Lienz mit 3 Loks Reihe 9 für Schiebedienst Lienz – Bruneck aus. Mit 15.11. gibt Villach an Heizhaus Lienz 2 Loks Reihe 32a für Schiebedienst Lienz – Abfaltersbach ab.

Mit 1.6.1915 werden zur Pustertalbahn überstellt:
An Heizhaus Franzensfeste 3 Loks Reihe 9 + 2 Loks Reihe 32 (von Marburg) mit Lokpartien
an Heizhaus Bruneck 1 R 170 + 2 Loks R 35a
an Heizhaus Innichen 1 Lok R 32c
Mit 1.7. gehen zu:
an Heizhaus Franzensfeste 3 Loks R 9 + 1 R 170
an Bruneck 1 R 170 + 2 Loks R 35a + 1 Lok R 32c.

Für den Transport des Deutschen Alpenkorps unter dem Decknamen „Edelweiß" sind folgende Aushilfen mit Loks und Partien für Lienz erforderlich:
ab 6.10.
  2 Loks Reihe 170 von Innsbruck
  2 Loks Reihe 35d von Innsbruck
  2 Loks Reihe 180 von Bozen
  1 Lok Reihe 80 von Klagenfurt StB
  1 Lok Reihe 180 von Klagenfurt StB.
ab 10.10.:
  4 Loks Reihe 35a von Laibach
  1 Lok Reihe 170 von Innsbruck
  1 Lok Reihe 80 von Klagenfurt
  4 Loks Reihe 180 von Villach StB
  2 Loks Reihe 9 von Knittelfeld.

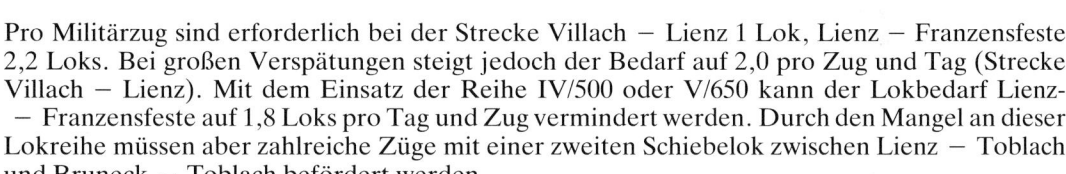

Bis Dezember 1916 kehrten die Maschinen wieder in ihre Heimatzugförderungen zurück.

Pro Militärzug sind erforderlich bei der Strecke Villach – Lienz 1 Lok, Lienz – Franzensfeste 2,2 Loks. Bei großen Verspätungen steigt jedoch der Bedarf auf 2,0 pro Zug und Tag (Strecke Villach – Lienz). Mit dem Einsatz der Reihe IV/500 oder V/650 kann der Lokbedarf Lienz – Franzensfeste auf 1,8 Loks pro Tag und Zug vermindert werden. Durch den Mangel an dieser Lokreihe müssen aber zahlreiche Züge mit einer zweiten Schiebelok zwischen Lienz – Toblach und Bruneck – Toblach befördert werden.

Bau und Bahnerhaltung

Der ausgezeichnete Erhaltungszustand der Gesamtstrecke erforderte 1914/15 keinerlei zusätzliche Arbeiten. Die ausgeführten Arbeiten dienten der örtlichen Erhöhung der Leistungsfähigkeit in den einzelnen Stationen.
Bis zur Inbetriebnahme der Bahnlinie Hermagor – Kötschach/Mauthen im Jahre 1915 rollte der gesamte Nachschub für diesen Abschnitt nach Oberdrauburg. Von hier übernahm eine Feldseilbahn den Weitertransport über den Gailbergsattel. Aus diesem Grund wurde Oberdrauburg als vordringlichstes Objekt ausgebaut.

Übersicht über die geleisteten Arbeiten:

Station Benennung (Zweck) des Objektes	Baufläche des Objektes m²	Monat und Jahr der Herstellung
Station Oberdrauburg		
Munitionsmagazin	396	Oktober 1915
Kanzleibaracke beim Mun. Magazin	79	Oktober 1915
Feuerspritzendepot beim Mun.-Magazin	32	Oktober 1915
Fassungsmagazin	625	Mai 1915
Feldbäckerei	224	Mai 1915
Lagerschuppen	42	Juli 1915
Fassungsmagazin	546	Oktober 1915
Heumagazin	400	November 1915
Gepäckraum	25	August 1915
Postabgabe	12	November 1915
Holzschuppen	8	November 1915
Lagerschuppen	45	November 1915
Krankenhaltestation	116	Juni 1915
Waschhütte der Bahnhofwache	45	Juni 1915
Station Lienz		
Verköstigungsstation	873	Juli 1914
Station Bruneck		
Baracke für die Bahnhofwache	72	Juli 1915
Verpflegsmagazin	30	Juli 1915

Baustelle, Bezeichnung der Herstellung	Beginn der Arbeiten	Beendigg. der Arbeiten	Die Bau- arbeiten wurden ausgeführt von	Arbeitsleistungen				
				Erdar- beiten m³	Mauer- werk m³	Verlegte Gleise m	Zahl der verlegten Weichen	Hergest. Rampen m
Station Spittal-Mill- stättersee								
Verlängerung der Ver- laderampe um 147 m. Neuherstellung einer Verladerampe von 32 m Länge.	2.6. 1915	25.6 1915	Südbahn	–	–	–	–	179
Station Möllbrücke- Sachsenburg								
Herstellen einer Ab- fahrtsrampe beim Frachtenmagazin.	Mai 1915	Mai 1915	Südbahn	–	–	–	–	–
Verlängerung der Ver- laderampe um 173 m.	Juni 1915	Juni 1915	4. EisbKp	–	–	–	–	173
Herstellen eines 558 m langen Vorfahrgleises.	12.7. 1915	21.9. 1915	Südbahn	800	–	650	2	–

Baustelle, Bezeichnung der Herstellung	Beginn der Arbeiten	Beendigg. der Arbeiten	Die Bauarbeiten wurden ausgeführt von	Arbeitsleistungen				
				Erdarbeiten m^3	Mauerwerk m^3	Verlegte Gleise m	Zahl der verlegten Weichen	Hergest. Rampen m
Station Kleblach-Lind								
Herstellen einer Abfahrtsrampe beim Frachtenmagazin.	Mai 1915	Mai 1915	Südbahn	–	–	–	–	
Verlängerung der Verladerampe um 122 m.	17.7. 1915	1.9. 1915	Südbahn	–	–	–	–	122
Station Greifenburg/ Weißenseee								
Herstellen einer Abfahrtsrampe beim Frachtenmagazin.	Mai 1915	Mai 1915	Südbahn	–	–	–	–	
Verlängerung der Verladerampe um 170 m und Verlängerung des Magazingleises durch Verschieben der Weiche 6/7.	Juni 1915	Juni 1915	Südbahn	100	–	–	–	170
Station Dellach								
Herstellen einer Abfahrtsrampe beim Frachtenmagazin.	Mai 1915	Mai 1915	Südbahn	–	–	–	–	–
Verlängerung der Verladerampe um 25 m, Neuherstellung einer 171 m langen Verladerampe.	Juli 1915	Juli 1915	4. EisbKp	–	–	–	–	196
Station Oberdrauburg								
Herstellen einer Abfahrtsrampe beim Frachtenmagazin.	Mai 1915	Mai 1915	Südbahn	–	–	–	–	–
Herstellen eines beiderseits eingebundenen 552 m langen Gleises Nr. III.	28.4. 1915	11.5. 1915	Südbahn	2600	–	572	2	–
Herstellen eines einseitig eingebundenen 350 m langen Verladegleises X.	7.6. 1915	18.6. 1915	4. EisbKp	500	–	350	1	–
Verlängerung der Verladerampe um 100 m.	19.6. 1915	25.6. 1915	4. EisbKp	–	–	–	–	100
Station Dölsach								
Herstellen einer Abfahrtsrampe beim Frachtenmagazin.	Mai 1915	Mai 1915	Südbahn	–	–	–	–	–

Baustelle, Bezeichnung der Herstellung	Beginn der Arbeiten	Beendigg. der Arbeiten	Die Bauarbeiten wurden ausgeführt von	Arbeitsleistungen				
				Erdarbeiten m³	Mauerwerk m³	Verlegte Gleise m	Zahl der verlegten Weichen	Hergest. Rampen m
Station Lienz								
Herstellen eines 152 m neuen östl. eingeb. Desinfektionsgleises	21.8. 1915	30.11. 1915	Südbahn	250	–	162	1	–
Herstellen eines 152 m langen Auszugsgleises und dreier Einstellgleise von 208 m, 153 m und 133 m Länge.	21.8. 1915	30.11. 1915	Südbahn	3000	–	1060	6	–
Westliche Einbindung des Gleises VI in das Gleis IV und Verlängerung der Rampe längs dieser Gleisverbindung.	24.4. 1915	26.4. 1915	Südbahn	60	–	15	–	40
Strecke Abfaltersbach–Sillian								
Schaffung der Haltestelle Tassenbach und Herstellung eines Bahnsteiges daselbst. Km 395. 4/5	Juni 1915	Juni 1915	Südbahn	100	–	–	–	–
Station Sillian								
Herstellen eines 478 m langen beiderseits eingebundenen Gleises III.	12.7. 1915	14.8. 1915	4. EisbKp	1200	–	500	2	–
Verlängerung der Verladerampe um 111 m.	Juli 1915	Juli 1915	4. EisbKp	–	–	–	–	111
Station Innichen								
Herstellen eines 482 m langen beiderseits eingeb. Gleises Nr. IV.	19.7. 1915	28.8. 1915	4. EisbKp	750	–	500	2	–
Herstellen eines 257 m langen beiderseits eingeb. Gleises Nr. IV.	13.9. 1915	20.10. 1915	Südbahn	450	–	280	2	–
Verlängerung der Verladerampe um 84 m.	Juni 1915	Juni 1915	Südbahn	–	–	–	–	84
Station Toblach								
Verlängerung der Verladerampe um 42 m.	Mai 1915	Mai 1915	Südbahn	200	–	–	–	42
Station Niederdorf								
Verlängerung der Verladerampe um 36 m.	Mai 1915	Mai 1915	Südbahn	–	–	–	–	36
Station Olang								
Verlängerung der Verladerampe um 81 m.	Juni 1915	Juni 1915	Südbahn	–	–	–	–	81

Baustelle, Bezeichnung der Herstellung	Beginn der Arbeiten	Beendigg. der Arbeiten	Die Bauarbeiten wurden ausgeführt von	Arbeitsleistungen				
				Erdarbeiten m³	Mauerwerk m³	Verlegte Gleise m	Zahl der verlegten Weichen	Hergest. Rampen m
Station Bruneck								
Herstellen eines 196 m langen westl. eingebundenen Stockgleises IX.	20.6. 1915	2.7. 1915	4. EisbKp	300	—	210	1	—
Einbinden des Magazinsgleises VII in das Gleis V und Abtragen der Stirnverladerampe.	10.6. 1915	2.7. 1915	4. EisbKp	300	—	70	1	—
Einbinden des Stockgleises VII b in das Gleis V.	26.10. 1915	10.12. 1915	Südbahn	80	—	30	1	—
Herstellen der beiderseits eingebundenen Gleise VIII und X mit je 346 m Nutzlänge.	18.8. 1915	10.10. 1915	Kgf. unter Aufsicht der Südbahn	8000	—	700	4	—
Herstellen einer 170 m langen Verladerampe längs Gleis X.	20.9. 1915	31.10. 1915	Kgf. unter Aufsicht der Südbahn	1000	—	—	—	170
Strecke Bruneck–Ehrenburg								
Herstellen der Munitionsverladestelle Pflaurenz mit 167 m Nutzlänge.	18.8. 1915	1.10. 1915	Südbahn	700	—	200	3	—
Herstellen einer neuen 5,5 m weiten Durchfahrt für die Ennebergerstraße.	8.8. 1915	5.11. 1915	Kgf. unter Leitung der Südbahn	400	150	—	—	—
Station Ehrenburg								
Herstellen einer Abfahrtsrampe beim Frachtenmagazin.	Mai 1915	Mai 1915	Südbahn	—	—	—	—	—
Station Vintl								
Herstellen einer Abfahrtsrampe beim Frachtenmagazin.	Mai 1915	Mai 1915	Südbahn	—	—	—	—	—
Station Mühlbach								
Herstellen einer Abfahrtsrampe beim Frachtenmagazin.	Mai 1915	Mai 1915	Südbahn	—	—	—	—	—

Im Zuge der Baumaßnahmen wurde auch die Entseuchungsanlage Lienz im September 1915 ausgebaut. Die friedensmäßige Kapazität von 3 Wagen konnte auf 40 in 24 Stunden erhöht werden.

Bautätigkeit ab 1916

In der Folge kamen nun vor allem Einheiten der k.u.k. Eisenbahntruppe bei den weiteren Streckenausgestaltungen zum Einsatz. Die Notwendigkeit dieser Baumaßnahmen wurde sowohl durch die militärischen Transporterfordernisse als auch durch die unmittelbare Einwirkung der italienischen Artillerie auf einzelne Streckenabschnitte bestimmt.

Bahnhof Abfaltersbach

Im Zuge der Erweiterungsarbeiten wurden erforderlich: 10.000 m^3 Erdarbeiten zur Aufschüttung des neuen Stationsbereiches; Legung von 870 m Oberbau mit Weichenanlagen; Neubau von 3 Lok-Putzgruben; Neubau des Frachtgutmagazines + Rampe; Neubau eines Stellwerksgebäudes; Einbau der Signal-Weichensicherungsanlagen; Neubau der Wasserkräne und Wasserleitung (hiebei 150 m^3 Erdbewegung); Mauerarbeiten mit einem Materialbedarf von 58.000 kg Zement, 350 m^3 Sand und 200 m^3 Schotter; Herstellung zahlreicher Sickergräben zur Entwässerung des aufgeschütteten Bahnkörpers.

Verbreiterung der im Stationsbereich liegenden Straßenunterführung durch 3 behelfsmäßig errichtete Brücken, parallel zur Bahntrasse, zu 23,0 m, 25,5 m und 28,0 m. Blechträger 70 cm Höhe und 18,10 m Stützweite über der Mittelöffnung; anschließende Brückenfelder mit durchlaufenden Holzträgern über 3–4 Stützen. Querschnitt 39/30 cm, je 2 Träger unter 1 Schienenstrang.

Insgesamt schlug man für alle 3 Brücken 132 Trag- und 42 Strebepiloten. Auf diese wurden dann die Träger aufgelagert. Neubau 70,5 m, davon 26,2 m Holz und 54,3 m Walzträger.

Bauzeit der Brücken: 18.4.–25.5.1916
Gesamtbauzeit der Bahnhofsanlage: 15.4.–20.10.1916
Bauausführende: 4. EisbKp + KgfEAA 58.

Toblach, Schnellzug im italienischen Artilleriefeuer

Betriebsausweiche, Umladestation Rabland bei Sillian

Im Anschluß an die Pustertalbahn entstand eine Feldseilbahnanlage in das Lesachtal:
Rabland — Kartitsch
  ↳ Winklertal — Obstanz — Frugnoni
  ↳ Erschbaumertal — Filmoorhöhe
  ↳ Schustertal — Hochgränten

Für den Güterumschlag zwischen der Pustertalbahn und der Seilbahn erfolgte die Neuanlage der Umladestation. Der Bau umfaßte die erforderlichen Abstellgleise und eine Rampenanlage sowie die Gleise der Betriebsausweiche; Details über das Bauvorhaben sind nicht vorhanden. Bauausführende: 4. EisbKp. Bauzeit: unbekannt

Umfahrungsstrecke Innichen — Toblach — Niederdorf

Am 17.9.1915 begann die Beschießung des Ortes Sillian durch italienische Artillerie, die in Zwischenräumen von 2—3 Tagen fortgesetzt wurde und die auch 1916 noch andauerte. Schäden an der nicht eingesehenen Bahnanlage entstanden jedoch nicht.
Ab März 1916 lag der Streckenabschnitt zwischen Innichen — Toblach — Niederdorf unter dem Feuer der schweren italienischen 28 cm-Batterien aus dem Raum Misurinasee. Der italienische Artilleriebeobachter hatte von seinem Standpunkt auf dem Monte Cristallo die Möglichkeit, den gesamten Zugverkehr in Pustertal im Raum Toblach unter Kontrolle zu halten. Schwere Schäden an den Gleis- und Bahnhofsanlagen im Bereich Toblach sowie an den Gleisanlagen in Innichen traten ein.

Umfahrungsstrecke Toblach; Belastungsprobe der Rienzbrücke mit SB-Lok R 170, Nr. 3005

Damit war die lebenswichtige Bahnlinie für den Nachschub in die Östlichen Dolomiten der ständigen Gefahr von Streckenunterbrechungen ausgesetzt. Um ein gänzliches Erliegen des Bahnverkehrs auszuschließen, mußte deshalb der Bau einer Umfahrungslinie für den gesamten im italienischen Geschützertrag liegenden Streckenabschnitt befohlen werden (7 km).
Soweit es die Geländeverhältnisse gestatteten, erfolgte die vollkommene Neutrassierung der Strecke. Sie wurde dadurch weitgehend dem italienischen Artilleriefeuer und der Sicht entzogen. Nähere Details über den Streckenverlauf liegen nicht vor.
Aus kurzen Aufzeichnungen geht hervor, daß auch die besonders gefährdete Rienzbrücke im Zuge der Streckenverlegung durch eine Behelfsbrücke ersetzt werden mußte.
Bauzeit: 31.7.–23.8.1916
Bauausführende: 29. + 38. EisbKp, KgfEAA 13, 51. KgfAA 328b, 157a.

Betriebsausweiche Haunold
Um den Verkehr zwischen Toblach und Innichen auf der neuen Umgehungsstrecke flüssiger zu gestalten, wurde die Betriebsausweiche Haunold mit den erforderlichen Stellwerks- und Sicherungsanlagen errichtet.
Bauzeit: 23.8.–30.10.1916
Bausausführende: 29. EisbKp, KgfEAA 13, 51, KgfAA 328b und 205.

Schleppgleise Vierschach
Infolge der italienischen Beschießung dieses Raumes erfolgte auch die Verlegung der Truppenfassungsstelle in Vierschach. Von der Haltestelle mußte ein 160 m langes Zubringergleis mit Abstellgleisen erbaut werden.
Bauzeit: 10.7.1916 – ?
Bauausführende: KgfEAA 58.

Eine weitere schwere Störung des Zugverkehrs der Pustertalbahn zwischen Lienz – Abfaltersbach entstand durch ein verheerendes Hochwasser der Drau, verbunden mit dem Abgang zahlreicher Muren, im Mai 1917. Nach den ersten vordringlichen Instandsetzungsarbeiten, die der Wiederaufnahme des Verkehrs dienten und bei der die Eisenbahntruppen eingesetzt waren, erfolgte die weitere Ausgestaltung in Dauerausführung durch zivile Baufirmen. Die endgültige Instandsetzung der beschädigten Uferschutz- und Bahnanlagen von den Folgen des Hochwassers in permanenter Bauausführung währte bis zum Sommer 1918. Ab 1915 bis 1917 kamen folgende Einheiten bei Bauarbeiten entlang der Pustertalbahn zum Einsatz:

    3. EisbKp   23.3.–12. 6.1916
    1. EisbKp   15.5.– 9. 6.1916
  19. EisbKp   12.3.–12. 6.1916
    4. EisbKp   15.4.–24.10.1916
  KgfEAA 58u.
  KgfAA 1039   15.4.–24.10.1916
    3. EisbKp   4 .5.– 8.10.1917

Im Zuge der Hochwasserkatastrophe und der nachfolgenden Instandsetzungsarbeiten an der Pustertalbahn kamen vom 20.–25.5.1917 außerdem abwechselnd zum Einsatz:
  28., 30., 33., 35. EisbKp,
  Regiments-Pionier-Abteilung 25 des IR 73,
  2 Kp des Landsturmbaons 501,
  1/2 Sappeurkompanie 2/14,
  2 Kp des IR 73,
  1/2 Pionierkp 1/10.

Die Dolomitenbahn

Toblach – Naßwand – Schluderbach – Cortina d'Ampezzo – Zuel – Venas – Calalzo

Das wechselnde Kriegsgeschehen 1915–1918 bestimmte den Bau der Feld- und Kleinbahnen in diesem Raum. Während des Stellungskrieges von 1915 bis Herbst 1917 führten die italienische und die österreichisch-ungarische Armee die Bahnbauten nach ihren jeweiligen Bedürfnissen durch. Die Feld- und Kleinbahnen vermittelten den leistungsfähigen Vollbahnen den Anschluß in die unmittelbaren Fronträume. Für die italienische Armee bildete die durch das Obere Piavetal über Feltre – Belluno – Longarone nach Calalzo führende Piavetalbahn die Hauptnachschublinie. Für die österreichisch-ungarischen Truppen rollte der gesamte Nachschub über die Pustertalbahn Lienz – Franzensfeste. Von diesen beiden Strecken führten feldmäßig errichtete Feld- und Kleinbahnen in die alpinen Seitentäler; von den Endpunkten dieser Feld- und Kleinbahnen vermittelten zahlreiche Seilbahnen den unmittelbaren Verkehr zu den Hochgebirgsstellungen.

Die entscheidende Wende in dem bis zum Herbst 1917 kontinuierlich von beiden Seiten durchgeführten Ausbau der Verkehrsträger trat mit der österreichisch-ungarischen Offensive ein. Die nach der Räumung der Dolomiten durch die italienische Armee entstandene neue Frontlage erforderte eine völlige Umgestaltung der bisherigen Nachschubverbindungen. Beruhend auf der gänzlich unterschiedlichen Konzeption und Baudurchführung vor und nach diesem Zeitpunkt, wird zuerst die Entwicklung bis zum Herbst 1917 geschildert, ihr schließen sich dann in chronologischer Folge jene Maßnahmen an, die nach der Offensive notwendig wurden.

Bahnhof Toblach, 1917; Bildmitte die Gleise der Motorfeldbahn in Richtung Naßwand-Landro (spätere Dolomitenbahn)

Kleinbahn 38   Niederdorf – Toblach – Naßwand

Motorfeldbahn 70 cm, Betrieb mit Benzintriebwagen, Betriebslänge: ca. 13 km

Um den Nachschubverkehr der schwer umkämpften Abschnitte Mte Piano und Val Popena (Grenzbrücke)–Schönleithenschneid – Gemärk leistungsfähiger zu gestalten, wurde im Bereich der k. u. k. 10. Armee (XX. Korps) im Sommer 1917 der Bau einer Feldbahn in das Höhlensteintal entlang der Rienz befohlen. Fast durchwegs dem Verlaufe der Straße folgend, führte diese zu ihrem vorläufigen Endpunkt.
Bauzeit: (?) August – 23.9.1917. Bauausführende: 3. EisbKp
Betriebsführung: Motorfeldbahn Hptm. Hortig.

Kleinbahn 38a   (Calalzo-) Venas – Zuel

Die italienische Armee hatte zur Versorgung ihrer wichtigen Abschnitte im Raum Cortina d'Ampezzo mit dem Bau einer Kleinbahn (75 cm) begonnen. Diese sollte von der Endstation der Piavetalbahn in Calalzo bis nach Zuel südlich von Cortina d'Ampezzo führen. (Eine weitere Feldbahn führte bereits, dem Lauf des Piave folgend, bis Pieve di Cadore.)

Die Kleinbahn Calalzo – Zuel hatte 1917 jedoch ihren Betrieb erst im Streckenabschnitt Venas – Zuel aufgenommen. Im Streckenteil Calalzo – Venas waren die Trassierungsarbeiten im Gang. Auf dem in Betrieb stehenden Teilstück versahen 8 Stück vierfach gekuppelte Verbundloks den Traktionsdienst. Das noch fehlende Teilstück nach Calalzo wurde durch eine Seilbahn überbrückt, die von Venas zur Station Perarolo der Piavetalbahn den Anschluß herstellte.

Kleinbahn 39
Toblach – Cortina – Calalzo

Als im Zuge der Herbstoffensive 1917 und des Durchbruchs bei Flitsch und Tolmein die italienische Armee ihren Streitkräften im Raum Dolomiten den Rückzugsbefehl erteilte, um eine akute Rückengefährdung auszuschließen, folgte die k.u.k. Armee den weichenden italienischen Kräften. Mit Ende 1917 kam das Vorrücken der österreichisch-ungarischen Truppen zum Stillstand. Sie bezogen neue Dauerstellungen, auch die k.u.k. 6. Armee. Damit wurde eine völlig neue Konzeption des Nachschubes notwendig. Besonders im Bereich der 6. Armee gestalteten sich die Verhältnisse äußerst schwierig. Ihre Hauptnachschublinie führte über den Ausladebahnhof Toblach der Pustertalbahn.

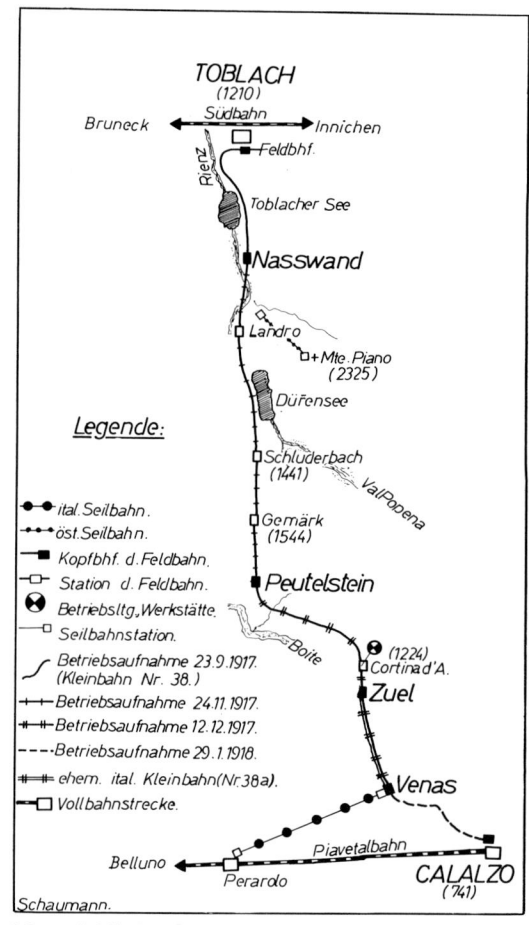

Motorfeldbahn Toblach – Cortina – Calalzo

Folgende Strecken standen nach dem Vormarsch der 6. Armee in ihrem Bereich zur Verfügung:
  Feldbahn 38, Toblach – Naßwand (70 cm),
  anschließend Verkehrslücke bis zur
  Kleinbahn 38a, Zuel – Venas (75 cm),
  Seilbahn Venas – Perarolo,
  Piavetalbahn Perarolo – Quero.
Das Kommando der 6. Armee verfügte Sofortmaßnahmen, um aus den unzusammenhängenden Verkehrsträgern ein möglichst einheitliches Netz zu errichten.

Ausbaustufe 1:
Verlängerung der Kleinbahn 38 und Umspurung der Kleinbahn 38a, um den durchgehenden Verkehr von Toblach bis Venas zu erreichen. Ab dem Kleinbahnhof Venas vorläufig unter Wiederinbetriebnahme der italienischen Seilbahn zum Bahnhof Perarolo Anschluß an die Piavetalbahn in Richtung Belluno – Feltre – Quero.

Ausbaustufe 2:
Vorbau der Motorfeldbahn Toblach – Venas unter Ausnützung der bereits von den Italienern geleisteten Vorarbeiten bis zum Bahnhof Calalzo der Piavetalbahn.

Ausbaustufe 3: (Befehl AOK 1918)
Ausgestaltung der Motorfeldbahn Toblach – Calalzo zu einer leistungsfähigen Kleinbahn. Mit diesem Plan wurde bereits grundsätzlich die Streckenführung bestimmt, aus der später die Dolomitenbahn entstehen sollte.
Von Toblach ausgehend, werden nun die einzelnen Strecken gemäß ihrer Reihenfolge besprochen. Die bisher getrennt geschilderten Klein- und Feldbahnen 38 und 38a, Toblach – Naßwand und Venas – Zuel, scheinen jetzt in den Feldakten als Kleinbahn 39 Toblach – Cortina – Calalzo auf.

Streckenteil Toblach – Zuel
Sofort nach Beginn der Herbstoffensive wurde hier der weitere Vorbau der bestehenden Motorfeldbahn begonnen. Das erste Teilstück Naßwand – Landro – Schluderbach – Gemärk – Peutelstein wurde mit 24.11.1917 vollendet und dem Betrieb übergeben. Im weiteren Streckenabschnitt in Richtung Cortina mußte erst die südlich von Peutelstein über die 30m tiefe Schlucht des Felizonbaches führende Brücke, die von den Italienern gesprengt worden war, instandgesetzt werden. Am 1.12. erreichten die Gleise der Motorfeldbahn, fast durchwegs die Straßentrasse benützend, die Kopfstation Zuel der italienischen Kleinbahn. In Cortina wurden die Betriebswerkstätte und das Kommando der Motorfeldbahn Hptm. Hortig errichtet.
Bauzeit: 26.11.–1.12.1917

Von italienischen Truppen bei ihrem Rückzug im Herbst 1917 herabgestürzte Feldbahngarnituren zwischen Venas und Zuel

K.u.k. Generatorzug bei Cortina d'Ampezzo   Quelle: Archiv Dr. Roselli

Streckenteil Zuel — Venas
Außer der Sprengung einer Brücke südlich von Zuel (Sprengstelle ca. 100 m) wiesen die Bahnanlagen keine wesentlichen Zerstörungen auf. Der Fahrpark der Kleinbahn war jedoch durch die italienische Armee fast zur Gänze abgefahren und die Lokomotiven bei Venas über einen Abhang zum Boitefluß hinabgestürzt worden. Fahrbetriebsmittel standen somit keine zur Verfügung. Um außerdem das kräfte- und zeitraubende Umladen zwischen der Motorfeldbahn Toblach — Zuel und der 75 cm Kleinbahn auszuschließen, wurde sofort mit der Umspurung der Kleinbahn von 75 auf 70 cm begonnen. Am 12.12.1917 erfolgte der Zusammenschluß beider Streckenteile, die Aufnahme des durchgehenden Verkehrs Toblach — Zuel — Venas. (Ab hier die Anschlußseilbahn zum Bahnhof Perarolo.)
Bauausführende für beide Streckenteile: 3. EisbKp, KgfEAA 16, 46, 77.

Streckenteil Venas — Calalzo
Von Venas erforderte die Fortsetzung der Motorfeldbahn einen völligen Neubau der Trasse, da die ungünstigen Richtungs- und Neigungsverhältnisse eine Mitbenützung der Straße ausschlossen. Neben dem Streckenneubau im geologisch teilweise schwierigen Terrain wurde gleichzeitig der Umladebahnhof der Feldbahn in Calalzo-Bahnhof errichtet. Abgesehen von einigen weniger bedeutenden Brücken mußten keine größeren Kunstbauten ausgeführt werden.
Bauzeit: 15.12.1917—29.1.1918. Bauausführende: wie bisher.
Im Verlauf des Jahres 1918 wurden wegen des überaus großen Verkehrsaufkommens in zahlreichen Streckenabschnitten längere und schwerere Schienen eingebaut. Gleichzeitig konnten neben den Benzintriebwagen auch Generatorzüge im durchlaufenden Verkehr Toblach — Calalzo eingesetzt werden.

Umstellung auf Dampfbetrieb
Um eine wesentliche Leistungssteigerung der Motorfeldbahn Toblach − Calalzo zu erreichen, befahl das AOK 1918 den Neubau einer 76 cm-spurigen Kleinbahn mit Dampfbetrieb. Zuerst wurde, unter teilweiser Benützung der Motorfeldbahnstrecke, im Abschnitt Venas − Calalzo die neue Linienführung festgelegt. Wo die Neigungs- und Krümmungsverhältnisse für den beabsichtigten Lokomotivbetrieb zu ungünstig waren, mußte eine Neutrassierung erfolgen. Bereits im Feber 1918 begannen die endgültigen Arbeiten am Unterbau, die bis Ende März vollendet waren. Die Montage der Schienen konnte zunächst wegen Gleismangels nicht durchgeführt werden. Deshalb verlegte die Bauleitung mit 1.4.1918 ihre Arbeitskräfte zum Bauabschnitt Toblach − Zuel.
Dieser Abschnitt weist zahlreiche bautechnisch interessante Kunstbauten im schwierigen Gelände auf, die sowohl an die Bauleitung als auch an die Arbeitskräfte größte Anforderungen stellten.

Baulos I Toblach − Naßwand:
Bauform: zahlreiche kleinere Eisenbetondurchlässe
Bauzeit: 1.4.1918 − Juli 1918
Bauausführende: 10. FeldbKp + ital. KgfAA
1. Rienzbrücke bei Naßwand:
Bauform: Brücke aus Eisenbeton, 18 m lang, Widerlager Eisenbeton
Bauzeit: 1.4.1918 −?
Bauausführende: 22. EisbKp + ital. KgfAA
2. Rienzbrücke vor Landro:
Bauform: Kohnbrücke 28,5 m lang, Bahn unten, auf gemauerten Endwiderlagern
Bauzeit: unbekannt
Bauausführende: 22. EisbKp.
Tunnel bei Peutelstein:
Länge 200 m; nach den Feldakten wurde bis zum Kriegsende der Durchschlag des Sohlstollens vollendet und bereits mit der endgültigen Profilerweiterung begonnen.
Felizonbrücke:
Das Bachbett verläuft hier 40 m tiefer, in senkrecht abfallende Felsen eingeschnitten. An der Baustelle selbst treten die Felsen von beiden Talseiten verengend bis auf 25 m Entfernung voneinander vor. Die beiderseits vorspringenden Felsen wurden als Widerlager ausgebaut.
Bauform: Einbau einer 39 m langen Kohnbrücke. Ob der Einbau freitragend oder auf Gerüsten erfolgte, ist nicht mehr feststellbar.
Bauzeit: 1.5.1918 − 30.10.1918
Bauausführende: 3. EisbKp + ital. KgfAA + sonstige Hilfskräfte.
Bigotinabrücke bei Cortina:
Ein Wildbach durchfließt hier die 25 m tiefe Schlucht (seine Wasserkraft betrieb ein Mühlrad, an dem die Betonmischmaschine [!] der Baustelle angeschlossen war).
Bauform: Die einfachste Lösung, die Schlucht mit einem Kriegsbrückengerät zu übersetzen, konnte nicht verwirklicht werden, da kein derartiges Gerät zugewiesen werden konnte.
Es mußte daher auf vorhandene Walzträger I/50 cm mit 9,5−10,5 m Stützweite zurückgegriffen werden. Es sollten 7 Felder Walzträger auf aus Beton gegossenen Mittelpfeilern (bis 15 m Höhe) und ebensolchen Endwiderlagern zum Einbau kommen. Ab 15 m Höhe waren auf die gegossenen Pfeiler gestellte hölzerne Doppelböcke als Mittelunterlagen vorgesehen. Die Zufuhr des Bauholzes erfolgte mit der Motorfeldbahn, die auch den übrigen Materialzuschub besorgte. Bis zum Kriegsende konnten die Pfeiler fertiggegossen und die Holzböcke auf der Baustelle zusammengesetzt werden.
Bauzeit: 21.3. − 10.10.1918
Bauausführende: 37. EisbKp, KgfEAK 8, KgfAK 1436, 1437, 1438, 1439, 1448 und 1450 und andere Hilfskräfte, alle in abwechselnder Reihenfolge.
In der Nachkriegszeit überbauten italienische Baukräfte die bis zur Höhe von 15 m betonierten Pfeiler mit gemauerten Brückenbogen. Anschließend wurden die Pfeiler mit Steinquadern armiert.

Ab 1918 kamen auch k.u.k. HB-Loks der Reihe 3.13 auf der Dolomitenbahn zum Einsatz
Quelle: Feld- und Industriebahnmuseum

Ferner umfaßten die Bauarbeiten, die durch österreichische Kräfte durchgeführt wurden, noch Lehnensicherungen und Hochwasserschutzbauten. Umfangreiche Stütz- und Futtermauern mußten auch entlang der Rienz bis zur Naßwand errichtet werden. Die Flußregulierung bis zur 2. Rienzbrücke bei Landro erfolgte durch Deck- und Leitbuhnen zum Schutz des Bahnkörpers. Der hoch über dem Talgrund von der Felizonbrücke an der Lehne nach Cortina herabführende Streckenteil querte felsiges, steinschlaggefährdetes Gelände sowie mehrere Murgänge. Auch hier mußte der künftige Bahnbetrieb durch entsprechende Baumaßnahmen gesichert werden. Der neue Bahnhof Cortina konnte bis zum Kriegsende zur Hälfte und die anschließende Strecke bis Zuel zur Gänze fertiggestellt werden. Auf der Nordrampe von Toblach ausgehend waren die Gleise bis Landro bereits verlegt, sie wurden von Bauzügen befahren.

Endgültige Streckenführung:
Toblach (Bahnhof der Südbahngesellschaft, danach Betrieb durch FS, 1210 m) – Sorgenti km 7 – Landro km 10 – Dürensee (1414 m) – Schluderbach km 13 – Gemärk km 16 (1544 m) – Ospitale km 19 – Cortina km 27 (1244 m) – Calalzo km 65 (741 m, Bahnhof der FS).

Nach Kriegsende wurde der Bau im Jahr 1919 durch italienische Arbeitskräfte fortgeführt und der Betrieb Toblach – Calalzo am 20.6.1920 mit Dampfbetrieb durchgehend aufgenommen. 1929 wurde die ganze Strecke auf Elektrotraktion umgestellt. 1956 anläßlich der Winterolympiade in Cortina konnte die Dolomitenbahn noch einmal ihre Leistungsfähigkeit unter Beweis stellen. Nach der etappenweisen Einstellung des Zugverkehrs wird die gesamte Strecke seit 1963 von Autobussen befahren.
Der Oberbau und die Fahrleitung samt den Masten wurden inzwischen abgetragen. Zwischen Toblach und Cortina d'Ampezzo bietet sich nun die Trasse der Dolomitenbahn im Sommer als Wanderweg und im Winter als Langlaufloipe an. Man hat hier eine ideale Möglichkeit, die Schönheit der Landschaft abseits der stark frequentierten Straße in Ruhe zu erleben. An den einstigen Betrieb erinnern neben Brücken, Viadukten und Tunnels teilweise noch Stationsgebäude und Bahnwärterhäuser.

K.u.k. Heeresbahn Lok Nr. 4.09, erbaut in Wiener Neustadt, als „Vittorio Veneto" nach 1918

Zug der Dolomitenbahn, etwa 1937

Die Gailtalbahn

Arnoldstein – Nötsch – Hermagor – Dellach – Kötschach/Mauthen

Die Gailtalbahn von Arnoldstein nach Hermagor bis 1915

Die Bevölkerung des Tales versprach sich durch einen Bahnbau eine raschere Verbindung mit den wichtigen wirtschaftlichen und behördlichen Zentren Villach und Klagenfurt, die dem Tal neue Impulse geben sollten.

Bereits 1891 konstituierte sich das „Gailtalbahn-Komitee", das zunächst erhebliche Widerstände zu überwinden hatte, bis man sich auf die endgültige Trassenführung einigen konnte. Das Komitee konnte dann die finanziellen Mittel nur teilweise selbst aufbringen, bis sich das Land zu Beitragsleistungen und der Staat zu einer Garantieerklärung bereiterklärten.

Zur positiven Wende trug auch die Befürwortung von militärischer Seite bei, die den Bahnbau wegen der unmittelbaren Grenznähe am Karnischen Kamm forderte.

Am 11.7.1893 erfolgte die Konzessionserteilung für den Bau und Betrieb einer eingleisigen, normalspurigen Bahn durch die „Gailtalbahn AG, Arnoldstein-Hermagor". Sofort begann der Bau, der dem Unternehmen E. Gross & Comp., Wien, übertragen wurde. Bereits am 11.8.1894 fand die offizielle Betriebseröffnung statt.

Ausgangspunkt: Bahnhof Arnoldstein der k.k. StB Linie Villach – Arnoldstein – Tarvis – Pontafel; man baute in Arnoldstein einen Lokschuppen, erweiterte das Aufnahmegebäude und verlegte zusätzlich zwei neue Gleise und die Ausfahrtweichen.

Hermagor erhielt einen Lokschuppen für zwei Maschinen.

Streckenlänge: 30,5 km

Oberbau: Stahlschienen 9 m Länge, Metergewicht 26 kg

Max. Steigung: 12‰; kleinster Radius: 180 m

Höchstgeschwindigkeit: 25 km/h, bald auf 30 km/h erhöht

Fahrbetriebsmittel: zwei Tender-Loks der Reihe 97, erzeugt von der Maschinenfabrik der StEG.

Betriebsführung: durch die k.k. StB, gegen Ersatz der Selbstkosten

Erst-Fahrplan: Drei gemischte Zugspaare mit 2. und 3. Klasse pro Tag; später an Sonntagen ein Bäderzug zum Presseggersee.

Nach kurzer Zeit setzten Bestrebungen ein, die Linie nach Kötschach/Mauthen zu verlängern. Am 19.11.1905 suchte die Gailtalbahngesellschaft beim Eisenbahnministerium um die Bewilligung zur Durchführung der technischen Vorarbeiten für die geplante Fortsetzungsstrecke an, welche auch nach kurzer Zeit erteilt wurde. Das Kriegsministerium unterstützte dieses Vorhaben wegen der nahen Grenze. Der hierzu erforderliche Kapitalbedarf setzte diesen Ideen aber alsbald ein Ende.

Schlagartig änderte sich die Situation nach der italienischen Kriegserklärung am 23.5.1915. Die Kampftätigkeit in den Karnischen Alpen erforderte schnelle und sichere Nachschubwege. Wie so oft in der Geschichte erzwangen erst kriegerische Ereignisse die Realisierung eines Projektes, für das vorher keine finanziellen Mittel vorhanden waren.

Mit der Kriegserklärung im Mai 1915 wurde der gesamte Karnische Kamm zwischen Sexten und dem Naßfeld zum Kriegsschauplatz. Die einzige strategisch bedeutsame Einbruchspforte führte von Tolmezzo im Tagliamenttal über den Plöckenpaß in das Gailtal und weiter zum Drautal. Der Raum um den Plöckenpaß wurde dadurch zum Brennpunkt erbitterter Kämpfe, die hohen personellen und materiellen Einsatz erforderten. Analog dazu stiegen die Anforderungen an die Versorgung ständig an.

Die beiden für den Nachschub zur Verfügung stehenden Straßenverbindungen konnten das Transportaufkommen bald nicht mehr bewältigen. Vom bisherigen Endpunkt der Gailtalbahn in Hermagor führte eine landesübliche Straße (31 km) nach Kötschach/Mauthen. Die Bahn durch das Drautal von Spittal a. d. Drau nach Lienz war bereits durch die Militärzüge für die Dolomitenfront überlastet. Ab deren Bahnhof in Oberdrauburg, 620 m, führte eine Gebirgsstraße über

den Gailbergsattel, 982 m, nach Kötschach, 702 m. Auch der Bau einer Seilbahn konnte wegen des zu hohen Transportvolumens keine entscheidende Entlastung bringen.
Die einzige sich anbietende Lösung des Transportproblems war die rasche Verlängerung der Bahn von Hermagor nach Kötschach/Mauthen.

Die k.u.k. Heeresbahn Hermagor — Kötschach/Mauthen

Am 23.7.1915 ersuchte das k.u.k. Kriegsministerium das Eisenbahnministerium um den beschleunigten Bau einer Fortsetzungsbahn ins obere Gailtal sowie um den Ausbau der bereits bestehenden Bahnstrecke für einen täglichen Verkehr von 24 fünfzigachsigen Militärzügen auf Kosten der Heeresverwaltung. Ohne Ausschreibung wurde der Bauauftrag mit Vertrag vom 1.9. bzw. 23.10.1915 an die Fa. Ing. Josef Riehl in Innsbruck vergeben. Gegen eine Pauschalsumme von 1.914.000 Kronen wurde die fahrbare Herstellung der Strecke bis 15.12.1915 verlangt und als Bauvollendungstermin der 15.8.1916 bestimmt. Der Bauunternehmung wurden von Seiten der Heeresverwaltung ca. 6.000 russische und serbische Kriegsgefangene für die Bauarbeiten zur Verfügung gestellt. Unter größten Anstrengungen konnte die Einhaltung des gestellten Termins trotz frühen Wintereinbruches erreicht werden.

Betriebslänge: 31,053 km
Oberbau: Schienen Form XXIVa der k.k. StB; 12,5 m Länge
Unterbau: Alle Brückenobjekte in Betonausführung
Stärkste Neigung: 13‰; kleinster Halbmesser: 200 m
Streckenhöchstgeschwindigkeit: 30 km/h
Bahnhöfe: Rattendorf/Jenig, Kirchbach i. G., Dellach i. G., Kötschach/Mauthen; provisorische Dienstbaracken mit Warte- und Personalwohnräumen; die Errichtung der Baracke in Kötschach erfolgte kriegsbedingt erst später.
Betriebsaufnahme: am 13.12.1915
Betrieb: Arnoldstein — Hermagor durch die Gailtalbahn AG;
           Hermagor — Kötschach/Mauthen durch die Heeresbahn
Militärische Transportleitung: FTL 8 in Villach.

Von den meisten für militärische Zwecke entlang der Strecke errichteten Bauten und Anlagen sind heute keine oder kaum mehr Spuren sichtbar, wie vom Kriegsbahnhof „Tröpolacher-Brücke". Dieser Bahnhof diente als Umschlagplatz für den Abschnitt Naßfeld und den nahe bei Tröpolach befindlichen Feldflugplatz.

Am 20.6.1916 eroberten Alpini den Cellon, 2236 m, zurück, der sich unmittelbar westlich der Paßhöhe des Plöcken erhebt. Der italienische Artilleriebeobachter konnte nun vom Gipfel dieses Berges den Gesamtverkehr vom Gailbergsattel bis über Kötschach hinaus unter Kontrolle halten. Der Ort lag nun oft unter italienischem Geschützfeuer, es entstanden dadurch zum Teil schwerste Schäden.

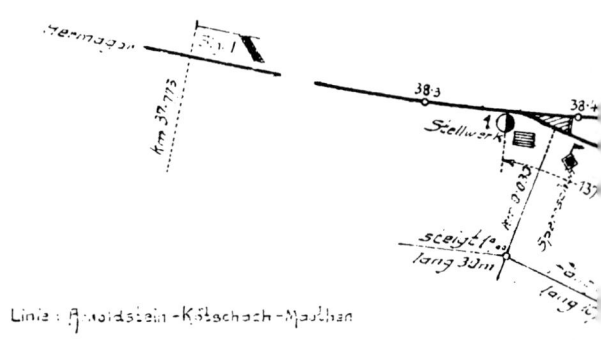

Quelle: Österr. Staatsarchiv, (Lokalbahn, 1ad 38452)

Zug der k.u.k. Heeresbahn auf der Fahrt nach Hermagor; die innere dritte Schiene ist für die Rollbahn, die beim Streckenbau verwendet wurde; kriegsgefangene Russen und Serben bei der Arbeit

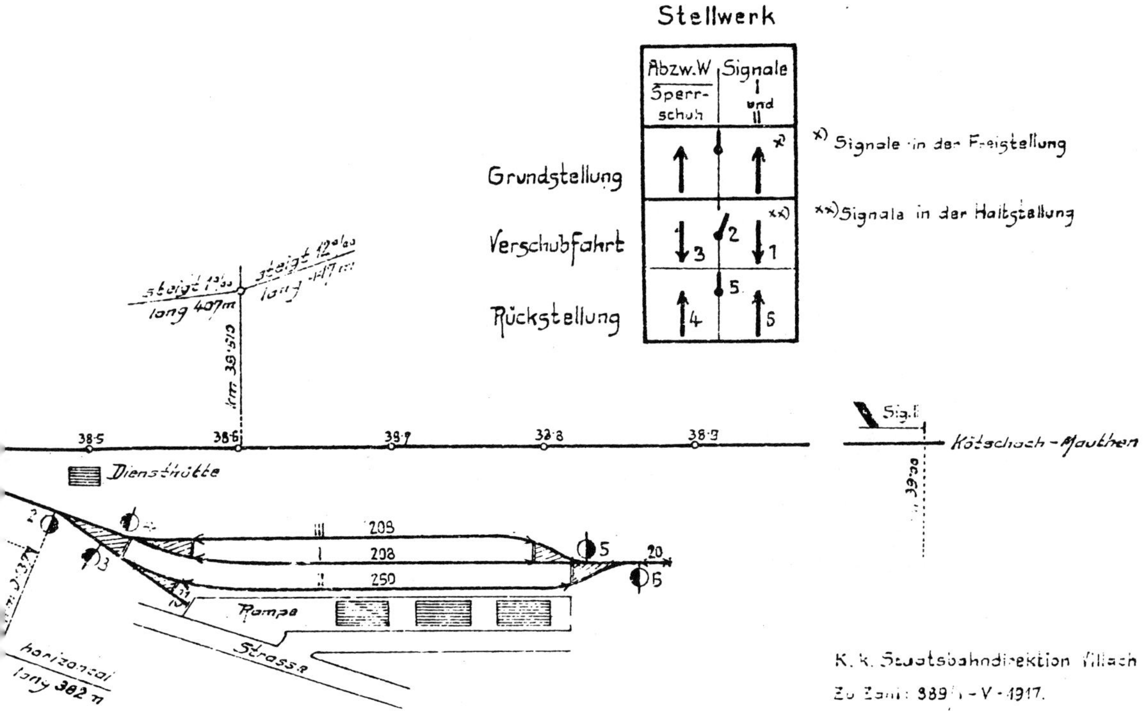

K. k. Staatsbahndirektion Villach
Zu Zahl: 9891-V-1917.

Kriegsbahnhof „Tröpolacher Brücke"

Der Betrieb der Heeresbahn konnte daher nicht, wie vorgesehen, direkt bis Kötschach/Mauthen geführt werden. Ab Dellach erfolgten die Zugfahrten nachts mit gelöschten Lichtern, schleppbahnmäßig.
Um dem Gegner den Zugsverkehr nicht zu verraten, ergriff man alle nur möglichen Vorsichtsmaßnahmen:

K.k. Staatsbahndirektion Villach

9. März 1916

Niederschrift

*Bei den Pfeifpflöcken zwischen den Stationen Dellach i. G. und Kötschach/Mauthen dürfen bis auf weiteres **keine** Achtungssignale gegeben werden. Die Pfeifpflöcke sind aber dessenungeachtet aufzustellen, um die Maschinführer zur Vorsicht beim Herannahen an die schienengleichen Bahnübersetzungen zu gemahnen.*

Sieber m.p.   *Ing. Hanns Pelikan m.p.*
Oberrevident   *Staatsbahnrat*

Bedingt durch die gegnerische Artilleriewirkung im Raum Kötschach wurde nun Dellach zum Kriegsbahnhof ausgebaut und die Gleisanlagen erweitert. Heute sind dort noch die Betonfundamente des ehemaligen Lokschuppens zu sehen (Fahrtrichtung Kötschach, links).
Trotz dieser betrieblichen Erschwerungen blieb Kötschach/Mauthen zentraler Umschlagplatz in Richtung Front.

Anschlußstrecke zum Seilbahnhof

Wegen der beginnenden Beschießung von Kötschach wurde der weitere Ausbau des dortigen Bahnhofes vorläufig nicht fortgesetzt. Da die Ortschaft Wetzmann nicht im italienischen Beobachtungsbereich lag, entstanden hier die meisten militärischen Depots und Einrichtungen. Diese erhielten nun aufgrund der neuen Situation eine eigene Anschlußstrecke. Über den Bau und die Art der Anschlußstrecke blieb eine detaillierte Beschreibung erhalten:

Abnahmeprotokoll k.k. StbDion Villach vom 9.3.1916 Anschlußstrecke Seilbahnhof:
Betriebslänge: 1.034 m
Abzweigung ca. 30 m vor Einfahrtsweiche Kötschach, Bau-km 61,343.
Probefahrt mit 30 km/h
Kleinster Halbmesser: 400 m; Größte Steigung: 15‰
Tel. Verbindung: Dellach — Seilbahnhof
Weichen Seilbahnhof: beleuchtbare Signalkörper
Erhaltung: Bahnmeister Dellach

Daß auch noch im Jahre 1916 die Verwaltungsverfahren nach friedensmäßigen Vorschriften gehandhabt wurden, zeigt die Benützungsbewilligung für die Anschlußstrecke zum Seilbahnhof:

```
              K o m m i s s i o n s a n t r a g
              ======================================

     Nach dem erhobenen Befunde wird festgestellt, daß die
beiden Schleppgleise in einem vollkommen befahrbaren Zustande
sich befinden.
     Es wird somit beantragt, die Benützungsbewilligung für
dieselben für Zwecke der k.u.k. Heeresverwaltung bei
Anwendung einer Höchstgeschwindigkeit von 25 Km/St. zu erteilen.

     Ing. M. E r b  m.p.           Ludwig  P l e p l a r  m.p.
     Oberstaatsbahnrat.                    Major.

     Auf Grund der Bestimmungen des Organisationsstatutes vom
19. Jänner 1896 R.G.Bl.Nr.16 und des § 32 der Ministerial-
verordnung vom 25.Jänner 1879 R.G.Bl.Nr.19 wird für die
gegenständlichen Schleppbahnen die Benützungsbewilligung im
Sinne des Kommissionsantrages erteilt.


                                 Der k.k.Staatsbahndirektor
                                   B l a s c h e k    m.p.
```

Planierungsarbeiten für den Kriegsbahnhof Kötschach/Mauthen

Seilbahnhof Kötschach nach der Fertigstellung; Seilbahnwagen in Fahrt

Vom künftigen Bahnhof Kötschach/Mauthen wurden zunächst nur die Planierungsarbeiten durchgeführt; nach Verlust des Cellons Arbeiten eingestellt, Verkehr ausschließlich zum Seilbahnhof.

Zugverkehr Hermagor – Dellach ab 18.12.1915 nach Kriegsfahrordnung: Züge max. 50 Achsen, mit Lok R 178, Lokwechsel in Hermagor.

Zu den Sonderaufgaben der Eisenbahntruppe gehörte auch der Bau von Gleisanlagen für Feuerstellungen von Spezialgeschützen. Eine 42 cm Küstenhaubitze gelangte auch im Bereich des Seilbahnhofes auf einem eigenen Sondergleis zum Einsatz.

Eine diesbezügliche (gekürzte) Meldung besagt:
(Decknamen: „Lux Delta" = 10. Armee in Villach. „Burlepaus" = die Küstenhaubitze)

K.u.k. Eisenbahnkompagnie Nr. 3
Res. Exh. Nro. 52   Reservat

                                              An
                                              Lux Delta 94

Kötschach, 15.8.1916
Ich melde, daß der für Burlepaus am 10.8. begonnene Bau der Geleiseanlagen am 15.8. 12 h mittag beendet wurde, sodaß mit der Montage des Krans begonnen werden konnte.
Die Kompagnie wird am 16.8. an die Baustelle Tarvis zurückgezogen und die zugewiesenen Russen zurückgegeben.
Lt. Schafzahl und Lt. Fuka mit 20 Mann bleiben mit entsprechendem Werkzeug und Ersatzmaterial der Batterie zugeteilt.
Den Offizieren obliegt überdies die Zudirigierung der Waggons von Dellach in die Stellung, mit der von der FTL 8 zugewiesenen in Dellach abgestellten Lokomotive.
Lt. Schafzahl hat überdies den 6achsigen Rohrwagen von Hermagor nach mündlich erteilter Weisung in die Stellung zu bringen. Sämtliche Vorsorgen einer durch die kleinen Radien der Strecke eventuell möglichen Entgleisung wurden getroffen.

                                                                 Heilmann, Hptm.

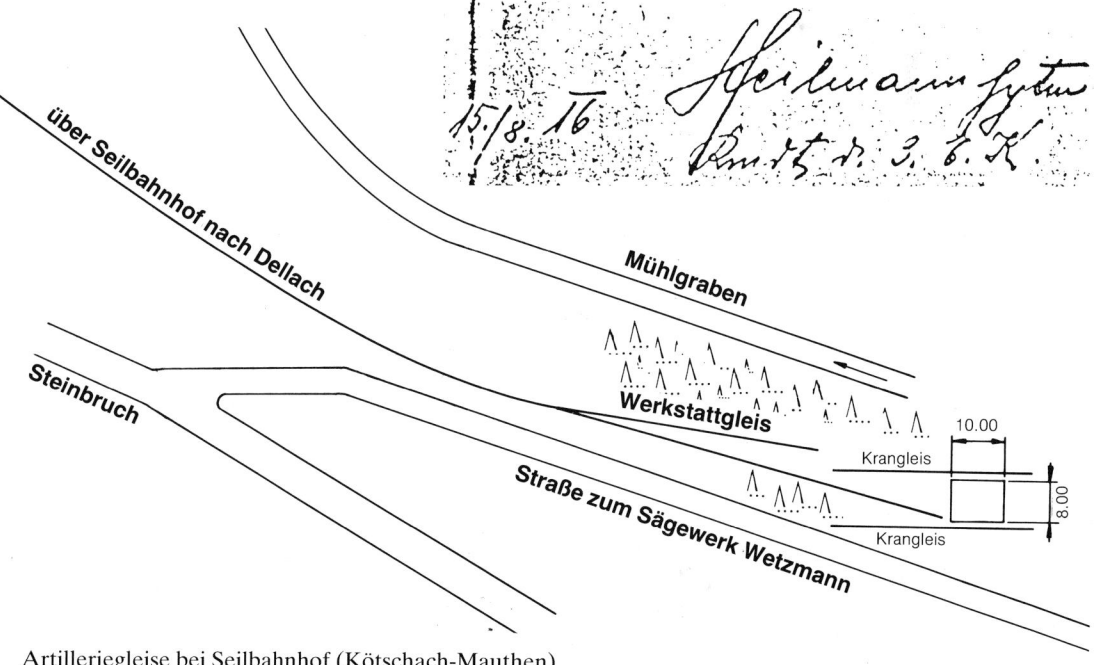

Artilleriegleise bei Seilbahnhof (Kötschach-Mauthen)

Verlegungsarbeiten der Artilleriegleise für die Küstenhaubitze K.H.L./15, 3. Batterie

Lafette des Geschützes auf dem Transportwagen, gegen Fliegersicht mit Zweigen maskiert.

Das Rohr wird mit dem zur Batterie-Ausstattung gehörenden Montage-Kran vom Transportwagen abgehoben

Ausladen der 42 cm Geschoße mittels Eisenbahnkran aus einem Munitionswagen

Die durch die k.u.k. Heeresbahn zu versorgenden Abschnitte:

Ab Kriegsbahnhof Tröpolacher Brücke
Militärstraße: (Tröpolach, 608 m) → Watschig → Bärentratte → Naßfeld, 1525 m, Länge 20 km.
Seilbahn: Jenig, 618 m → Rattendorf → Rudniksattel, 1945 m
　　　　　　　　　　　　└──────→ Rattendorferalm, 1635 m
Feldflugplatz bei Tröpolach.

Ab Kriegsbahnhof Gundersheim
Rollbahn → Grimminitzen → Seilbahntalstation → Goderschach → Stranig
Seilbahn: Bodenmühl → Findenig, Zollner, Trieb

Ab Kriegsbahnhof Dellach
Seilbahn: Weidenburg → Frondell Alm → Köderköpfe, 2228 m
Schrägaufzug Köder

Ab Seilbahnhof Kötschach
Rollbahn → Mauthen → Würmlach, 696 m
Seilbahn: Würmlach → Schrockebieralm, 1917 m → Polinik, ca. 2100 m
Plöckenseilbahnen:
Seilbahnhof, 714 m → Lamprecht → Eder → Kreuztratte, 1020 m
　　　　　　　　　　　→ Mauthner Alm → Kote 1870
(Kreuztratte → Angerbachtal erst in Vermessung und Anfangsarbeiten, Bau Nov. 1917 wegen ital. Rückzug eingestellt.)
Angerbachtal → Kleiner Pal, 1866 m
　　　　　　　→ Kamelrücken
　　　　　　　→ Freikofel, 1757 m
　　　　　　　→ Großer Pal, 1808 m
Oberhalb Plöckenhaus → Cellonschulter
Obere Valentinalm, 1551 m → Eiskar

Seilbahnhof Kötschach; das Umlaufrad für die Lesachtal-Seilbahn ist eingetroffen

Lesachtalseilbahnen:
Die schwierigen Straßenverhältnisse im Lesachtal unterbanden in den Kriegsjahren 1915–1917 immer wieder mit Murabgängen und Lawinen die einzige österreichische Nachschubverbindung für alle Frontabschnitte dieses Raumes. Man entschloß sich daher zum Ausbau einer witterungsunabhängigen und leistungsfähigen Seilbahn. Diese mit der Betriebsnummer 32 gekennzeichnete Seilbahn nahm im Seilbahnhof Kötschach, 714 m, ihren Anfang. Sie erreichte schließlich bei Klebas, 1029 m, ihren Endpunkt. Der projektierte Ausbau bis Maria Luggau kam wegen des Vormarsches im Herbst 1917 nicht mehr zur Durchführung. Hier hätte die Seilbahn 32 direkten Anschluß an die bestehende Linie zu den Luggauer Böden gefunden. Bauausführende waren Eisenbahnkompanien, Seilbahnkompanien und zur Unterstützung Kriegsgefangenen-Arbeiterabteilungen. Von der Lesachtalseilbahn führten Stichbahnen durch die großen Seitentäler bis zu den Höhenstellungen am Karnischen Kamm.

Dieses System der Seilbahnlinien zeigt die ganze Vielfalt der Aufgabenstellung, die den k.u.k. Eisenbahntruppen aus deren Bau und Betrieb erwuchs. Erst die Ausnützung aller technischen Möglichkeiten in Verbindung mit dem Einsatz von Train- und Trägerkolonnen schuf die Voraussetzungen für das Überleben der Soldaten in den hochalpinen Stellungen.

Das geschilderte Netz umfaßte eine Länge von ca. 80 km. Heute kann man meist abseits der Wege noch die Fundamentreste der Stationen und der Motoren finden, in den Wäldern ist noch teilweise die alte Trassenführung ersichtlich.

Seilbahnhof Kötschach, Spannstation; in der Bildmitte das große Umlaufrad für das Zugseil; neben der Spannvorrichtung zahlreiche Seilbahngehänge

Die Anschlußstrecke nach 1917

Nach Kriegsende baute man die normalspurigen Gleise der nun nicht mehr benötigten Strecke ab. Die vorhandene Trasse wurde bald danach durch das Sägewerk Hasslacher auf Rollbahnbetrieb umgestellt, um die umfangreichen Holztransporte zum Bahnhof Kötschach durchzuführen. Als Traktionsmittel dienten 2achsige Benzin-Lokomotiven.
Ende der 50er Jahre erfolgte die Umstellung auf LKW-Transporte, verbunden mit der Stillegung der Rollbahn. Heute sind noch Teilstücke der Trasse der ehemaligen Anschlußbahn sichtbar.

Die Gailtalbahn ab 1917

Nach dem Rückzug der italienischen Kräfte auch aus dem Karnischen Abschnitt als Folge des Durchbruches bei Flitsch-Tolmein im Oktober 1917 verlor die Gailtalbahn die bisherige militärische Bedeutung.
Das k.k. Eisenbahnministerium bemühte sich nun um die Aufnahme eines zivilen Verkehrs zwischen Hermagor und Kötschach/Mauthen, der mit 1.2.1918 genehmigt wurde. Kriegsbedingt verkehrte nur ein Zugspaar täglich.

1923 verkaufte das Amt für Heeres-Sachdemobilisierung die Anlagen der ehemaligen Heeresbahn um 4.743.000 Kronen an die Gailtalbahn AG. Den Gesamtverkehr führten die Bundesbahnen auf Rechnung der Eigentümer.
Mit 1.1.1930 wurde die Bahn wegen der defizitären Betriebsergebnisse konzessionsmäßig eingelöst (BGBl. 332/1929). Den Betrieb führten seitdem die BBÖ.
Heute ist die Gailtalbahn die typische Nebenbahn. Die Traktion erfolgt ausschließlich mit Dieselloks (Reihen 2043 und 2067). Für die von und bis Villach durchlaufend geführten acht täglichen Regionalzugspaare werden 4achsige Inlandsreisezugwagen eingesetzt. Der Güterverkehr erfolgt werktags täglich zwischen Arnoldstein und Hermagor, dreimal wöchentlich weiter bis Kötschach/Mauthen.

Die Kanaltalbahn

Villach (500 m) − Arnoldstein (564m) − Tarvis (728 m) − Pontafel/Reichsgrenze (567 m)

Betrieb: k.k. StB, Direktion Villach
Militärische Transportleitung: Feldtransportleitung 8, Villach
Streckenlänge: Villach − Tarvis 28 km; Tarvis − Pontafel 34 km.

Sehr anschaulich schildern die Aufzeichnungen der k.k. Staatsbahndirektion Villach und die Tagebücher der FTL 8 das stete Anwachsen der Spannung zwischen Italien und Österreich-Ungarn. Die von beiden beteiligten Bahnverwaltungen getroffenen Maßnahmen zeigten dem Kenner der Verhältnisse besser die drohende Gefahr eines bevorstehenden Krieges als alle Zeitungsmeldungen und veröffentlichten Bulletins. Eine knapp gefaßte Übersicht für die Strecke Villach − Pontafel von Jänner 1915 bis Kriegsbeginn gilt genauso für alle anderen Grenzstrecken, weil hier überall ähnliche Maßnahmen getroffen wurden.

5.1.1915: Drosselung des Güterverkehrs mit Italien. Beide Bahnverwaltungen halten weitgehend Leergarnituren zurück.

8.2.1915: Mit Telegramm teilt die italienische Staatsbahnverwaltung mit, daß nur mehr offene Güterwagen ohne Plachen im grenzüberschreitenden Verkehr zugelassen sind. Für diese Wagen müssen im Grenzbahnhof Pontafel Plachen durch die k.k. Staatsbahn gestellt werden. Geschlossene Güterwagen sind in den Grenzbahnhöfen umzuladen. Grenzübertritt für diese Wagen nur im gegenseitigen Austausch.

8.5.1915: K.k. StB Dion Villach erhält den Auftrag zum Bau von zwei Panzerzügen in betriebseigener Werkstätte. Es werden dazu abgestellt:
2 Lokomotiven Reihe 62 und 63, 2 Ke-Wagen, 2 Arbeitswagen.
   21.5.1915: PzZg 2 fertiggestellt, in den Bahnhof Lußnitz in Marsch gesetzt.
   20.6.1915: PzZg 1 fertiggestellt, in den Bahnhof Podmelec in Marsch gesetzt.
Wegen Räumung des großen Heizhauses in Görz muß das Heizhaus Villach (und Aßling) die Görzer Maschinen zur Instandhaltung übernehmen. Die gesamte Materialbeschaffung für den Direktionsbereich Triest muß ohne Personalverstärkung von Villach übernommen werden.
Die Gesamtausrüstung der Heizhausnebenstelle Pontafel ist auf Arbeiswagen verladen abrufbereit zu halten.

9.5.1915: Der Personenverkehr ab Pontebba in Richtung Italien eingestellt. Die Lokomotiven im Turnus Villach – Tarvis – Pontebba werden nur mehr im Kurzdienst eingeteilt. Maschinen, die nachts in Pontafel verbleiben, müssen voll unter Dampf stehen und außerhalb des Heizhauses ständig abfahrbereit abgestellt werden. Heizhaus Pontafel erhält keine Kohle mehr, Loks fahren auf das Mindestmaß ausgerüstet bis Pontafel. Damit soll der dortige Kohlenbestand raschest abgebaut werden.

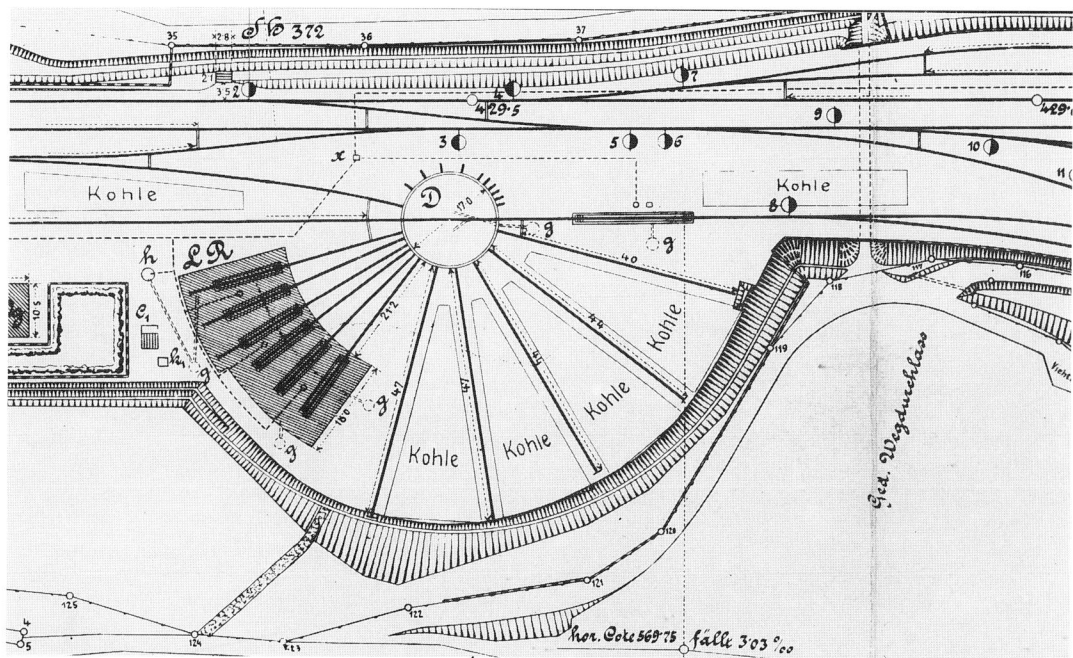

Pontafel, Lokschuppen und Bekohlungsanlage, Dezember 1901;
Gleise nach links Fahrtrichtung Tarvis – Villach.   *Quelle: Österr. Staatsarchiv, (Längen Op. Mappe 76)*

Ab 19.5. ist im Bahnhof Lußnitz ein Sprengzug (versehen mit allen erforderlichen Sprengmitteln zur Zerstörung militärisch wichtiger Objekte) und im Bahnhof Tarvis für diesen Zug eine bemannte Lok Reihe 59 ständig abrufbereit zu halten.

22.5.1915:
16.30 Uhr: Bahnhof Pontafel meldet, daß die Gleise von der Reichsbrücke bis zum Bahnhof Pontebba aufgerissen sind. Der Ort selbst von Zivil geräumt und militärisch besetzt.
18.00 Uhr: Befehl zur Räumung der Strecke Pontafel bis ausschließlich Uggowitz.
19.00 Uhr: Räumung des Heizhauses Tarvis befohlen.

23.5.1915:
Vormittag: Anruf der FTL 8 Villach an die Bahnhöfe der Strecke: „Fall Blau". Damit ist die Kriegserklärung Italiens offiziell.
Die Räumung des Streckenabschnittes Pontafel – Tarvis ist bereits beendet.

Die eingleisige Hauptstrecke der k.k. Staatsbahngesellschaft konnte den Anforderungen nicht voll entsprechen. Besonders hemmend wirkten sich die ungünstigen Streckenverhältnisse zwischen Arnoldstein (564 m) und Tarvis (728 m) für die überaus schweren Transportzüge aus. Die Rampenstrecke machte Lokvorspann und Schiebedienst erforderlich. Die geringe Aufnahmsfähigkeit der Stationen verhinderte eine dichte Zugfolge. Besonders schwierig gestaltete sich der Betriebsdienst in dem zeitweise unter dem Feuer schwerer italienischer Batterien liegenden Raum von Tarvis.

Bahnhof Arnoldstein, 1916

Die Bahnhöfe mit ihren Anlagen waren nach den Gesichtspunkten eines friedensmäßigen Verkehrs geplant und erbaut; sie mußten deshalb den militärischen Erfordernissen angepaßt werden. Hauptaufgabe dieses Bauprogramms bildete die Erhöhung der Nutzlänge der Gleisanlagen in den Bahnhöfen zur Vermehrung der Achsanzahl der Transportzüge. Im Zuge dieser Maßnahmen erfolgte auch der Bau von neuen Abstellgleisen, Magazinen, zusätzlichen Bekohlungsanlagen, sowie die Verlegung von Anschlußgleisen zu militärischen Objekten. Es kamen dabei 44,5 km Gleise zur Verlegung, Bauausführende waren die 8., 17., 23., 25., 29., 35. und 36. EisbKp sowie das Mobile Zeugsdepot Nr. 1 (Werkstattzug der Eisenbahntruppe).

Die einzige Personalverstärkung der kkStB-Dion Villach bildeten die Bediensteten, die aus dem Kanaltal evakuiert werden mußten. Sie konnten aber die Zahl der zum Militärdienst einberufenen Bahnbediensteten nicht ausgleichen. Deshalb mußte für die ersten Kriegsmonate auf Personalaushilfe von der Südbahngesellschaft zurückgegriffen werden, die der Staatsbahn vor allem Fahrdienstleiter und Zugbegleiter zur Verfügung stellte. In den Monaten Mai bis August 1915 waren im Bahnhofsbereich Villach 800 bis 1000 Mann Zugbegleiter zusammengezogen (pro Militärtransport 6 bis 10 Bremser, da nur wenige Züge mit durchlaufenden Bremsanlagen ausgerüstet waren). Durch diese Personalmassierung bestand anfangs keine Nächtigungsmöglichkeit. Die erste Aushilfe bildeten C-Wagen. Erst durch die Zumietung von Zivilhäusern und Barackenbauten konnte Abhilfe geschaffen werden. Decken und Strohsäcke stellte die militärische Verwaltung. Zur Verpflegung der Eisenbahner wurde in Villach eine Betriebsküche eingerichtet. In den Frontbahnhöfen erfolgte die Verpflegung der Zugmannschaften durch die örtliche Militärverwaltung. Im übrigen unterstanden die Eisenbahner aller Verwaltungen dem Kriegsrecht.

Bahnhof Tarvis 1915, links k.k. StB. E-h2v Verbundlok erste Serie 1909/1910, stationiert in Villach

Welche Schwierigkeiten zu überwinden waren, um den Verkehr wenigstens bis zum Bahnhof Uggowitz aufrechtzuerhalten, zeigt ein kurzer Auszug aus den Tagebüchern des Bahnerhaltungsdienstes bzw. der Eisenbahnkompanien:

14.6.1915: bei km 417,450 nächst Kleiner Fellabrücke durch Granattreffer Gleis auf 100 m zerstört. Nachts instandgesetzt.

15.6.1915: Bahnhof Uggowitz unter schwerem Artilleriefeuer. Ein Gleis wird für Panzerzug wieder befahrbar gemacht.

Ab 24.6.1915: ständiges starkes Feuer auf den Raum Wolfsbach (km 413).

Ab 2.8.1915 liegt der Streckenabschnitt Saifnitz – Uggowitz vor allem beim Bahnwärterhaus 359 (Wasserscheide) unter ständigem starken Artilleriebeschuß.

16.–17.8.1915: Besonders starke Beschießung des Raumes Tarvis.

17.9.1915: Strecke Tarvis – Uggowitz auf vier längeren Streckenstellen durch Artillerietreffer unterbrochen, Verkehr auf 24 Stunden eingestellt.

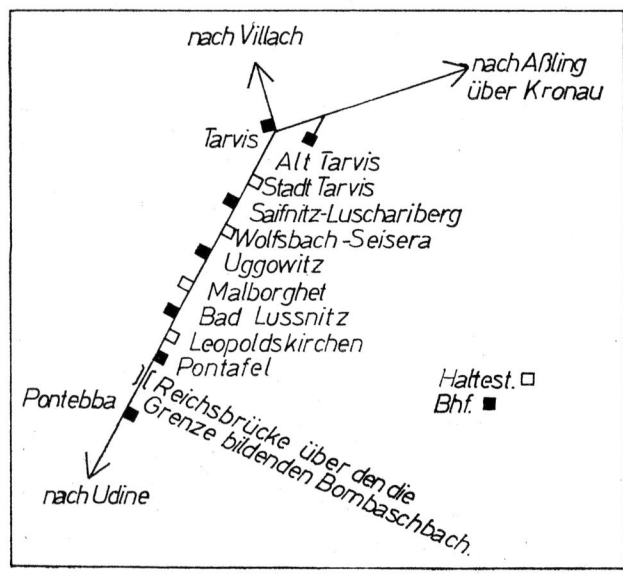

Bahnhöfe zwischen Tarvis – Pontebba

Der Zugsverkehr zwischen Tarvis und Uggowitz konnte nur bei Nacht mit gelöschten Lichtern für militärische Bedarfszüge erfolgen. Ab Uggowitz bestanden bis über Pontebba/Pontafel hinaus nach Dogna durch den unmittelbaren Frontverlauf weitläufige Streckenunterbrechungen. Neben den Instandsetzungsarbeiten im nahen Frontbereich erfolgten an größeren Arbeiten Erweiterungen an den Bahnhofsanlagen Thörl/Maglern und Tarvis. Im Zuge dieser Baumaßnahmen erhielt Thörl verlängerte Gleise und Tarvis umfangreiche Neuanlagen von Verlade- und Abstellgleisen.

Die Lokomotiven für den Streckendienst wurden von der k. k. Staatsbahn, Heizhaus Villach, gestellt. Der Lokwechsel zwischen Südbahngesellschaft und Staatsbahn erfolgte im Staatsbahnhof Villach. Die aus Richtung Spittal kommenden Militärtransporte befuhren die Lindner Schleife.

Als Folge des Durchbruches bei Flitsch-Tolmein im Spätherbst 1917 mußten die italienischen Truppen auch das Kanaltal räumen. (Berichte über Streckenzerstörungen und Wiederaufbau siehe Kapitel „Der Wiederaufbau bis zur k.u.k. Reichsgrenze nach der Herbstoffensive 1917".)

Der Wiederinbetriebnahme der k.k. StB-Strecke Villach – Pontafel und weiter durch die Heeresbahn in Richtung Udine kam ab Herbst 1917 besondere Bedeutung für die Versorgung der Piavefront zu.

Tunnel bei Malborghet als beschußsicherer Unterstand; nicht weit von hier entfernt querte die Front bei Gugg das Kanaltal

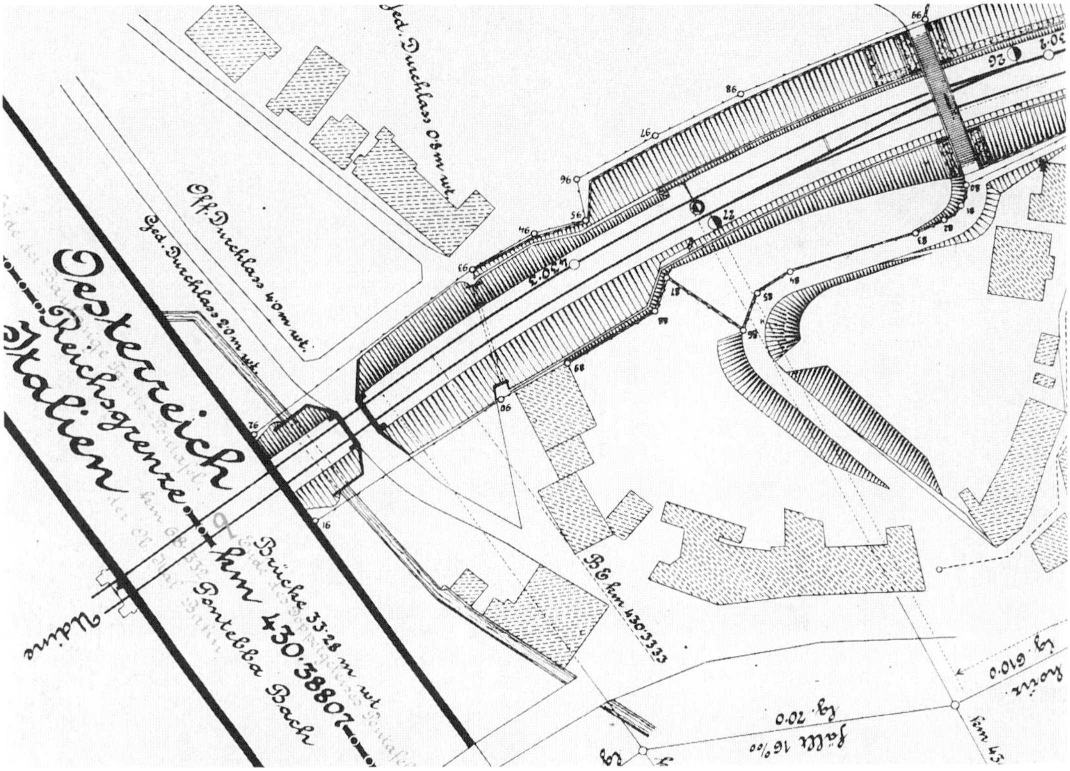

Grenzbahnhof Pontafel; zweigleisige Ausfahrt über Grenzbrücke zum FS-Bahnhof Pontebba; März 1900
Quelle: Österr. Staatsarchiv, (Längen Op. Mappe 76)

Der vom Naßfeld herabziehende Bombaschgraben bildete die Staatsgrenze zwischen Pontafel und Pontebba; im Vordergrund die Straßenbrücke, dahinter die Bahnbrücke, Sommer 1915; jenseits des Baches das bereits zum größten Teil zerstörte Pontebba

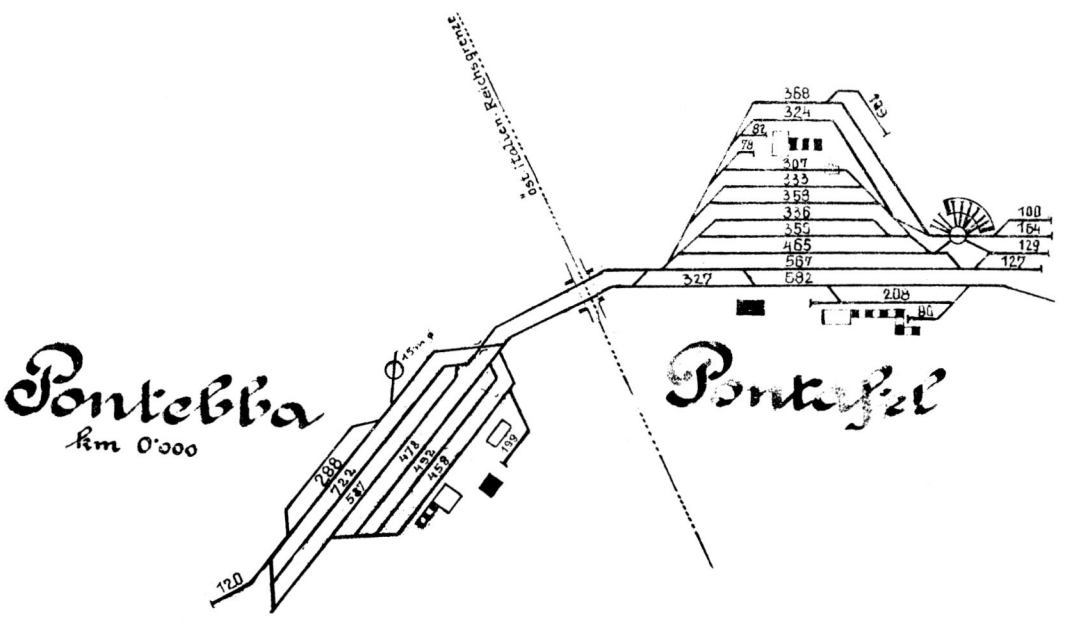

Pioniermäßig wiederinstandgesetzte Grenzbrücke zwischen Pontebba und Pontafel

Blick von der vordersten österreichisch-ungarischen Stellung bei der Auria-Kapelle auf die gesprengten Grenzbrücken. Jenseits des Baches in der Bildmitte der FS-Grenzbahnhof Pontebba; links unten im Bild die Einfahrtsweichen des Bahnhofes Pontafel

Heute bildet die Verbindung Villach — Udine eine der bedeutenden europäischen Magistralen von Nord und Ost nach Italien. Die bisher eingleisige Strecke konnte das wachsende Verkehrsaufkommen nur mehr unter Schwierigkeiten bewältigen. Zusätzlich führten wiederholte Elementarereignisse im schluchtartigen Tal der Fella (Canale di Ferro) zu lange währenden Streckenunterbrechungen.

Mit dem zweigleisigen Ausbau als Schnellfahrstrecke von Udine nach Tarvis durch die FS wird die Gefährdung dieses Abschnittes zwischen Chiusaforte und Pontebba durch eine fast ausschließlich durch Tunnels führende Neutrassierung beseitigt. Die ÖBB passen sich der Modernisierung durch den zweigleisigen Ausbau und Streckenbegradigungen zwischen Villach und Tarvis an.

Feld- und Rollbahnen im Raum Tarvis

Die hochalpinen Frontabschnitte der Westlichen Julischen Alpen wiesen nur zwei für den Nachschub ungünstige Straßenverbindungen mit dem Hinterland auf, eine von Tarvis über das Kaltwassertal nach Raibl, die andere von Wolfsbach in Richtung Seisera.
Das Kommando der 10. Armee in Villach war daher bestrebt, durch den Bau von Feldbahnen die Transportkapazität zu erhöhen.

Feldbahn Uggowitz — Wolfsbach — Seisera
Die Feldakte geben über dieses Projekt außer kurzen Vermerken und Notizen keine detaillierten Anhaltspunkte.
Geplante Streckenführung: Bahnhof Uggowitz — Wolfsbach — Seisera
Spurweite: 60 cm. Streckenlänge: ca. 6,5 bis 7 km
Baubeginn: Frühjahr 1917. Bauausführende: unbekannt
Bauende: mit Herbstoffensive im November 1917
Durchgeführte Arbeiten: Trassenvermessung, einzelne Erdarbeiten begonnen, angeblich auch ein Tunnelbau im Abschnitt Wolfsbach — Seisera angefangen.
Folgende Abschnitte hätte die Kleinbahn versorgt: von Wolfsbach den Kl. Mittagskofel, Schwarzenberg, die Seisera-Talstellung und den Nabois-Abschnitt.
Interessant an dem Projekt ist, daß man — dem Vorbild der Fleimstal- und Grödnerbahn folgend — bereits bei der Projekterstellung einen friedensmäßigen Kleinbahnbetrieb mit 1 m Spurweite durch Elektrotraktion in das touristisch bedeutsame Tal der Seisera berücksichtigte.

Feldbahn Tarvis — Raibl
Von Tarvis ausgehend führt eine Straße durch das Tal der Schlitza nach Raibl und weiter über den Predilpaß zum Flitscher Becken. Angesichts der ständig steigenden Transportschwierigkeiten auf dieser Straße befahl das Armeeoberkommando über Antrag des Kommandos Südwest-Front den Bau einer Feldbahn zwischen Tarvis und Raibl. Als erste Maßnahme erfolgte die Anpassung eines Teiles der Verladegleise im Bahnhof Tarvis für den zu erwartenden Güterumschlag.
Projektierte Streckenführung: Tarvis (728 m) — Kaltwasser (817 m) — Raibl (900 m)
Spurweite: 60 cm. Traktionsart: Dampfbetrieb
Art der Bauausführung: nach den Bestimmungen der Eisenbahnaufsichtsbehörde, für Dauerbetrieb. Es war somit ein späterer friedensmäßiger Betrieb berücksichtigt.
Streckenlänge: 10,3 km, mit zwei Betriebsausweichen.
Bauausführende: 3. EisbKp, deutsche 7. EBK, Trassierungs-Detachement 3, KgfAA 7.
Tatsächlich durchgeführte Bauten: Komplette Streckenvermessung und Erdarbeiten auf längeren Abschnitten.
Nach dem erfolgreichen Durchbruch der Mittelmächte im Herbst 1917 wurde der Bau eingestellt und nicht wieder aufgenommen.

Lokomotiven der Stollenbahn in Unterbreth; links neuere und rechts ältere Lokomotivtype; Rollenstromabnehmer für die doppelte Fahrleitung

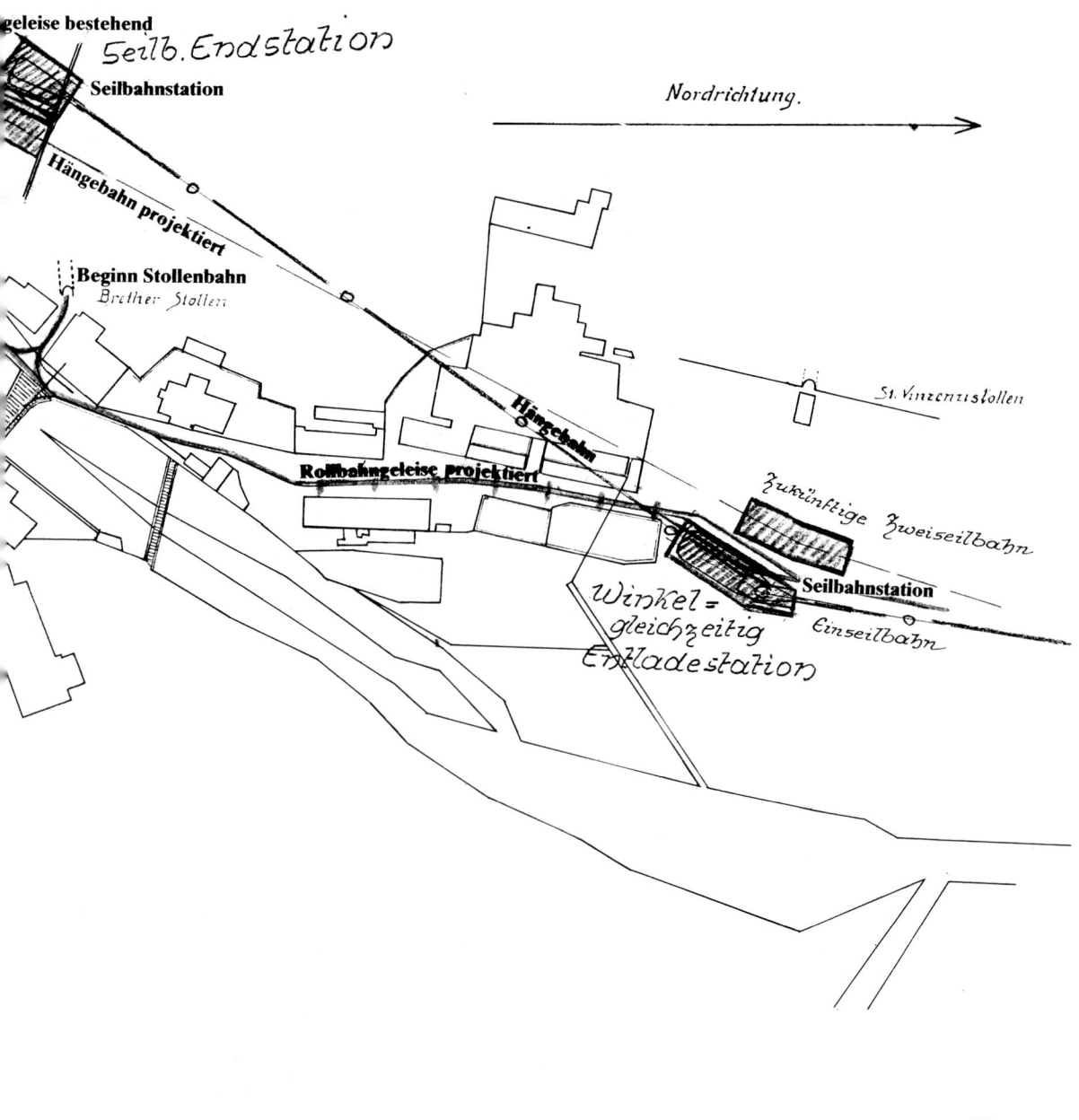

Situation Raibl, Oktober 1917

Stollenbahn Raibl — Unterbreth

Von Raibl ausgehend führt die Straßenverbindung in die Flitscher Klause zuerst über den Predilpaß (1156 m), bevor sie das wilde und einsame Gebirgstal des Koritnicabaches erreicht. Seit Juni 1915 sperrten zwei unterhalb des Nevea-Sattels befindliche schwere italienische Schiffsgeschütze fast ständig die Paßstraße.

Die k.u.k. Armee griff nun, um den Nachschub in Richtung Flitsch zu gewährleisten, auf ein Transportmittel zurück, das in der Geschichte des militärischen Nachschubwesens eine Sonderstellung einnimmt. Schon in Friedenszeiten befanden sich in Raibl ausgedehnte Anlagen des Zink- und Bleibergwerkes. Der zwischen Raibl und Unterbreth unter dem Predilpaß hindurchführende Entwässerungsstollen des Bergwerks wurde für den Nachschubverkehr mit einer elektrischen Stollenbahn eingerichtet. Die Durchführung des Betriebes oblag einem Betriebsdetachement der k.u.k. Eisenbahntruppe.

Die Stollenbahn übernahm den Güter- und Personentransport. Es wurden fast ausschließlich werkseigene Betriebsmittel eingesetzt. Die Stromerzeugung erfolgte im eigenen E-Werk, die Stromabnahme mittels Rollenstromabnehmer von der elektrischen Oberleitung, die an Masten mit hölzernen Auslegern montiert war. An den Grubenwagen wurden verschiedene Adaptierungen vorgenommen. Über die Herkunft der elektrischen Grubenlokomotiven geben die Feldakte jedoch keinerlei Auskunft.

Mit der Stollenbahn konnte der Nachschub nunmehr unbehindert von Feindeinwirkung durchgeführt werden. Transportmeldungen aus der Zeit vor Offensivbeginn 1917 geben Aufschluß über die beachtlichen Betriebsergebnisse, die trotz der schwierigen Verkehrsbedingungen im Bergwerk erzielt werden konnten:

Datum	Güter in t	Personen
12.10.1917	126	355
13.10.1917	92	494
15.10.1917	92	494
17.10.1917	144	494
19.10.1917	179	602

Von Unterbreth über das Koritnica-Tal zu versorgende Abschnitte: Rombon, 2208 m; Flitscher Klause; Svinjak, 1637 m.

Zug der Stollenbahn

DIE BAHNEN IM BEREICH DER ISONZO-ARMEEN 1915–1917

(1. ISA Kommando Adelsberg, 2. ISA Kommando Unterloitsch)

Bahnlinie Tarvis – Aßling

Tarvis (728 m) – Weißenfels – Ratschach – Kronau (810 m) – Aßling 573 m

Streckenlänge: 39 km
Betrieb: k.k. StB, Direktion Triest. Militärische Transportleitung: FTL 9 Laibach
Letzter Friedensfahrplan 1914: vier Personenzugpaare täglich. Fahrzeit: Tarvis – Aßling 1 h

Eingleisige, normalspurige Nebenbahn, für einen starken Nachschubverkehr nicht geeignet, aber für die Versorgung von besonderer Bedeutung, da vom Bahnhof Kronau der Anschluß zur einzigen Straßenverbindung über den Vršič-Paß in das Obere Isonzotal bestand. Außerdem stellte diese Strecke die Verbindung zwischen den wichtigen, aus dem Hinterland führenden Linien Villach – Tarvis, Villach – Klagenfurt – Aßling und Laibach – Aßling her. Für rasch durchzuführende Transporte zu diesem Frontabschnitt oder Truppenverschiebungen innerhalb desselben war die Bahn somit die einzige leistungsfähige Verbindung im Rücken der Front.
Die Arbeiten der Eisenbahnkompanie konzentrierten sich auf den Ausbau der Bahnhöfe zur Leistungssteigerung und vor allem auf die Schaffung von Verladerampen und Abstellgleisen in dem wichtigen Umschlagbahnhof Kronau.
Von hier verkehrten ab 11.6.1915 improvisierte Krankenpendelzüge. Diese waren in der betriebseigenen Werkstätte der StB Dion Villach umgebaut (bessere Federung) und für den Krankentransport eingerichtet worden. Für diesen Zweck wurden der Direktion Villach zugeteilt: 15 Cu mit 120 Tragen sowie weitere 15 ungarische C-Wagen. Die erforderlichen C- und D-Wagen mußte Villach aus eigenem Bereich stellen.

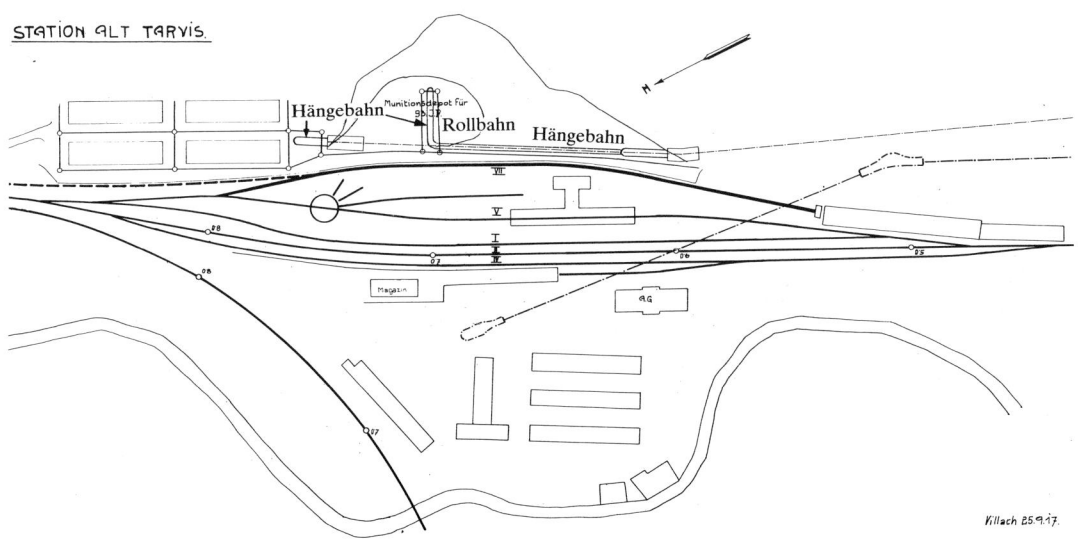

Ein Pendelzug setzte sich wie folgt zusammen: 1 D + 2 C + 3 Cu + 2 Cu
D = Dienstwagen;   C = Wagen für sitzende Kranke;
Cu = Wagen für liegende Kranke;   Cu = Infektionswagen.
Begleitpersonal: 1 Sanitäter, 1 Krankenschwester, in den Wintermonaten 2 Heizer, weil Cu + Cu mit Öfen ausgerüstet waren, nur D und C hatten eine Einrichtung für Dampfheizung.

Fahrplan: Kronau   ab 12.00 Uhr
            Tarvis (Zuladung) ab 15.00 Uhr
            Villach   an 17.00 Uhr
            Klagenfurt   an 19.30 Uhr

Loks stellten: für Kronau – Tarvis das Heizhaus Aßling
                 für Tarvis – Villach das Heizhaus Villach (StB)
                 für Villach – Klagenfurt das Heizhaus Villach (SB)

Gleichzeitig mit diesem Pendelzug verkehrten nachstehend angeführte Krankenzüge mit annähernd gleicher Ankunftszeit in Villach, die sodann vereint bis Klagenfurt geführt wurden:
Hermagor – Villach; Thörl/Maglern – Villach; Oberdrauburg – Villach.
Insgesamt standen für den Bereich der k.k. StB Villach acht Garnituren zur Verfügung, die voll eingesetzt waren. Pro Tag: 4 Garnituren zur Front, 4 Garnituren von der Front.
In Villach erfolgte die teilweise Ausladung der Verwundeten und die Verköstigung der im Zug verbleibenden. Bei starkem Verwundetenanfall verkehrten zur Entlastung der Villacher und Klagenfurter Lazarette durchlaufende Lazarettzüge über Klagenfurt nach Knittelfeld und St. Michael. Bei besonders starkem Verwundeten- oder Krankenanfall wurden über Anforderung des San.-Chefs des 10. Armeekorps in Villach durchlaufende Lazarettzüge ab Kronau oder Tarvis bis ins weiter zurückliegende Heimatgebiet bereitgestellt.
Zu versorgende Frontabschnitte: von Kronau (810 m) über den Vršič-Paß (1620 m), das Isonzotal in Richtung Flitsch.

Durch die Grenzziehung des Jahres 1918 verblieb nur ein kurzes Streckenstück von Tarvis über Weißenfels bei Italien. Der Hauptteil der Strecke von Ratschach nach Aßling gehörte ab diesem Zeitpunkt zu Jugoslawien. Italien stellte bereits früher den Verkehr auf seinem Streckenstück ein, am 1.4.1966 beendeten die JDZ ebenfalls den Betrieb. Der Oberbau ist abgetragen, Bahndamm und Stationsgebäude noch meist erhalten.

Infektionskrankenzug Nr. 101 in Kronau; die Garnitur besteht aus Cu-Wagen der Wiener Stadtbahn (ganz rechts der CDu als Küchenwagen)

Karawankenbahn und Wocheinerbahn

Klagenfurt (439 m) − Weizelsdorf (433 m) − Rosenbach (573 m) − Aßling (573 m) − Feistritz/Wocheinersee (520 m) − Podbrdo (506 m) − Podmelec − Santa Lucia/Tolmein (201 m) − Isonzotal − Görz − Prvačina − Triest Staatsbahnhof

Betrieb: K.k. StB, Direktion Villach bis Aßling, ab Aßling Direktion Triest
Militärische Transportleitung: FTL 8 Villach
Streckenlänge: Klagenfurt − Triest 217 km; Klagenfurt − Podmelec 111 km

Nach der Kriegserklärung konnte der Verkehr auf der leistungsfähigen eingleisigen Hauptstrecke nur von Klagenfurt über Aßling bis Podmelec geführt werden. Von hier bis Santa Lucia/Tolmein erfolgte nur mehr Verkehr einzelner Waggons mit besonders wichtigen Gütern durch Mannschaftszug und bei Nacht. Ab Santa Lucia/Tolmein bis über Görz hinaus mußte der Verkehr eingestellt werden. Die Strecke erlitt im Verlauf der zwölf Isonzoschlachten schwerste Beschädigungen und Zerstörungen.
Als kriegsbedingte Maßnahme erfolgte der Ausbau jener Bahnhofsanlagen, die als Umladestellen für die Versorgung dienten. Durch ihre Linienführung war die Strecke besonders für den linken Flügel des Abschnittes von großer Bedeutung. Außerdem versorgte sie die wichtigen und schwer umkämpften Abschnitte im weiteren Verlauf des Isonzotales bis zur Hochfläche von Bainsizza durch die an sie anschließenden Versorgungsseilbahnen. Besondere Bedeutung kam der Linie noch durch den Umstand zu, daß hier keine Straßenverbindungen über den Hauptkamm der Julischen Alpen zum Isonzotal bestanden. Deshalb wurde auch der Wocheiner Tunnel (6339 m lang) für die Benützung durch Fuhrwerke adaptiert. Im Zuge dieser Arbeiten erfolgte die Wiederherstellung der Idria-Brücke vor dem Bahnhof Santa Lucia/Tolmein als Walzträgerbrücke auf Holzböcken durch die 31. EisbKp. und ein Detachement der 25. EisbKp.
Der von Görz über Prvačina und Opčina nach Triest führende Streckenteil wird gesondert bei den Kampfhandlungen um die Karsthochfläche beschrieben. (Das Ausmaß der Zerstörungen und den Wiederaufbau ab November 1917 siehe Abschnitt „Wiederaufbau".)

Bahnhof Podmelec, Transportzug, gezogen von einer Lok k.k. StB Reihe 80, Sommer 1917

In Podmelec, wo früher die internationalen Schnellzüge durchfuhren, hält 1917 der Sonderzug von Kaiser Karl; ++ der damalige Oberst im Generalstab Theodor Körner, späterer österreichischer Bundespräsident

Verlassene, zerstörte Ortschaften, Schienen, auf denen kein Zug mehr verkehrt, das Hauptsignal steht auf „Halt"; Isonzotal bei Salcano, 1916

Die Strecke Aßling – Görz hat infolge der Grenzziehung in den Jahren 1918 und 1945 ihre einstige Bedeutung als internationale Schnellzugsverbindung verloren. Heute dient sie regionalen Verkehrsbedürfnissen, sie weist allerdings einen relativ starken Güterverkehr auf, der auch zur Entlastung der Linie Laibach – Adelsberg – Divača (–Triest bzw. Pola) dient.

Die Wocheiner Feldbahn

Zur Erschließung des Krn-Gebietes und seiner Nachbarabschnitte, die Brennpunkte des Kampfes im oberen Isonzotal waren, mußte eine leistungsfähige Verbindung von der Eisenbahnstation Feistritz/Wocheinersee bis zum Talschluß oberhalb des Wocheiner Sees geschaffen werden. Die vorhandene Fahrstraße bis Zlatarog konnte den Anforderungen des Nachschubverkehrs in keiner Weise entsprechen. Deshalb erfolgte die Spurfestlegung für eine Pferdefeldbahn im Tal der Wocheiner Save, entlang der vorhandenen Straße unter teilweiser Mitbenutzung von deren Trasse.

Streckenführung: Bahnhof Feistritz/Wocheinersee (520 m) – Kamnje – Feld – Fischgereuth – entlang des Wocheinersees bis zur Kote 534 bei Zlatarog.

Spurweite: 60 cm. Streckenlänge: ca. 15,7 km

Bauausführende: 8. EisbKp, Bauzeit unbekannt, Betriebsaufnahme: 6.12.1915.

Die Feldakte enthalten über die Erbauung der Pferdefeldbahn keine weiteren Angaben, diese beginnen erst mit der Umstellung auf Elektrotraktion.

Feld-Bahnhof Feistritz-Wocheinersee, vor Beginn der Elektrifizierungsarbeiten.
Eine „Feldbahn-Kolonne" vor der Abfahrt.

Futterknappheit und die Abgabe von Pferden an die Fronttruppen erzwangen bereits gegen Ende 1916 eine Umstellung der Pferdefeldbahnen auf andere Traktionsarten. Während die zahlreichen Pferdefeldbahnen im Bereich der Isonzo-Armee benzin-elektrische Zugförderungsmittel zugeteilt erhielten, fiel die Entscheidung bei der Wocheiner Feldbahn zugunsten eines Elektrobetriebes mittels Oberleitung.
Entscheidend für diesen Entschluß dürfte die günstige Wasserführung und die örtliche Lage gewesen sein, die den Bau eines Kraftwerkes wesentlich erleichterten. Am oberen Ende des Wocheiner Sees, beim Ursprung der Wocheiner Save, wurde das erforderliche E-Werk erbaut. Als Kraftquelle diente eine Peltonturbine, die mit einem Wechselstromdynamo gekoppelt war. Die Gesamtleistung der Anlage betrug 3000 kW (Drehstrom, ? Perioden). Vom Kraftwerk Wocheiner See wurde eine Übertragungsleitung zur Eisenbahnstation Feistritz/Wocheinersee gebaut. Für die Übertragungs- und Speiseleitung mußten wegen des Kupfermangels Aluminiumseile verwendet werden.
Die Feldbahnstrecke wurde in vier Betriebsabschnitte (Sektionen) unterteilt und bei jeder Abschnittsgrenze ein Umspannwerk errichtet. Die Fahrleitungen der einzelnen Abschnitte hatte man durch Trennstellen in der Oberleitung voneinander isoliert. Bei den Umspannwerken erfolgte die Speisung des betreffenden Fahrleitungsabschnittes mit dem niedrig gespannten Strom für den Betrieb der Elektrolokomotiven. Jedes Umspannwerk konnte auch bei Ausfall des benachbarten Werkes dessen Versorgungsabschnitt mitübernehmen. Allerdings mußte dabei ein entsprechender Leistungsabfall in Kauf genommen werden. Die Fahrleitung wurde von einfachen Auslegern an hölzernen Masten getragen. Sie bestand aus Eisendrahtseilen, um eine zu starke Abnützung der Schleifstücke der Elektrolokomotiven zu vermeiden. Für die Rückleitung des Stromes wurden die normierten Feldbahngleise, die mit Aluminium-Verbindungslaschen ausgestattet waren, verwendet. Zusätzlich verlegte man für die Stromrückführung zwischen den Schienen ein Drahtseil, das stellenweise eine Verbindung mit den Schienen hatte.

Der Überschuß des Kraftwerkes an elektrischer Energie wurde zum Betrieb der beiden Seilbahnen von Zlatarog auf die Komarcawand ausgenützt. Teilweise konnten auch Unterkünfte und Magazine mit elektrischer Energie versorgt werden.
Im Zuge der Elektrifizierung wurde die Strecke in ihrem bisherigen Zustand belassen. Nur die beiden Ausweichen mußten der größeren Zuglänge angepaßt werden. Bei jedem Umspannwerk wurden, bedingt durch die raschere Zugfolge, Betriebsausweichen angelegt.
Fahrpark: 10 Gleichstromlokomotiven (nähere Angaben fehlen), normierte Feldbahnwaggons, Tagesleistung: 200 t.

Die Wocheiner Feldbahn war die einzige Anlage dieser Art, die in den Jahren 1914–18 für elektrische Zugförderung durch die Armee ausgerüstet wurde. Berücksichtigt man noch den Umstand, daß keine großen Erfahrungen mit elektrischen Bahnen zur Verfügung standen, so kann das Betriebsergebnis trotz aller Schwierigkeiten als Erfolg bezeichnet werden. Energieverluste traten vor allem durch die feldmäßige Anlage der Leitungen und Umspannwerke ein. Sehr nachteilig wirkte sich auch der Kupfermangel aus, der beim Leitungsbau die Anwendung von Ersatzstoffen erforderte. Zahlreiche Gewitterschäden verminderten durch den Ausfall von Umspannwerken (Blitzschlag) die Leistungsfähigkeit der Bahn. Bis zur Wiederherstellung des beschädigten Unterwerkes mußte das benachbarte mit zur Speisung dieses Abschnittes herangezogen werden, wodurch eine starke Verminderung der Zugkraft bei den Lokomotiven eintrat.
Bau und Betrieb: Bau- und BetriebsKp für elektrische Bahnen.
Bauzeit: 30.4.–23.7.1917 (Nacharbeiten bis Sept. 1917).
Zu versorgende Frontabschnitte: Mrzli Vrh, Krn.
Betriebsende durch k.u.k. Eisenbahntruppen: 4.11.1918.

Endstation Zlatarog der Pferdefeldbahn, Ausgangspunkt der Seilbahn in Richtung Bogatin und Krn

Die in einem großen Bogen angelegte Station Zlatarog, kurz vor Beginn der Elektrifizierung

K. u. k.
Betriebsabteilung für elektrische Bahnen Nr. 1.

Revisionsarbeiten an der Oberleitung

Zug mit Einheimischen und Soldaten passiert eine Ausweiche; besonders interessant das technische Detail des vorderen Drehgestells mit den außenliegenden Zahnrädern für den Kettenantrieb

Der Karst und seine Bahnen

Das entscheidende taktisch-operative Ziel des italienischen Oberkommandos (Comando supremo) war der Raumgewinn zwischen Görz, der Karsthochfläche und dem Adriatischen Meer mit der Hauptstoßrichtung nach Triest. Damit wurde der Karst im Zuge von zwölf Isonzoschlachten zum Brennpunkt der Kämpfe an der gesamten Südwestfront, der schwerste personelle Verluste und einen ungeheuer großen materiellen Einsatz von beiden Seiten erforderte. Die italienische Armee konnte in dem über zwei Jahre währenden Ringen wohl Raumgewinne erzielen, der Zugang nach Triest blieb ihr aber verwehrt.

Eine Beschreibung des Verlaufes der Isonzoschlachten wäre vom historischen Standpunkt begrüßenswert, sie würde aber weit über den Themenkreis dieses Buches hinausgehen. Die Kämpfe um den Karst können deshalb nur dort Erwähnung finden, wo sie in größerem Ausmaß den Eisenbahnverkehr beeinflußten. (Dem historisch interessierten Leser wird deshalb die einschlägige Fachliteratur empfohlen: siehe Quellenverzeichnis.)

Ein wesentlicher Unterschied zu dem bisher beschriebenen Gelände und dessen Bahnverbindungen liegt in den völlig anders gearteten geländemäßigen Voraussetzungen. Die von Norden nach Süden absinkenden Höhenzüge gehen in das Karstgebiet über, das schließlich jäh an der adriatischen Küste endet.

Klimatische Gegensätze, die auch den Bahnverkehr beeinflussen können, kennzeichnen den Karst und seine angrenzenden Küstengebiete. Hitzeperioden im Sommer steigern die Wasserarmut bis zum Versiegen der spärlichen Quellen und Zisternen. Es ist noch gar nicht so lange her, daß Züge mit Trinkwasserzisternen-Waggons die Versorgung am Karst sicherstellten. Die berüchtigte Bora (Fallwind) kann mit großen Windgeschwindigkeiten über das meist deckungslose Gelände des Karstes hinwegfegen, heftige Regenfälle verwandeln wasserlose Karsttäler in Kürze in reißende Bäche, in wenigen Stunden treten Flüsse wie der Isonzo oder die Wippach, die bisher träge dahinflossen, über ihre Ufer. Im Winter treibt der Sturm den Schnee vor sich her und türmt ihn zu hohen Wächten. Es waren dies Erfahrungswerte, die den Einheimischen und den Kennern der Gegend schon lange bekannt waren, im Kriege mußten sie jedoch des öfteren erst von Führung und Truppe unter Entbehrungen und Opfern neu erworben werden.

Bei Kriegsbeginn räumten die k.u.k. Truppen freiwillig kleinere Grenzgebiete, deren Verteidigung aus den örtlichen Gegebenheiten heraus als aussichtslos beurteilt wurde — wie südlich von Cervignano bis Grado.

Verkehrsmäßig war das Karstgebiet durch landesübliche Straßen in einem den militärischen Ansprüchen völlig ungenügenden Ausmaß erschlossen. Nur der küstennahe Frontabschnitt und das Görzer Becken wiesen auch durch leistungsfähige Bahnverbindungen bessere Voraussetzungen auf, die sich um Triest als Verkehrsknotenpunkt konzentrierten.

Die wechselnde Frontlage im Verlauf der Isonzoschlachten erforderte neben Verkehrseinstellungen in einzelnen Streckenteilen vor allem Instandsetzungen an beschädigten oder zerstörten Bahnanlagen sowie Streckenverlegungen von Linien, die in den Ertragsbereich der italienischen Artillerie gelangt waren. Die damit verbundene Bautätigkeit wird bei den einzelnen Bahnlinien angegeben.

Friedensmäßig bestanden zwei Magistralen aus dem Landesinneren der k.u.k. Monarchie nach Triest, die eine von Aßling (Wocheinerbahn) über Görz nach Triest, die andere von Laibach (Karstbahn) nach Triest. Gleich nach Kriegsbeginn wurde die Wocheinerbahn infolge der Kampfhandlungen im Gebiet des Isonzotales dauernd unterbrochen. Damit verblieb als einzige Strecke zur Bewältigung des Gesamtverkehrs die von Laibach ausgehende Karstbahn. Die damit verbundene außerordentliche Streckenbelastung erforderte die Erweiterung zahlreicher Stationen.

Vor der Beschreibung der einzelnen Bahnlinien erscheint es notwendig, das aus verschiedenen Richtungen kommende und sich überschneidende Verkehrsnetz um Triest anhand einer Skizze zu erläutern. Vor allem der harte Konkurrenzkampf zwischen der k.k. Staatsbahn und der k.k. priv. Südbahngesellschaft führte nicht nur zu einer rigorosen Trennung zwischen deren Strecken, sondern auch zum Bau von zwei Bahnhöfen (siehe u. a. Villach, Laibach, Opčina, Triest), wenn

Orte von Linien beider Gesellschaften berührt wurden. Dies machte in der Folge bei der kriegsmäßigen Verkehrsdurchführung des öfteren den Bau aufwendiger Verbindungsstrecken zwischen diesen Bahnhöfen notwendig.

Im friedensmäßigen Verkehr war man soweit gegangen, daß in verschiedenen Übergangsbahnhöfen den Loks der anderen Verwaltung Wasser- und Kohleübernahme untersagt war. Diese in den Eigentumsverhältnissen begründete Verkehrspolitik führte dann unter den kriegsmäßigen Bedingungen zu nicht mehr vertretbaren Verzögerungen des militärischen Zugverkehrs.

Es wurde in solchen Fällen öfter das Durchgreifen der ZTL oder der zuständigen FTL erforderlich, um die Zugsübergabe zwischen verschiedenen Bahnverwaltungen zu vereinfachen. So bedurfte es zäher Verhandlungen, bis die StB die Genehmigung erteilte, daß Loks der SB bereits in Villach-Staatsbahnhof die Transporte übernehmen durften.

Die Karstbahn Laibach − Triest

Laibach (290 m) − Adelsberg (583 m) − St. Peter in Krain (579 m) − Divača (432 m) − Opčina Südbahnhof (348 m) − Nabresina − Triest Südbahnhof

Betrieb: k.k. priv. Südbahngesellschaft, Direktion Triest
Militärische Transportleitung: FTL 9 Laibach (mit der Gründung des Staates Jugoslawien 1918 gingen alle Unterlagen dieser FTL verloren).
Streckenlänge: 145 km; durchgehend zweigleisig
Letzte Friedensfahrzeiten: Laibach − Triest 3 h 10 min; Laibach − Divača 2 h 15 min; Laibach − St. Peter i. K. 1 h 36 min.

Die Strecke über den Karst entspricht betriebsmäßig den Anforderungen an eine Gebirgsbahn, vom Gelände her bis zu den Einwirkungen des Klimas. Die schweren Militärzüge benötigten für die Rampenstrecken zwei bis drei Lokomotiven.

Da man im k.u.k. Generalstab bereits im Zuge von friedensmäßigen Planungen auch mit einer Hauptangriffsrichtung auf Triest rechnete, hatte der Chef des Feldeisenbahnwesens bereits vorbereitende Maßnahmen für die Karstbahn angeordnet. Da sich deren Streckenabschnitte in einem tadellosen Zustand befanden, konnte man sich auf die Erweiterung der bestehenden Stationen und Bahnhöfe beschränken.

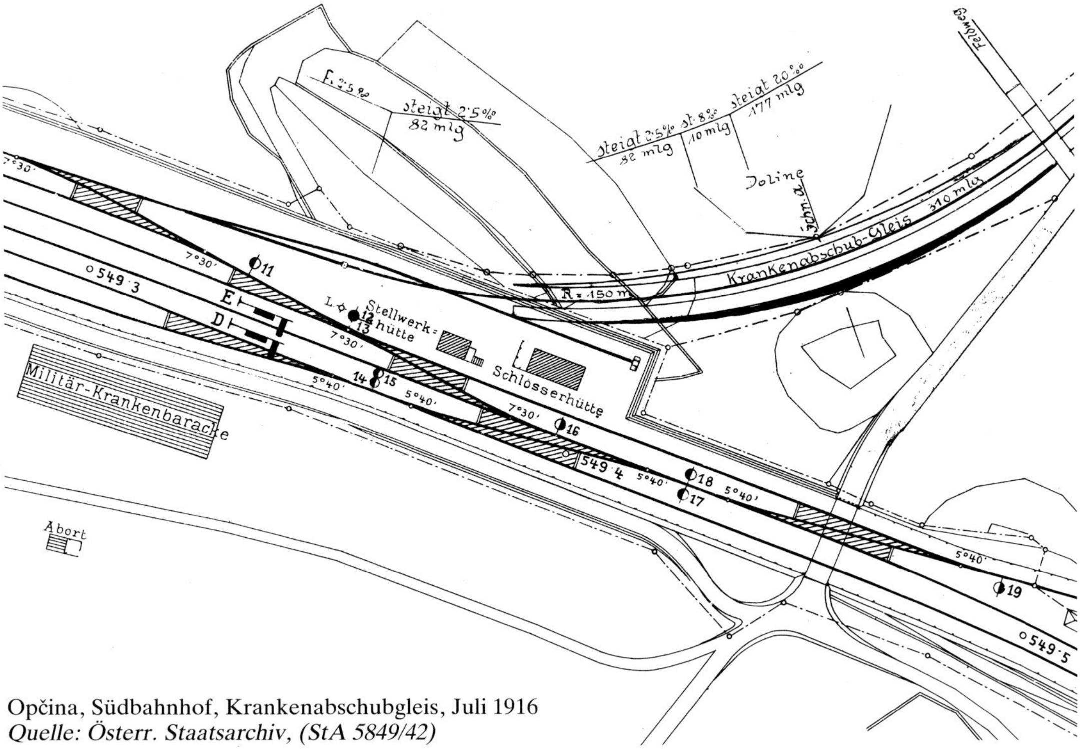

Opčina, Südbahnhof, Krankenabschubgleis, Juli 1916
Quelle: Österr. Staatsarchiv, (StA 5849/42)

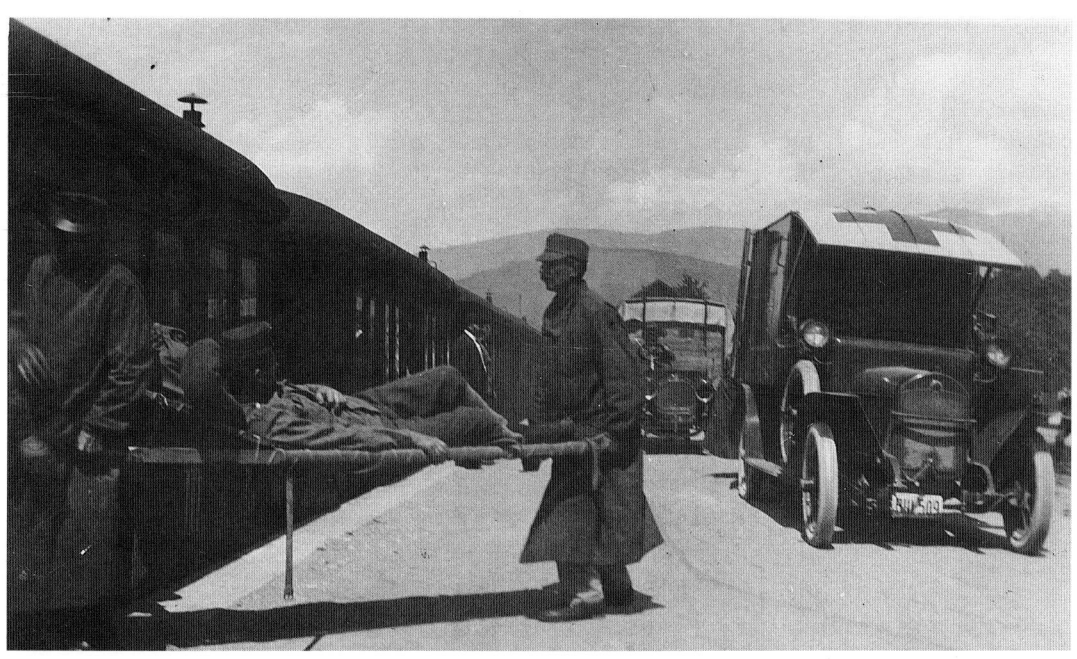

Quelle: Archiv Ostadal

Die Verladerampen in 13 Bahnhöfen wurden auf 450 bis 900 m verlängert und mit den entsprechenden Gleisanlagen ausgerüstet.
Bauausführende: 8., 17., 23., 29., 32., 35. und 36. EisbKp und das Mobile Zeugdepot Nr. 1 (Werkstattzug).
Bauzeit: Vom Eintritt des Kriegszustandes bis zum Winter 1915.
Laibach bildete einen wichtigen Verkehrsknotenpunkt für den Ablauf der Militärtransporte. Besonders vordringlich erschien hier der Bau einer Verbindungsschleife zwischen dem Süd- und dem Staatsbahnhof. Das überaus große Verkehrsaufkommen des Raumes Laibach erforderte außerdem die Umgestaltung und den Neubau von Abstell- und Verschiebebahnhöfen. Die Nutzlänge der Gleise im Hauptbahnhof wurde auf 1400 m verlängert und ein Verschiebebahnhof für Züge zu je 100 Achsen neu gebaut.
Bauausführende: 23., 28. und 29. EisbKp, KgfEAA 1 und 26.
Bauzeit: bis 15. August 1916.

Sesana erhielt durch die 31. EisbKp vom 1. Juni bis 1. August 1916 Abstellgleise in einer Länge von 1,6 km neu verlegt.

Ab 1916 beeinträchtigten italienische Fliegerangriffe immer stärker den Zugverkehr, vor allem bei den wichtigen Bahnhöfen Nabresina und Opčina. Auch die schweren italienischen Sdobba-Batterien beschossen häufig diesen Streckenabschnitt. Wenn auch die Störungen stets kurzfristig wieder behoben werden konnten, wirkten sich deren Folgen durch die eingetretenen Streckenüberlastungen und Überfüllung der angrenzenden Bahnhöfe aus, sodaß die dadurch entstandenen Verspätungen bis zu den frontunmittelbaren Entladebahnhöfen reichten.
Die ständig ansteigenden Anforderungen an die Transportleistungen zeigt eine Statistik der Isonzoschlachten von Mai bis Juni 1917: Auf österreichisch-ungarischer Seite standen in diesem Zeitraum 1400 Geschütze und 500 Minenwerfer im Einsatz. Der Munitionsnachschub dafür am Bahnweg betrug 37.800 t.

Weitere Aufgaben der Karstbahn:
Die Aufgaben der Organisation und des Personals wären nur unvollständig aufgezählt, wenn man außer der Versorgung der Isonzoarmee nicht auch die zahlreichen sonstigen Leistungen berücksichtigen würde, die erst das Gesamtbild des Verkehrsaufkommens zeigen.

Strecke Laibach – Triest
Gesamtversorgung der Großstadt Triest mit dem Lebensbedarf für die Bevölkerung; Materialbedarf der Industrie und Werften; Treibstoff- und sonstige Vorsorgen für die Schiffe der Kriegs- und Handelsmarine.

Strecke (Laibach–) St. Peter in Krain – Fiume
Eingleisige Hauptstrecke, 63 km
Versorgung der Bevölkerung, Fiume war der größte Hafen der ungarischen Reichshälfte; Materialbedarf der Werften und für die Industrie; Fiume bildete den bedeutendsten Umschlagplatz von der Bahn auf Schiffe. Die Seetransportleitung übernahm hier im Auftrag der ZTL und in Zusammenarbeit mit der FTL 9 die mit der Bahn ankommenden Versorgungsgüter zur Weiterleitung mit Geleitzügen, 1915 und 1916 vor allem zur Boche di Cattaro (Kämpfe um den Lovcen) und dann zu den Kriegsschauplätzen in Richtung Montenegro und Albanien. Über den Hafen Durazzo allein mußten über 40.000 Mann k.u.k. Truppen ständig versorgt werden.

Strecke (Laibach—) Divača — Herpelje — Canfanaro (Zweigstrecke nach Rovigno) — Pola
Eingleisige Hauptstrecke, 123 km
Gesamtversorgung des Hauptkriegshafens der k.u.k. Kriegsmarine mit seinen umfangreichen Werft- und Arsenalanlagen, sowie der Lebensbedarf für die gesamte Bevölkerung.
Die Durchführung all dieser Transporte stellte die ZTL und FTL oft vor kaum lösbare Probleme, die sich allein schon aus einer Beurteilung der Prioritätenfrage ergaben.
Die Höchstanforderungen an die Leistungsfähigkeit des militärischen Transportwesens erwuchsen aus den Vorbereitungen für die Offensive im Herbst 1917 (12. Isonzoschlacht).

Die Karstbahn seit 1918

Die Geschichte der Strecke Laibach — Triest ist ein Spiegelbild des Wandels der Verkehrsstruktur, der in Europa seit 1918 eintrat. Mit der Grenzziehung durch den Friedensvertrag von St. Germain verblieben in Österreich nur Reststücke des einstigen zusammenhängenden radialen Bahnnetzes, dessen Schwerpunkt im Nord-Süd-Verkehr lag. Nun trat ein Wechsel der Verkehrsströme in Richtung Ost-West ein.
Überdies strebten die Siegermächte — vor allem Frankreich — schon zu Beginn des Jahres 1919 eine eisenbahnmäßige Umfahrung Österreichs und Deutschlands an, um durch eine Isolierung den Personen- und Güterverkehr von diesen beiden Staaten möglichst weitgehend abzulenken. Heute ist die Linie Laibach — Divača — Triest ein Teil der Ost-West-Hauptmagistrale Jugoslawiens, die von der Türkei, Griechenland und Bulgarien nach Westeuropa weiterleitet.
Bis zum Kriegsbeginn 1914 wies die k.k. priv. Südbahngesellschaft mit Recht in der Werbung auf ihr Zugsangebot mit den kürzesten Fahrzeiten hin, die Wien über Marburg — Laibach mit Triest und der Adria verbanden.
Jetzt verkehrt von Wien nur mehr täglich ein Schnellzugspaar über Laibach nach Rijeka. Triest ist mit Wien lediglich durch zwei Kurswagenläufe pro Tag über Villach — Udine — Görz verbunden.

Bahnlinie Triest — Opčina — Görz

Triest Staatsbahnhof — Opčina Staatsbahnhof (348 m) — Dutovlje/Skopo (318 m) — Reifenberg (203 m) — Prvačina (—Görz Staatsbahnhof.)

Betrieb: k.k. Staatsbahn, Direktion Triest
Militärische Transportleitung: FTL 9 Laibach
Streckenlängen: Triest — Görz 67 km, Triest — Prvačina 56 km,
Triest — Reifenberg 49 km, Triest — Opčina 22 km
Friedensfahrzeiten: Triest — Görz 1 h 45 min; Triest — Prvačina 1 h 30 min;
Triest — Opčina 44 min.

Der durchgehende Zugverkehr von Triest über Görz und das Isonzotal nach Aßling wurde sofort nach Kriegsbeginn unterbrochen:
Am 25.5.1915 Beschießung des Bahnhofes Canale im Isonzotal; Zugverkehr nur mehr von Aßling nach Santa Lucia/Tolmein.
Am 28.5.1915 Beschießung von Santa Lucia/Tolmein, Zugverkehr nur mehr von Aßling nach Podmelec. Beschießung der Görzer Bahnhöfe, nur mehr kurzfristiger Verkehr bei Nacht nach Görz möglich.
Hauptentladebahnhöfe der Strecke waren ab sofort: Prvačina, Reifenberg, deren Gleis- und Rampenanlagen erweitert wurden. Fallweise für wichtige Transporte Bahnhof Volčjadraga Entladestation.

Bahnhof Dutovlje, Volltreffer

Der k.u.k. Panzerzug II stand im September 1915 im Tunnel von Kostanjevica in Bereitschaft, knapp vor dem Staatsbahnhof/Görz, der bereits unter heftigem italienischen Artilleriebeschuß lag. Südlich der Ortschaft Zagora im Isonzotal befand sich ein stark befestigter Tunnel (Babinrub-Tunnel genannt), aus dem heraus italienische Truppen der vordersten österreichisch-ungarischen Linie schwere Verluste zufügten. Da die Zufahrt zu dem Tunnel von Görz aus durch ein teilweise vom Gegner gehaltenes und meist voll eingesehenes Gebiet führte, wurde dem Kommandanten des Panzerzuges für den Angriff auf den befestigten Tunnel Handlungsfreiheit nach eigenem Ermessen zugebilligt.

In einer mehrere Nächte währenden Arbeit wurden zuerst zwei Gleise im Staatsbahnhof wieder befahrbar gemacht. Am 11.9. um 20.00 Uhr verließ der Panzerzug den schützenden Tunnel und überquerte ungehindert den Isonzo über den Viadukt von Salcano. Sicherungs- und Arbeitspatrouillen gingen dem Zug voraus. Bei der Behebung von Oberbauschäden kam es dann wiederholt zu Gefechtsberührungen mit dem Gegner. Die starke Dunkelheit dieser Nacht und das laute

Rauschen des Isonzo begünstigten weiter das Unternehmen. Dann entgleiste an einer schadhaften Schienenstelle ein Räderpaar. Mit Wagenhebern gelang das Eingleisen. Wertvolle Zeit ging dadurch verloren. Erst gegen 4.30 Uhr erreichte der Zug den Babinrubtunnel, auf den er aus ca. 100 m Distanz das Feuer eröffnete. Nach acht Granattreffern griff die Infanterie an und drang in das Tunnelinnere ein, aus dem sich der Gegner durch den in Richtung Plava gelegenen Ausgang zurückzog.

Dann zündeten die Angreifer das nicht tragbare Material an und traten mit einigen Gefangenen die Rückfahrt an, die nun bei Tageslicht und unter heftigen Beschießungen erfolgte. Der Bahnhof von Görz, jetzt unter dem Beschuß schwerer Geschütze liegend, konnte noch passiert werden, ehe der Panzerzug wieder den schützenden Tunnel erreichte. Das Unternehmen hatte einen Leichtverwundeten unter der Zugbesatzung gefordert (16. Korps., Op. Nr. 1512/5).

Mit diesem Einsatz endeten die offensiv geführten Unternehmen von Panzerzügen in diesem Gebiet. Die immer größer werdenden Zerstörungen an den Bahnanlagen machten derartige Einsätze unmöglich. Die Panzerzüge standen nun in frontnahen Bahnhöfen, um in kritischen Situationen mit ihrer beweglichen Feuerkraft einzugreifen. Ihre Maschinengewehre dienten zur Abwehr von Fliegerangriffen auf ihre Bahnhöfe.

K.u.k. Panzerzug Nr. 2 in Nabresina

Im Jahr 1916 nahmen die italienischen Fliegerangriffe auch auf dieser Strecke zu.
Der letzte Frontbahnhof der Linie, Volčjadraga, erhielt 2 km zusätzliche Abstellgleise.
Bauausführende: 35. EisbKp, Bauzeit: Jänner bis April 1916.

Die völlige Auslastung des Bahnhofes Opčina verlangte ebenfalls den Bau einer Umfahrungslinie zwischen den Bahnhöfen Repentabor und Sesana. Mit der Fertigstellung dieser 1,8 km langen Strecke durch die 31. und halbe 25. EisbKp, in der Zeit vom 1. März bis 1. Juni 1916, konnte eine fühlbare Entlastung des Bahnhofes Opčina erzielt werden.

In den Bahnhöfen Reifenberg und Prosecco wurden 1,5 km Abstellgleise verlegt.
Bauausführende: 36. EisbKp, AA 33a, 132b.

Im Bahnhof Sesana erweiterte man die Abstellgleise um 1,6 km.
Bauausführende: 31. EisbKp, Bauzeit: 1. Juni − 1. August 1916.

Im Zuge der 6. Isonzoschlacht (4.8. bis 16.8.1916) mußten die k.u.k. Truppen am 8.8. den Görzer Brückenkopf räumen und sich von dort auf das linksseitige Ufer des Isonzo absetzen. Als weitere Folge dieser für die österreichisch-ungarischen Verbände ungünstigen Lage wurde noch am selben Tag durch das Kommando der ISA die Räumung der Hochfläche von Doberdo befohlen. Damit rückten weitere Streckenteile unmittelbar in die frontnahe Gefahrenzone. So mußten im Bahnhof Volčjadraga die erst Ende April fertiggestellten Gleisanlagen durch ein Detachement der 12. EisbKp teilweise abgetragen oder gesprengt werden.

Auch der Abzweigebahnhof Prvačina gelangte nun in den Ertragsbereich der schweren italienischen Artillerie, sodaß seine bisherige Verwendung als Entladestation weitgehend ausfiel. Es konnten nur mehr dringendste Bedarfsfahrten bei Nacht und auf besondere Anordnung durchgeführt werden. Durch rasche Baumaßnahmen mußte nun die Strecke nach Haidenschaft als Ersatz für Prvačina herangezogen werden. (Näheres siehe unter dieser Linie.)

Stationsgebäude Volcjadraga, Herbst 1917

Österreichisch-ungarische Tunnel-Stellung an der Linie Monfalcone–Triest, nahe San Giovanni
Quelle: Musei provinciali Gorizia

Bahnhof St. Daniel, rechts Benzingleis, 23.8.1917

Verbindungen, die dem zwischenstaatlichen Verkehr dienten, wurden zur Front. Vordere italienische Stellung an der Bahnlinie Görz–Monfalcone; hinter der Steinbrücke befand sich der von allen Soldaten gefürchtete Schützengraben „Trincea dei sassi rossi" *Quelle: Musei provinciali Gorizia*

Wie stark Störungen oder Betriebsbehinderungen den planmäßigen Verkehr negativ beeinflussen können, zeigt das Beispiel der durch die ISA rechtzeitig aus Tirol angeforderten Verstärkungen. Die Truppentransporte mit Verladung in Trient hätten über Franzensfeste und das Pustertal nach Villach und weiter zur Isonzofront verkehren sollen. Starke Beschießung des Raumes Toblach (siehe unter „Pustertalbahn") erforderte jedoch eine Umdirigierung der Züge über Brenner – Innsbruck – Schwarzach/St. Veit und die Tauernbahn nach Villach. Dafür benötigte man nun die doppelte Fahrzeit. Die Verstärkungen erreichten dadurch ihre Fahrziele erst, als die 6. Isonzoschlacht voll entbrannt und ein Teil der im Karst vorgesehenen Ausladebahnhöfe nicht mehr benützbar war. Neue Entladepunkte mußten festgelegt werden, die bereits schon durch andere Züge überbelegt waren. Die Folge davon waren weitere Verzögerungen der Transporte. Im Frieden hätte eine solche Transportverspätung höchstens Schadensersatzansprüche zur Folge gehabt. Unter den kriegsmäßigen Bedingungen bedeutete dies für die Truppe nun doppelt so lange Anmarschwege und wahrscheinlich auch sonst vermeidbare Verluste.

Bis zum Beginn der Herbstoffensive 1917 waren dann keine größeren Bauvorhaben mehr an der Strecke zu verzeichnen, außer Behebung von Kriegsschäden oder nach Betriebsunfällen.

Bahnlinie Triest – Nabresina – Monfalcone (IV)

Triest Südbahnhof – Nabresina – Duino/Sistiana (–Monfalcone)

Betrieb: k.k. priv. Südbahngesellschaft, Direktion Triest
Militärische Transportleitung: FTL 9 Laibach
Streckenlänge: Triest – Nabresina 17 km, Triest – Monfalcone 33 km,
Nabresina – Duino/Sistiana 9 km
Letzte Friedensfahrzeiten: Triest – Nabresina 40 min, Nabresina – Duino/Sistiana 27 min.

Bahnhof Nabresina, 1902 *Quelle: Archiv Querci della Rovere*

Bahnhof Nabresina, Sommer 1917 *Quelle: Musei provinciali Gorizia*

Diese direkt durch die Felsen der Küste technisch interessant angelegte Strecke besaß besondere militärische Bedeutung, da ein wesentlicher Teil der Versorgung des linken Abschnittes der Karstfront über sie erfolgte. Gleich bei Kriegsbeginn wurden die Streckenteile ab den Grenzbahnhöfen Cervignano und Cormons durch die Ereignisse unbenützbar. Im Zuge der Isonzoschlachten verlief schließlich die vorderste österreichisch-ungarische Linie von der Hermada hinab zur Küste, nahe der Station Duino/Sistiana.

Entladebahnhof: Nabresina
Bedarfsfahrten für besonders dringende Transporte nur nachts mit gelöschten Lichtern bis Duino/Sistiana; einzelne Waggons wurden mit Menschenkraft befördert.

Am 13.8.1915 erhielt der k.u.k. Panzerzug II, der im Bahnhof Prvačina in Bereitschaft stand, den Befehl (57. Infanterietruppendivision, Op. Nr. 622/17), durch einen Entlastungsangriff die eigene Infanterie zu unterstützen. Nachts mit gelöschten Lichtern und kleinstem Kesselfeuer rollte die Garnitur in den Raum Kote 121 und 77, die Küstenstrecke entlang. Nachdem einige Schäden am Oberbau behoben waren, entschloß sich der Kommandant zur Weiterfahrt in Richtung Monfalcone. In rascher Fahrt durchbrach der Panzerzug die italienische Vorpostenkette und erreichte die Einfahrtsweichen des Bahnhofs Monfalcone, in dem gerade rege Ladetätigkeit herrschte. Nach einem Feuerüberfall aus allen Rohren auf Ziele zwischen den Hängen von La Rocca und den Adria Werken trat der Zug in heftigem Abwehrfeuer die Rückfahrt an.
Die starke Steigung nach Nabresina erforderte volle Leistung von der Lokomotive, die durch den Funkenflug und die Dampfentwicklung den jeweiligen Standort dem Gegner anzeige. Verfolgt von zahlreichen Granateinschlägen in unmittelbarer Nähe, erreichte der Zug, nur geringfügig durch Splitter beschädigt, wieder seinen Heimatbahnhof.
Die Erfahrungswerte aus diesem Unternehmen wurden vom Gegner rasch berücksichtigt. Nachhaltige Streckenunterbrechungen beendeten derartige Panzerzug-Einsätze.

Geschützwagen des Panzerzuges Nr. 2 in Nabresina, Sommer 1915; davor Oberleutnant Scheichelbauer, Kommandant des Zuges

K.u.k. Panzerzug Nr. 2, Inneres des Geschützwagens mit einer Skoda-Schnellfeuerkanone, 47 mm L33 S.F.K.

Zahlreiche Treffer in den Streckenabschnitt um den Sablici-Viadukt machten den wiederholten Einsatz von Eisenbahnkompanien notwendig, um die Strecke in einem befahrbaren Zustand zu halten.

Mit Unterbrechungen kamen für die Wiederinstandsetzungsarbeiten die 12. EisbKp (17. März bis 13. August 1916) und die 36. EisbKp (17. Jänner bis 19. Juni 1916) zum Einsatz.

Sablici-Viadukt: 6 Öffnungen, Entfernung der Pfeiler von Mittelpunkt zu Mittelpunkt 17,5 m. Lichtweite der Öffnungen nicht mehr feststellbar.

Ein Mörservolltreffer durchschlug einen Viaduktbogen. Das Gleis 1 wurde dadurch unbenützbar und beim Gleis 2 das Schotterbett schwer beschädigt. Der Gleisschotter rieselte dann durch die Einschlagstelle hindurch, damit wurde auch das Gleis 2 unbefahrbar.

Die Instandsetzungsarbeiten mußten wegen unmittelbarer Frontnähe in dunklen Nächten durchgeführt werden. Soldaten der 12. EisbKp schafften auf Loren im Handzug Mörtelzement zur Schadensstelle. Durch Eingießen der Mörtelmischung gelang es, das Schotterbett wieder zu festigen. In einer mehrere Nächte dauernden Arbeit konnte das Gleis 2 für nächtliche Nachschubfahrten wieder fahrbereit gemacht werden.

Bauzeit: 22. bis 26. Mai 1916.

Die Strecke wurde am 4.9.1916 Schauplatz eines besonders tragischen Ereignisses. Nach heftigen italienischen Angriffen traten k.u.k. Truppen zu einem Gegenstoß gegen den zweiten, südlich von San Giovanni gelegenen Tunnel an, der, von den Italienern stark ausgebaut, als beschußsichere Deckung diente. Noch bevor die Angriffsspitzen den Tunnel erreicht hatten, erfolgte in diesem eine schwere Explosion, dem ein zwei Tage währender Brand folgte. Nur wenigen italienischen Soldaten gelang es, die in diesem Fall rettende Gefangenschaft zu erreichen. Nach dem Erlöschen des Brandes wurde eine große Anzahl Gefallener im Tunnelinneren registriert. (Die Berichte sprechen voneinander abweichend von 120 bis 210 Toten.)

Bis zur Herbstoffensive 1917 beschränkte sich dann die Bautätigkeit auf Behebung von Kriegsschäden.

Auch auf italienischer Seite stehen die Bahnen voll im Einsatz. Verschubarbeiten der FS-Lok Nr. 85.38 im Bahnhof von Sagrado, Sommer 1916   *Quelle: Musei provinciali Gorizia*

Italienische Pioniere beim Verlegen eines zweiten Gleises bei Redipuglia
Quelle: Musei provinciali Gorizia

Linie Prvačina – Haidenschaft (IVa)

(Görz–) Prvačina – Dornberg 2 km – Batuje 6 km – Haidenschaft 16 km

Betrieb: Wippachtalbahn, im Staatsbetrieb, Direktion Triest
Militärische Transportleitung: FTL 9 Laibach
Letzte Friedensfahrzeit: Prvačina – Haidenschaft 53 min

Der friedensmäßige Zugverkehr erfolgte mit durchgehenden Personenzügen ab Görz Staatsbahnhof. Aus Richtung Triest bestand für fast alle Züge Anschluß in Prvačina.
Die Durchführung der kriegsmäßigen Transporte erforderte die Umstellung in die umgekehrte Verkehrsrichtung aus Triest, über Opčina nach Prvačina, da in Richtung Görz die Bahn unterbrochen war.
Damit wurde in dem wichtigen frontnahen Ausladebahnhof Prvačina das Stürzen (Umsetzen der Lok an das andere Zugende) der nach Haidenschaft verkehrenden Garnituren erforderlich. Ein Vorgang, der für den ständig mit Zügen überfüllten Bahnhof ein zusätzliches Erschwernis für die Betriebsabwicklung mit sich brachte.
Nach dem Verlust des Görzer Brückenkopfes am 8.8.1916 gelangte Prvačina in den Ertragsbereich der schweren italienischen Batterien. Damit trat gleichzeitig die akute Gefahr einer Streckenunterbrechung nach Haidenschaft ein.

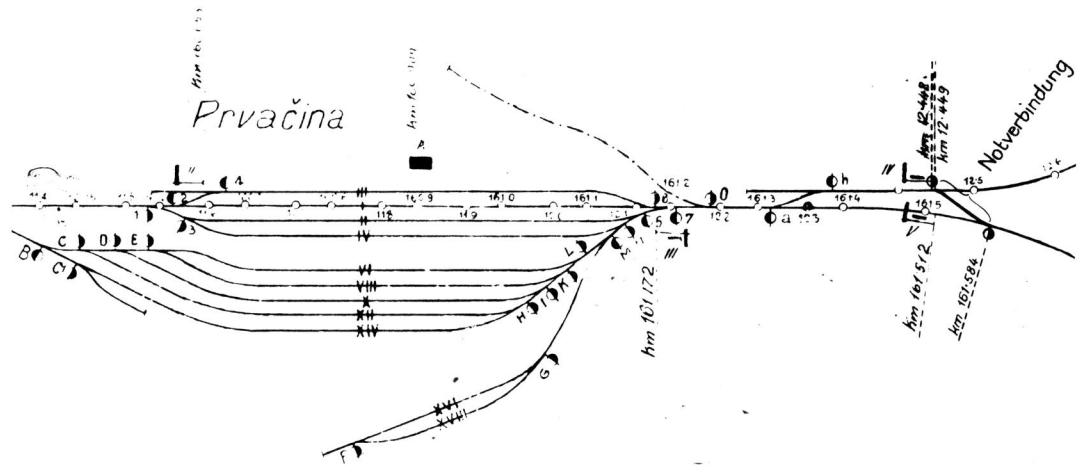

Station Prvačina; Sommer 1916: Gleis links Fahrtrichtung nach Görz; oberes Gleis rechts nach Haidenschaft, unteres Gleis rechts nach Reifenberg–Triest
Quelle: Österr. Staatsarchiv, (StA)

Belastungsprobe der neuen Umfahrungsschleife, k.k. StB Lok R 80

Verbindungsbahn Reifenberg – Batuje (IVc)

Um eine Abtrennung der Linie IVa vom übrigen Streckennetz zu vermeiden, befahl die Heeresleitung den unverzüglichen Bau einer Verbindungsbahn zwischen Reifenberg und Batuje. Die neue Strecke übersetzte die Wippach mit drei Brücken:

Wippachbrücke I: Walzträgerbrücke I/50 cm, 7 Öffnungen mit 9,5 m Stützweite
Bauausführende: 12. EisbKp, Bauzeit: 10.9. bis 24.9.1916

Wippachbrücke II: Walzträgerbrücke I/50 cm, 9 Öffnungen mit 9,5 m Stützweite
Bauausführende: 36. EisbKp, Bauzeit: 10.9. bis 12.10.1916

Wippachbrücke III: Walzträgerbrücke I/50 cm, 8 Öffnungen mit 9,5 m Stützweite
Bauausführende: 36. EisbKp, Bauzeit: 10.9. bis 12.10.1916
Gesamtstreckenlänge: 2,7 km mit größerer Erdbewegung und Gesteinssprengungen.
Bauausführende: 12., 36. EisbKp und KgfEAA 3, 5, 7 und 68.
Gesamtbauzeit: 1. September bis 1. November 1916.

Der Bahnhof von Batuje war bisher schon als bedeutende Ausladestation in Betrieb. Die Einbindung der neuen Verbindungsschleife von Reifenberg her brachte eine zusätzliche Belastung, die eine Erweiterung der Abstellgleise um 1,5 km notwendig machte.
Bauausführende: 35. EisbKp, AA 33a, 132b, Bauzeit: 20.8. bis 1.10.1916.
Bis zur Herbstoffensive 1917 erfolgten keine größeren Bauvorhaben.

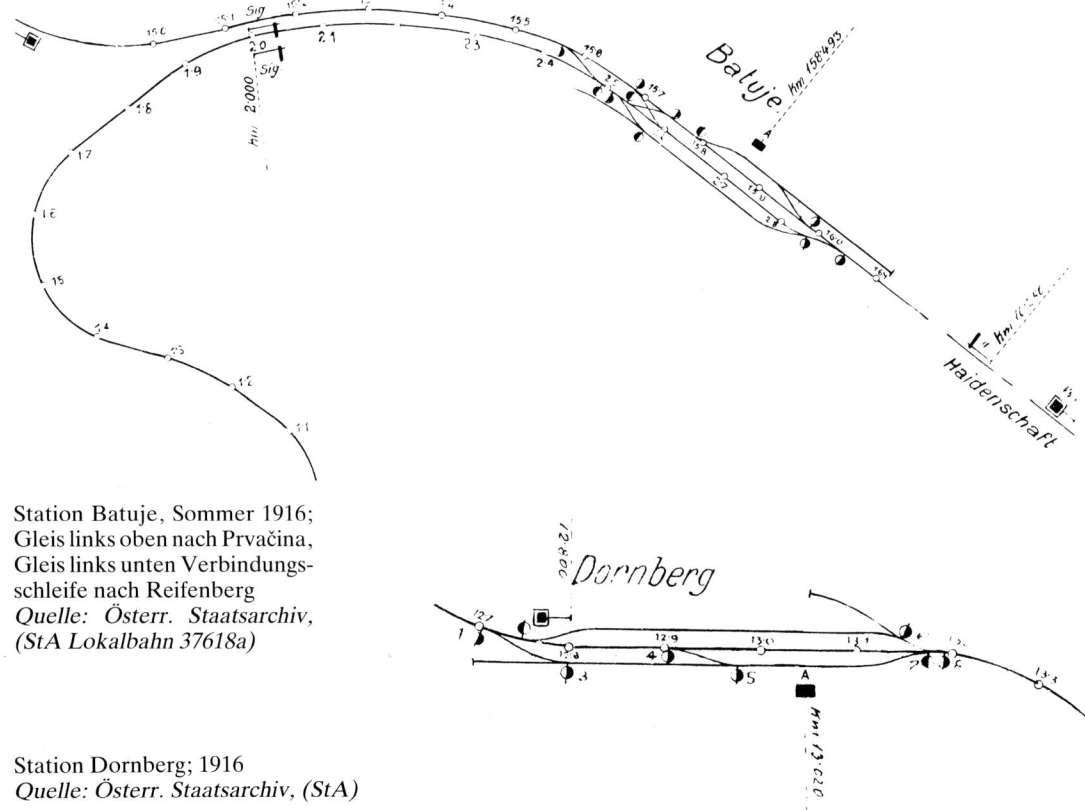

Station Batuje, Sommer 1916;
Gleis links oben nach Prvačina,
Gleis links unten Verbindungsschleife nach Reifenberg
Quelle: Österr. Staatsarchiv, (StA Lokalbahn 37618a)

Station Dornberg; 1916
Quelle: Österr. Staatsarchiv, (StA)

Vor kurzem fuhr hier ein k.u.k. Munitionszug in Richtung Wippachtal, ein Granatvolltreffer beendete die Fahrt, September 1917

Ein italienischer Munitionszug ist auf der Strecke explodiert. Der letzte noch fahrfähige Wagen wurde soeben auf einem Nebengleis im Bahnhof S. Giorgio di Nogaro abgestellt, August 1917
Quelle: Musei provinciali Gorizia

Die Feld- und Rollbahnen im Bereich der ISA

Die weite Entfernung der Bahn Aßling − Krainburg − Laibach − St. Peter − Opčina, vor allem von der Mitte des Abschnittes, erforderte den raschen Ausbau leistungsfähiger Nachschubverbindungen bis in Frontnähe. Die vorhandenen landesüblichen Straßen konnten trotz weiterer Verbesserung den starken Nachschubverkehr nicht bewältigen. So fiel die Entscheidung zugunsten eines raschen Baues von Feld- und Rollbahnen.

Normalspurige Benzin-Elektrobahn Dutovlje/Skopo − Kostanjevica (Linie 5)
Die Planung sah eine Streckenführung vom Bahnhof Dutovlje/Skopo der Strecke Görz − Triest auf das Plateau von Comen südöstlich von Görz vor. Die Spurfestlegung erfolgte durch das Aufnahmedetachement Comen vom 1. bis 28. August 1915.
Im Zuge der Verbindungsschleife zwischen der Eisenbahnstation Dutovlje/Skopo und dem Anfangs(Betriebs)bahnhof der Benzin-Elektrobahn mußte eine im Bogen gelegene Eisenbahnbrücke erbaut werden. Der steinige Untergrund der Karstlandschaft erforderte die Errichtung von gemauerten Pfeilern. In Bruchstein oder Beton wurden 2 End- und 7 Mittelpfeiler mit Höhen von 2 bis 3,5 m errichtet. Durch die Erzeugung und den Transport der Bruchsteine zur Baustelle verzögerte sich jedoch der Bau der Brücke. Ihre Gesamtlänge betrug 85 m, das Tragwerk bestand aus je 4 Walzträgern I/50 cm, mit einer Stützweite von 10 m.
Bauausführende: 35. EisbKp mit mehreren KgfEAA.
Bauzeit: 15. August bis 3. September 1915.

Um eine möglichst große Betriebssicherheit zu erzielen, wurden die größeren Bahndämme in Bruchsteinen ausgeführt. Obwohl die Bauzeit dadurch eine Verlängerung erfuhr, entschied sich die Bauleitung für diese Bauweise, weil das Material am leichtesten in der näheren Umgebung gewonnen werden konnte.
An Stationsanlagen kamen zur Ausführung: Der Umladebahnhof Dutovlje/Skopo, der Betriebsbahnhof der Benzin-Elektrobahn im km 1 sowie vier Zwischenstationen und als Kehrschleife der Endbahnhof in Kostanjevica.
Im Zuge des Baues mußten 31.000 m³ Erde bewegt werden; an Schotter wurden 12.300 m³ benötigt. Entlang der Strecke entstanden weitläufige Magazine und Barackenlager, deren Gesamtfläche 8135,4 m² bedeckte. Sie waren mit den erforderlichen Gleisanschlüssen versehen.
Auf besondere Schwierigkeiten stieß die Bereitstellung des notwendigen Kühlwassers für die Generatorwagen in der wasserarmen Karstgegend. Brunnenbohrungen in Verbindung mit Pumpstationen und Wasserbehältern ermöglichten dann eine klaglose Abwicklung des Betriebsdienstes.

Richtungsverhältnisse der Strecke: in der Geraden 61,6%, im Bogen unter 100 m Halbmesser 22,6% im Bogen über 100 m Halbmesser 15,8% der Gesamtlänge. Steigungen: Bis über 50‰.
Gesamtlänge einschließlich Bahnhofsgleise: 21,888 km.
Bauausführende: 35. EisbKp, KgfEAA 43, 44, 45, 46, KgfAA 435.

Bauzeit: 15.8 bis 4.10.1915
Betriebsaufnahme: Dutovlje/Skopo − Comen (km 10,90) am 4.9.1915; Comen − Kostanjevica am 4.10.1915.
Der Betrieb dieser für den Nachschub ungemein wichtigen Linie hatte unter der starken italienischen Artilleriewirkung zu leiden.
Ab dem Sommer 1916 verlief die vorderste österreichisch-ungarische Hauptkampflinie knapp westlich vor Kostanjevica, bedingt durch den Verlust des Görzer Brückenkopfes und die Räumung der Hochfläche von Doberdo. Im italienischen Trommelfeuer versank Kostanjevica in Schutt und Asche, die Bahnanlagen wurden restlos vernichtet. Ab diesem Zeitpunkt erfolgte der Bahnverkehr ab Dutovlje/Skopo nur mehr bis zur Kehrschleife in Comen. Besonders dringende Transporte wurden, wenn es die Frontlage und das Artilleriefeuer zuließen, bis nach Temnica geführt.

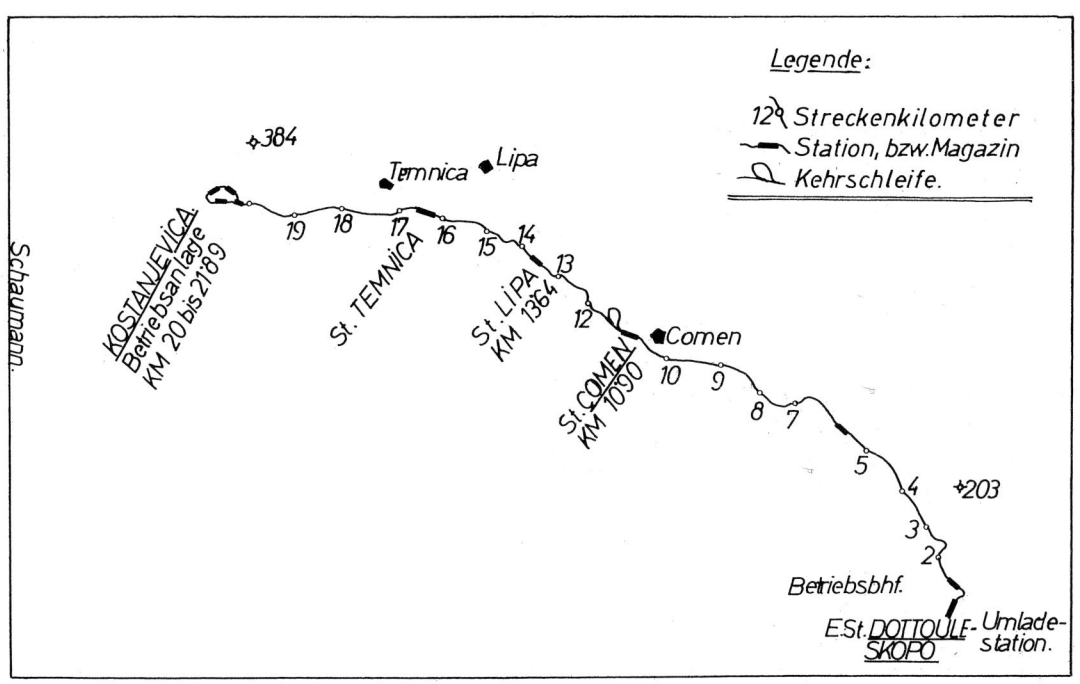

Benzinelektrobahn Dutovlje — Kostanjevica

Ausfahrtsgleis der Benzinelektrobahn aus dem Bahnhof Dutovlje

Der Eröffnungszug auf der Fahrt nach Kostanjevica

Bauzug bei Comen; der serienmäßige Schlußwagen ist vor das Triebfahrzeug gereiht; die übrigen Wagen weisen Halterungen für Schienentransport auf; kurz hinter dem Zug enden die bereits verlegten Gleise

Strecke knapp vor Kostanjevica, 26.8.1917

Als nach dem Vormarsch der k.u.k. Armee und ihrer Verbündeten nach der Oktober-Offensive 1917 die Front bis an den Piave verlegt wurde, bestand kein Bedarf an der Weiterführung der Strecke. Sie wurde abgebaut und kam anderweitig zu neuem Einsatz.

Pferdefeldbahn St. Peter — Dorn — Kote 790
Rollbahn 60 cm. Länge: 19 km
Bauausführende: 36. EisbKp, KgfEAA 47, Bauzeit: 3. April bis 22. Mai 1916
Über Betriebsdienst und Dauer des Betriebes sind keine Unterlagen vorhanden.

Normalspurige Benzin-Elektrobahn Haidenschaft — Adelsberg
Die Spurfestlegung und kurz dauernde Erdarbeiten erfolgten durch das Aufnahmedetachement vom 27. Juni bis 11. Juli 1915. Die eigentliche Bauausführung unterblieb aus heute nicht mehr feststellbaren Ursachen.

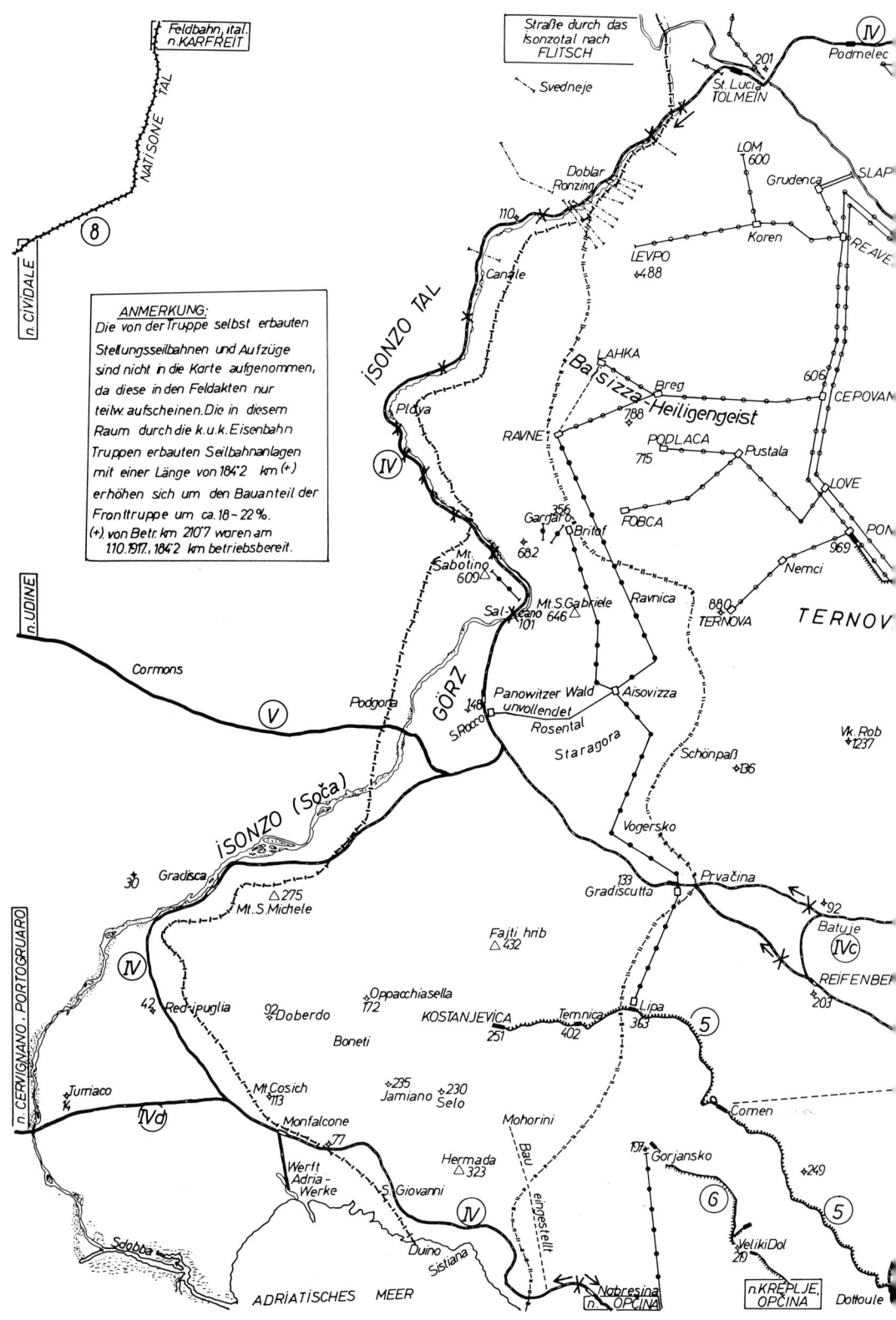

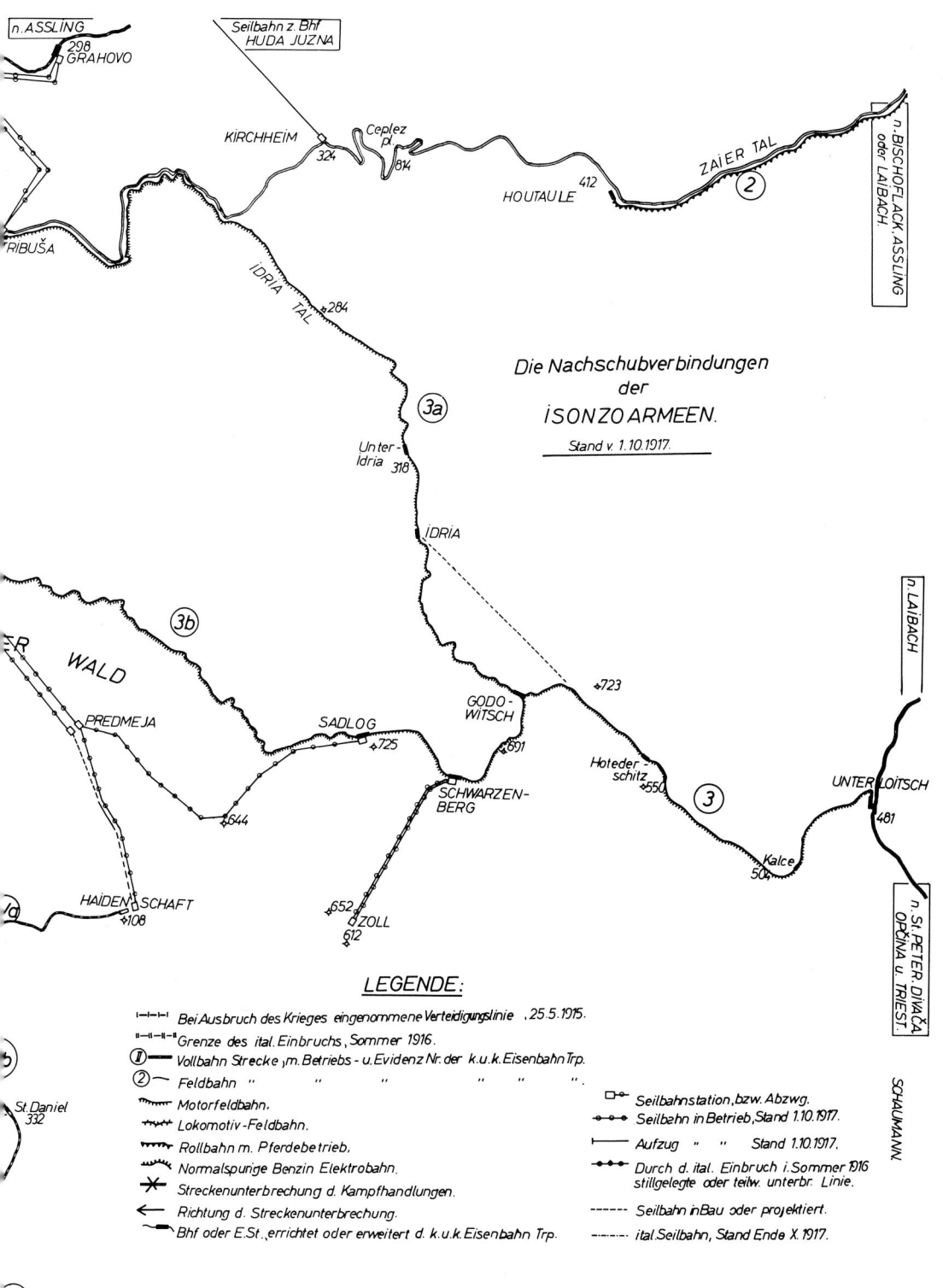

Nachschubverbindungen der Isonzoarmee (ISA) von Tolmein bis einschließlich Karst, vor Herbstoffensive 1917

Normalspurige Benzin-Elektrobahn Unterloitsch – Idria (Linie 3, 3a)
Das Aufnahmedetachement Idria führte die Spurfestlegung in der Zeit vom 5. Juli bis 1. August 1915 durch. Nach Vollendung der Vermessungsarbeiten unterblieb jeder weitere Bau in Normalspur aus unbekannten Gründen. Die Bahn kam jedoch 1916 als Feldbahn zur Ausführung.

Motorfeldbahn Haidenschaft – Batuje – Cernizza – Schönpaß – Kote 56 (westl. Schönpaß)
Trassierung und Bau wurden durch die 36. EisbKp und die KgfEAA 7 am 30. Juli 1917 begonnen. Die Strecke sollte zur Entlastung der wichtigen über Schönpaß führenden Straße dienen. Durch die vollkommen geänderte Lage nach der Oktober-Offensive 1917 erfolgte die Baueinstellung am 27. Oktober 1917.

Feldbahn Bischoflack – Hotaule (Linie 2)
Der Bau dieser Strecke diente zur Entlastung der wichtigen Nachschubstraße im Zaiertal (Poljanska Dolina), die dem Verkehrsaufkommen nicht mehr entsprechen konnte.
Angesichts der Wichtigkeit der Straßenentlastung erfolgte eine starke Konzentration von Arbeitskräften. Eingesetzt waren die 3. Feldbahnkompanie, die KgfEAA 18 und 36 sowie 5 Marschbaone. Infolge des günstigen Streckenverlaufes konnten größere Kunstbauten vermieden werden, lediglich mehrere Feldbahnbrücken untergeordneter Bedeutung kamen zur Ausführung. Die Strecke wurde in einer Bauzeit vom 20. bis 29. September 1917 fertiggestellt. Nacharbeiten erfolgten jedoch noch über einen längeren Zeitraum hinaus bis zur vollen Betriebsfähigkeit der Feldbahn.

Die schwer mit Holz beladenen Feldbahnwagen fahren bedingt durch das Gefälle aus eigener Kraft, jeder Wagen ist deshalb mit Bremsern besetzt

Waldbahn Tschermembel im Uskokengebirge
Den Bau führte die 32. EisbKp, der außerdem 3 KgfAA beigegeben waren, vom 22. Oktober 1917 bis 5. August 1918 durch. Nähere Angaben über diese Bahn fehlen in den Feldakten, außer daß der Betrieb mit Dampftraktion bis zum Kriegsende durchgeführt wurde:

> *ZTL. 134.891/18 vom 11.10.1918. Vier RB-Loks von Silg der Waldbahn Tschermembel werden mit Spezial-Rauchfängen versehen – sogenannte „Huber'sche Rauchfänge". Verminderung des Funkenfluges durch eingebaute radiale Leitschaufeln.*

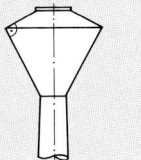

Pferdefeldbahn Unterloitsch – Godowitsch – Sadlog (Linie 3)
Sadlog – Poncala (Linie 3b)
Die Bahn führte durch waldreiche Landschaft ohne nennenswerte Geländeschwierigkeiten meist entlang von Wald- und Feldwegen.
Streckenführung: Unterloitsch – Kalce – Hotederschitz – Godowitsch – Schwarzenberg – Sadlog – Poncala. Streckenlänge: 53 km.
Bauausführende: Pferdefeldbahn 3 mit ihren Sektionen II und III, KgfAA 524, 123b, 1147 und ein Detachement der 17. EisbKp, Bauzeit: 15. August bis 29. November 1916.
Betriebsaufnahme: Bis Sadlog am 9. September 1916, bis Poncala am 29. November 1916.
Seilbahnanschlüsse: Schwarzenberg – Zoll. Sadlog – Predmeja. In Poncala an die Linie Haidenschaft – Grahovo.

Zweiglinie Godowitsch – Idria (Linie 3b)
Vom Bahnhof Godowitsch der Linie Unterloitsch – Sadlog abzweigend, führte die Strecke durch geologisch schwierigstes Felsgelände, das die Anlage von zahlreichen Kunstbauten erforderlich machte. Umfangreiche Damm- und Einschnittarbeiten mußten durchgeführt werden.
Streckenlänge: 12 km
Bauausführende: 17. EisbKp, KgfAA 201, Bauzeit: 1. bis 30. September 1916.
Besonders hervorzuheben ist bei der Linie Godowitsch – Idria, daß diese die einzige Feldbahn war, deren Linienführung einen Tunnelbau erforderte. Das Bauvorhaben wurde durch die Eisenbahnkompanie ohne Mithilfe von Bergarbeitern oder anderen Fachleuten ausgeführt.

Bau einer Umkehrschleife nahe beim Idria-Ursprung, 7.10.1917

Bau einer Feldbahnbrücke bei der Ortschaft Idria

Umstellung der Pferdefeldbahn Unterloitsch — Idria auf eine Motorfeldbahn
Die wachsenden Anforderungen an den Nachschub zwangen auch bei allen Feldbahnen zu immer größeren Leistungssteigerungen. Die ständig fühlbarer werdende Pferdeknappheit erforderte die Umstellung der Pferdefeldbahnen auf eine andere Traktionsart. Deshalb wurden den Feldbahnen der beiden Isonzoarmeen anstelle der Pferde Generatorzüge, vereinzelt auch Benzollokomotiven, zugewiesen.
Vor dem Traktionswechsel waren jedoch umfangreiche Änderungen an den Bahnanlagen durchzuführen, um diese für den höheren Achsdruck der Lokomotiven befahrbar zu machen. Neben Brückenverstärkungen erfolgten in großen Streckenabschnitten auch Neutrassierungen und Kurvenbegradigungen, um die höheren Geschwindigkeiten der Generatorzüge im Sinne einer allgemeinen Leistungssteigerung nützen zu können.

Verlängerung Idria — Tribusa (Linie 3a)
Gleichzeitig mit der Umstellung auf Motorbetrieb erfolgte die Streckenverlängerung durch geologisch schwierigstes Fels- und Rutschterrain nach Norden. Immer wieder eintretende Damm- und Erdrutsche bereiteten auch später dem Betriebsdienst erhebliche Schwierigkeiten.
Von Idria ausgehend folgte der Streckenverlauf dem Tale der Idria über Straza nach Tribusa. In Tribusa hatte die Motorfeldbahn Anschluß an die Nord-Süd-(Erzherzog-Eugen-)Feldseilbahn: Grahovo — Tribusa — Poncala — Haidenschaft.
Genaue Unterlagen über die Streckenlänge Idria — Tribusa fehlen. Sie betrug annähernd 27 km.
Bauausführende: 36., 32., 29. und 10. EisbKp, 4. FeldbKp; KgfEAA 7, 8, 82, 83, KgfAA 966.
Bauzeit: 11. September bis 18. Oktober 1917.

Pioniermäßige Trassenführung im Felsgelände

Ausbau der Feldbahn Unterloitsch — Schwarzenberg auf Normalspur (Linie 3)

Schwankende Entschlüsse von Seiten der verantwortlichen Führung kennzeichnen dieses Bauvorhaben. Die zur Spurfestlegung befohlenen Kräfte wurden häufig abberufen, um kurz darauf neuerlich für diese Arbeit eingesetzt zu werden. Vom 5. Jänner bis 13. November 1916 führten ein Detachement der 35. EisbKp. und das Trassierungsdetachement 3 die Vermessungen durch. Nach Beendigung dieser Arbeiten wurde der Bau eingestellt und erst im März 1917 bis Schwarzenberg wieder aufgenommen.

Die Errichtung eines Übergangsbahnhofes in Unterloitsch sowie die Verbreiterung und teilweise Neutrassierung der vorhandenen Feldbahntrasse führten durch: die 7., 5. und 29. EisbKp, KgfEAA 5, 29, 73, 80, und die KgfAA 965. Baubeginn: 9. April 1917.

Nach Beendigung der Oktober-Offensive erfolgte der Ausbau der Strecke in Dauerausführung. Nach Abzug der Eisenbahnkompanien im Spätherbst 1917 wurde das Bauunternehmen Redlich und Berger bis zum Kriegsende für dieses Vorhaben eingesetzt. Hauptsächlich vollendete diese Firma die Tunnelausmauerungen und den Portalbau, außerdem führte sie Vervollständigungsarbeiten am Unterbau durch. Über die genaue Tätigkeit der Firma Redlich und Berger bis zum Zusammenbruch im Oktober 1918 fehlen detaillierte Unterlagen.

Kraftwagenbahn Krepelje — Britof

Diese Strecke steht in enger Verbindung mit dem Bauvorhaben der Munitionsentladestelle beim Wächterhaus 111 (der Linie 7). Die Bahn hatte ihren Ausgangspunkt bei Dutovlje/Skopo. Sie führte als Verbindungsbahn über Krepelje bis zum Bahnhof Britof vor Divača an der Strecke Opčina-Divača. Besondere geländemäßige Schwierigkeiten waren bei der Trassierung der Strecke nicht zu überwinden. Umfangreiche Arbeiten erforderte hingegen die Herstellung der Umladeeinrichtungen, Magazine und Gleisanlagen für die Munitionsentladestelle des 1., 2. und 23. Korps. Streckenlänge: 12,5 km.
Bauausführende: 10., 12., 13. und 36. EisbKp sowie KgfAA 7.
Bauzeit: 6. November 1916 bis 4. August 1917.

Benzinelektrozug im Bahnhof Britof, gut erkennbar die den ganzen Zug entlangführende Kabelleitung zur Stromübertragung

Streckenbau bei Britof, Schottermühle im Einsatz, der Schienenkraftwagen wartet eine neue Zuladung ab

Kraftwagenbahn Dutovlje-Britof; Überführung über die Staatsbahnlinie

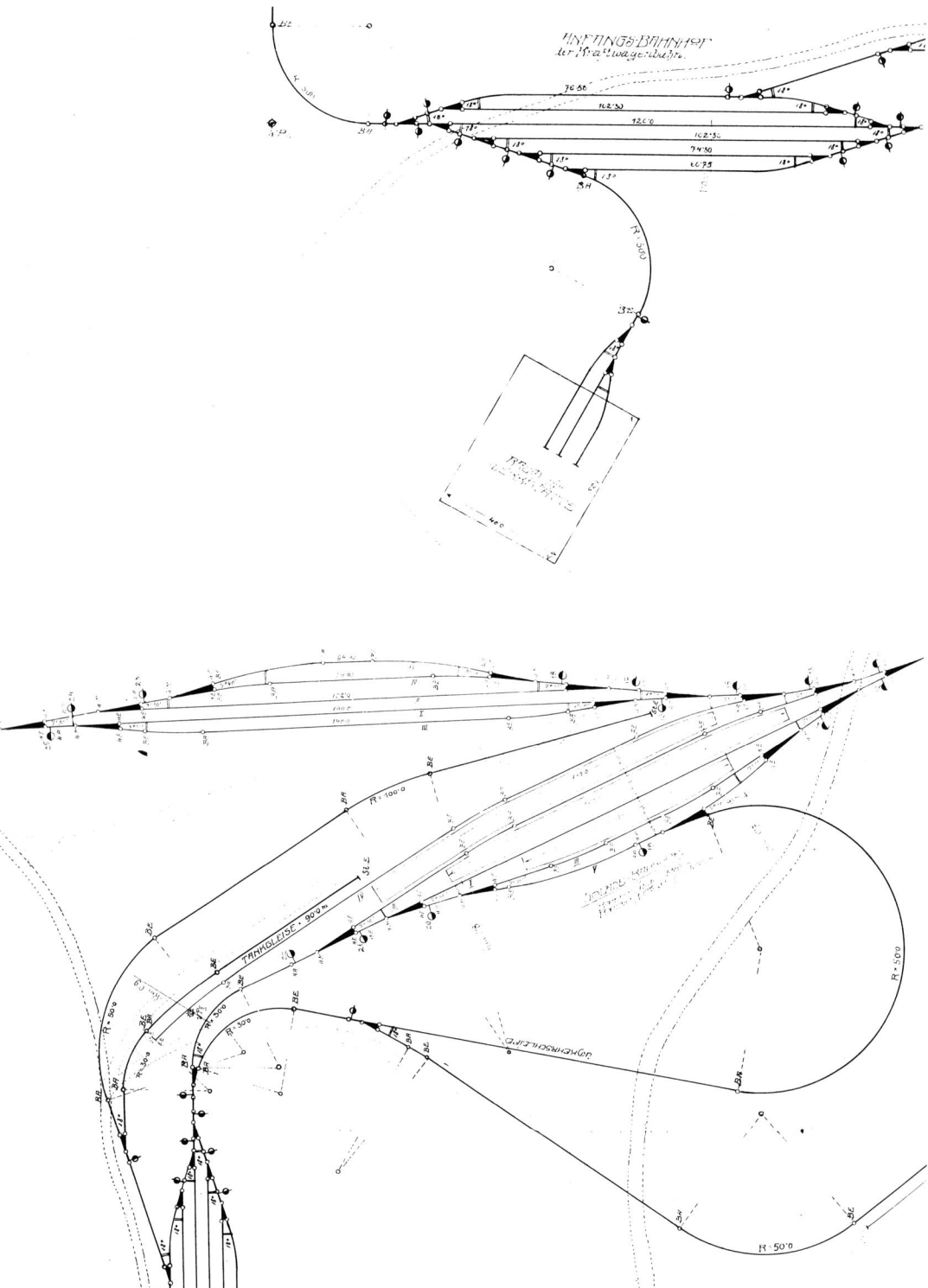

Umladebahnhof der Kraftwagenbahn in Britof
Quelle: Österr. Staatsarchiv, (StA 40/40a)

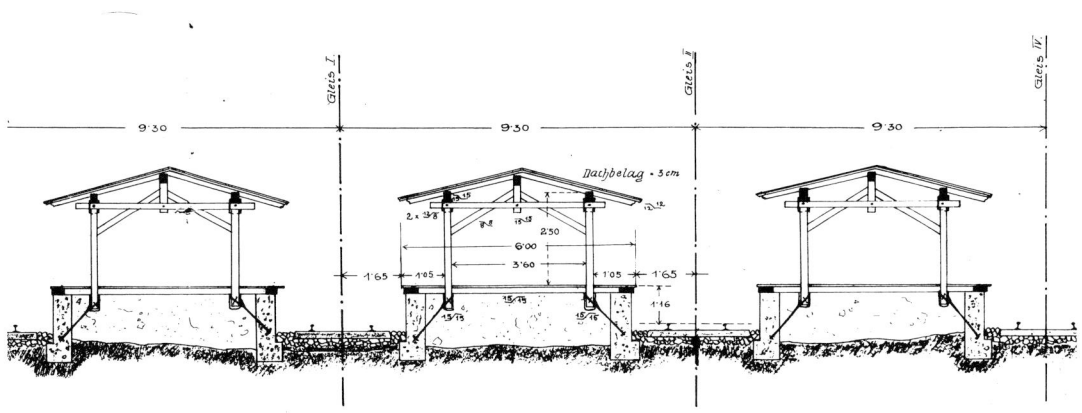

Wegen der minimalen Geschwindigkeit bei Rückwärtsfahrt führten die Schienenkraftwagen stets eine eigene Drehscheibe mit. Um dieses zeitraubende Wenden zu vermeiden, legte man bei Dauerprovisorien Umkehrschleifen an

Britof, Magazine der Kraftwagenbahn nach Krepelje, Oktober 1916
Quelle: Österr. Staatsarchiv, (StA 40/40a)

Motorfeldbahn Krepelje — Gorjansko (Linie 6)

Die auch für den Bau der Kraftwagenbahn Krepelje — Britof ausschlaggebende Munitionsentladestelle beim Wächterhaus 111 führte als zentrale Verladestelle für Munition zur Planung dieser Motorfeldbahn. Es hatte sich erwiesen, daß der gewaltige Munitionsbedarf der Front von der Entladestelle kaum mehr mit dem Train (Pferdefuhrwerke und Autokolonnen) zur Front gebracht werden konnte.

Die Munitionsentladestelle wurde bereits in der Zeit vom 1. November bis 31. Dezember 1916 durch die 12. und 36. EisbKp im Zuge der Gesamtplanung für dieses Gebiet errichtet. Die Größe dieses bedeutenden Umschlagplatzes geht jedoch nicht mehr aus den Feldakten hervor.

Die Spurfestlegung für die Feldbahn Krepelje — Gorjansko erfolgte durch die 36. EisbKp vom 6. November bis 31. Dezember 1916.

Infolge der frontnahen Lage der Feldbahn mußten vom Baubeginn an lange Streckenteile mit Masken gegen Feindsicht versehen werden.

Die Streckenführung durch felsiges Gelände machte größere Sprengarbeiten und Dammaufschüttungen erforderlich. Die Höhe der Dämme überstieg mehrmals 2 m, ebenso überschritt die Tiefe der Einschnitte oft dieses Maß. Die entlang der Feldbahn errichteten Magazine und Lager konnten aus dem beim Bahnbau gewonnenen Steinmaterial errichtet werden. Eine Umladestelle in Krepelje, die Ausweichen Krajnavas, Velikidol, Merje unterteilten die Strecke in vier annähernd gleiche Abschnitte. In der Ausweiche Velikidol wurden Abzweigungen zum Feldspital 915 sowie zu Munitions-, Verpflegungs- und sonstigen Fassungsstellen angelegt. Außerdem entstanden entlang der Strecke weitere Depots und Fassungsstellen mit den dazugehörigen Abzweigungen. Wegen Frontnähe mußten all diese Gebäude durch Gras und Buschwerk entsprechend getarnt werden. Gesamtlänge der Strecke: 13,5 km

Betriebsmittel: Diese stellten eine Besonderheit durch die Art der Traktionsmittel dar. Zum Einsatz kamen Akkumulatoren-Lokomotiven.

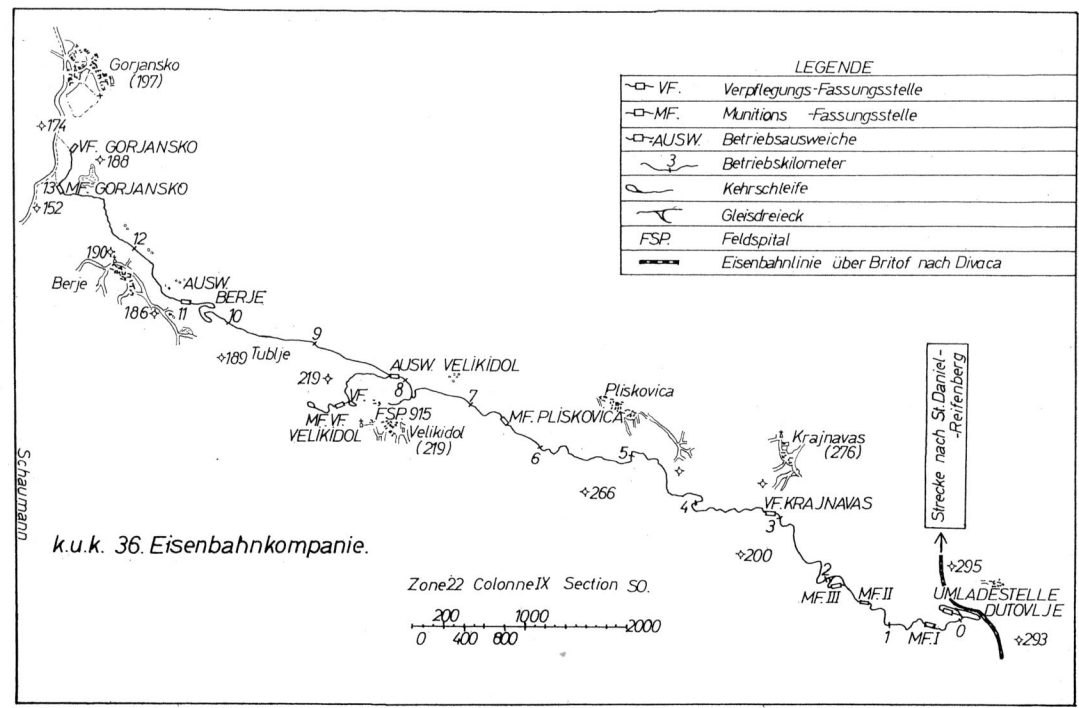

Motorfeldbahn Krepelje — Gorjansko

Benzinelektrozug beim Beladen an der Magazinsrampe

Munitionsnachschub für die Artillerie mit einer Feldbahn

Akkumulator-Lok mit Verpflegszug abfahrbereit, 19.9.1917

„Engländer", diese Weichentype war in der Normalausrüstung nicht vorgesehen; sie wurde von den Eisenbahnkompanien bei Bedarf selbst erzeugt

Der Eisenbahnaufmarsch für die Isonzo-Offensive im Herbst 1917

(Zwölfte Isonzoschlacht)

Bereits nach der 10. Isonzoschlacht war man beim k.u.k. AOK zur Erkenntnis gelangt, daß trotz der bisherigen Abwehrerfolge die ISA bei dem kräfteverbrauchenden italienischen Kampfverfahren auf die Dauer gesehen doch unterliegen mußte. Dieser Gefahr war nur mit einem großangelegten, erfolgreichen Gegenangriff entgegenzutreten. Dazu fehlten aber bereits dem im Dreifrontenkrieg stehenden Österreich-Ungarn die notwendigen personellen Reserven. Im Küstenland standen im Sommer 1917 bereits 40 italienische 21 k.u.k. Divisionen gegenüber.

Kaiser Karl wandte sich daraufhin an den deutschen Kaiser mit dem Ersuchen, für die geplante Offensive Unterstützung durch deutsche Kräfte zu gewähren. Nach zahlreichen Besprechungen zwischen den Beauftragten des k.u.k. AOK und der Deutschen Obersten Heeresleitung (DOHL) konnte der Operationsplan festgelegt werden.

Am 8.9.1917 stimmte GFM Hindenburg den Vorschlägen zu, nach denen zwischen dem 10. und 20. Oktober der Offensivbeginn am Isonzo festgelegt wurde. Somit verblieben ca. fünf Wochen, um den gesamten Aufmarsch der verbündeten Streitkräfte einschließlich ihres gesamten Kampf- und Lebensbedarfes auf dem Eisenbahnweg durchzuführen.

Allein auf dem Teilgebiet der Munitionsbereitstellung für die schweren Waffen mußten 2000 Waggons für den Transport von 1 Million Schuß in diesem Zeitraum zu den Frontentladebahnhöfen dirigiert werden. Große Teile der für die Offensive vorgesehenen Truppen mußten erst aus ihren bisherigen Abschnitten an der Ost- und Westfront herausgelöst werden, sodaß diese Transportbewegung nicht vor dem 20.9. beginnen konnte, für deren Durchführung man einen Zeitbedarf von 30 Tagen ins Kalkül stellte. Erschwerend für den Transportplan wirkte sich noch zusätzlich der Umstand aus, daß das Deutsche Alpenkorps aus Gründen der Täuschung zuerst via Brenner in den Raum Trient verlegt wurde und erst knapp vor dem Offensivbeginn die Fahrt zum Offensivraum des Isonzo antrat.

Die Hauptlast der Eisenbahnbewegungen hatten die Strecken Aßling – Podmelec, Aßling – Kronau und die Karstbahn Laibach – Triest zu bewältigen. Der Bahnhof Laibach mußte pro Tag 120 Militärzüge abfertigen. Für den Eisenbahnaufmarsch wurden insgesamt ca. 100.000 Waggons benötigt. Dies entspricht etwa einem Drittel des für militärische Zwecke geeigneten rollenden Materials der Monarchie.

Dieses gewaltige Verkehrsaufkommen konnte nur dank des persönlichen Einsatzes aller Beteiligten bewältigt werden. Die Eisenbahner mußten in diesem Zeitraum Dienstturnusse von 50 Stunden auf sich nehmen, auch die Lokmannschaften. Trotz dieser Überbeanspruchung von Mensch und Material konnte der Eisenbahnaufmarsch, von geringfügigen Unfällen abgesehen, ohne Zwischenfälle abgewickelt werden.

Das folgende Laufbild der Truppentransporte in Richtung Isonzofront vom 9.8. bis 30.11.1917 wurde entnommen aus „Österreich-Ungarns letzter Krieg", Band VI. Es ist dabei zu berücksichtigen, daß in den Angaben auch die Truppenverschiebungen im Zuge der 11. Isonzoschlacht (18.–21.8.1917) enthalten sind. Der Beginn der ersten größeren Truppenbewegungen für die Offensive kann mit Mitte September angesetzt werden.

Es wurden insgesamt 2400 Militärzüge in Verkehr gesetzt, davon waren ca. 867 Truppentransporte, für den Zweck des Zuschubes des Kampf- und Lebensbedarfes benötigte man 1533 Zugsgarnituren.

Das ständige Schlechtwetter verhinderte dann den ursprünglich vorgesehenen Zeitpunkt des Offensivbeginnes. Hochwasser führende Flüsse und im Gebirge heftiger Schneefall verzögerten vor allem die Bereitstellung der Munition für die vielen Batterien, die ihre Feuerstellungen im alpinen Gelände am oberen Isonzo bezogen hatten. Am 24.10. begann der Angriff der verbündeten österreichisch-ungarischen und deutschen Kräfte, der dann zum Durchbruch bei Flitsch-Tolmein und in weiterer Folge nach Erreichen der Tiefebene bis zum Piave führte.

Laufbild der Eisenbahntransporte vom 9. August bis 30. November 1917

Zahl der Züge	Eisenbahntransport erfolgte von ... nach	Durchschn.-Transport-dauer (Tage)	Truppenkörper	Datum und (Anmerkungen)
14	Laibach Sesana Dutovlje	3	73. (Teile)	9.–11.8.
24 / 24	Laibach Dutovlje / Vrhovlje Laibach	4	10.	9.–12.8.
35	Trient / Matarello } Lienz Aßling { Grahovo / St. Daniel	7	18 Baone für Isonzoarmee	17.–19.8., 22.–30.8., 2.–5.9. IR 14, IR 50, IR 64, I/63., SchR 13, 15
59 / 30	Zablotce Sadagora Opcina Grahovo / Sesana Aßling Lienz Trient	9	19.	20.8.–3.9., 12.–20.9.
23	Grywiatki Radom Wien Opcina	6	53.	24.–30.8.
49	Focsani { Kronstadt } Szeged Grahovo / Orsova (über Marburg)	14	25. SchBr. 13. FAR.	30.8.–14.9.
75	Stojanów Mezölaborcz Laibach Prestanek	13	20. H	31.8.–13.9.
79 / 46	Focsani Arad Murakeresztur Kronau Val Sugana / Trient Lienz Arnoldstein Kronau	13	deutsches Alpenkorps	11.–26.9., 1.–10.10.
3 / 4	N. Sadagora Lawoczne Aßling Kronau / Lubitow Bresowitz	2	I. II. Unm.	12.–13.9., 16.–17.9.
23	Trient Lienz Villach Thörl Nötsch	6	Edelweiß-Div.	14.–20.9.
5	Bolechów Lawoczne Leoben St. Rupprecht	3	GJg. GSch.-Baon	18.–20.9., 22.–26.9.
54	Jezierna Sianka Agram Zwischenwässern	12	d. 5.	20.9.–4.10.
64	Kolomea Lawoczne Zombor Agram Salloch	14	d. 200.	20.9.–5.10.
58	Rogozno Mezölaborcz Laibach Prestanek	14	29.	22.9.–7.10.
82	Salzburg Spittal-M. Velden	7	d. 12.	25.9.–13.10.
62	Salzburg Selzthal Friesach { Maria Saal / Klagenfurt	5	Württ. 26.	25.9.–11.10.
34	Trient Villach { Thörl Maglern / Nötsch	14	22. Sch.	30.9.–17.10.
10	Krainerend Laibach Kronau	3	43. FABrig.	30.9.–5.10.
58	Kóvaszna Tövis Brod Steinbrück Salloch	11	d. 117.	1.–12.10.
88	Ztoczów Sianki Budapest Bresowitz	20	33.	1.–24.10.
60	Kowel Mezölaborcz Laibach Zwischenwässern	14	4.	5.–24.10.
9 / 9	Arlberg Brenner Trient / Levico Trient Villach Arnoldstein	4	3 deutsche Sturm Baone	24.–28.10.
47	Sesana Marburg Franzensfeste Trient	8	21. Sch.	29.10.–12.11.
37	Divača Marburg Franzensfeste Trient	7	106.	1.–11.11.
25	St. Lorenzen Bruneck Trient Caldonazzo	3	52. (Teile)	4.–5.11.
49	Kufstein Trient Calliano	3	d. 195.	17.–30.11.
2	Stazione per la Carnia Tarvis Trient	3	10. AK.	23.–26.11.
ca. 1200	Aus den österreichisch-ungarischen und deutschen Heimatgebieten sowie von allen Fronten in den Raum Villach Laibach	–	k.u.k. u. deutsche Einzelformationen und Nachschub	9.9.–12.11.

Auf Signalabstand rollen die Transportzüge vom Balkan, aus Frankreich und Rußland Richtung Isonzo und Karst
Quelle: Archiv Ostadal

Hinter Tarnvorhängen werden die letzten vom Gegner eingesehenen Kilometer bis zum frontunmittelbaren Entladebahnhof zurückgelegt; bei Batuje, k.k. StB Lok R 80, Oktober 1917

Kaiser Karl und der bulgarische König, Triest-Südbahnhof am 9.11.1917
Quelle: Musei provinciali Gorizia

Der Wiederaufbau bis zur k.u.k. Reichsgrenze nach der Herbstoffensive 1917

Das ursprüngliche Offensivziel der Verbündeten war das Erreichen der Linie Cividale — Görz. Dementsprechend hatte der k.u.k. Chef des Feldeisenbahnwesens Baukräfte und Material bereitgestellt, um die Versorgung der transporttechnisch schwierig erreichbaren neuen Front möglichst rasch sicherzustellen.

Er ging dabei von der Annahme aus, daß von den bisherigen Endbahnhöfen Reifenberg und Prosecco die Hauptstrecken über Görz und Monfalcone bis zur Reichsgrenze bald wieder befahrbar gemacht werden könnten.

Dagegen nahm er in seiner Lagebeurteilung an, daß die Bahn von Tarvis über Pontebba nach Carnia nachhaltige Zerstörungen aufweisen würde. Dementsprechend erfolgte hier eine stärkere Konzentration der für den Wiederaufbau vorgesehenen personellen und materiellen Vorsorgen.

Die bereits mit dem Beginn des Vormarsches der Verbündeten eintreffenden Berichte zeigten jedoch, daß gerade die durch das schwierige alpine Gelände des Fellatales führende Strecke verhältnismäßig wenige schwer zu behebende Unterbrechungen aufwies.

Dagegen hatten die Wocheinerbahn im Isonzotal und die Karststrecken bis zum Meer schwerste Schäden, die teilweise bis in den Unterbau reichten, als Folge der hier zweieinhalb Jahre währenden Materialschlachten zu verzeichnen.

Allein die große Anzahl der seit längerer Zeit vorhandenen Luftbild-Auswertungen hätte dem Stab des Feldeisenbahnchefs eine generelle Übersicht über die bisher zwischen dem Karst und der Adria eingetretenen Zerstörungen als Entscheidungsgrundlage für einen gezielteren Kräfteeinsatz für den Wiederaufbau der Bahnen geben können.

Die an einzelnen Punkten zu umfangreich angesetzten Kräfteverteilungen machten eine Verschiebung an andere, dringlichere Einsätze erfordernde Strecken nötig. Die damit verbundenen Verlegungen der Baukräfte samt Material verzögerten den Beginn des Wiederaufbaues und beanspruchten zusätzlich den ohnehin zu knappen freien Transportraum.

Der folgende Abschnitt befaßt sich mit dem Wiederaufbau der Strecken bis zur damaligen Reichsgrenze. Als Grundlage dafür dienen die Feldakte und Berichte der beteiligten Eisenbahnkompanien und Bauleitungen.

Zerstörungen

Linie IV Aßling — Görz — Monfalcone (—Triest)

Tolmein — Auzza (siehe Karte, Objekte 39, 40, 41, 42, 43 und 44.)
Unterbau und Tunnels waren in diesem Streckenabschnitt bis auf Gleisabtragungen zwischen den km 123—124 und 200 m vor dem Bahnhof Auzza fast unbeschädigt. Die demontierten Schienen fanden sich seitlich am Bahnkörper abgelagert. Tunnels wurden durch die Italiener als Magazine und Lagerräume verwendet, Ausräumungsarbeiten deshalb erforderlich. Im Bahnhof Auzza Einfahrtsweichen vorhanden, vom Gleis I fehlten 400 m, vom Gleis II 70 m und vom Gleis III 300 m Schienen. Die Ausfahrtsweichen in Richtung Görz waren abgetragen. Ab dem Bahnhof Auzza wurde die Strecke nach Abtragen des Oberbaues auf eine größere Distanz durch die Italiener in eine betonierte Autostraße umgewandelt, Länge nicht mehr feststellbar.

Auzza — Canale (siehe Karte, Objekte 34, 35, 36, 37 und 38.)
Der Mittelbogen der Isonzobrücke vor dem Bahnhof Canale gesprengt. Im Bahndamm zahlreiche italienische Schützengräben und Unterstände. Oberbau zur Gänze demoliert und weggeschafft. In der Station Canale die Gebäude größtenteils zerstört, Oberbau vollkommen abgetragen, Unterbau vernichtet.

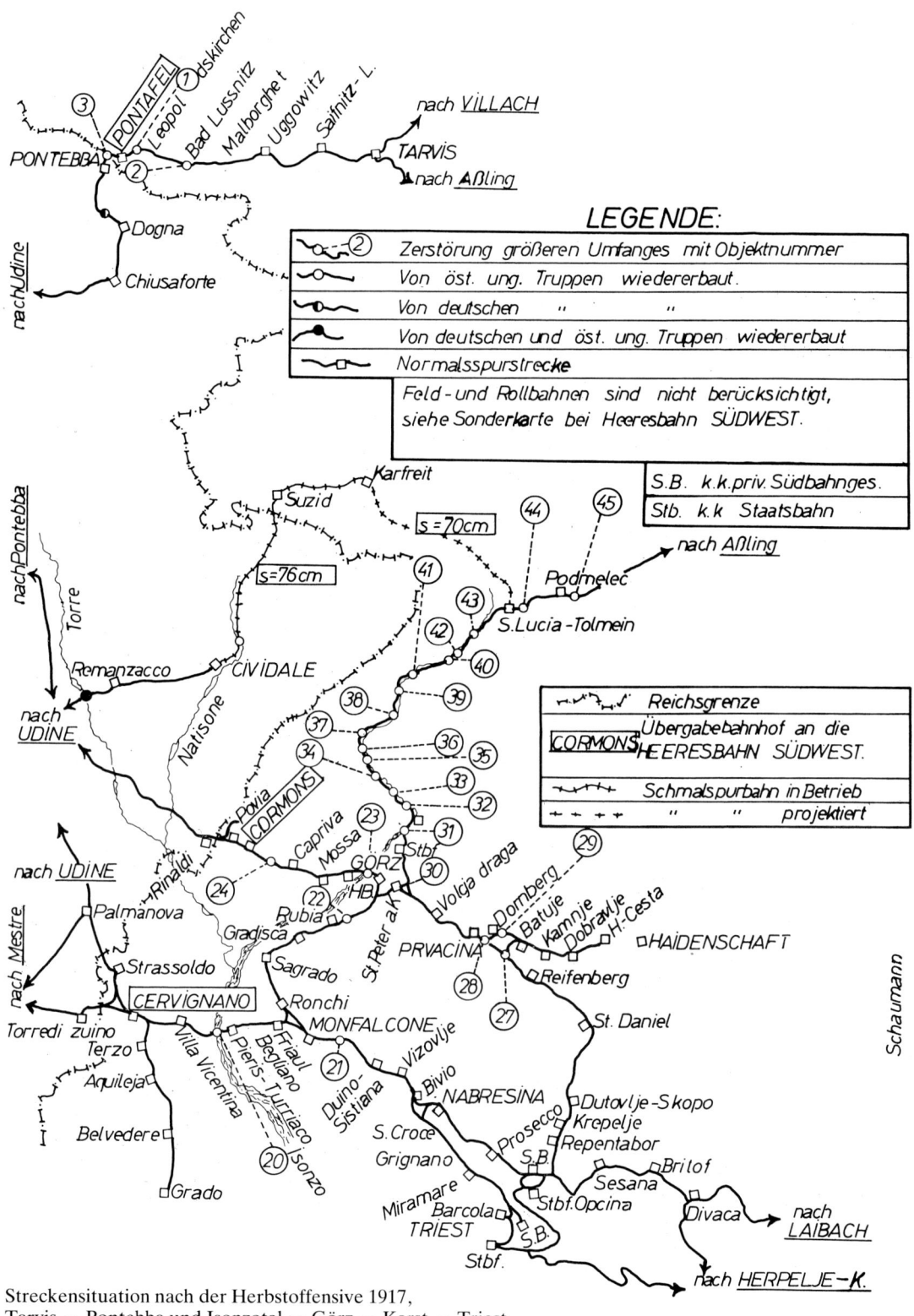

Streckensituation nach der Herbstoffensive 1917,
Tarvis – Pontebba und Isonzotal – Görz – Karst – Triest

Einfahrt nach Görz aus Richtung Triest am 3.11.1917; der Bahnschranken ist seit Kriegsbeginn geöffnet, das umgestürzte Schild weist auf den „Sektor I" der bisherigen italienischen Stellungen hin; gleich hinter dem Bahnübergang ein schwer beschädigter italienischer G-Wagen; dahinter links das Gebäude des Staatsbahnhofes. *Quelle: Musei provinciali Gorizia*

Instandsetzung der Linie Görz–Triest bei S. Marco, Oktober 1917 *Quelle: Musei provinciali Gorizia*

Canale – Plava – Salcano – Görz (siehe Karte, Objekte 31, 32, 33 und 34.)
Die Eisenbahnstation Plava, früher im Ertragsbereich der schweren Artillerie gelegen, wies schwere Schäden auf. Laufgräben mitten durch die Stationsanlagen, Oberbau demontiert, Unterbau zerstört.
Prilestunnel (km 138,4) mit Sandsäcken und Steinmauern versperrt.
Babinrubtunnel durch Betonriegel mit Schießscharten und Sandsackbarrieren in Verteidigungszustand versetzt.
Sabotinotunnel (km 140,8) als Feldlazarett durch die Italiener ausgebaut. Ein in den Fels gesprengter Stollen führte in den durch Betonmauern gesperrten Tunnel.
km 142,0: Durch das langanhaltende schwere Trommelfeuer wurde der ganze Berghang oberhalb der Bahntrasse erschüttert. Oberbau mit zahlreichen Gesteinstrümmern bedeckt, der Bahn droht ständig der weitere Absturz von Block- und Felsmaterial.
Salcano, Station und Ort durch Artilleriefeuer vollkommen zerstört. Das linksseitige Isonzoufer durch das Trommelfeuer schwer in Mitleidenschaft gezogen, akute Rutschgefahr an der Lehne oberhalb der Bahnstrecke. Der große Isonzoviadukt im Mittelbogen durch österreichische Sprengung zerstört.
Görz, Staats- und Südbahnhof völlig zerstört und verwüstet, keine Unterkunftsmöglichkeiten.

Görz – Monfalcone (–Triest) (siehe Karte, Objekte 21 und 22.)

Wippachbrücke bei der Station Rubbia-Savogna durch Sprengung nachhaltig zerstört. Station Ronchi durch Artilleriefeuer fast völlig vernichtet. Strecke Ronchi – Nabresina im Abschnitt des Sabliciviaduktes und an mehreren Stellen südöstlich von Monfalcone unbefahrbar. Im Bahnhof von Monfalcone 30 v. 100 der Gleise unbefahrbar, die Stichbahn zum Hafen und zur Werft völlig vernichtet.

Linie V Görz – Cormons (–Udine)

(Siehe Karte, Objekte 23 und 24.)
Die Isonzobrücke westlich von Görz und die Versabrücke zwischen den Bahnhöfen gesprengt, der Ober- und Unterbau wies stellenweise schwere Beschädigungen auf. Die Stationsanlagen wurden durch die Italiener auf ihrem Rückzug schwer beschädigt.

Linie IVd Monfalcone – Cervignano

(Siehe Karte, Objekt 20.)
Isonzobrücke bei Pieris-Turiaco durch Sprengung zerstört, sowie alle im Anschluß an diese Brücke befindlichen Strecken und Stationsanlagen.

Linie IVa Görz – Prvačina – Opčina (–Triest)

(Siehe Karte, Objekte 27, 28, 29 und 30.)
Die Widerlager der Brücke bei Dornberg zerschossen. Station Volčja Draga und das Gleisdreieck St. Peter völlig zerstört. Beide Anschlußstücke in Richtung Batuje und Haidenschaft wiesen mehrere Unterbrechungsstellen auf.

Schienen, Züge und Reisende sind verschwunden, nur mehr symbolhaft erinnert das Schild „Schnellzug nach Italien" an den Frieden; Südbahnhof-Görz, November 1917

Wiederaufbau

Für die mit dem Offensivende am Piave stehenden österreichisch-ungarischen und deutschen Verbände bildeten diese unterbrochenen Eisenbahnlinien die einzigen wirklich leistungsfähigen Nachschubverbindungen, auf denen ihnen der gesamte Lebens- und Kampfbedarf zugeführt werden konnte. Die rasche Wiederaufnahme eines Bahnbetriebes war somit von größter Tragweite, von ihr hing jede gezielte Versorgungsführung und damit die weitere militärische Planung ab. Außerdem konnten der durch die langanhaltenden Kämpfe schwer in Mitleidenschaft gezogenen Wirtschaft und Industrie des Landes und seiner Zivilbevölkerung nur durch einen geordneten Bahnbetrieb neue Impulse verliehen werden. Vor diese Aufgabe sah sich die Eisenbahntruppe im Herbst 1917 gestellt. Auf der einen Seite machten sich drei Kriegsjahre hemmend bei der Beschaffung dringend benötigten Materials bemerkbar, auf der anderen Seite stand die zwingende Notwendigkeit, eine Verbindung mit dem Hinterland zu schaffen.

Durch den Einsatz aller verfügbaren Mittel und immer neuer Improvisationen gelang es den verantwortlichen Bauleitungen und ihren Kräften, die Lücke in dem Transportnetz zu schließen. Im nachfolgenden Abschnitt sagen die für den Wiederaufbau erforderlichen Bauzeiten mehr über die Männer, die diese nüchternen Daten trotz aller Schwierigkeiten verwirklichen konnten, als eine längere Schilderung.

Linie IV Aßling — Görz — Monfalcone (—Triest)

Santa Lucia/Tolmein — Salcano

Isonzobrücke bei Canale, Objekt 34: Ursprüngliche Brückenform als gewölbte Brücke mit drei Hauptbögen über dem Flußprofil mit 45 m Stützweite, Fahrbahnhöhe 17,5 m über dem Niedrigwasserspiegel. Ferner hatte die Brücke 6 kleinere Öffnungen zu beiden Seiten des großen Hauptbogens mit je 9 m Stützweite. Die Gesamtlänge der Brücke betrug 100 m; Brücke im Bogen gelegen. Der Mittelbogen wurde durch Sprengung zum Einsturz gebracht, dabei erlitten die beiden dazugehörigen Pfeiler in ihren Oberteilen schwere Beschädigungen.

Die Wiederherstellung begann mit der Aufmauerung der beschädigten Pfeilerköpfe. Anschließend erfolgte der Einbau eines 45 m langen Roth-Waagner-Brückenfeldes mit Bahn nach unten, im freien Vorbau.
Neuausgeführt: 45 m mit Roth-Waagner-Brücke
Bauausführende: 13. EisbKp, RW-Brückenbaudetachement 2, Kgf EAA 82
Bauzeit: 8.1. bis 31.1.1918

Die Wiederherstellung der zerstörten Stationsanlagen von Auzza, Canale, Plava und Salcano, die Ausräumung der Tunnels und der Wiederaufbau der Strecke oblag: 13. EisbKp, KgfEAA 82 sowie sechs KgfAA und der fahrbaren Eisenbahnwerkstätte 2.
Bauzeit: 8.1. bis 1.5.1918.

Isonzoviadukt bei Salcano, Objekt 31

Die Wiederherstellung der größten Steinbrücke Europas durch Kräfte der k.u.k. Eisenbahntruppe läßt es notwendig erscheinen, auch kurz die Entstehungsgeschichte dieses bedeutenden Bauwerkes zu schildern. Im Zuge der Eisenbahnlinie Aßling — Görz wurde auch der Bau des Salcanoviaduktes erforderlich, nachdem der Reichsrat nach langwierigen Verhandlungen im Jahre 1901 seine Einwilligung zum Bahnbau erteilt hatte. Ungefähr 4 km nördlich von Görz sollte die Strecke in unmittelbarer Nähe des Dorfes Salcano mit einem S-Bogen unter 42° den etwa 40 m tiefer liegenden Isonzo übersetzen. Nach den Plänen des Eisenbahnbaudirektors Dr. Ing. Karl Wurmb entstand in der Zeit von Juli 1904 bis November 1905 der neue Viadukt.
Mittelöffnung 85 m; nach Norden anschließend 1 Öffnung mit 12 m und zwei weitere zu je 10 m; nach Süden anschließend 3 Öffnungen zu 12 m und zwei weitere zu je 10 m.

Isonzoviadukt bei Canale

Instandsetzung des Viadukts bei Canale; freier Vorbau (45 m) mit einer RW-Kriegsbrücke

Die Mittelöffnung war ein Kreisbogen mit 22 m Pfeilerhöhe und Krümmungsradien von 52 m für die innere und von 58 m für die äußere Leibung. Der nördliche, an den Hauptbogen anschließende Teil des Viaduktes lag im Bogen links, der südliche im Bogen rechts, beide mit einem Radius von 250 m.

Fundamente: Zur gleichmäßigen Übertragung des Druckes auf den aus Konglomeratgestein bestehenden Untergrund wurden stark geneigte mächtige Eisenbetonplatten verwendet und darauf mehrere druckverteilende Querschichten verlegt.

Lehrgerüst: Zur Aufmauerung des Mittelbogens mit seiner bedeutenden Spannweite wurde durch die mit der Bauausführung betraute Firma Redlich & Berger mittels pneumatischer Fundierung ein Gerüstpfeiler hergestellt. Nahe der beiden Ufer erfolgte der Bau von zwei Pilotenjochen zur Unterstützung des Gerüstes, für dessen Bau 1835 m^3 Gerüstholz verbraucht wurden.

Mauerung des Gewölbes: Als Baumaterial verwendete man 1960 m^3 Quadern aus den Kalksteinbrüchen von Nabresina. Das Gewölbe mit einer Fahrbahnhöhe von 42 m über Niedrigwasser wurde in achtzehn Tagen aufgemauert. Es verblieb dann noch fünf Wochen auf dem Gerüst ruhen. In der Zwischenzeit erfolgte die Aufmauerung der kleineren Gewölbe.

Im Juli 1906 wurde die Wocheinerbahn dem öffentlichen Verkehr übergeben.

Im Verlaufe der 6. Isonzoschlacht räumten die österreichisch-ungarischen Truppen unter dem schweren Druck der italienischen Kräfte am 8.8.1916 die Stellungen westlich des Isonzo. Sie zogen sich auf neue, ca. 2 km westlich von Görz verlaufende Linien zurück. Im Zuge dieser Rückzugsbewegung wurde durch ein österreichisches Sprengdetachement im Scheitel des großen Gewölbebogens eine Ekrasitladung von 930 kg angebracht. Es wurde eine elektrische Zündleitung und zur Sicherheit zwei weitere Knallzündschnurleitungen verlegt. Im letzten Augenblick, schon unter schwerem italienischen Infanteriefeuer, erfolgte die Zündung der Ladung. Der Mittelbogen stürzte zur Gänze ein. In den nun folgenden schweren Kämpfen wurden die restlichen Viaduktteile noch mehrmals durch Artillerietreffer in Mitleidenschaft gezogen. Der erste Bogen wurde stark beschädigt, der zweite stürzte ein.

Salcano-Viadukt, vor der Sprengung

Ein Güterzug, gezogen von einer k.k. StB. Lok R 180, vermutlich in Triest stationiert, passiert den Salcano-Viadukt in Richtung Aßling, kurz vor der Kriegserklärung Italiens

Salcano-Viadukt nach der Sprengung durch österr.-ung. Truppen

Der Wiederaufbau des Salcanoviadukts: Infolge der gewaltigen Verwüstungen, die im Verlaufe der zwölf Isonzoschlachten entstanden, war es vorerst unbedingt erforderlich, Unterkünfte an der Baustelle sowie eine Transportmöglichkeit dahin zu schaffen. Die Wiederherstellung der Strecken Volčja Draga – Görz Südbahnhof, St. Peter – Görz Staatsbahnhof wurde der Bauleitung Hptm. Alphons v. Ruttner übertragen. Diese traf am 23.9.1917 in Prvačina ein und nahm ihre Arbeit am 25.11.1917 auf.

Zu diesem Zeitpunkt bestand nur eine Eisenbahnverbindung aus dem Hinterland, die für den Materialtransport herangezogen werden konnte, Tarvis – Pontebba – Udine – Cormons- – Görz. Um eine Möglichkeit für einen raschen und sicheren Materialtransport vom Endpunkt dieser Bahnverbindung zu der Baustelle bei Salcano zu schaffen, erfolgte der Bau einer motorisierten Feldbahn meist unter Ausnützung der bestehenden Bahntrassen.

Streckenführung: Görz Südbahnhof – Salcano Bhf. – Salcano Viadukt/Görzer Brückenkopf.
Betriebslänge: 12 km
Fahrbetriebsmittel: 50 Generatorwagen. Befördertes Material: 4000 t

Da mit einer Streckenwiederherstellung aus der Richtung Aßling-Tolmein in absehbarer Zeit nicht gerechnet werden konnte, mußte eine leistungsfähige Verbindung vom Endpunkt der Feldbahn über den Isonzo zum Tolmeiner Brückenkopf geschaffen werden. Versuche mit einem Ponton-Rollfährenverkehr über den Isonzo ergaben nicht die gewünschte Kapazität. Ein motorisch betriebener Kabelkran ermöglichte in der Folge einen reibungslosen Transport. Die Tageskapazität des Kabelkranes betrug etwa 50 t. Er beförderte während seiner Betriebszeit insgesamt 1600 t über den Fluß. Für den übrigen Verkehr zwischen den beiden Ufern blieb der Rollfährenverkehr bestehen.

Unterkünfte: Die Baracken mußten, um für die starke Baubelegschaft Unterkünfte zu schaffen, in dem ca. 8 km entfernten Rubbia abgebrochen werden. Mittels Feldbahn erfolgte der Transport zur Baustelle. Auf der Görzer Seite stellte man 12 Baracken und auf dem jenseitigen Ufer 8 Baracken auf. Die Bauleitung konnte in einem durch Zufall noch teilweise erhaltenen Wachblockhaus untergebracht werden.

Trinkwasser: Die Beschaffung von geeignetem Trink- und Kochwasser erwies sich als besonders schwierig. Das Isonzowasser war durch die zahllosen Blindgänger und Granaten, die im Verlaufe der Isonzoschlacht in das Wasser einschlugen, so verunreinigt, daß es selbst durch Abkochen nicht genießbar gemacht werden konnte. Am Hang auf der Görzer Seite wurde in mühsamer Arbeit eine Quelle gefaßt und das Wasser mittels erbeuteter Kompressorschläuche, die auf einem Draht aufgehängt waren, auch dem Tolmeiner Brückenkopf zugeleitet.

Arbeitskräfte: Bauleitung Hptm. Alphons v. Ruttner.
Görzer Brückenkopf: 1. EisbKp (4 Offiziere, 47 Mann, 46 Kriegsgefangene), RW-Brückenbaudetachement 1 (5 Offiziere, 71 Mann, 26 Kgf.), einige KgfAA sowie die Belegschaft der Fa. Redlich & Berger (1 Ing., 50 Arbeiter).
Tolmeiner Brückenkopf: RW-Brückenbaudetachement 2 (5 Offiziere, 140 Mann), einige KgfAA, alle unter Leitung von Oblt. Baderle.

Die für die Überbrückung bestimmte Fachwerkbrücke System Roth-Waagner, dreiwandig, in zwei Etagen, wurde durch das Anbringen besonderer Verstärkungen im Ober- und Untergurt für die erforderliche große Spannweite speziell verstärkt. Gefordert wurde gemäß der üblichen Norm I eine Belastbarkeit durch zwei fünfkuppelige Maschinen. Die S-Form des Viaduktes bedingte, daß für die Montage der Ballastträger auf beiden Seiten je ein Pfeiler durch eine provisorische Jochkonstruktion erweitert wurde. Von der Görzer Seite baute man 39 m frei schwebend aus. Der Ballastträger wies eine Länge von 48 m auf. Der Ballast bestand aus Schwellenträgern, die später für die weitere Fertigstellung der Brücke Verwendung fanden, Gesamtgewicht 10 t. Auf der Tolmeiner Seite erfolgte der freischwebende Vorbau auf 48 m, der Ballastträger hatte hier eine Länge von 57 m, bei einem Ballast von 12,5 t. Insgesamt wurden somit 87 m freitragend montiert, die freibleibenden 93 m in der Mitte konnten mittels Kran von beiden Enden der freitragenden Konstruktion her geschlossen werden. Beim Brückenschluß ergab sich eine Klaffung von 15 cm (vorgesehen 10 cm), die durch zwei Stück 100-t-hydraulische Pressen von der Tolmeiner Seite aus geschlossen wurde. Dazu hatte man die Widerlager auf dieser Seite als Rollenlager

ausgebildet. Die Vermutung, daß die beiden an den gesprengten Hauptbogen anschließenden Bögen beschädigt seien, bestätigte sich bei der genauen Untersuchung.
Beide Felder wurden mit je vier Breitflanschträgern mit einer Länge von 15,60 m und einer freien Stützweite von 14,62 m überbrückt.
Neuausgeführt: 183,0 m, davon 93,0 m RW-Brücke und 90,0 m Walzträger.
Bauzeiten: Baubeginn 23.1.1918.
1.3. bis 16.3.1918: Montieren der Ballastfelder.
18.3.1918: Beginn der freitragenden Montage der beiden Brückenfelder von beiden Brückenköpfen aus.
24.3.1918: Brücke in der Mitte geschlossen.
27.3.1918: Rückbau der beiderseitigen Ballastfelder mit Absenkung und Lagerung des Brückenfeldes.
13.3.1918: Montage der Breitflanschträger am Görzer Brückenkopf.
14.3.1918: Montage der Breitflanschträger am Tolmeiner Brückenkopf.
4.4.1918: Besichtigung der Baustelle durch Kaiser Karl.
23.4.1918: Belastungsprobe der Brücke durch zwei Maschinen der Reihe 80 der k.k. Staatsbahn mit einseitig gereihtem Wagenzug. Im Zuge der Belastungsprobe Befahren der Brücke mit 40 km/h.
1.5.1918: Betriebsaufnahme auf den Anschlußstrecken, mit gleichzeitiger Übergabe der Brücke von der Heeresverwaltung an die k.k. Staatsbahn. Bis zu diesem Zeitpunkt erfolgte auch die Räumung der Baustellen.
Die Brücke blieb bis über den Rückzug der k.u.k. Truppen nach dem Zusammenbruch im Herbst 1918 und auch noch nach Übernahme des Bahnbetriebes durch die FS in dieser Form in Verwendung.

Freitragende Brückenelemente von der Tolmeiner Seite aus gesehen

Wiederaufbau, seitliches Einbringen der Brückenbestandteile in den Ballastträger mit der Motorfeldbahn; Görzer Seite

Im Heizhaus des Staatsbahnhofes von Görz sind die Trümmer beseitigt, im Rundschuppen stehen bereits wieder k.k. StB Lokomotiven, rechts R 80, links R 206 (?). Die Gesamtanlage wurde knapp vor Kriegsende zur Gänze wiederhergestellt
Quelle: Musei provinciali Gorizia

Gleichzeitig mit dem Viaduktbau setzte im unmittelbaren Raum der Stadt Görz der Wiederaufbau ein. In ungeheuer mühsamer Arbeit mußten die völlig zerstörten Gleisanlagen im Staats- und Südbahnhof sowie die die beiden Bahnhöfe verbindenden oder in sie einmündenden Strecken wieder in einen befahrbaren Zustand gebracht werden. Auch diese Arbeiten standen unter der Bauleitung von Hptm. v. Ruttner. Zuerst versuchte man, durch improvisierte Maßnahmen eine baldigste Wiederaufnahme des Zugverkehrs zu erreichen, erst dann schritt man an die allmähliche Umwandlung der Provisorien in permanente Anlagen. Diese Tätigkeit währte bis zum Zusammenbruch im Herbst 1918. Nach der Verlegung der zuerst eingesetzten militärischen Kräfte kamen in einem stärkeren Ausmaß zivile Firmen für den Wiederaufbau in Görz zum Einsatz. Bauausführende: 1. EisbKp sowie 7. und 32. EisbKp, SeilbahnKp Oblt. Appelt, KgfEAK 79, 83, 84, 89 und 90, KgfAA 143a, 966, 1211, später noch weitere KgfAA.
Die Strecke Görz — Salcano (vorerst für den Betrieb durch die mot. Feldbahn) und Görz — Isonzobrücke an der Strecke nach Cormons wurde von der 29. und 32. Eisenbahnkompanie in der Zeit vom 22.10. bis 14.11.1917 wiederhergestellt.

Straßenbahn Görz: Durch die langanhaltenden schweren Kämpfe in und um die Stadt Görz wies auch das Liniennetz der Straßenbahn schwerste Schäden an den Gleisanlagen auf. Die elektrische Oberleitung und sonstige Ausrüstung war fast völlig vernichtet. Zur Behebung dieser Schäden wurde ein Detachement der Bau- und Betriebskompanie für elektrische Bahnen in Marsch gesetzt. Über den Zustand oder Verbleib der Fahrbetriebsmittel und auch über eine spätere eventuelle Betriebsaufnahme bei der Görzer Straßenbahn geben die Feldakte jedoch keinerlei weiteren Hinweis.

Wippachbrücke bei der Station Rubbia-Savogna, Objekt 22: Die ursprüngliche Brückenform bestand aus zwei gewölbten Öffnungen zu 20 m Lichtweite und einer Öffnung als Straßendurchlaß zu 8 m. Durch Sprengung ein Bogen völlig eingestürzt. Mittelpfeiler und der anschließende Bogen durch die Sprengung schwer beschädigt.
Die Wiederherstellung erfolgte mittels zweier Felder Kohnbrücken zu je 27 m. Ein Brückenfeld diente als Entlastungsträger über den beschädigten Bogen, zugleich jedoch auch als Ballastfeld für den freitragenden Vorbau des zweiten Feldes. Außerdem erwies sich eine Aufmauerung des Mittelpfeilers als gemeinsame Auflage für beide Brückenfelder als erforderlich.
Neuausgeführt: 54,0 m Kohnbrücke
Bauausführende: 5. EisbKp, KgfEAA 79, KgfAA 126/20.
Bauzeit: 12.11. bis ? 11. 1917.
Infolge der überaus schweren Schäden im Streckenabschnitt Duino — Monfalcone am Ober- und Unterbau konnte die erste Wiederinstandsetzung nur eingleisig ausgeführt werden.

Im **Bahnhof Monfalcone (Objekt 21)** konnte zuerst das Gleis II dem Verkehr übergeben werden, gleichzeitig baute man eine getrennte Ausfahrt in Richtung Ronchi Südbahn und Ronchi Staatsbahn. Im Bahnhof Ronchi selbst erfolgte eine Änderung der Ausfahrt nach Cervignano bzw. Nabresina bzw. Görz durch Einbinden einer Gleiskreuzung.
Bauausführende: Bauleitung 35. EisbKp unter Hptm. Czelechowski, einschließlich des Sabliciviaduktes. 6. und 23. FeldbKp., KgfEAA 37 und 57. KgfAA 477.
Bauzeit: Beginn am 18.11.1917. Die völlige Instandsetzung einschließlich Permanierung der gesamten Strecke dauerte dann bis Mitte 1918.

Sabliciviadukt (km 10,5). Die flüchtige Instandsetzung für einen improvisierten Nachschubverkehr in unmittelbarer Frontnähe (vom 12.5. bis 31.5.1916, durch die 12. EisbKp) wurde bereits geschildert. Nach der 12. Isonzoschlacht begann die gründliche Behebung aller Schäden, die durch dauerndes Artilleriefeuer entstanden waren. Die in Mitleidenschaft gezogenen Bögen wurden durch den Einbau von vier Feldern Differdingerträger zu 16,6 m Stützweite entlastet. Die Pfeiler erforderten geringfügige Sanierungsarbeiten.
Bauausführende: 10. EisbKp. Bauzeit: 31.10. bis 15.11.1917.
Im Zuge der Instandsetzung des zweiten Streckengleises erfolgte auch die Permanierung des Sabliciviaduktes. Die Ausmauerung der beschädigten Viaduktbögen wurde einem österreichischen zivilen Unternehmen übertragen. Nach Abschluß dieser Arbeiten wurden die Brückenträger durch Eisenbahntruppen rückgebaut. Gleichzeitig mit den Arbeiten an dem Viadukt konnten mehrere kleine Brücken unter 20 m instandgesetzt und der Tunnel von San Giovanni wieder dem zweigleisigen Verkehr übergeben werden.
Neuausgeführt: 105,2 m, davon 72,0 m Kohnbrücke, 33,2 m Walzträger.
Bauausführende: Bauleitung Hptm. R. Czelechowski, 35. EisbKp, 23. FeldbKp und sechs KgfAA.
Bauzeit 22.1. bis 11.6.1918 (die Daten über die Baubeendigung variieren in den einzelnen Meldungen).

Linie V Görz — Cormons (—Udine)

Isonzobrücke westlich von Görz, Objekt 23: Die ursprüngliche Brückenform mit einer Länge von 204 m ist aus den Feldakten nicht mehr feststellbar. Die Zerstörungen an der Brücke erfolgten durch Sprengung, der Umfang ist jedoch anhand der Aufzeichnungen nicht mehr ersichtlich, vermutlich zur Gänze. Die beiden gewölbten Öffnungen wurden durch zwei Felder Roth-Waagner-Brücken zu 28,5 m und 29,0 m sowie mit 28 Feldern Walzträgern ersetzt.
Neuausgeführt: 197,5 m, davon 57,5 m RW-Brücke und 14,0 m Walzträger.
Bauausführende: 29. EisbKp, KgfEAA 36, 82 und 26, KgfAA 996.
Bauzeit: 31.10. bis 26.11.1917.

Versabrücke bei Capriva, Objekt 24: Die ursprüngliche Brückenform bestand aus mehreren aufeinanderfolgenden Kleinbrücken über die Versa und ihre Zuflüsse mit 5 bis 12 m Spannweite. Sämtliche Brücken waren durch Sprengungen unterbrochen, die Länge der Unterbrechungen nicht mehr feststellbar. Die Wiederherstellung erfolgte mit Hilfe von Walzträgern unter Ausnützung der alten Widerlager.
Neuausgeführt: 24,0 m Walzträger.
Bauausführende: 30. EisbKp und zwei KgfAA. Bauzeit: 15.11. bis 19.11.1917.
Bei der Versabrücke ersetzte man dann die vorerst nur provisorisch wiederhergestellten Teile in Dauerausführung. Die dabei angewandte Bauart ist jedoch nicht mehr feststellbar.
Bauausführende: Bauleitung Hptm. v. Ruttner, Truppenteile unbekannt.
Bauzeit: 18.3. bis 27.5.1918.

Feldbahn Mossa – San Marco

Ein größeres italienisches Depot ist bereits auf den k.u.k. Luftbildern des Sommers 1917 bei der kleinen Kirche von San Marco nachweisbar. Ob bereits zu diesem Zeitpunkt eine Feldbahn vom Bahnhof Mossa zu den Magazinen führte, ist dagegen ungewiß.
Nach der Herbstoffensive wurden die Depots durch k.u.k. Truppen weiterbenützt.
Die Feldakte geben bezüglich der Feldbahn lediglich an:
Bauzeit: 19.2. bis 4.3.1918. Länge der Strecke: 3,5 km
Betrieb: vom 6.3. bis zum Zusammenbruch im Herbst 1918.
Nach Berichten Einheimischer soll die Bahn dann noch längere Zeit von einer Fabrik als Verbindung zur Hauptstrecke in Benützung gestanden sein. Heute sind noch Reste des Bahndammes in der Nähe von San Marco sichtbar.

Isonzo–Viadukt der Bahnlinie Görz – Lucinico
Quelle: Musei provinciali Gorizia

Drei Isonzo-Brücken bei Lucinico nach pioniermäßiger Wiederherstellung durch k.u.k. Truppen; zuerst zwei Straßen-, dann Bahnbrücke; im Hintergrund die Podgora, um deren Besitz sich erbitterte Kämpfe abspielten
Quelle: Musei provinciali Gorizia

K.u.k. Grenzbahnhof
Cormons,
November 1917

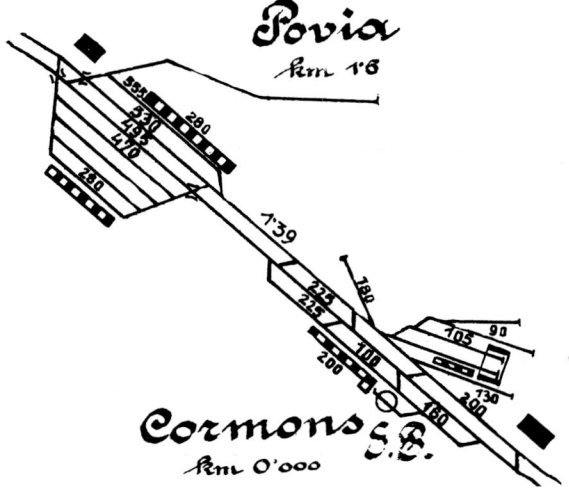

Im Bahndamm bei
Sdraussina befand sich die
Station einer italienischen
Kriegsseilbahn zum
Mte. S. Michele
*Quelle: Musei provinciali
Gorizia*

Linie IVd Monfalcone – Cervignano
Isonzobrücke bei Pieris-Turiaco, Objekt 20.
Die ursprüngliche Brückenform bestand aus einer Gitterbrücke mit sieben Feldern zu 51,50 m Stützweite (Halbparabelträger) auf gemauerten End- und Mittelpfeilern. Die Fahrbahnhöhe lag etwa 5,5 m über dem Niedrigwasserspiegel.
Gleich nach Kriegsbeginn im Jahre 1915 erfolgte im Zuge der Räumung dieses Gebietes durch die österreichisch-ungarischen Truppen die Sprengung des Mittelfeldes und des Endfeldes in Richtung Monfalcone. Die erste Wiederherstellung führten italienische Pioniere durch den Einbau eines Holzprovisoriums in der Mittelöffnung und durch die Montage von zwei Feldern Eiffelbrücken im Endfeld durch.
Die zweite Zerstörung der Brücke erfolgte beim Rückzug der Italiener im Herbst 1917. Die Eiffelbrücken im Endfeld gegen Monfalcone wurden durch Sprengung zum Einsturz gebracht, die Holzbrücke im Mittelfeld durch Abbrennen zerstört. Im Endfeld gegen Cervignano wurde durch Kleinstsprengungen der Untergurt zerstört und das Feld zum Einsturz gebracht.
Als erste Maßnahme zur Wiederherstellung durch die k.u.k. Eisenbahntruppen erfolgte die Hebung der abgestürzten Felder 5, 6 und 7 und der Ersatz des durch Feuer zerstörten italienischen Holzprovisoriums im Mittelfeld durch eine Walzträgerbrücke I/50 cm mit sieben Mittelunterlagen unter Ausnützung der stehengebliebenen Joche. Ferner wurde die Hebung und Unterstützung des Endfeldes gegen Cervignano durchgeführt. Für den zerstörten sechsten Pfeiler kam ein Holzpfeiler zum Einsatz. Der Pfeilerstumpf des vierten Pfeilers konnte mittels Errichtung eines Holzstapels auf die erforderliche Fahrbahnhöhe gebracht werden. Die italienische Eiffelbrücke im Endfeld gegen Monfalcone wurde durch zwei Felder Kohnbrücken auf einem hölzernen Gruppenjoch unter Ausnützung eines dort stehengebliebenen Pfeilers ersetzt. Die italienische Eiffelbrücke wurde vorher durch Sprengung zum vollständigen Einsturz gebracht, um dann als Unterlage für das Montierungsgerüst der beiden Kohnbrückenfelder zu dienen.
Neuausgeführt: 127 m, davon 30 + 21 m Kohnbrücke und 76,0 m Walzträger.
Bauausführende: 36. EisbKp, KgfEAA 69, KgfAA Nr. 117a.
Bauzeit: 5.11. bis 19.11.1917.
Die dritte Wiederherstellung erfolgte durch den Austausch der beiden Kohnbrückenfelder in der ersten Brückenöffnung im Endfeld von Monfalcone. Außerdem ersetzte man die Walzträgerbrücke der vierten Brückenöffnung durch je ein Feld Roth-Waagner-Brücken zu 51 m Stützweite. Die RW-Felder wurden seitwärts der auszuwechselnden Felder auf einem Gerüst montiert. Für das Ausschieben der Kohnbrückenfelder wurde auf der anderen Seite ebenfalls ein Gerüst erbaut. Beide Gerüste erhielten Gleitbahnen aus Schienen für das seitliche Verschieben der Brückenfelder. Der Austausch der Brückenfelder erfolgte während der Verkehrspausen. Auch das Endfeld in Richtung Cervignano konnte durch den Austausch aller beschädigten Teile in den ursprünglichen Zustand versetzt werden.
Neuausgeführt: 102 m RW-Brücken.
Bauausführende: 1. EisbKp, RW-Brückenbaudetachement 1 und 2, KgfAA 11a.
Bauzeit: 14.5. bis 31.5.1918; Aufräumungsarbeiten und Nacharbeiten, vor allem Räumung des Flußbettes von Brückentrümmern durch ein Unterwasser-Schneidedetachement bis 17.6.1918.

Linie IVa Görz – Prvačina – Opčina (–Triest)
Diese für den Nachschub in den Raum Görz wichtige Strecke wies durch die vorangegangenen langanhaltenden Kämpfe vor allem in ihren Stationsanlagen und an Ober- und Unterbau teilweise schwere Schäden auf. Unter dem Einsatz aller verfügbaren Kräfte strebte die Bauleitung Hptm. v. Ruttner vorerst eine rasche Befahrbarkeit der Strecke unter Zuhilfenahme zahlreicher Improvisationen an. Die größten Schwierigkeiten bereiteten die völlig verwüsteten Bahnhofsanlagen in Volčja Draga und das Gleisdreieck bei St. Peter (Objekt 30). Umfangreiche Wiederherstellungsarbeiten waren auch bei der Abzweigung der Linien in Richtung Batuje und Haidenschaft (Objekte 27, 28 und 29) notwendig. Die durch Artilleriefeuer schwer beschädigten Widerlager der Eisenbahnbrücke bei Dornberg konnten behelfsmäßig wiederhergestellt werden.
Bauausführende: 32. und 29. EisbKp, 10. EisbKp Detachement und sechs KgfAA.
Bauzeit: 22.10. bis 14.11.1917. Permanierungsarbeiten dauerten vom Jänner bis Juni 1918.

K.u.k. Grenzbahnhof
Cervignano,
Frühjahr 1918

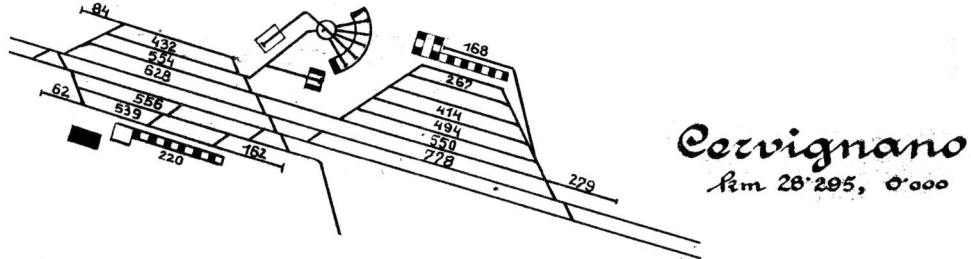

Wippachtal, 9.9.1917

Streckensituation Görz – Triest, 31.10.1917, bei St. Peter; im Hintergrund der schwer umkämpfte Fajti Hrib; links hinter dem Telegrafenmast befindet sich S. Marco

Linie IV/42 Bivio – Duino Sistiana

Zur Betriebsaufnahme auf dieser Strecke wurden Instandsetzungsarbeiten am Ober- und Unterbau sowie die Erneuerung kleiner zerschossener Überbrückungen notwendig.
Bauausführende: 10. EisbKp mit einem Detachement. Bauzeit: 25.9. bis 29.10.1917.

Linie III Tarvis – Pontafel

Durch den fast über zwei Jahre unveränderten Frontverlauf in diesem Raum wies die Strecke ab der Wasserscheide bis zur Reichsgrenze zahlreiche kleinere Streckenunterbrechungen durch Artillerietreffer und durch den Bau militärischer Objekte im Bahndamm, wie Schützengräben und Unterkünfte, auf. Zerstörungen größeren Ausmaßes ergaben sich durch die gesprengte Fellabrücke bei Lußnitz, die Vogelbachbrücke sowie die Grenzbrücke zwischen den Bahnhöfen Pontafel und Pontebba.

Fellabrücke bei Lußnitz, km 424,5 (Objekt 2). Die ursprüngliche Brückenform bestand aus drei Öffnungen mit je 11,75 m + 36,68 m + 30,21 m Stützweite. Davon war die erste Öffnung mit Blechträgern, die zweite und dritte Öffnung mit Gitterträgern (Parallelträger) auf gemauerten End- und Mittelpfeilern überbrückt. Die Fahrbahnhöhe lag etwa 6,5 m über dem Niedrigwasserspiegel, Fahrbahn oben.

Die Zerstörung der Brücke erfolgte durch österreichisch-ungarische Truppen im Mai 1915. Durch Sprengung wurde das zweite Feld auf mehrere Maschenlängen beschädigt und zum Einsturz gebracht und der zweite Pfeiler völlig zerstört. Die Träger des zweiten Feldes erwiesen sich noch größtenteils als verwendbar, dagegen das dritte Feld als vollkommen unbrauchbar und vernichtet. Das Endwiderlager gegen Pontafel wies keine Beschädigungen auf.

Zuerst erfolgte die Hebung des abgestürzten zweiten Feldes und der Bau eines Holzpfeilers für das neue Brückenende. Die fehlende Länge konnte durch ein Walzträgerfeld I/50 cm mit 10 m Stützweite, Bahn nach oben, ergänzt werden. Für das zerstörte dritte Feld kam eine RW-Brücke mit einer Stützweite von 31,5 m, Bahn nach oben, zum Einsatz. Für das Walzträgerfeld und die RW-Brücke setzte man einen gemeinsamen Holzpfeiler, für das andere Ende der RW-Brücke wurde das noch erhaltene Widerlager verwendet.

In welcher Art die 22. Eisenbahnkompanie das dritte Feld provisorisch wieder instandsetzte, geht aus den Feldakten nicht hervor, da sich die betreffenden Angaben widersprechen. Vermutlich erfolgte dies durch Heben und Unterstützen des abgestürzten Trägers, der offensichtlich durch Hochwasser wieder gefährdet wurde. Aus diesem Grund führte man anscheinend auch die Permanierung der Brücke kurz darauf durch. Der Zeitpunkt für den Einbau der RW-Brücke in das dritte Feld läßt sich nicht mehr mit Sicherheit feststellen.

Aller Wahrscheinlichkeit nach baute bereits die 22. EisbKp. die RW-Brücke ein und warf die bereits in Hebung befindlichen alten Brückenträger aus der Brückenachse wieder in den Fluß.

Neu ausgeführt: 71 m, davon 31,5 m RW-Brücke und 10 m Walzträger
Wiederverwendet: 30 m. Belastungsprobe: 15.11.1917
Bauausführende: 22. EisbKp; KgfEAK 2086, 1. EisbKp mit Detachement bei der Permanierung.
Bauzeit: Provisorium vom 6.11. bis 15.11.1917; Permanierung vom 5.3. bis 8.5.1918.

Die nach Kriegsbeginn von österreichisch-ungarischen Pionieren gesprengte Brücke bei Lußnitz

Bahnhof Pontebba, Wiederherstellung der Ausfahrtsweichen, November 1917

Angehörige von k.u.k. EisbKp beim Wiederaufbau der Brücke bei Lußnitz

Vogelbachbrücke, km 428,89 (Objekt 1). Die zwischen den Bahnhöfen Lußnitz und Pontafel gelegene Brücke bestand ursprünglich aus Blechträgern mit 18,9 m Stützweite auf gemauerten Widerlagern. Der Träger wurde durch die Sprengung, die ein österreichisch-ungarisches Detachement am Ende gegen Pontafel durchführte, in einer Länge von 5 m zerstört, die Widerlager blieben unbeschädigt. Trägerreste noch verwendbar.
Nach Hebung der noch verwendbaren Trägerteile ergänzte man die fehlende Brückenlänge durch ein Walzträgerfeld I/35 cm mit 5 m Stützweite. Als Mittelunterlage kam ein hölzernes Gruppenjoch zum Einsatz. Die gemauerten Widerlager konnten als Endauflagen verwendet werden.
Neu ausgeführt: 5,0 m Walzträger. Wiederverwendet: 13,9 m
Bauausführende: 22. EisbKp; KgfEAK 2086. Bauzeit: 6.11. bis 15.11.1917.

Grenzbrücke (Objekt 3) zwischen den Bahnhöfen Pontafel und Pontebba. Sie hatte in ihrer Ursprungsform eine Gitterträgerbrücke mit 33 m Stützweite. Nach Sprengung des Widerlagers stürzte die Brücke mit ihrem Ende gegen Pontafel ab, die Träger blieben jedoch fast unbeschädigt. Nach Hebung des Brückenfeldes ersetzte man die Widerlager durch Holzpfeiler. Eine Sprenglücke im Tragwerk konnte durch den Einbau eines Walzträgerfeldes I/50 cm mit 10 m Spannweite geschlossen werden.
Neu ausgeführt: 10,0 m Walzträger. Wiederverwendet: 23,0 m
Bauausführende: 22. EisbKp; KgfEAK 2086. Bauzeit: 6.11. bis 15.11.1917.

Die Instandsetzungsarbeiten an der Strecke zwischen Tarvis und Pontebba konnten verhältnismäßig rasch durch Improvisationen beendet werden. Die permanente Ausführung vor allem der zerstörten Gleisanlagen in den beiden Grenzbahnhöfen Pontafel und Pontebba währte jedoch durch längere Zeit, über letztere Arbeiten geben die Feldakten keine genauere Auskunft.
Bauausführende: 3. und 22. EisbKp; KgfEAK 2086.
Bauzeit: 6.11. bis 15.11.1917, Permanierungsarbeiten bis etwa März 1918.

Eröffnungszug auf der Fella Brücke mit k.k. StB 1E-hhv Lok R 380.1, Stationierung Villach oder Görz

DIE K.U.K. HEERESBAHN SÜDWEST 1917–1918 ZWISCHEN ISONZO UND PIAVE

Im Zuge der 12. Isonzoschlacht überschritten die verbündeten österreichisch-ungarischen und deutschen Truppenverbände die damalige k.u.k. Reichsgrenze. Sie drängten zunächst die italienischen Kräfte bis an den Tagliamento zurück. Erst nach Überwindung starken italienischen Widerstandes erreichten die Verbündeten am 9. November 1917 den Piave, wo die Offensive zum Stillstand kam.
Als die Verbündeten die neuen Linien am Piave bezogen hatten, waren Tarvis, Podmelec, Reifenberg und Prosecco noch immer, wie zu Beginn der Offensive, die Endbahnhöfe für die gesamte Versorgung.
Somit waren der Abschnitt an der Piave-Mündung 100 Kilometer und jener westlich von Vittorio ca. 150 km von den Endpunkten der Bahnen entfernt. Nachhaltige Zerstörungen der Bahnlinien und der Straßen durch die italienische Armee während ihres Rückzuges verhinderten einen raschen Wiederaufbau der für die Verbündeten lebenswichtigen Verkehrsverbindungen. Überdies konnte die geringe Anzahl der verfügbaren Nachschubkolonnen den Bedarf der Piavefront nicht decken. Die italienische Seite verfügte dagegen jenseits des Piave über ein leistungsfähiges und intaktes Verkehrsnetz.
Die rasche Wiederaufnahme eines Bahnbetriebes war somit von größter Tragweite, von ihr hing jede gezielte Versorgungsführung und damit die weitere militärische Planung ab. Außerdem konnten der durch die langanhaltenden Kämpfe schwer in Mitleidenschaft gezogenen Wirtschaft und Industrie des Landes und seiner Zivilbevölkerung nur durch einen geordneten Bahnbetrieb neue Impulse verliehen werden. Vor diese Aufgabe sah sich die Eisenbahntruppe im Herbst 1917 gestellt. Auf der einen Seite machten sich drei Kriegsjahre hemmend bei der Beschaffung dringend benötigten Materials bemerkbar, auf der anderen Seite stand die zwingende Notwendigkeit, eine Verbindung mit dem Hinterland zu schaffen.

Bahnhof Ronchi, italienischer Geschütztransport, November 1917

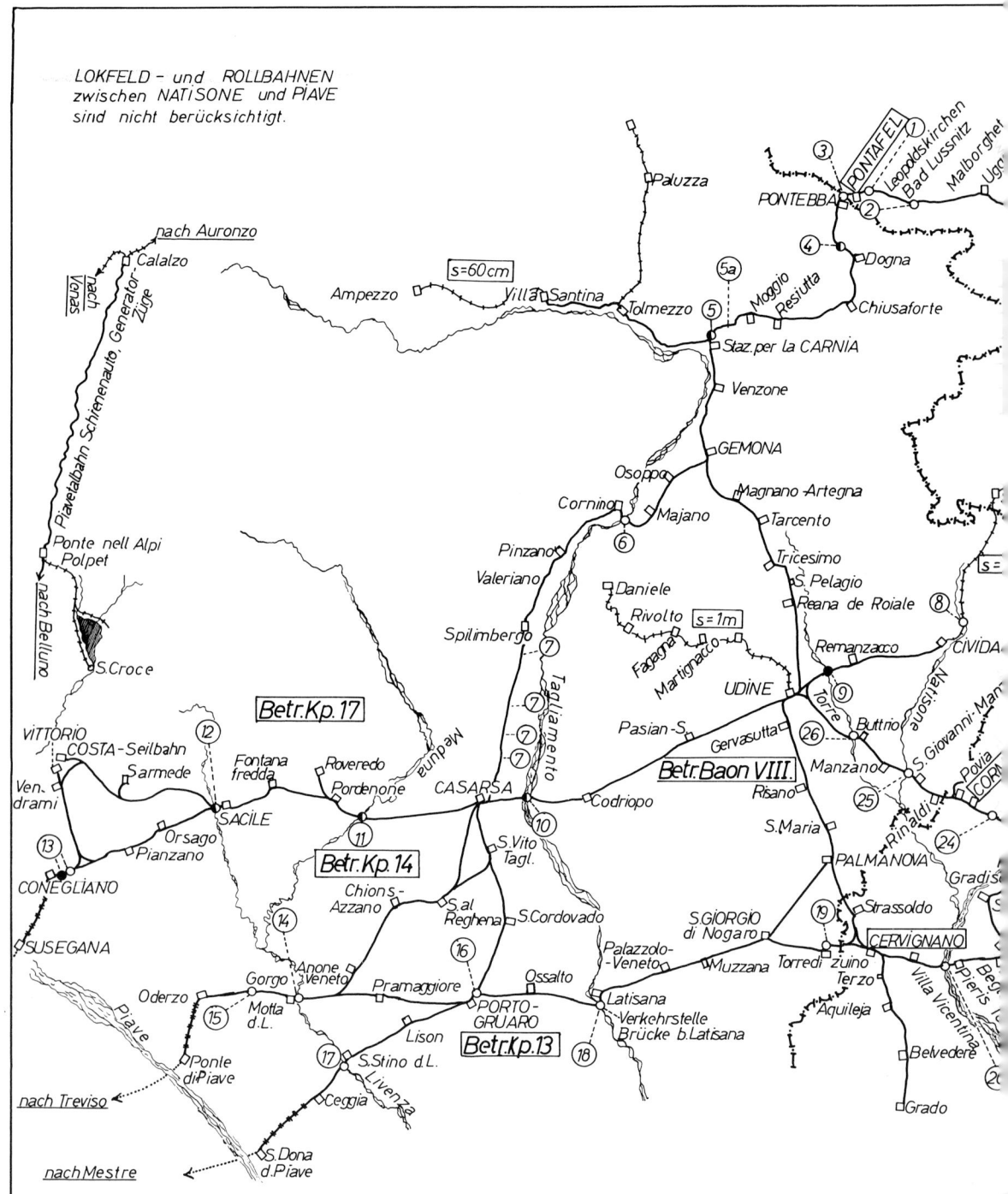

Streckensituation zwischen Isonzo und Piave, mit Angaben über zerstörte Großobjekte, November 1917

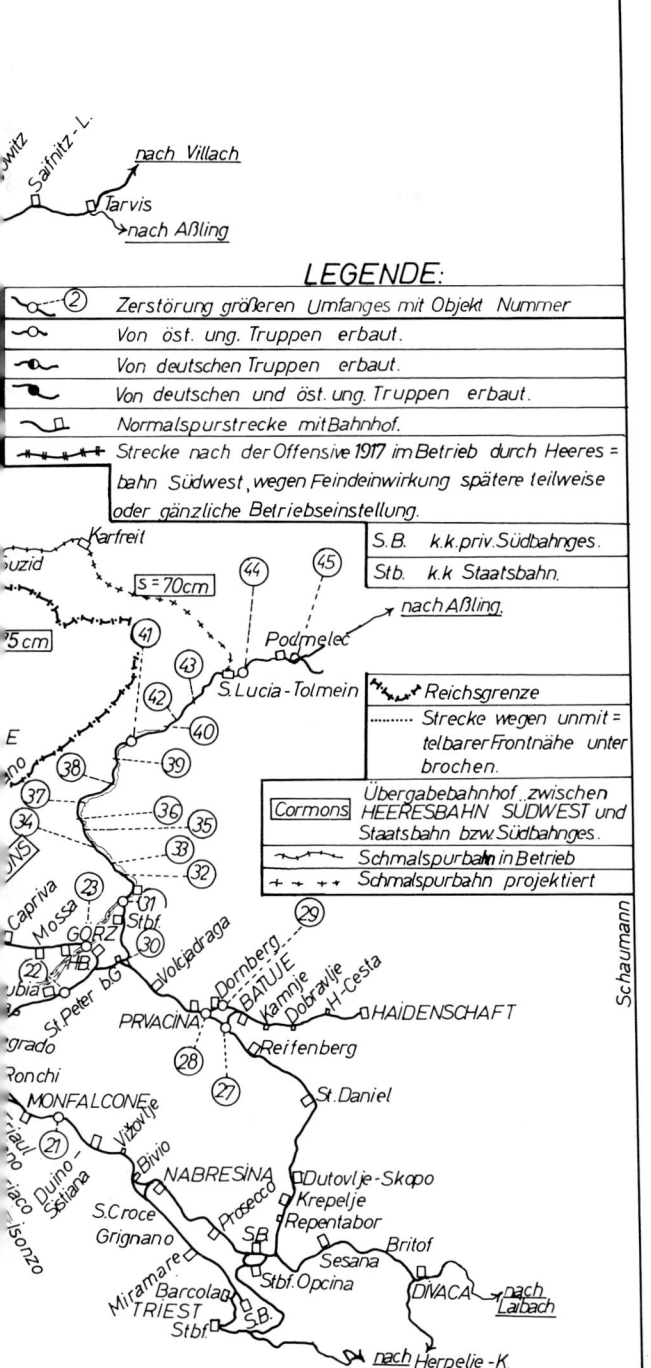

Organisation, Gliederung, Streckennetz

Aus Teilen der mit Jahresende 1917 zur Auflösung gelangenden Heeresbahn Südost (Rumänien) und aus neu einberufenen Zivil- und Eisenbahnbediensteten wurden Betriebskompanien (9–17) aufgestellt. Außerdem zog man aus Siebenbürgen die Betriebsabteilung VIII heran. Für die äußerst umfangreichen Wiederherstellungsarbeiten kamen zahlreiche Spezialeinheiten der k.u.k. Eisenbahntruppe sowie Kaiserlich deutsche Eisenbahnformationen zum Einsatz.

Die Aufstellung des Kommandos der Heeresbahn Südwest erfolgte mit 27.11.1917 (AOK Chef des Gstbs. Nr. 225664). Zum Kommandanten wurde Oberst d. Gstb. Gustav Butterweck bestellt, als Sitz des Kommandos bestimmte man Udine.

Die Hauptaufgabe des neuen Kommandos während seiner Aufstellungsphase bestand in der Erkundung des Streckennetzes zur Feststellung des Schadensausmaßes an Anlagen und Einrichtungen. Die Erkundung diente auch der Zählung und Sicherung der Beutebestände, um diese möglichst umgehend für den anlaufenden Wiederaufbau einzusetzen. Gleichzeitig mit diesen Maßnahmen erfolgte der innere Aufbau und die Gliederung der Heeresbahn Südwest, die in dieser Form, von geringfügigen Änderungen abgesehen, bis zum Betriebsende im Herbst 1918 beibehalten wurden.

Aus einem kleinen Arbeitsstab entwickelte sich das Kommando mit seinen untergeordneten Dienststellen durch die rapid ansteigenden Anforderungen an den Bahnbetrieb rasch zu einer Organisation, die alle Dienstzweige des Eisenbahndienstes umfaßte. Übersichtspläne und Bildtafeln sollen in möglichst einfacher und knapper Form nur die Grundzüge des Aufbaues der Heeresbahn aufzeigen, um dem Bau- und Betriebsdienst breiteren Raum widmen zu können.

K. u. k. Heeresbahn Südwest kommando.

Präs. Udine, am 15/6 1918
Nr. 92 Adj. mit — Blg.

Kommando der k. u. k.

Tra.	Abt. I.	Jur. Gruppe.	Abt. III.	Abt. IV.	Abt. V.
Transport-Instradierungen	Personalangelegenheiten und Personal-Evidenz, Normierung und Systemisierung, Militärrechtsgruppe, Sanitätswesen, Proviantur, Mannschaftsdetachement, Hilfsämterdienst, Heim der weiblichen Hilfskräfte.	Zivilrechts- und allgemeine Verwaltungsangelegenheiten, Fahrbegünstigungen, Oekonomatsagenden, Angelegenheiten der weiblichen Hilfskräfte.	Bau- und Bahnerhaltungs-Dienst	Zugförderungs-Werkstätten- und Beleuchtungs-Dienst	Verkehrsdienst, Wagendirigierung Hughes

Tük	Udine, Pontafel, Cormons, Cervignano, Casarsa, Portogruaro
Tüst	Gemona

Wirtschaftsstation Udine	Soldatenheim Udine

Dem Kommando der k. u. k. direkt

Betr.-Baon VIII.				Betr.-Komp. 13			Betr.-Komp. 14			
Kmdo	Verkehr	B. E. S.	Zugförd.	Kmdo	Verkehr	B. E. S.	Kmdo.	Verkehr	B. E. S.	Zugförd.
Udine	48 Stat.	Udine Gemona	Heizhaus Udine Pontebba S. Giorgio di Nogara	Portogruaro	5 Stationen	Portogruaro	Casarsa	12 Stat.	Casarsa	Heizhaus Casarsa

Signalwerkstätte Udine

Marodenhaus Casarsa

Heeresbahn Südwest.

Kommerzielle Gruppe	Einnahmenkontrolle	Gruppe			Kommando-Kassa
		VIII 1	VIII/2	VIII/4	
Transport- und Tarifdienst	Einnahmen- kontrolldienst	Militärver- rechnung	Bahndienst- verrechnung	Material- Gruppe	

| Offz.-Erholungsheim Piano | | | | Materialmagazin Udine | |

Heeresbahn Südwest
unterstellt:

Betr.-Komp. 15			Betr.-Komp. 17			Brückenhebedetachement.
Kmdo	Verkehr	B. E. S.	Kmdo.	Verkehr	B. E. S.	
S. Giovani di Casarsa	10 Stat.	Oberbau- material lagerstelle	Pordenone	11 Stat.	Pordenone	Gemona

I. Längen.

A. Baulängen.

Art	eingleisig km	zweigleisig km	zusammen km
Vollspurbahnen	276·000	165·685	441·685

B. Betriebslängen.

	eingleisig km	zweigleisig km	zusammen km
1. Vollspurbahnen	276·000	165·685	441·684
2. Schleppgleise (im Betrieb)	7·380	—	7·380
Gesamte Betriebslänge	283·380	165·685	449·065

C. Im Einzelnen.
A. Vollspur.

	eingleisig km	zweigleisig km	zusammen km	gesamte Betr.-Länge km	Schleppgleis km	gesamte Bahnlänge km
Betriebs-Baon VIII, Udine	142·742	82·833	225·575	225·575	2·500	228·075
Betriebs-Komp. 13, Portogruaro	17·707	32·680	50·387	50·387	1·180	52·267
Betriebs-Komp. 14, Casarsa	52·083	5·124	57·207	57·207	—	57·207
Betriebs-Komp. 15, Casarsa	49·905	—	49·905	49·905	—	49·915
Betriebs-Komp. 17, Pordenone	13·563	45·084	58·610	58·610	3·000	61·611
Zusammen	276·000	165·721	441·684	441·684	7·380	449·065

II.
A. Exekutive Dienststellen
des Betr.-Baons. VIII und der Betr.-Komp. 13, 14, 15, 17.

1	2	3	4	5	6	7	8	9	10	11	12	13	14	15
Betriebs-Abteilung	Bahnerhaltungs-Sektionen	Heizhaus-Kmdos	Betr.-Werkstätten*)	Heeresbahn-Material-Magazin	Heeresbahnstationen	Heeresbahn-Betriebsausweichen	Personen-Haltestellen	Verkehrsstellen	Kommerzielle Vertretungen	Ladestellen	Signalwerkstätten	Brückenhebe-Detachement	Bahnmeistereien	Gebäudemeister	Oberbau-Material-Lagerstelle	Anmerkung
Betr.-Baon VIII	2	3	3	1	34		4		3	1	1		14	2		*) Sind nicht selbständig, sondern den Heizhäusern angegliedert.
Betr.-Komp. 13	1				5								5			
„ „ 14	1	1	1		9		2			1			5	1		
„ „ 15					8		2									
„ „ 17	1				7		1						5			
Zusammen	5	4	4	1	63		9		3	2	1	1**)	29	2	1	**) Direkt der Abt. III unterstellt.

Fahrdienstleitung HB-SW, Bahnhof Udine, 30.7.1918

Heizhaus Udine mit MAV Lok R 324, 13.7.1918

B. Elektrische Beleucktungs*) und Kraftanlagen.

1	2	3	4	5	6
K. u. k. Heeresbahn Süd-West	Elektrische Beleuchtungs- und Kraftanlagen	Oel-Gas-Anstalt	Anzahl der Wasserstationen	Anzahl der Wasserkrahne	Anmerkung
Heizhausbereich Udine	1	—	5	17	
Heizhausbereich Pontafel	1	—	6	7	
Heizhausbereich Casarsa	1	—	8	19	
Heizhausbereich Cervignano	1	—	4	8	
Summe	4	—	23	51	

C. Ladevorrichtungen.

Betriebs-Komp.	Rampen offene, feste für		
	Stirn	Seiten	Stirn und Seiten
	Verladung		
Betr. Baon VIII	—	42	12
Betr.-Komp. 13	—	1	2
Betr.-Komp. 14	—	3	7
Betr.-Komp. 15	—	2	3
Betr.-Komp. 17	—	4	5
Summe	—	52	29

D. Fernsprech- und Telegraphendienst.

Bereich	Teleph.-Zentralen	Fernsprecher	Telegraphen-Apparate	Hughes-Apparate
Heeresbahnkommando Süd-West	15	630	210	3

*) Faksimile

E. Signal- und Sicherungsdienst.

Bereich	Ital. mech. Arm-Signale mit elektr. Flügel-Kupplung	Ital. mech. Arm-Signale	Ital. mech. Scheiben-Signale	Wechselsperren	
				ital.	Götz V
Heeresbahnkommando Süd-West	12	15	46	120	100

V. Betriebswerkstätten.

1	2	3	4				5
			Leistungen				
Betriebswerkstätte	Anzahl	Gesamt-Personal	Durchschnittlicher Ausbesserungsstand		Im Betriebsabschnitt ausgebessert		Anmerkung
			Lok.	Wagen	Lok.	Wagen	
Udine	1	488	15	15	70	522	
Pontebba	1	231	7	4	37	180	
Casarsa	1	199	12	3	40	88	
S. Giorgio	1	168	9	2	30	92	

Spenglerei der HB Signalwerkstätte Udine, 30.7.1918

Signalmagazin Udine der HB, 30.7.1918

Draisinen-Schuppen der HB in Udine, 30.7.1918

Die vom übrigen Netz der Heeresbahn Südwest abgetrennte normalspurige

Piavetalbahn

Calalzo — Belluno — Feltre — Quero (−Treviso)

Die Piavetalbahn von Treviso — Feltre — Belluno — Longarone nach Calalzo bildete für die italienische Armee die Hauptversorgungslinie ihrer in den östlichen Dolomiten gelegenen Frontabschnitte bis zum Rückzug im November 1917.

Die Strecke hat von der venezianischen Tiefebene bis zu ihrem Endpunkt in Calalzo einen Höhenunterschied von 670 m zu überwinden. Ab Longarone piaveaufwärts weist die durchwegs eingleisige Bahn reinen Gebirgscharakter mit zahlreichen Kunstbauten auf.

Die Offensive der Mittelmächte kam dann im Bereich des Piave-Durchbruchs in die Tiefebene zum Stillstand. Der Bahnhof von Quero war bis zum Zusammenbruch der k.u.k. Monarchie im November 1918 Endpunkt der Versorgungslinie durch das Piavetal, dem für den Nachschub besondere Bedeutung zukam. Die Betriebsdurchführung gestaltete sich hier besonders schwierig, da mehrmaliges zeitraubendes Umladen erforderlich wurde (Näheres siehe unter Dolomitenbahn, Toblach-Calalzo).

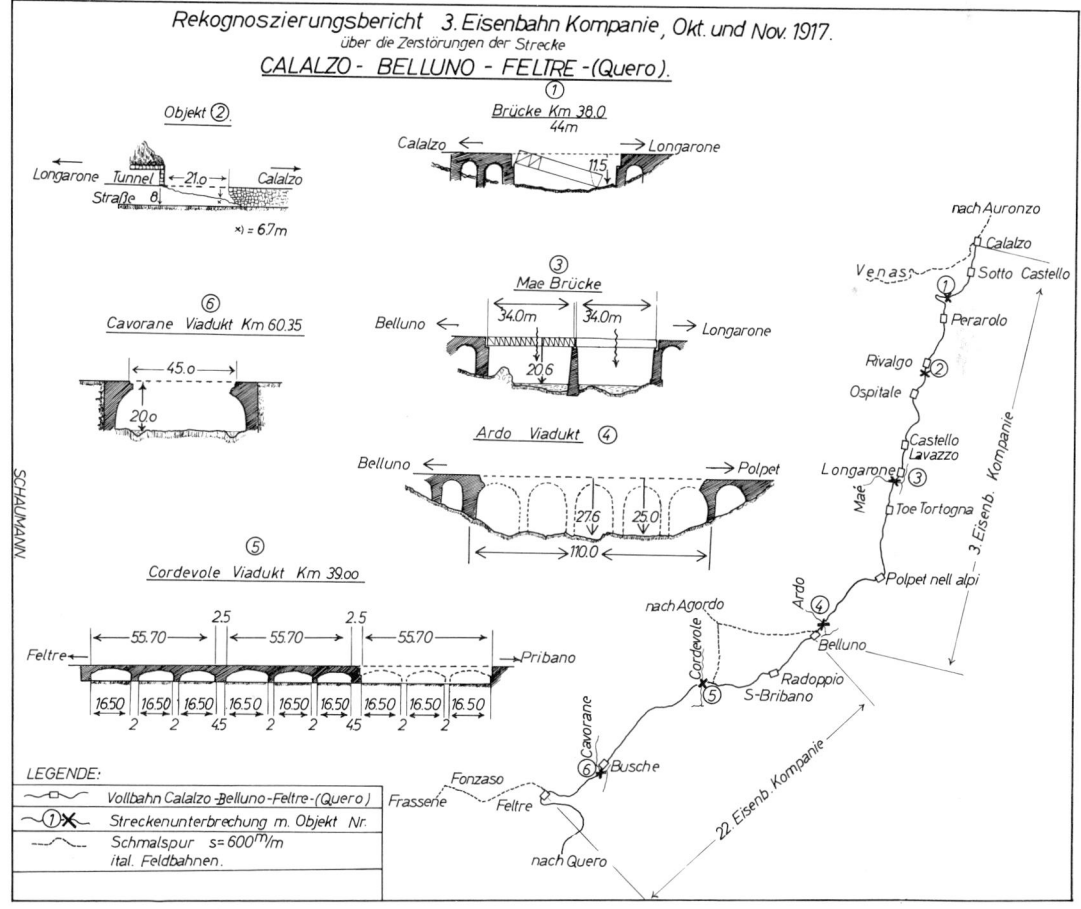

Piavetalbahn mit detaillierten Angaben über die zerstörten Großobjekte

Zerstörungen, Wiederaufbau

Die österreichisch-ungarischen Truppen fanden bei ihrem Vormarsch im November 1917 zahlreiche und nachhaltige Zerstörungen durch Sprengungen vor.

Boiteviadukt bei Perarolo
Ursprüngliche Brückenform: 2 Gewölbe mit 10 m Lichtweite + eiserne Gitterbrücke (Parallelträger, Bahn oben) zu 44 m + 1 Gewölbe mit 10 m Lichtweite; Fahrbahnhöhe 11,5 m über Talsohle.
Zerstörungen: Eiserne Gitterbrücke in 3 Maschen gegen Longarone zu gesprengt, Träger einseitig abgestürzt; 32 m der Träger noch verwendbar; Pfeiler nicht eingestürzt.
Vorläufiger Wiederaufbau: Durch eine leichte Holzbrücke wurde eine provisorische, für Generatorzüge geeignete Umfahrung der Unterbrechungsstelle geschaffen.
Endgültiger Wiederaufbau: Hebung des abgestürzten Trägers auf Holzpfeiler. Danach Ergänzung des fehlenden Stückes durch Walzträger I/50 cm und I/35 cm in der Länge von insgesamt 12 m.
Bauzeit: für Holzprovisorium: 25.12.1917 bis 11.1.1918
für endgültigen Wiederaufbau: (?)−24.2.1918
Bauausführende: (in abwechselnder Reihenfolge) 37. EisbKp, 22. EisbKp + Hilfskräfte

Tunnel bei Rivalgo
Zerstörungen: Der zwischen den Stationen Perarolo und Ospitale gelegene Tunnel war mit seinem Nordausgang samt einer anschließenden 8 m hohen Stützmauer durch Sprengung zum Einsturz gebracht worden.
Wiederaufbau: Einbau von Holzstützungen und Ausräumung
Bauzeit: 11.12.1917−2.1.1918, Bauausführende: 1 Zug der 22. EisbKp.

Mae-Brücke bei Longarone, gestützte Träger bei Sprengstelle

Maèbrücke bei Longarone
Ursprüngliche Bauform: Brücke im Bogen mit einem Gefälle von 10‰; 2 Felder Gitterbrücke zu 34 m; sowie auf der anderen Seite 2 Gewölbe mit je 10 m Lichtweite.
Zerstörungen: Nördlicher Gitterträger in einem Mittelquerschnitt gesprengt und abgestürzt. Südlicher Gitterträger an mehreren Maschen beschädigt, jedoch nicht abgestürzt; der abgestürzte Träger durch 1 Feld Kohnbrücke von 27,5 m ersetzt.
Bauzeit: 11.12.1917−25.1.1918, Bauausführende: 2 Züge / 22. EisbKp + 2 KfgAA.

Perarolo-Brücke, November 1917

Ardoviadukt bei Belluno

Ursprüngliche Bauform: Gewölbte gerade waagrechte Talbrücke mit 5 Öffnungen zu je 19 m Lichtweite; ferner 1 Öffnung gegen Calalzo und 2 Öffnungen gegen Belluno mit kleineren Weiten. Gesamtlänge 145 m, Fahrbahnhöhe 25 m.

Zerstörungen: Durch Sprengung aller 5 großen Brückenbögen mit einer Hindernisweite von 105 m wurden alle Gewölbe samt Pfeilern bis zum Boden völlig zerstört.

Wiederaufbau: Durch Einbau von 4 Feldern Kohnbrücken, Bahn oben, mit 15+30+30+30 m Stützweite und 3 eisernen Kohnpfeilern zu 18+21+21 m Höhe auf Betonsockeln. Die Montage des ersten Feldes erfolgte mittels Gerüst, alle anderen im freitragenden Vorbau.

Vor Beginn der Bauarbeiten wurde eine 60 cm Rollbahn unter Umgehung des gesprengten Viaduktes bis zum Bahnhof Belluno vorgebaut. Das gesamte Baumaterial mußte von Toblach mittels Motorfeldbahn bis Venas, von da mit der Seilbahn nach Perarolo und dann mit Generatorzügen zur Baustelle geschafft werden. (Gesamtstrecke unter mehrmaligem Umladen ca. 100 km.)

Bauzeit: 1.12.1917–12.2.1918, Belastungsprobe am 8.2.1918

Bauausführende (in abwechselnder Reihenfolge): 3. EisbKp + 2 KgfAKp.
1/2 22. EisbKp + KgfEAK 86.

Bei Kriegsende und dem damit verbundenen Rückzug der österreichisch-ungarischen Truppen aus dem Piavetal erfolgte die neuerliche Sprengung des Bauwerkes.

Generatorzug bei Busche, Sommer 1918

Cordevoleviadukt bei Bribano
Ursprüngliche Form: Gewölbte Brücke mit 9 Bögen; Lichtweite je 16,5 m, Fahrbahnhöhe 6,0 m.
Zerstörungen: Im westlichen Teil 3 Bögen samt Zwischenpfeilern bis zum Boden durch Sprengung vernichtet; 1 Standpfeiler blieb stehen; Weite der Öffnung 55,7 m.
Wiederaufbau: Einbau von 6 Walzträgerfeldern mit 9,0 m Stützweite auf Doppelböcken mit Steinsockel.
Bauzeit: 13.2.–25.4.1918, Bauausführende: 2 Züge / 22. EisbKp.

Cavorameviadukt bei Nemeggio
Ursprüngliche Bauform: Gewölbte Brücke mit 2 Bögen zu 20 m Lichtweite, Fahrbahnhöhe 20 m.
Zerstörungen: Durch Sprengung des Mittelpfeilers und beider Bögen bis zum Boden zerstört; Hindernisweite 45,0 m. Endwiderlager erhalten.
Wiederaufbau: Einbau von 2 Feldern Kohnbrücke zu 24+27 m Stützweite auf hölzernem Mittelpfeiler, Bahn unten.
Bauzeit: 15.12.1917–27.2.1918, Bauausführende: 6. EisbKp + KgfEAK 18, KgfAK 652.

Cordevole Straßen- und Bahnbrücke; Belastungsprobe mit MAV Loks R 377, die zerlegt von Vittorio Veneto hierher gebracht wurden

218

Ardo-Viadukt, Wiederaufbau mit Kohn-Kriegsbrückengerät; das erste Feld liegt auf einem Gerüst, weitere drei Brückenfelder im freien Vorbau; Kabelkran im Einsatz

Ardo-Viadukt, Montage des letzten 15 m langen Brückenfeldes; das Endwiderlager ist erreicht

Die Italiener hatten bei ihrem Rückzug alle Fahrbetriebsmittel nach Süden abgefahren. Die Betriebsführung erfolgte nun mit elektrisch betriebenen Generatorzügen durch die Benzin-Elektro-Bahn Nr. 2. Zur Verstärkung des Verkehrs gelangten dann noch Schienenautos zum Einsatz. Die Menge der Nachschubgüter verlangte dringend nach einer Vermehrung der Zugdichte. Deshalb wurden im Jänner und Feber 1918 vier zerlegte Dampfloks und 40 gleichfalls zerlegte Güterwagen für einen Transport bereitgestellt. Die Planung und Durchführung erhielt die fahrbare Eisenbahn-Werkstätte Nr. 2 übertragen. Es gelang, diese Überstellung von Vittorio über schwierige Gebirgsstraßen zur Piavetalbahn nach Polpet bei Belluno zu leiten. Der Transport wurde mit Autos und auch mit Pferdebespannung durchgeführt. Nach erfolgtem Zusammenbau kamen die Fahrbetriebsmittel auf der Strecke bis Quero zum Einsatz. Vorher mußten in allen Bahnhöfen Wasserstationen errichtet werden.

Für die Generatorzüge und die Schienenautos baute man Erhaltungs- und Reparaturwerkstätten. Bis zum Zusammenbruch führten Generatorzüge, Schienenautos und Dampflokomotiven im gemischten Betrieb den Verkehr durch. Der gesamte Nachschub für die 6. Armee konnte über diese durch die vielen Umladestationen schwierige Strecke geführt werden.

Eine abschließende Tabelle gibt eine Zusammenfassung der einzelnen Verkehrsaufnahmen und über die den Betrieb führenden Formationen:

Betriebsaufnahme zwischen Calalzo und Quero	durch	ab
Motorfeldbahn zwischen Toblach und Venas	Feldbahn Hptm. Horting	12.12.1917
Seilbahn Venas bis Perarolo	37. EisbKp	12.12.1917
Über die Umgehungsbrücke für Generatorzüge bei Perarolo bis Viadukt bei Belluno	Benzin-Elektrobahn Nr. 2	11.1.1918
Über Viadukt bei Belluno bis Quero mit Generatorzügen und Schienenautos	Benzin-Elektrobahn Nr. 2	20.2.1918
Überstellung von 4 zerlegten Dampflokomotiven und 40 zerlegten Güterwagen für Vollbahn	Fahrbare Eisenbahnwerkstätte Nr. 2	15.1.1918 bis 18.3.1918
Dampfbetrieb von Belluno bis Quero		?

Nebenbei Generatorzüge und Schienenautos mit zerlegbaren Plattformwagen in Betrieb.

Feld- und Rollbahnen im Anschluß an die Piavetalbahn

Sie führten meist in Täler, die heute in besonderem Ausmaß dem motorisierten Fremdenverkehr erschlossen sind. Die Tatsache, daß einst hier Eisenbahnen verkehrten, ist fast völlig in Vergessenheit geraten. Allein aufgrund dieses Aspektes sollen diese Strecken wieder Erwähnung finden.

Kleinbahn 40 Calalzo — Auronzo — Federa Vecchia (südl. Misurina)

Sie war von der italienischen Armee zur Versorgung des Abschnittes Misurina — Drei Zinnen Plateau — Paternkofel erbaut worden. Nach dem italienischen Rückzug wurden ihre Anlagen teilweise stark beschädigt vorgefunden.
Wiederinstandsetzung: durch 37. EisbKp. Zeitangaben fehlen.
Der Bauweise nach handelte es sich hier um eine Feldbahn mit 60 cm Spurweite, Angaben über Streckenführung und Fahrbetriebsmittel gehen aus einem Telegramm der ZTL hervor:

> „ZTL. 29.162/18. Verkehrsstellen der RB Calalzo – Federavecchia: Calalzo, Domegge, Lozzo, Lorenzago, Chiamulera, Cima Gogna, Auronzo, Säge in km 18, Heudepot, Betriebsausweiche km 23/24, San Marco, Bombassai, Federavecchia.
> Fahrpark: 3 Dampfloks, 4 Benzinloks, 160 RB-Wagen, 125 Motortriebwagen.

Wohl einmalig dürfte auch die durch das folgende Telegramm nachgewiesene gemischte Traktionsform „Lokomotive-Pferdevorspann" sein. Ein Beweis dafür, welche vielfältigen Probleme auch bei der Zugförderung von Feldbahnen bewältigt werden mußten:

> ZTL 21.182/18, vom 30.6.1918. RB Calalzo – San Marco.
> Bei 12-stündigem Betrieb erforderlich:
> 10 Stk. 3-Kuppler RB-Loks größter Leistungsfähigkeit; 260 RB-Einzelwagen (60% davon bremsbar);
> 2 Offiziere, 200 Mann, 100 Mann Lademannschaften.
> Die schwere Lokomotivtype ist wegen der Einschränkung des Lichtraumprofils nicht bedingungslos einsetzbar (Verschiebung in Richtung Straßenmitte sowie Neubauten wegen Bogenradien unter 25 m erforderlich, nur bedingte Tragfähigkeit der Brücken über die Schluchtflüsse).
> Daher vorerst Zuweisung von 3 leichten Beute-Dampfloks, einer leichten Benzinlok und 16 Paar Pferden, außerdem Triebwagenbetrieb.
> Gesamtstreckenlänge: 30 km, RB vorwiegend zum Holz- und Heutransport: täglich 272 Wagenladungen, nach Heuernte zusätzlich täglich 250 Wagenladungen.
> Nur streckenweise Dampftraktion, auf den Steilstrecken mit Pferdevorspann oder ausschließlich Pferdetraktion.
> Triebwagenverkehr: großer Reparaturstand wegen zu schwacher Motore.
> Bericht vom 17. Mai 1918

Gleichzeitig mit der Streckeninstandsetzung der Kleinbahn wurden 2 ebenfalls zerstört vorgefundene italienische Seilbahnen durch die Eisenbahnpioniere instandgesetzt:
Auronzo – Campello ab Jänner 1918, Federa Vecchia – Misurina ab 1.7.1918.
Sie dienten dem Abtransport von italienischem Beutegut aus alpinen Stellungen.

Kleinbahn 26 Belluno – Bribano – Agordo – Cencenighe

Italienische Feldbahnstrecke im Tal des Cordevole zur Versorgung des Marmolata–Col di Lana-Abschnittes. Bei Agordo wurde die Bahn nach dem italienischen Abzug unbeschädigt, von da ab stark zerstört, jedoch instandsetzungsfähig, vorgefunden.
Wiederinstandsetzung: durch KgfEAK 16 und 17 mit Instandsetzung von Unterbau und Gleisanlagen sowie Sammeln des Fahrparkes vom 19.2.–18.3.1918. Weitere Angaben fehlen.

Im Zuge der Kleinbahn 26 bestand eine Zweigstrecke von Bribano nach Mas, mit der das in den Schwefelkiesgruben gewonnene Material abtransportiert wurde.

> „ZTL. 30256/18, 10.8.1918. Ein 4-Kuppler und vier 2- oder 3-Kuppler an deutsche Truppen in Schwefelkiesgrube Agordo; dazu 3,6 km Schienen, 7 kg/m, 70 mm hoch für Kleinbahn Bribano – Mas."

Kleinbahn 25 Ponte n. Alpi – Lago di Croce (–Vittorio)

Sie sollte die wichtige Verbindung zwischen dem leistungsfähigen Vollbahnnetz im Raum Vittorio am Piave und der Piavetalbahn als Regelspurstrecke herstellen. Von der italienischen Armee war dieses Bauwerk begonnen worden. Bis zum Lago di Morte hatten italienische Kräfte 1 Tun-

nel (120 m) und 3 gewölbte Brücken fertiggestellt, im Anschlußstück bestand bereits der Bahnkörper ohne Brücken.
Mit der weiteren Spurfestlegung durch die k.u.k. Kräfte begann man Mitte Dezember 1917. Bis März konnten alle vorbereitenden Arbeiten einschließlich des Baues der Arbeiterunterkünfte abgeschlossen werden. Infolge rasch eintretenden Materialmangels mußte man den Bau aber bald wieder einstellen.
Bauzeit: 18.3.–22.4.1918, Bauausführende: 19. FeldbKp + KgfEAK 16 und 88.
Lediglich die Sicherung und der teilweise Ausbau der schon bestehenden italienischen Rollbahn von Ponte nelle Alpi – Crosena wurde noch durchgeführt.
Knapp vor dem Kriegsende wurde der Bau noch einmal wieder aufgenommen:

> „ZTL. 3687/18 und 38786/18, 23.10.1918. Achttausend Kriegsgefangene für Rollbahnbau Polpet – Lago di Croce. Bereits am 9.10. gem. ZTL. 133/337/18 acht RB-Loks zugewiesen."

Von hier führte eine wieder in Betrieb genommene italienische Seilbahn zum Bahnhof Sarmede (Zweigstrecke Sacile – Costa). Durch Rollbahn und Seilbahn gemeinsam konnte wenigstens ein Teil jener Transportaufgaben durchgeführt werden, die der regelspurigen Bahn zugedacht waren. Die neue Schwerseilbahn Costa – Ponte n. Alpi, die eine zusätzliche Kapazitätssteigerung hätte erzielen sollen, befand sich gerade vor der Betriebsübergabe, als der Zusammenbruch eintrat.

Kleinbahn 27   Feltre – Arten (und Anschlußlinien nach Fonzaso, Fastro, Rasai)
Um eine leistungsfähige Verbindung zwischen dem VI. und IX. AK herzustellen, wurde mit dem Bau einer Lokomotivfeldbahn begonnen. Neben der Verbindung zwischen den beiden Armeekorps besorgte sie auch den Nachschub für die unmittelbar an der Strecke gelegenen Frontabschnitte. Zur schnelleren Verkehrsaufnahme wurden zuerst die Gleise auf der Straße verlegt. Erst dann erfolgte etappenweise der Umbau auf eigenen Bahnkörper.
Die geplante und auch schon teilweise vermessene Ausführung der Feldbahn in das Cismontal über Lamon –C. Massari bis nach Fiera di Primiero kam nicht mehr zur Ausführung; ebenso nicht die Zweiglinie in das Tal des Torrente Vanoi von C. Massari nach S. Bovo.

Länge mit Abzweigung S. Lucano: 24 km, Spurweite: 60 cm, Baubeginn: 1.2.1918
Betriebsaufnahme: 17.2.–16.8.1918 in Etappen, Tagesleistung: 580 t
Bauausführende: 25. EisbKp, SappeurKp 2/49, 4/1. Ldst AK 14/4.
Betriebsführung: Kleinb.Betr.Kp 110.

> „ZTL. 5651/18, vom 11.2.1918. Lokbedarf der RB Fastro – Feltre.
> *Beschreibung von Hptm Goritschan:*
> *Fastro (Anfangsbahnhof) und Feltre (Endbahnhof) sind abseits der Straße gelegen. Der Anfangsbahnhof liegt nö. des Ortes Fastro in der Nähe der Höhenstation der Seilbahn Primolano – Fastro (360 m Seehöhe). Der Endpunkt liegt nw. der Vollbahnstation Feltre in 260 m Seehöhe.*
> *Fastro – Arten: Bau d.d. 25. Eisenbahnkompanie auf der Straße verlegt – Verlegung am li. Straßenrand – der Abfluß des Oberflächenwassers ist teilweise verhindert.*
> *Bei Verlegung dieses Streckenbereiches ins Terrain: Benützung der Straßenbrücke bei Cismon nicht möglich, wenn keine Verstärkung erfolgt, oder 120 m lange RB-Brücke notwendig.*
> *Tagesnettoleistung: 400 t; Loktype: He R III c*
> *8 Zugloks, 2 Vorspann- und Nachschiebeloks, 2 Loks für Auswaschen, 3 Loks Rep., 1 Reserve = 16 He Loks/20 Voll- und 20 Leerzüge.*
> *Station Feltre – km 6 – Arten – km 8,5 – Schleife bei Fenadoro – km 11,5 – Giaron – km 12,1 – Cismonbrücke – km 13,6 – San Michele – km 14 – Arsie – km 15,2 – Capelletto – km 16,5 – Cantoniere – km 18,8 – Pusterno. Länge ca. 19 km.*

Rollbahnzug auf der Fahrt von Feltre in Richtung Arten

Für große Abschnitte der schwer umkämpften Grappa-Front mußte die Kleinbahn 27 den Nachschub durchführen. Vom Bahnhof Primolano der Valsuganabahn bestand eine Straßenverbindung und eine Seilbahn zur Kleinbahn in Fastro. Auf dieser Straße mußte das schwere Feldbahnmaterial auf Fuhrwerken oder Autos, teilweise zerlegt, nach Fastro transportiert werden, da die Seilbahn nicht für Schwerlasten zugelassen war.

> *ZTL. 30.399/18. Für den Nachtbetrieb auf der RB Arsie − Feltre werden beleuchtbare Weichensignale angefordert − Tel. vom 11. AK QuAbt.*
> *Fertigstellung der Gesamtstrecke: Mitte April 1918.*
>
> *„ZTL. 2139/18, 21.4.1918. Rollbahn teilweise von Italienern angefangen. Fünf italienische Loks vorhanden (davon 3 in schlechtem Zustand); daher Zuweisung von 6 Dampflok sowie 5 Akku-Lok nach Primolano; alle an 25. EisbKp, Arten."*
>
> *ZTL. 20.548/18, 27.5.1918. RB-Loks R IIIc, 114, 115, 116 am 1.6.1918 von Feldbach (Steiermark) nach Primolano für Betriebskp. Nr. 110 in Arten.*
>
> *Laut Tel. ZTL. für RB Arsie − Feltre insgesamt 19 Loks notwendig, 16 bereits im Einsatz.*
>
> *ZTL. 33.599/18, 12.10.1918. Auf Qu Nr. 26.962/3. Zwei Henschel RB R IIIc von Betriebsersatzbaon Wegscheid (Oberösterreich) nach Primolano für RB Arten.*

Das Normalspurnetz der Heeresbahn Südwest zwischen Isonzo und Piave

Zerstörungen

Pontebba — Udine — Cervignano (Linie VI): Teilstrecke Pontafel — Dogna — Stazione per la Carnia — Gemona nur stellenweise beschädigt. Im Streckenabschnitt Pontebba — Chiusaforte die Brücke bei Dogna gesprengt, Tunnel westlich Moggio auf 30 m verschüttet und durch Sprengung beschädigt. Ab hier bis per la Carnia keine weiteren Beschädigungen. Ab dem Bahnhof Carnia bis Gemona wenige Schäden an der Strecke. Ab hier bis Venzone unbeschädigt; dagegen Signaleinrichtungen und Wasserstationen stark in Mitleidenschaft gezogen; dieselben Schäden an der Strecke weiter bis Cervignano. Im Bahnhof Udine teilweise Zerstörung der Strecken und Bahnhofsanlagen.
In der Stadt Udine weist die elektrische Straßenbahn erhebliche Beschädigungen auf. Nach den Feldakten soll die Baukompanie für elektrische Bahnen zur Wiederinstandsetzung verwendet worden sein. Nähere Angaben darüber fehlen jedoch.

Udine — Cividale (Va): Diese Strecke nur wenig beschädigt. Torrente Torre-Brücke zwischen La buse daiveris und Remanzacco auf einer Länge von 45 m gesprengt.

Udine — Cormons (V): Ab der Reichsgrenze die Strecke durch umfangreiche Gleis- und Weichenzerstörungen unterbrochen; außerdem Sprengung der Natisone-Brücke bei Manzano (Objekt V/3) und der Torrente Torre-Brücke westlich Buttrio (V/4).

per la Carnia — Tolmezzo — Villa Santina: Strecke nur wenig zerstört; Brücke westlich per la Carnia gesprengt auf 35 m.

Gemona — Casarsa (VIb): Diese Strecke ist an vielen Stellen durch Gleisunterbrechungen und eingebaute Stellungen unterbrochen. Stationen Valeriano, Spilimbergo, S. Giorgio, S. Martino und Valvasone sind zerstört; die Tagliamento-Brücke bei Cornino und Colle Clapat gesprengt.

Udine — Casarsa — Sacile — Conegliano (—Susegana) (V): Die Strecke weist mit Ausnahme der Bahnhöfe von Udine und Casarsa durch zahlreiche Sprengungen des Oberbaus, der Weichen und von 5 Brücken nachhaltige Zerstörungen auf. Von einer Wiederinstandsetzung der Strecke ab Conegliano in Richtung Susegana wird wegen des italienischen Artilleriefeuers aus dem Raum Montello Abstand genommen; hier ist erst eine Instandsetzung vor der geplanten Offensive bis zur Piave-Brücke geplant. (Weiterer Ausbau unterblieb wegen Mißglückens der Offensive.)

Portogruaro — Motta di Livenza — Gorgo — Oderzo — Ponte di Piave (VIIb): Nachhaltigste Zerstörungen der Strecke und Bahnhöfe. Brücken bei Motta di Livenza, bei Gorgo und Piave-Brücke bei Ponte di Piave gesprengt.

S. Vito — Annone Veneto (VIIb): Strecke weist kaum Beschädigungen auf.

Cervignano — Latisana — Portogruaro — S. Stino di Livenza — S. Donà di Piave (VII): Als eine der Hauptrückzugslinien der italienischen Armee weist diese Strecke nachhaltigste Zerstörungen auf; Strecke, Bahnhöfe, Zugförderungsanlagen, Weichen, Signale gesprengt. Folgende größere Brücken sind nachhaltig gesprengt: Torre Zuino, bei S. Giorgio di Nogaro; Palazzolo Veneto, Tagliamento-Brücke bei Latisana, bei Portogruaro, Livenza-Brücke bei S. Stino und die Piave-Brücke bei S. Donà di Piave (hier verläuft die k.u.k. Front am Ostufer, erst im Oberlauf wechselt sie auf das Westufer über).

Nachhaltige Streckenzerstörungen verzögerten die Wiederinbetriebnahme entscheidend

Nach der Brückensprengung haben italienische Truppen einen Güterzug in die Unterbrechungsstelle gestürzt; Bahnhofsgelände Udine, November 1917

Der gesamte Bereich der Stazione per la Carnia wies durch gesprengte Munitionszüge schwerste Beschädigungen auf, November 1917

Aufräumungsarbeiten in Stazione per la Carnia durch Angehörige einer Kaiserlich deutschen Eisenbahnkompanie

Viadukt der Strecke nach Tolmezzo über die Fella bei Stazione per la Carnia. Im Vordergrund Granattrichter, die vermutlich von den 149 mm Kanonen der italienischen Festung Monte Festa herrühren, die sich — bereits eingeschlossen (vom 30.10.–7.11.1917) — bis zum letzten Schuß verteidigte

Bahnhof Udine mit der durch die Betriebskompanie für Elektrobahnen wiederinstandgesetzten Straßenbahn, 1.7.1918

Wiederaufbau

Der Wiederaufbau kriegszerstörter Brückenobjekte erforderte einen derart großen Arbeitsumfang, daß er gesondert von der Tätigkeit des Baudienstes geschildert wird. Brücken kleiner Größenordnung (unter 20 m Länge) werden nicht behandelt, da deren Anzahl die Übersicht erschweren würde und sie von technischen Gesichtspunkten her keine Besonderheiten aufzuweisen haben.

Linie V   Udine — Görz
Natisonebrücke bei Manzano (Objekt 25)
Ursprüngliche Form:
5 Felder Blechträger zu 20,28 m + 2 Felder Blechträger 19,28 m; Bahn oben.
Zerstörung: 1 Feld gesprengt
Wiederaufbau: Durch Hebung und Unterstützung der Sprengstelle
Bauzeit: 5.–17.11.1917, Bauausführende: 39. EisbKp.

Torrente Torrebrücke westlich Buttrio (Objekt 26)
Ursprüngliche Form:
12 Felder Blechträger zu 20 m + 2 Felder Blechträger zu 19,4 m; Bahn oben.
Zerstörung: 3 Mittelfelder gesprengt
Wiederaufbau: Vermutlich durch Hebung und Unterstützung der Trägerteile mittels gerammter Pfahljoche (2. Gleis später).
Bauzeit: ? –3.12.1917, Bauausführende: 17. EisbKp.

Zweiglinie VIa   Per la Carnia — Villa Santina
Objekt 5: Brücke westlich Stazione per la Carnia durch Sprengung zerstört; Umfang geht nicht mehr aus den Feldakten hervor. Wiederaufbau gemeinsam durch deutsche und öst.–ung. Eisenbahnformationen.

Fellabrücke bei Stazione per la Carnia (Objekt 5a)
Sprengung auf 38 m Länge, nähere Angaben liegen nicht vor. Wiederherstellung vermutlich als Walzträgerbrücke mit gerammten Pfahljochen.
Bauzeit: 10.11.–2.12.1917, Bauausführende: 7. EisbKp, 22. EisbKp.

Linie VIb   Gemona — Casarsa
Tagliamentobrücke bei Colle Clapat, östl. Flußarm
Ursprüngliche Form: Mehrere Felder Gitterbrücke mit Spannweiten zu 43 m auf gemauerten End- und Mittelpfeilern.
Zerstörungen: 2 Felder zu 43 m gesprengt.
Wiederaufbau: Walzträgerbrücke auf gerammten Pfahljochen.
Bauzeit: 12.11.–11.12.1917
Bauausführende: 25. EisbKp, KgfEAK 62, KgfAK 130/b,
                 6. EisbKp, KgfEAK 73, KgfAK 652 u. 1304.

Tagliamentobrücke bei Cornino, westlicher Arm (Objekt 6)
Ursprüngliche Form: Mehrere Felder Gitterbrücke mit Spannweiten zu 43 m auf gemauerten Mittel- und Endpfeilern.
Zerstörungen: 1 Feld gesprengt, abgestürzt und unverwendbar.
Wiederaufbau: Einbau einer 43,5 m Roth-Waagner-Brücke unter Ausnützung der unbeschädigten Widerlager.
Bauzeit: 3.11.–11.12.1917, Bauausführende: 2. EisbKp, KgfAK 1374

Die gesprengte Brücke bei Buttrio wird durch k.u.k. Kräfte instandgesetzt; links Pionier-Ramme.
Im Vordergrund arbeiten russische Kriegsgefangene bei der Rollbahn   *Quelle: Musei provinciali Gorizia*

Linie V   Udine – Casarsa – Sacile – Conegliano – Susegana

Tagliamentobrücke Codroipo – Casarsa (Objekt 10)
Zwei getrennte Überbrückungen vorhanden.
Ursprüngliche Form (1. Brücke): Das nördliche Gleis führte über 36 Felder Vollwandträger (?) zu 23 m Stützweite auf gemauerten Mittel- und Endpfeilern; Gesamtlänge 828 m.
Zerstörungen: Von Brückengesamtlänge 72 m durch Sprengung der Träger und zweier Mittelpfeiler zerstört.
Wiederaufbau: Einbau von 2 Kohn-Brücken zu 21 m und einer zu 27 m Stützweite auf hölzernen Gruppenjochen als Mittelunterlagen unter Ausnützung der unbeschädigt gebliebenen Mittelpfeiler.
Bauzeit: 3.12.1917–4.1.1918

Ursprüngliche Form (2. Brücke): Stromabwärts hölzerne italienische Kriegsbrücke für 2. Gleis, bestehend aus 27 Jochen auf hölzernem Überbau; Länge 828 m.
Zerstörungen: Durch Abbrennen 24 Joche vernichtet, 3 beschädigt.
Wiederaufbau: Nähere Daten darüber sind nicht mehr vorhanden.
Bauzeit: 17.11.–26.11.1917
Bauausführende für beide Brücken: 17. EisbKp, KgfEAK 7, 36, 8,
           KgfAK 755, 778, 1248, REBK 16

Deutscher Militärzug passiert die Meduna-Brücke

Medunabrücke bei Pordenone (Objekt 11)

Ursprüngliche Form: Zweigleisige Brücke mit getrennten Überbauten; Vollwandträger auf gemauerten End- und Mittelpfeilern. 6 Felder mit 24,5 m und 2 Felder mit 23,3 m Stützweite.
Zerstörungen: In beiden Gleisen je 1 Feld gesprengt, abgestürzt und unbrauchbar.
Wiederaufbau: Linkes und rechtes Gleis Einbau einer Kohn-Brücke zu je 27 m Stützweite.
Bauzeit: 18.11.–23.11. und 30.11.1917–17.2.1918
Bauausführende: REBK 40, Brückenbaudetachement Oblt Rainer,
            2. EisbKp, KgfAK 1374, 1375.

Livenzabrücke bei Sacile (Objekt 12)

Ursprüngliche Form: Zweigleisige Brücke mit getrennten Überbauten (Trägerform?), gemauerten Endwiderlagern.
Zerstörungen: Sprengung in beiden Gleisen, Hindernisweite 30 m, Träger abgestürzt und unbrauchbar.
Wiederaufbau:
Linkes und rechtes Gleis durch Einbau von je 1 Kohn-Brücke mit 24 m Stützweite.
Bauzeit: 10.11.1917–13.1.1918, Bauausführende: EBK 18, 2. EisbKp.

Linie VIIb Portogruaro — Motta di Livenza — Gorgo — Oderzo — Ponte di Piave

Livenzabrücke bei Motta (Objekt 14)
Ursprüngliche Form: 3 Felder Gitterbrücke zu 34, 40,8 und 34 m Stützweite. Durchlaufende Träger auf 3 Stützen (Parallelträger), gemauerte Mittel- und Endunterlagen; Wassertiefe 3 m, Wassergeschwindigkeit 3 m/sec.
Zerstörungen: 1 Feld gegen Motta abgestürzt und unbrauchbar. 2. und 3. Feld stark beschädigt, aber wieder aufbaufähig; ihre gesprengten Teile blieben zusammenhängend auf den Unterlagen liegen.
Da für jedes Gleis eine getrennte Brücke bestand und beide Brücken gleich schwere Zerstörungen aufwiesen, wurde die flußaufwärts gelegene Brücke vorläufig unter Benützung der ersten Felder und eines auf dem abgestürzten Felde aufgebauten Holzprovisoriums als Straßenbrücke für den militärischen Nachschubverkehr wiederhergestellt.
Wiederaufbau: Unterstützung der Sprengstellen im 2. und 3. Feld von Motta aus durch gezimmerte Blöcke auf gerammten Grundjochen: Wiederaufbau des 1. Feldes als Walzträgerbrücke auf gerammten Jochen.
Bauzeit: ? −18.11.1917; 26.11.−10.12.1917
Bauausführende: 39. EisbKp, KgfEAK 29; 27. EisbKp, KgfAK 1248, 778.

Später wurde durch das Kommando der Heeresbahn Südwest die Eisenbahnbrücke in Dauerausführung erstellt. Über eine Wiederinstandsetzung der flußaufwärts gelegenen Straßenbrücke für den Eisenbahnverkehr ist nichts aus den Feldakten ersichtlich. Nur die Entfernung der im Flußbett liegenden Eisenkonstruktion der oberen Brücke durch das Brückendetachement I im Gas-Schneideverfahren vom 17.−30.12.1917 scheint auf.

Linie VIII Cervignano — Latisana — Portogruaro — S. Stino di Livenza — S. Donà di Piave

Kanal bei Torre di Zuino (Objekt 19)
Ursprüngliche Form: Für jedes Gleis eigene Brücke, Gitterbrücke 25 m Stützweite auf gemauerten Endwiderlagern.
Zerstörungen: Sprengungen auf beiden Gleisen. Näheres nicht mehr feststellbar.
Wiederaufbau: Walzträgerbrücke auf gerammten Pfahljochen I/50 cm, zu 9,5 m Stützweite.
Bauzeit: 25.11.−10.12.1917, Bauausführende: 35. EisbKp.

Cornobrücke bei S. Giorgio di Nogaro
Ursprüngliche Form: Gitterträger (?) unbekannter Konstruktion, Stützweite ca. 30 m. Für jedes Gleis eigene Brücke.
Zerstörungen: Sprengung in beiden Gleisen, Näheres nicht feststellbar.
Wiederaufbau: Walzträgerbrücke auf gerammten Pfahljochen I/50 cm mit Stützweiten zu 9,5 m.
Bauzeit: 26.11.−? . 11.1917, Bauausführende: halbe 26. EisbKp.

Stellabrücke bei Palazzolo
Ursprüngliche Form:
Gitterträger 27 m Stützweite auf gemauerten Endwiderlagern; zwei getrennte Brücken.
Zerstörungen:
Durch Sprengung in beiden Gleisen, beide Brückenträger abgestürzt und unbrauchbar.
Wiederaufbau: Kohn-Brücken mit 27 m Stützweite auf Gerüst montiert.
Bauzeit: 27.11.−3.12.1917, Bauausführende: 36. EisbKp, KgfAK 117a.

Tagliamentobrücke bei Latisana (Objekt 18)
Ursprüngliche Bauform:
3 Felder Gitterbrücke zu 52+64+52 m Stützweite auf gemauerten End- und Mittelpfeilern.
Zerstörungen: Sprengungen des Mittelfeldes, Träger abgestürzt und unbrauchbar, Pfeiler dagegen unbeschädigt.
Wiederaufbau: Durch 1 Feld Roth-Waagner-Brücke zu 63 m Stützweite, Montierung auf Gerüst; zunächst eingleisig. Zur Freilegung der Durchflußmenge wurde die abgestürzte Eisenkonstruktion durch Gas-Schneidbrenner zerschnitten und dann gehoben.
Bauzeit: 17.11.−15.12.1917
Bauausführende: 11. EisbKp, 1. EisbKp, Brückenbaudetachement 1, Unterwasserschneidedetachement.

Le Mene-Brücke bei Portogruaro (Objekt 16)
Ursprüngliche Bauform: 1 Feld Gitterbrücke zu 25 m Stützweite auf gemauerten Endwiderlagern, für jedes Gleis eine Brücke.
Zerstörungen: Durch Sprengung in beiden Gleisen, Träger abgestürzt und unbrauchbar, Widerlager unbeschädigt.
Wiederaufbau: Walzträgerbrücke I/50 cm mit Stützweite 9,5 m auf gerammten Pfahljochen.
Bauzeit: 26.−30.11.1917, Bauausführende: halbe 26. EisbKp.

Livenzabrücke bei S. Stino (Objekt 17)
Ursprüngliche Bauform: 1 Feld Gitterbrücke zu 78 m Stützweite (Parallelträger) auf gemauerten für 2 Brücken bestimmten Endwiderlagern. Fahrbahnhöhe 9 m.
Zerstörungen: Durch Sprengungen in 2 Querschnitten, Trägerteile abgestürzt. Mittelteil waagrecht im Flußbett liegend; die Endstücke von den Widerlagern abgehoben und gegen den Fluß stark geneigt.

Improvisierte Schotterumladung auf Schleppkähne; Strecke Ceggia−S. Donà di Piave

Wiederaufbau: Rasche Hebung und Unterstützung der Trägerteile wegen der großen Fahrbahnhöhe unmöglich; auch ungünstige sonstige örtliche Bedingungen. Daher Einbau einer Roth-Waagner-Brücke mit 63 m Stützweite und zwei anschließenden Walzträgerfeldern. Ausnützung der Widerlager der noch nicht erbauten Brücke für das 2. Gleis. Entfernung der alten Brückenkonstruktion aus dem Flußbett mit Hilfe von Gas-Schneideapparaten; Wassertiefe 5 m (26.11.–25.12.1917).
Bauzeit: 19.11.–7.12.1917
Bauausführende: halbe 26. EisbKp, 18. EisbKp, halbe 1. EisbKp, R. W. Brückenbaudetachement 1, 10. EisbKp Detachement, KgfEAK 69 und Unterwasserschneidedetachement.

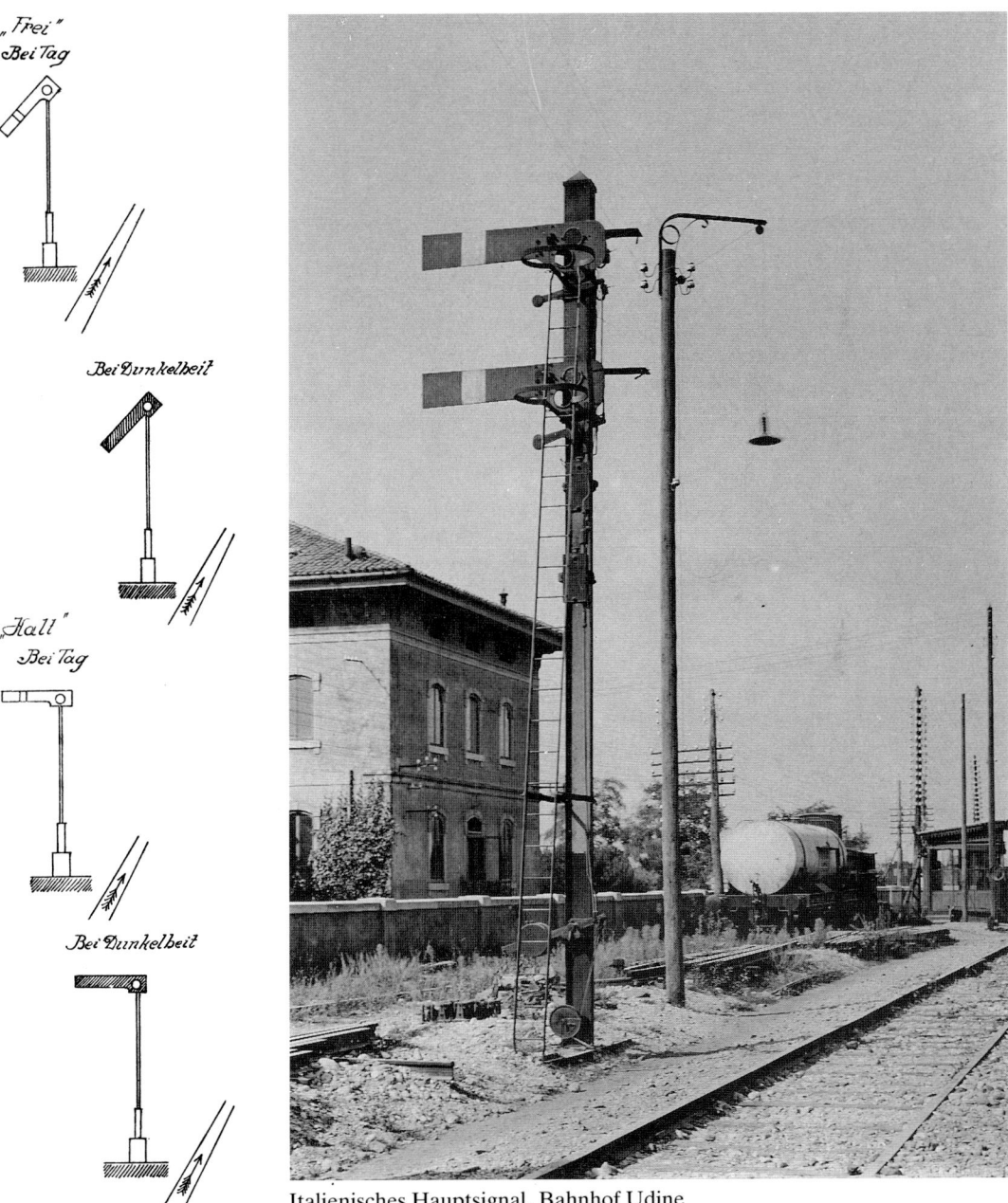

Italienisches Hauptsignal, Bahnhof Udine

Kriegstagebuch der Heeresbahn

Baudienst

Die Tagebuchblätter des Baudienstes zeigen die ganze Vielfalt der Anforderungen, die aus der speziellen Art des militärischen Transportwesens heraus an diesen Dienstzweig gestellt wurden. Neben der Wiederherstellung der kriegszerstörten Objekte erforderte der ständig wechselnde Bedarf der Armee, wie er sich aus der jeweiligen Frontlage ergab, stets neue Planung und Schwerpunktbildung in den Arbeitsbereichen des Baudienstes. Erst aus der Vielfalt der Arbeiten ergibt sich ein Gesamtbild über die tatsächlich erbrachten Leistungen.

Nov. 1917

16.11. Beginn der Instandsetzung der zerstörten Weichenanlagen im Bahnhof Gemona (22. EisbKp).

17.11. Beginn der Streckeninstandsetzung Casarsa−Gemona; durch 6. EisbKp, Kgf EAK 73, KgfAK 652, 19. FeldbKp und KgfAK 1375.

19.11. Zugmeldetelefon- und Telegrafenverkehr Udine−Magnano aufgenommen.

20.11. Befehl des AOK an HB-SW, Strecke Görz−Cormons auf zweigleisigen Betrieb auszubauen. Für die Streckeninstandsetzung Cormons−Udine werden eingesetzt: 39. EisbKp, KgfEAK 29, KgfAK 785, 17. EisbKp, KgfEAK 7 und KgfAK 1248.

24.11. Baubeginn einer Schleppbahn zum Fliegeretappenpark Campoformido.

25.11. Im Kommando HB-SW wird die neue 100er Telefonzentrale in Betrieb genommen. Anschlußarbeiten an der Livenzabrücke bei Sacile durch die deutsche 18. EBK fertiggestellt. Anschlußarbeiten westlich der Tagliamentobrücke bei Codroipo durch die deutsche 7. EBK fertiggestellt.
Telegrafenlinie Udine−Codroipo−Casarsa−S. Vito durchgehend in Betrieb.

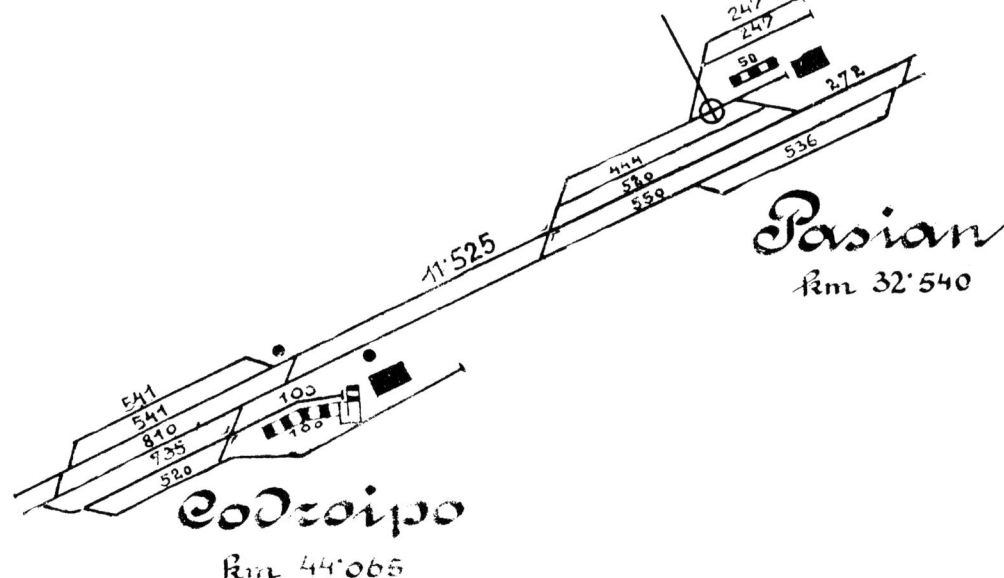

Dez. 1917

2.12. An der Doppeltelefonlinie Udine−S. Giorgio−Latisana Beginn der Bauarbeiten.

5.12. Die Telegrafenlinie Pordenone−Conegliano in Betrieb genommen.

9.12. Telegrafenlinie und Telefonlinie S. Vito−Portogruaro in Betrieb genommen.

18.12. Oderzo bleibt Endbahnhof für Güter- und Materialausladung. Einbindung des Rampenstutzens als Gleis III knapp vor dem Einfahrtsgleis; beiderseitiges Einbinden des Straßen-Umladegleises in durchlaufendes Gleis I auf eine Nutzlänge von 377 m. Weiterer Ausbau wird wegen italienischen Artilleriefeuers eingestellt.
Gorgo: Neubau eines Straßengleises mit 185 m Nutzlänge.
Annone Veneto: Ausfahrt gegen Casarsa wird 70 m hinausgeschoben und dadurch die Nutzlänge des Gleises I auf ca. 560 m vergrößert. Gleisneubau auf 4,50 m Entfernung von Gleis II, als Gleis V. Verlängerung der Rampe von 30 m unter gleichzeitigem Einbinden des Gleisstutzens in Gleis II.
Chions-Azzano Decimo: Neubau der Gleise III und V; Verlängerung der Gleise in Richtung Motta, damit Station für 100-Achs-Züge benützbar wird. Stutzen West wird auf Länge des Gleises V verlängert und eingebunden.
Sesto al Reghena: Verlängerung der Gleise auf Nutzlänge für 100-Achs-Züge. Verlängerung des Gleisstutzens auf 150 m. Neuanlage eines Gleises III.
Die Arbeiten an der neuen HB-Station Pravisdomini beginnen. Die Station erhält: 6 Gleise für je 100-Achs-Züge, Heizhaus, Putzgruben, Wasserstation, Magazine und einen Anschluß an die Feldbahnstrecke. Bauausführende: 29. EisbKp, 4. FeldbKp.
Beginn der Arbeiten an der Strecke Motta di Livenza-Sesto al Reghena. Es erfolgt der Ausbau aller Stationen für Kreuzungen zwischen 100-Achs-Zügen.
Beginn der Arbeiten am Bahnhof Motta di Livenza; er erhält 6 beiderseits eingebundene Verkehrsgleise, 1 Benzin- und 1 Munitionszugstutzgleis; 1 Personenzugstutzen.
Beginn der Arbeiten am Bahnhof Pramaggiore; Verlängerung auf 100-Achs-Züge; Neubau Gleis III mit 400 m Verladerampe; Rangieranlage mit 5 Gleisen zu je 100 Achsen eingebunden gegen Portogruaro; ein Auszugsgleis mit 500 m; außerdem je ein Stutzgleis für Munitions-, Verpflegs-, technische Material- und Sanitätszüge.
Bauausführende: 10. und 26. EisbKp.
Sacile: Abtragung des Perrons zwischen Gleis I und III, dadurch wird Gleis III auf normalen Abstand herangeschoben, 3 weitere Gleise für je 100 Achsen folgen im Anschluß als Neubau.

19.12. Conegliano wird zum vorläufigen Endbahnhof erklärt, da der Bahnhof bereits im Ertragsbereich der italienischen Artillerie liegt und in Kürze mit einer ständigen Beschießung des Bahnhofes und der Strecke weiter in Richtung Front gerechnet werden muß. Gleichzeitig mit dieser Verfügung wird der Bau einer Verbindungsschleife von Conegliano Ost zur Strecke nach Vittorio befohlen, damit eine Umfahrung von Conegliano bei Feindeinwirkung über die Linie Pianzano–Vittorio ermöglicht wird.
Bauausführende: EBK 7, EH Btl. 4
Auf der Strecke Udine – Casarsa – Sacile – Conegliano (–Susegana) sind zahlreiche Weichen- und Gleisanlagen zerstört oder beschädigt. Die Instandsetzung erfolgt vornehmlich durch deutsche Kräfte (EBK 7, 16, 18, 40, EH Btl. 4, ferner durch die 2. EisbKp und 7. EisbKp + 3 KgfAKp.). In abgetrennten Streckenteilen wird der Betrieb vorläufig durch die BetriebsKp 15 durchgeführt.
Befehl zur Planung, Vermessung und Baubeginn an der Strecke Sacile – Vittorio (16 km). Entlang dieser Strecke sollen die wichtigsten Depots, Magazine und Fassungsstellen der Armee errichtet werden. Sacile erhält neue Weichenstraße zur Ausfahrt in Richtung Vittorio.
An der Strecke sind an größeren Anlagen vorgesehen:
Cappella als Verkehrsstelle mit 4 Gleisen und mehreren Abzweigungen zu Depots;
Caneva als HB-Station mit 5–7 Gleisen, Rampen, Lokschuppen sowie mehrere Entladestutzen bei der nach Norden führenden Seilbahn.
Endpunkt Costa/Seilbahn wegen Terrainschwierigkeiten nur 3 Gleise und Entladestutzen bei der Seilbahnstation, die künftig die Verbindung zur Feldbahnstation Ponte n. Alpi im Oberen Piavetal herstellen soll.
Bauausführende: EBK 7, 18; REBK 40, EisbKp 29, 15. SappeurKp 1/57, 19. FeldbKp und 7–11 Kgf AKp.

Isonzo-Brücke bei Pieris Turiacco, November 1917

Unterwasserschneidedetachement beseitigt gesprengte Brückenteile im Tagliamento

Belastungsprobe der Isonzo-Brücke bei Pieris Turiacco durch 2B Lokomotiven (R ?). Die Geschichte der Brücke: November 1917, Sprengung durch italienische Truppen beim Rückzug; dann Wiederaufbau durch k.u.k. Eisenbahntruppen (siehe Bild); Sprengung durch k.u.k. Truppen beim Zusammenbruch 1918; anschließend Wiederaufbau durch italienische Kräfte

Güterbahnhof Udine während der k.u.k. Offensiv-Vorbereitungen, Juni 1918

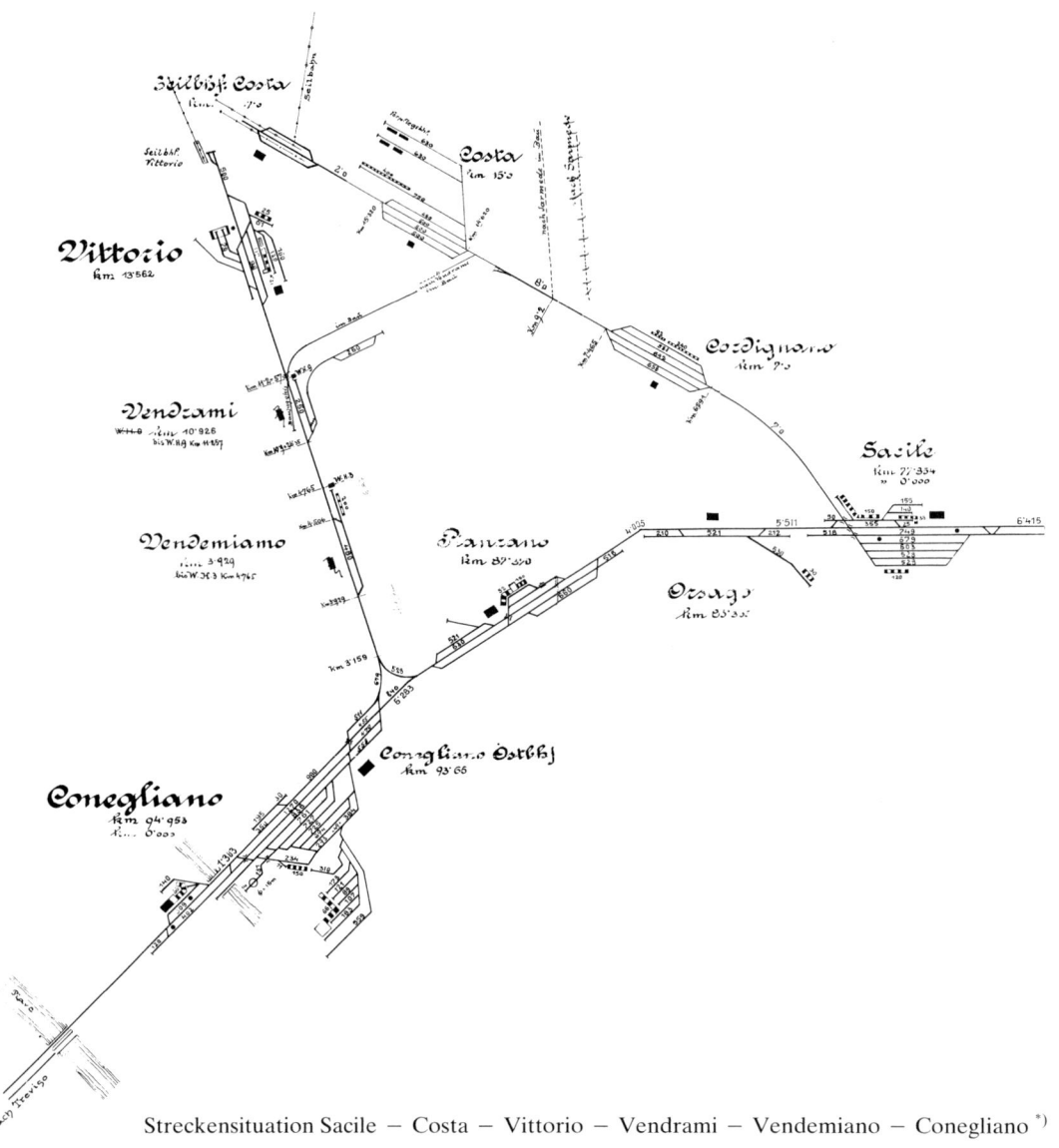

Streckensituation Sacile – Costa – Vittorio – Vendrami – Vendemiano – Conegliano *)

30.12. In Cordignano ist die Kreuzungsstation hergestellt. Von hier führt eine Schleppbahn nach Sarmede zu einer italienischen Seilbahn und eine Flügelbahn außerdem nach Colle Umberto.
Doppelgleisig befahrbar sind: Cormons – Buttrio – Udine – Casarsa – S. Vito; Pordenone – Conegliano.
Besonders die Strecke Cervignano – Latisana – Portogruaro (– Livenza – S. Donà di Piave) weist schwere Zerstörungen an den Gleis-, Weichen- und Stationseinrichtungen auf.
Zur Wiederinstandsetzung sind im Abschnitt Cervignano – Latisana eingesetzt: 35., 36., 11., 1., 26. EisbKp, KgfEAK 25, KgfAK 43a vom 19.11.–4.12.
Im Anschluß daran westlich Latisana: 18., 11., 10. EisbKp, RW-Brückenbaudetachement 1, Unterwasserschneidedetachement 1, KgfAK 1003, KgfEAK 57.

Weichenanlage, Bahnhof Udine

Eisenbahner der HB-SW beim Verschub, Bahnhof Udine, 30.7.1918

Italienische Lok und Wasserwagen im Bahnhof Udine, 17.8.1918

Transportzug im Bahnhof Udine abfahrbereit, k.k. StB Lok R 56

Stellwerk, Bahnhof Udine

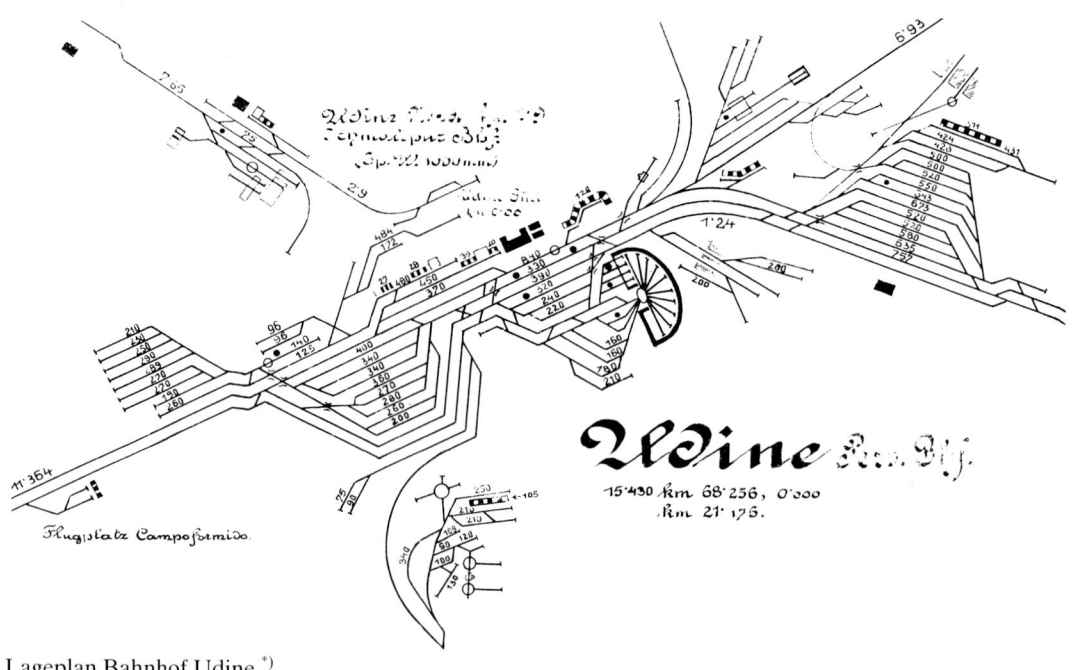

Lageplan Bahnhof Udine *)

Entgleisung eines Urlauberzuges im Bereich der HB-SW, letzter Wagen alter k.k. StB III. Klasse mit Seitenabteil

Italienische Lok und Wagen, Bahnhof Udine

Heizhaus Udine; links MÁV R 324, rechts k.k. StB R 429

Links MÁV 324.939 auf der Putzgrube; rechts vorne MÁV R 324 und k.k. StB R 73, Bahnhof Udine

Heizhaus Udine, links k.k. StB R 73 und MÁV R 324; rechts k.k. StB R 429

Jänner 1918
- 1. 1. Befehl, in Udine Hauptbahnhof 4 Gleise auf 100 Achsen zu erhöhen, 2 Stutzen einzubinden und 2 Gleisneubauten durchzuführen.
- 5. 1. In Palmanova wird ein neues Stutzgleis für den avisierten Werkstattzug erbaut.
- 6. 1. Nach erster Erfassung des vorhandenen Materials können als dringendste Arbeiten durchgeführt werden: 70 km Gleise, 115 Weichen. Das gesamte Material wird im Oberbaulager Casarsa gesammelt.
- 7. 1. Infolge Beschießung Conegliano Rückverlegung der militärischen Anstalten nach Orsago, das Munitionsdepotgleis wird mit den Gleisen II und I verbunden, 100 Achsen können dort abgestellt werden.
- 8. 1. Baubeginn an einem großen Stutzgleis zum Armeefelddepot in S. Giovanni di Manzano.
- 9. 1. Signalwerkstätte in Udine errichtet.
  S. Giorgio di Nogaro Heizhausanlage fertig ausgestattet.
- 14. 1. Zementfabrik Udine weist wöchentlich 2 Waggons Zement der HB zu.
- 16. 1. Neuaufteilung der Bahnerhaltungssektionen:
  Gemona   119,5 km
  Udine   100,6 km
  Portogruaro 63,0 km
  Casarsa   78,0 km
  Pordenone   61,5 km
- 20. 1. Infolge Platzmangels für Personen- und Schnellzugsgarnituren in Motta d. L. muß zweites abgetragenes Gleis zwischen dem Kanal und Flußbrücke wiederhergestellt werden.

Feber 1918
- 3. 2. Fertigstellung der Betriebsausweiche Orsago und des Munitionsgleises in Vendrami. Baubeginn an der Erweiterung der Station Codroipo.
- 4. 2. Beginn des Abbaues am zweiten Gleis Pianzano–Conegliano. Wiederinbetriebnahme der Distanzsignaleinrichtung Udine–Pontebba. Wiederherstellung von 120 Wechselsperren italienischer Bauart; Einbau von 60 Götzsperren.
- 8. 2. Schleppgleis zum Flugplatz Casarsa ist fertiggestellt.
- 10. 2. Das Anschlußgleis zum Flugplatz des Bombengeschwaders Pordenone ist betriebsfertig. Im Bahnhof Vendrami zwei Artilleriegleise und 1 Stutzgleis betriebsfertig.
- 13. 2. Probefahrt auf der neuen Verbindungskurve Conegliano–Vendemiano.
- 17. 2. Die Ausgestaltung der Telefonzentralen Udine Hauptbahnhof, Udine Betriebs-Baon VIII, Casarsa, Pordenone, Portogruaro und S. Giorgio d. Nogaro ist beendet.
- 25. 2. Wiederinbetriebnahme der Distanzsignaleinrichtungen und Weichensperren in der Strecke Cervignano-Latisana.
  Zur Ermöglichung des täglichen Zuschubes von mindestens 600 Achsen für die 6. Armee auf der Strecke Sacile–Costa müssen folgende Maßnahmen, verbunden mit der Anlage der erforderlichen Gleise, getroffen werden:
  Bau der Verpflegsfassungsstelle HB-Station Pianzano und Vittorio
  Bau der Munitionsfassungsstelle HB-Station Orsago und Vendrami
  Bau der Technischen Fassungsstelle HB-Station Vittorio und Bhf. Sacile
  Verlegung des Schanzzeugdepots von Sacile nach Venzone
  Bau der Verpflegsfassungsstelle in Costa
  Außerdem müssen die Auswaggonierungsstationen in den Bahnhöfen Sacile, Fontanafredda und Pordenone ausgestaltet werden.

März 1918
- 1. 3. Gleis I in der Strecke Pianzano–Conegliano ist abgetragen. Distanzsignale und Weichensperren in der Linie Gemona–Casarsa und Udine–Cervignano sind hergestellt.
- 8. 3. In Codroipo Gleis IV und in Udine IX und X fertig.
- 15. 3. Betriebsausweiche Dogna dem Betrieb übergeben.
- 22. 3. Im Bahnhof Sacile sind Gleis VII und IX betriebsfertig.
- 28. 3. Bau an einem Schleppbahngleis zum Armeeschanzzeugdepot in Venzone. In S. Stino di Livenza Gleis V und VII betriebsfertig. Im Bahnhof S. Giorgio di Nogaro sind Heizhaus und Neugleisanlagen fertiggestellt.

Der Geschäftsbericht der Heeresbahn Südwest weist für das erste Quartal 1918 nachstehenden Personalstand im Baudienst auf:

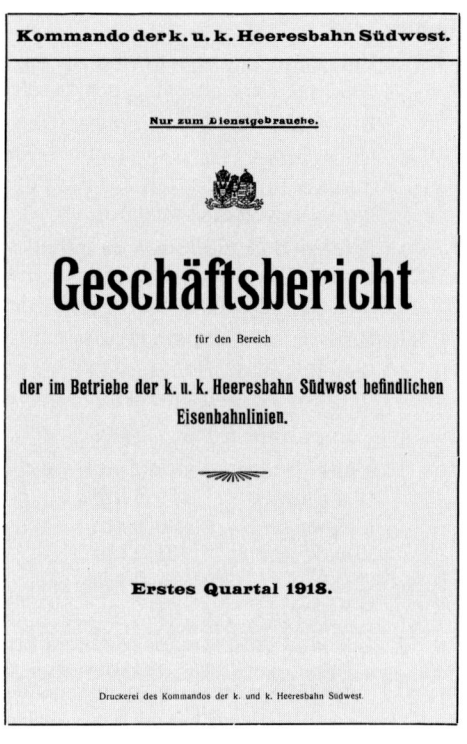

D. Übersicht über die der k. u. k. Heeresbahn Südwest unterstellten Arbeiterformationen.

Dienststelle	Zivilarbeiter des Bau- u. B.-E.-Dienstes	Stand	Kgf.-Arbeiter-Formationen	Stand
Bahnerhaltungs-Sektion VIII/1 Gemona	Zivil-Arbeiter Professionisten	360 50	Kgf. Arb. Komp. 629/a » » » 2073 » » » 130/b	160 180 140
Bahnerhaltungs-Sektion VIII/2 Udine	Zivil-Arbeiter Professionisten	400 30	Kgf. Arb. Komp. 744 » » » 2024 » » » 1379	200 230 190
Bahnerhaltungs-Sektion 13 Portogruaro	Zivil-Arbeiter	300	Kgf. Arb. Komp. 602	200
Bahnerhaltungs-Sektion 14 Casarsa	Zivil-Arbeiter	150	Kgf. Arb. Komp. 542 » » » 1412 » » » 1427	180 170 200
Bahnerhaltungs-Sektion 14 Pordenone	Zivil-Arbeiter Professionisten	180 40	—	—
Signal-Werkstätte	Zivil-Arbeiter Professionisten	30 20	—	—
Zusammen	—	1560	—	1850

April 1918
1. 4. Zentralsignalanlage in Udine West in Betrieb.
4. 4. Im Bahnhof Sacile die neuen Einfahrtsweichen österreichischer Bauart in Betrieb, gleichzeitig mit Neugleisen VII und IX, sowie den verlängerten Gleisen V und III (2. EisbKp + 4 KgfAK).
HB-Station Dogna für Kreuzungen 70achsiger Züge freigegeben.
Baubeginn eines 750 m Schleppgleises zum Flugplatz Roveredo.
15. 4. Haltestelle Lison fertig als Kreuzungsstelle ausgebaut. Für die anlaufenden Offensivvorbereitungen sind nachfolgende Laderampen bis 15.5. fertigzustellen:
Neubau Vendemiano 200 m (BES 17)
Chions (36. EisbKp).
Pravisdomini (17. EisbKp).
Portogruaro (BES 13)
S. Stino d. L. und Pramaggiore (KISA)
Sacile (BES 17), Pordenone (BES 17)
Costa und Cordignano (6. AK)
Pianzano (BES 17)
17. 4. Die Strecke S. Vito–Motta d. L. ist für 100-Achs-Züge befahrbar.

Mai 1918
1. 5. Bau der Hilfswasserstation Pianzano begonnen, da Conegliano dauernd unter italienischem Feuer liegt.
2. 5. Telegrafenhauptlinie Udine–Cormons; Udine–Cervignano–Portogruaro in Betrieb.
5. 5. Folgende Materialzuweisungen treffen bei HB-SW ein: von Mil. Gouv. Belgrad 496.000 Schwellen; von Nordbahn Dion 100 Weichen; von der MÁV 20 km Gleise.
8. 5. Telegrafenlinie Sacile–Costa in Betrieb.
10. 5. Baubeginn an den Bahnhöfen Gorgo–Oderzo für Kreuzungen mit 100achsigen Zügen. Ausbau der Stationen Ponte di Piave und Biagio di Callalta als Kreuzungsstellen für 100achsige Züge; Neubau einer Kreuzungsstation bei km 5,529 (alle diese Arbeiten wurden nach Scheitern der Piaveoffensive im Sommer 1918 wieder eingestellt).
13. 5. Fertigstellung der Station Lison.
14. 5. Abkommen mit dem Forstbesitz Moggio über die monatliche Lieferung von 1000 Schwellen. Einbau der zehnteiligen Telefonzentrale in Pontafel und einer sechsteiligen Telefonzentrale in Casarsa Nord. Tiefenbohrung für Wasserstation in Pravisdomini hat begonnen. Der Einbau einer Blocksicherung bei der Abzweigung Motta d. L. beendet. Betriebsaufnahme auf der wichtigen Nachschubstrecke Sacile–Costa.
15. 5. In Motta d. L. wird das Stellwerk mit Blocksicherung bei der Abzweigung dem Betrieb übergeben.
18. 5. Baubeginn an den Sicherungsanlagen Casarsa Nord. Gleisanlage in Pramaggiore fertiggestellt.
23. 5. Einbau von Wechselsperren auf der Strecke Casarsa–Conegliano beendet.
26. 5. Abstellbahnhof Casarsa in Betrieb; Aufnahmegebäude Casarsa Nord fertig.
28. 5. Zugförderung von Pontebba nach Pontafel verlegt (Pontebba jetzt Entlastungsbahnhof).
31. 5. Abstell- und Rangiergleise Casarsa Nord betriebsfertig.

Juni 1918
2. 6. Betriebsaufnahme auf der Teilstrecke Costa/Ort bis Costa/Seilbahn. Höchstzulässige Geschwindigkeit 20 km/h.
5. 6. Inbetriebnahme der Signal- und Sicherungsanlagen in Casarsa Ost.
Verbindungsschleife Vendrami–Costa in Betrieb.
6. 6. Verbindungsschleife Costa–Conegliano in Betrieb.

- 14. 6. Cormons–Udine: Ab heute kann Achszahl bei Güterzügen auf 100 erhöht werden.
- 15. 6. Die Aufstellung von 2 Wasserstationsbauzügen wird befohlen. In den Bahnhöfen S. Stino di Livenza, Pravisdomini und Pordenone sind die Signaleinrichtungen wieder in Betrieb genommen. Mit dem Bau von Distanzsignalen auf der Strecke Pordenone–Pianzano und im Bahnhof Codroipo wurde begonnen.
- 20. 6. Fertigstellung des Holzprovisoriums von 4,50 m Stützweite in Casarsa und Einbindung des Gleises nach Casarsa Nord fertiggestellt.
- 21. 6. Zementfabrik Steinbrück weist monatlich 100 t Zement der HB zu.
- 25. 6. Bombensichere Unterstände für Eisenbahnpersonal in Pianzano, Motta d. L., Portogruaro, Conegliano, Orsago und Pramaggiore werden errichtet.
- 27. 6. Bohrung für Wasserstation Pravisdomini erreicht 60 m Tiefe. Die Gleisanlagen und Verpflegsfassungsstellen in Portogruaro werden fertiggestellt.

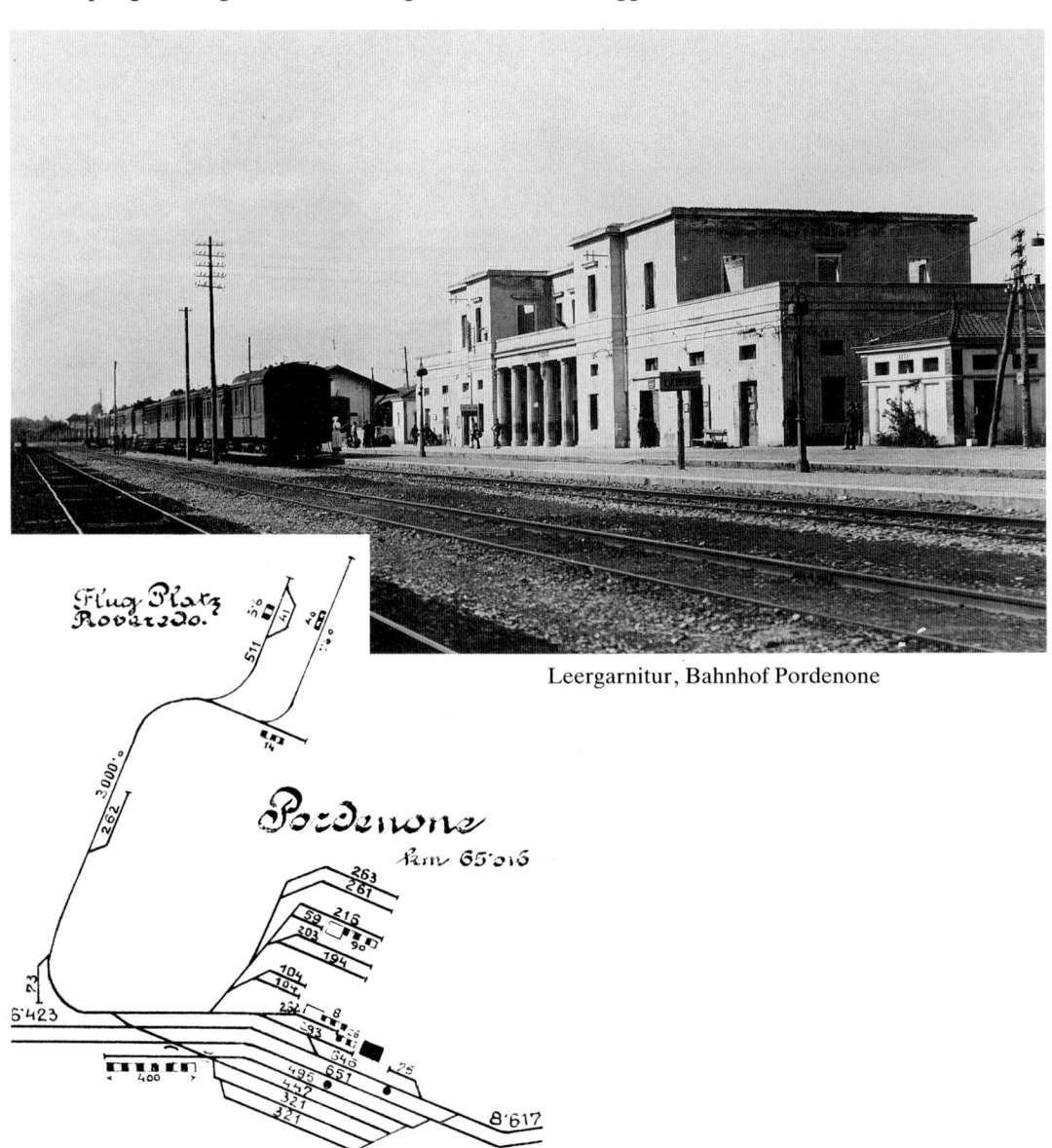

Leergarnitur, Bahnhof Pordenone

Juli 1918

1. 7. Die Anforderungen an den Bahnbetrieb bei den Offensivvorbereitungen zeigten vor allem, daß die Strecke Motta d. L. – S. Vito (täglich ca. 700 Achsen) nicht den Anforderungen des militärischen Transportverkehrs entspricht. Wegen der zu erwartenden italienischen Offensive und verstärkten Defensivmaßnahmen der öst.-ung. Piavearmee wird angeordnet: Im Bahnhof Motta d. L. umgehender Ausbau der Rangier- und Abstellanlagen. In Motta West Rangieranlage mit 4 Gleisen; Abstellanlage mit 3 Stutzgleisen, ferner 1 Gleisanlage mit Feldbahnanschluß, 1 Rampengleis mit 400 m und 1 Benzingleis. Bau einer Verbindungsschleife zwischen den Strecken Cordignano und Vendrami sowie Pianzano und Villaria.

4. 7. Trinkwasserreservoirs à 6 m^3 in S. Stino d. L. dem Betrieb übergeben. Baubeginn an den Vorfahrtsgleisen in Povia, Manzano, S. Giovanni d. Manzano und Buttrio. In Casarsa neue Bekohlungsanlage fertig.

15. 7. In Pontafel werden das Lokausfahrtsgleis und Aufstellgleis IIa mit einem neu zu legenden Gleis unmittelbar verbunden, um die bisherigen Schwierigkeiten beim Heizhausverschub auszuschalten (siehe Lageplan Pontebba/Pontafel.)

19. 7. Beginn des Neubaus der Drehscheibe in Cervignano.

22. 7. Bau eines Sanitätsstutzgleises und eines Munitionsgleises in S. Anastasio.

27. 7. Erreichung des artesischen Wassers in 70 m Tiefe in der Station Pravisdomini.

28. 7. Ausbau der Stationen Buttrio und Povia für Kreuzungsmöglichkeit.

Urlauberzug im Bahnhof Casarsa, 30.7.1918

August 1918

1. 8. Anbringen von Weichensignalkörpern österreichischer Bauart in Udine Hauptbahnhof, Ost- und Westbahnhof.
2. 8. Planung und gleichzeitiger Arbeitsbeginn zur Leistungserhöhung der Strecke Costa–Sacile und nach Vittorio. Seit Mitte Juni ununterbrochene Beschießung von Conegliano und der Verbindungsschleife Conegliano – Vittorio durch die italienische Artillerie. Der Verkehr nach Vittorio kann nur mehr über Pianzano aufrechterhalten werden. Damit tritt auch eine Erhöhung der Streckenentfernung ein. Infolge größerer Stationsentfernung ist nur die Führung einer beschränkten Anzahl von Zügen möglich. Da sich in der letzten Zeit die Beschießung durch die italienische Artillerie auch auf die Munitionslager Vendemiano erstreckt, müssen hier bei Tag fallweise Zugspaare ausfallen. Wenn in der Nacht außerdem ein Personenzug und ein Schnellzugspaar im Verkehr stehen, können die bei Tag ausgefallenen Zugspaare nicht bei Nacht verkehren.

Überdies ist nun Pianzano anstelle von Conegliano Kopfbahnhof geworden; der Bahnhof kann dieses Verkehrsaufkommen des ehemaligen großen Kopfbahnhofes nicht bewältigen. Deshalb sind in Pianzano an dringendsten Arbeiten sofort auszuführen: genügend Abstellmöglichkeiten für Zugsgarnituren, die auf Weiterfahrt Vendemiano – Vendrami – Vittorio warten, außerdem der Ausbau von Kreuzungs- und Vorfahrmöglichkeiten im Bahnhof Vendrami.

Auch die Strecke Sacile–Costa kann das Verkehrsaufkommen nicht mehr bewältigen. Da das 1. und 26. Korps der 6. Armee angegliedert wurden, erhöhte sich das Brutto für Costa erheblich. Deshalb wird durch Heeresbahn SW der Oberbau derart verbessert, daß die zugelassene Streckengeschwindigkeit auf 35 km/h erhöht werden kann;
Bauausführende: 3 Kgf.Kompanien; Fertigstellung ab 15.7.

Die in Kürze zu erwartende Fertigstellung der Schwerseilbahn ab Costa/Seilbahn macht eine Personenzugsführung bis zu diesem Bahnhof unmöglich, da die Personenzugsgleise ab diesem Zeitpunkt für den Umschlag zur Seilbahn benötigt werden. Die Personen- und Schnellzüge können nur mehr bis Costa Ort verkehren. In diesem wird deshalb der Neubau von Abstellgleisen erforderlich.

Italienischer Postwagen mit durchgestrichener FS-Bezeichnung und dem neuen Zusatz „k.u.k. Chef des Feldeisenbahnwesens / k.u.k. H.B."; rechts Lok k.k. StB R 399; Cervignano, 17.8.1918

Bhf. Motta di Livenza,
17.8.1918

Bahnhof San Stino
di Livenza, an der
Rampe k.u.k.
Schienenkraftwagen,
23.11.1917

FM von Boroevic,
Kommandant der ISA,
Bhf. Udine, 2.8.1918

Da die Italiener jederzeit in der Lage sind, durch dauernden Beschuß des Raumes Vendemiano die Linie Pianzano − Vittorio zu sperren, bildet der Umbau der Verbindungsschleife Vendrami die einzige sichere Verkehrsmöglichkeit nach Costa. Deshalb wird sofort der Neubau einer 380 m langen Schleife befohlen, die, von der Vendrami-Schleife abzweigend, eine direkte Verbindung über Costa nach Vittorio herstellt.

3. 8. Planungsarbeiten für Munitionsgleise in S. Anastasio und ein Lazarettgleis in S. Stino. Abschub der in Pontebba rückgebauten Drehscheibe nach Linz-Wegscheid. Vollendung des Bohrloches in Pravisdomini; Tiefe 68 m; Wasserdruck 3 m über dem Terrain. Baubeginn an einem 550 m langen Munitionsgleis und dazugehörigen Stutzgleisen abzweigend von der Strecke Sacile-Costa bei 1,0 km.
4. 8. Durch Wolkenbruch wurde der Böschungskegel der Torrebrücke bei Remanzacco der Linie Udine−Cividale auf dem linken Ufer fortgerissen; 24stündige Verkehrsunterbrechung.
5. 8. Gleis I des neuen Oberbaulagers Risano fertig.
Beginn der Wasserbohrung in Udine Ost; voraussichtlich erforderliche Tiefe 70 m.
9. 8. Da das Heizhaus Cervignano zu klein ist, wird mit der k.k. StB Dion Triest eine Erweiterung vereinbart (30263/37-III).
14. 8. Im Oberbaulager Risano Gleis II fertig.
16. 8. Die bei der HB-SW in Verwendung stehenden ca. 270 italienischen Kgf. Arbeiter sollen weiter auf freiem Fuß belassen werden. Beginn der Fundamentierungsarbeiten für die Maschinen der Eisfabrik der HB-SW Udine, (für Ausrüstung der Kühlwaggons).
17. 8. KgfAK 1412 wird wegen Malariaverseuchung in das Lagunengebiet abgeschoben.
19. 8. Bedingt durch die zahlreichen Hochbauvorhaben werden die Tischler-, Zimmermanns-, Schlosser- und Schmiedewerkstätten auf maschinellen Betrieb umgestellt.
20. 8. Bau einer Verköstigungsstation in Sacile begonnen.

MÁV R 342, Heizhaus Udine, 17.8.1918

21. 8. Die HB-SW ermächtigt das Kommando ISA, den linksseitigen Bahnkörper westlich Lison, wo Gleise bereits abgetragen sind, als Straße fahrbar zu machen.
23. 8. Baubeginn am Mannschaftswarteraum in Gemona.
27. 8. Die wichtige Verbindungsschleife Vendrami dem Verkehr übergeben. Damit ist der Verkehr nach Vittorio gesichert. Oberbaupartie Frederizi von Pontebba nach Costa zum weiteren Bahnhofsausbau in Marsch gesetzt.
30. 8. Das Stutzgleis in Polpet vollendet. Der Bau der Schleppgleise in Pordenone vollendet; ebenso Verbindungsgleis zum Umschlagplatz Brentellekanal.
31. 8. Kommissionierung der neuen Trinkwasserleitung für Bahnhof Udine (6 km).

Hier enden die Tagebuchaufzeichnungen des Baudienstes; die Unterlagen ab 31.8. bis zum Betriebsende am 30.10.1918 sind mit dem Zusammenbruch verlorengegangen.

Betriebsdienst

Erst aus der Vielzahl der einzelnen Meldungen, von denen viele unbedeutend erscheinen mögen, bildet sich eine Gesamtübersicht über die Schwierigkeiten, die bei der Verkehrsabwicklung überwunden werden mußten, und die Leistungen des Personals. Daß trotz aller Erschwernisse im vierten Kriegsjahr das Kommando HB-SW bestrebt war, einen wenn auch bescheidenen Zivilverkehr aufzunehmen und aufrechtzuerhalten, verdient besonders hervorgehoben zu werden.

November 1917
11.11. Betrieb bis Stazione per la Carnia wird mit Beuteschienenwagen durch 17. Betriebskompanie aufgenommen.
19.11. Betriebsaufnahme mit Beutefahrzeugen zwischen Palmanova–San Giorgio und Cervignano–Belvedere (bei Grado) durch die 13. Betriebskompanie.
20.11. Betriebsaufnahme auf der Strecke Pontafel–Udine.
21.11. Betriebsaufnahme auf der Strecke Görz–Udine.
23.11. Betriebsaufnahme mit 4 Generatorzügen von Annone Veneto bis vor Motta di Livenza bis zur endgültigen Streckenfertigstellung.
24.11. Betriebsaufnahme auf den Strecken Udine–Cividale–Casarsa–Pordenone. Der vorläufige Kohlebedarf wird errechnet für S. Giorgio mit 40 t, Casarsa mit 20 t, Udine mit 80 t und Pontebba mit 60 t. Wegen der umfangreichen Instandsetzungsarbeiten an den Wasserversorgungsanlagen der Heeresbahn trifft der angeforderte Wasserstationszug von der Heeresbahn Nord ein.
25.11. 2 Deutsche Feldpostwagen verkehren ab sofort mit den Zügen 444/986 und 11/1081.
27.11. Allgemeine Geschwindigkeitsbeschränkung auf sämtlichen Einfahrtsweichen im Bereich der Heeresbahn auf 10 km/h wird verfügt. Grund dafür ist der Mangel an telefonischen und telegrafischen Verbindungen, Zerstörungen an den Signalanlagen sowie schadhafter Unter- und Oberbau.
Der Hauptnachschub für die k.u.k. Armee sowie für die deutschen Truppen rollt über die Linie Cervignano–Latisana (Betriebskompanie 13). Alle Dienststellen melden Mangel an Lok-Partien, diese stehen bis zu 50 Stunden ununterbrochen im Dienst.
30.11. Nach Pordenone werden 16 Zisternenwagen mit Wasser entsandt, um dort die Loks mit Wasser ausrüsten zu können. Allgemeine Dienstanweisungen für die Abwicklung des Verkehrs werden erlassen. Sie umfassen: Dispositionsstationen, Sicherheitsmaßnahmen, Unfallmeldungen, Diensteinteilung des Personals, Einführung von Tag- und Nachtkontrollen, Bekanntgabe der telegrafischen Rufzeichen für die einzelnen Stationen.
Zwischen den Übergabebahnhöfen Pontebba-Pontafel wird bis auf weiteres kein Fahrplan mit Güterzugstraßen festgelegt. Übergabe und Übernahme erfolgt im gegenseitigen Einvernehmen.

Um 10.30 Uhr fährt ein Munitionszug in Portogruaro auf falschem Gleis nach San Stino di Livenza und stößt mit dem auf unrichtigem Gleis stehenden Bauzug der 1. EBK zusammen. 4 Waggons beschädigt; großer Sachschaden an der Inneneinrichtung des Bauzuges.

K.k. StB R 56, Heizhaus Udine, 18.8.1918

Auffahrunfall eines Krankenzuges im Bereich HB-SW, Bhf. nicht bekannt   *Quelle: Archiv Ostadal*

Bhf. Cervignano, vor dem Zug SB Lok R 170, 17.8.1918

Dezember 1917

1.12. Bei der zentralen Transportleitung werden für die Heeresbahn angefordert: 30 Lokomotiven Reihe IV/450 und 20 Loks Reihe III/350. Zur Verpflegung der Lazarettzüge werden die Labezüge Nr. 1 und 17 in Udine abgestellt. Die Heeresbahnstation Pordenone wird mit sofortiger Wirkung gesperrt, von nun ab nur mehr Zugmeldeposten.
Trennung des Ferngüterverkehrs Casarsa – Udine – Pontebba von den Manipulationszügen wird befohlen. Durch Lokmangel bedingt, bleiben Lok-Partien bis zu 75 Stunden ununterbrochen im Dienst. Heizhaus Casarsa erhält Maschineneinrichtungen und Elektromotoren. Udine wird 4. Reserve-Lok zugewiesen.

2.12. Zwischen S. Giorgio – Valvasone wird vom Zug 1 ein Fuhrwerk des Deutschen Musketenbataillons 1 zertrümmert, Zuglok mit einer Achse entgleist.

4.12. Für Materialtransport zum Brückenbau an den Livenza- und Tagliamentobrücken werden Generatorzüge eingeschoben. Genaue Regelung der Beistellung für die Zugbegleiterpartien im Gesamtbereich der Heeresbahn SW wird endgültig festgelegt.

5.12. Strecke Udine – Casarsa ab jetzt zweigleisig befahrbar.

6.12. Betriebskompanie 14 besetzt die Bahnhöfe Motta di Livenza, Gorgo und Oderzo.

7.12. Provisorische Fahrordnung für die Strecke Cormons – Casarsa wird verlautbart.

8.12. Auf der Strecke Cervignano – Latisana wird zweigleisiger Verkehr aufgenommen. Auf der Strecke Villach – Pontafel – Gemona – Casarsa – Conegliano wird ein direktes Personenzugspaar eingeführt.

11.12. Postkursverbindung Udine – Motta di Livenza wird mit Generatorzügen aufgenommen. Folgende Loks gehen an Heimatwerkstätten ab: 340.031, 325.088, 358.013, 358.028 und 4.33.

13.12. Bei der Einfahrt in Chiusaforte streift Malteser-Lazarettzug stehenden Munitionszug; zwei Wagen schwer beschädigt; 4 Stunden Verkehrsunterbrechung.

16.12. Es erfolgt die Aufteilung sämtlicher Wasserstationen zwecks Instandhaltung auf die 4 Heizhausbereiche.

19.12. Durch die Einführung eines Personenzugspaares in der Strecke Gemona–Casarsa sind 4 Lok-Partien zusätzlich erforderlich. Ein Wagenkran in Risano aufgefunden und instandgesetzt.

20.12. **3** Waggons in Udine entgleist. Nach 3 Stunden eingehoben. Erstmalig Hofzug (bzw. Sonderzug AOK, Tarnname „Donau") in Verkehr.

21.12. Pfeifblöcke auf allen wichtigen Straßenkreuzungen aktiviert. Bei der Lok 220.041 ist der Kessel ausgeglüht. Lok 47.03 entgleist auf der Drehscheibe in Udine; Heizhausbetrieb eineinhalb Stunden unterbrochen.

22.12. Der Nachschiebedienst auf der Strecke Valeriano – Spilimbergo wird eingeführt, Lok-Einsatzplan dafür festgelegt.

24.12. Zwei Werkzeugwagen für Heizhausreparaturen aus Polen in Udine eingetroffen, sie werden auf S. Giorgio und Casarsa aufgeteilt. Heizhaus Casarsa leidet an akutem Schlossermangel, Lok-Instandsetzung bleibt deshalb dort stark zurück.

26.12. Das Kommando im Heizhaus Pontebba übernimmt Marine-Ingenieur Tolnai. Zug 440 zwischen Dogna und Pontebba gerissen.

27.12. Von Heeresbahn Südost erfolgt die Zudirigierung von 160 Professionisten.

28.12. Wasserstationen Motta di Livenza und Sacile werden mit Personal besetzt.

K.u.k. Heeresbahn Südwest.

"Fahrordnung für den Sonderzug „Donau."

Belastung 530 Tonnen. — Vertraulich!
Grundgeschwindigkeit 50 km/St.
Verkehrt am 20. Dezember 1917.

Entfernung km	Stationen	Fahrzeit Min.	Ankunft Uhr	Ankunft Min.	Aufenthalt Min.	Abfahrt Uhr	Abfahrt Min.	Trifft den Zug N°	Vorrechn. Fahrzeit Min.
–	Udine	–	Nachm.			5	55	–	33/41
9.0	Reana del Roiale	22	–	–	–	6	17	443 wartet	19
3.0	S. Pelagio P.H.	9	–	–	–	6	26		7
2.4	Tricesimo	6	–	–	–	6	32	443 a wartet	4
4.5	Tarcento	10	–	–	–	6	42		8
3.5	Magnano-Artegna	8	–	–	–	6	50	446 wartet	6
6.1	Gemona-Ospedaletto	13	7	03	10	7	13	445 wartet	10
6.7	Venzone	16	–	–	–	7	29		13
5.0	Staz. per la Carnia	13	7	42	10	7	52	447 wartet	11
5.2	Moggio	14	–	–	–	8	06		12
2.7	Resiutta	7	–	–	–	8	13	444 wartet	5
8.1	Chiusaforte	21	8	34	6	8	40	449; 401 wartet	19
5.2	Dogna Z.M.P.	17	–	–	–	8	57		15
6.9	Pontebba	23	9	20	1	9	21		19
0.8	Pontafel (k.k.St.B.)	5	9	26	Nachm.				5
69.1	Zusammen	184			27			– 3 St. 31 Min.	

Druck v. d. K.u.k. Kriegsvm. 12.

D. Stand der ital. Beutewagen im Bereiche der Hb. SW.
laut der am 25. Dezember 1917 in Oesterreich-Ungarn vorgenommenen Zählung.

Serie und Anzahl														Anmerkung
Personenwagen			Gepäckswg.		Gedeckte	Offene		Plateau	Kessel	Sonst.	Schneepflüge	Krahne	Unterg.	
2 Ax	3 Ax	4 Ax	2 Ax	4 Ax	2 Ax	2 Ax	4 Ax	2 Ax	2 Ax	2 Ax	2 Ax	2 Ax	2 Ax	
16	1	4	4	1	177		350	8	17	4	4	3	52	freizügig

Die noch teilweise vorhandenen Meldungen über die Lokomotivstände der HB bieten einen Überblick über die im dortigen Bereich eingesetzten Lok-Reihen.

k.u.k. Heeresbahnkommando Südwest / Abt. IV

Lokomotivstand am 15. Jänner 1918

+) Rumänische Lok
++) Italienische Lok

im Heizhaus	Lok. Reihe	Lok. Nr.
Pontebba	149	14, 22, 54, 61,
	73	80, 102, 140, 167, 211, 333, 342, 360, 382, 398, 411, 414, 420, 442.
	324	142, 154, 930.
	325	069, 086, 122, 142, 150, 200, 223, 231.
	++)	303, 310, 316, 325.
Udine	4	40, 42, 44, 70, 74, 130, 147, 186, 188, 191.
	131	05, 16.
	231	15, 18, 24, 34.
	56	31, 33, 49, 72, 87, 91, 98, 120, 136.
	220	018, 038, 041, 049, 056.
	324	942, 948, 950, 963, 971, 976.
	++)	017, 73, 152, 479, 486, 1478, 1479, 2026.
	+)	1, 2, 2437, 2450, 330, 3217, 4580, 5545.
S. Giorgio	4	06, 20, 38, 45, 46, 88, 92, 165, 182, 202.
	340	003, 009, 012, 016, 018, 029, 030, 037, 038, 040.
	358	005, 011, 013, 018.
	++)	272, 275, 342, 361, 8632.
Casarsa	47	02, 03, 04, 37, 40, 61.
	55	01, 05, 06, 08, 16, 17.
	155	03, 06, 12, 14, 16.
	325	009, 036, 052, 066, 073, 084, 134, 160, 165, 173, 185, 225.
	++)	29. 322, 83.598, 83.302, 4582.

k.u.k. Heeresbahnkommando Südwest / Abt. IV, Nr. 40.025/1918

Erbeutete FS Lokomotiven

Lok. Nr. Reihe	Achsfolge	max. km/h	Anmerkungen
1	B		Zweigekuppelte kleine Straßenbahnlok
2	B		als Heizhauslok eingesetzt
272	1B	40	unbrauchbar
275	1B	40	dienstfähig
302	C	30	dienstfähig
303	C	30	dienstfähig
310	C	30	dienstfähig
316, 325, 330, 342 (wie Lok 310)			
361	1C	30	dienstfähig
2437	C	50	dienstfähig
2450	C	50	dienstfähig
3217	C	50	dienstfähig
4580	D	35	ohne Tender
4582	D	35	dienstfähig
5545	2B	75	Bestandteile fehlen
8632	C	60	dienstfähig
29322	C	30	dienstfähig
83598	C	60	dienstfähig

Udine, Jänner 1918   v. Szász Oblt. m. p.

Jänner 1918

6. 1. Lok 73.382 entgleist in Casarsa durch Auffahren; leicht beschädigt. HB-SW übernimmt täglich ca. 1000 Achsen in ihren Anschlußbahnhöfen. Lok 340.040 und 56.87 sind in Udine zusammengestoßen; Pufferbrust beschädigt.

7. 1. Zug 360 fährt mit zu hoher Geschwindigkeit in Valeriano ein: Aufschneiden der Ausfahrtsweichen; Zug kommt 50 m nach Ausfahrtsweiche erst zum Stehen. Der Bahnhof Conegliano liegt unter italienischem Artilleriebeschuß, währenddessen stoßen die Loks 4.40 und 340.038 zusammen. Beide leicht beschädigt. Lok 73.342 wird vor Zug nach Udine fahruntauglich, sie wird in Werkstätte Villach dirigiert.

8. 1. Im Bahnhof Annone werden durch falsche Weichenstellung 2 Loks und 6 Wagen schwer beschädigt.

10. 1. Mit der Aufnahme des zweigleisigen Verkehrs wird Verkehrsstelle Codroipo aufgelassen. Die Zugspartien werden von Stazione per la Carnia nach Villa Santina verlegt.

13. 1. Ab Motta di Livenza verkehren in Richtung Front Generatorzüge. Bis zur Inbetriebnahme der Distanzsignale werden in den Stationen 50 m vor den Einfahrtsweichen bei Nacht auf Pflöcken grün leuchtende Laternen aufgestellt, welche dem Zugspersonal die Stationen anzeigen sollen.

16. 1. Abgang an Heimatwerkstätten: 325.165, 32.185 und 231.24.

17. 1. Zug 166 bleibt vor Udine wegen Wassermangels liegen.

19. 1. Die durchschnittliche Dienstdauer für das Lok-Personal beträgt bei der Tour Udine – Pontebba und zurück 45 Stunden.

22. 1. Im Bahnhof Cividale entgleist Lok durch Schienenbruch. Das Lok-Personal steht im Turnus Udine – Pontebba – Udine durchschnittlich bereits 55 Stunden im Dienst. Auf der Strecke Udine – Pontebba wird das Personenzugspaar 438 a/438/440/442 eingeführt.

23. 1. Die Schmalspurstrecke Udine–San Daniele wird von der Deutschen Heeresbahn an die Heeresbahn-SW übergeben. In Motta di Livenza wird Lok 4.42 durch Streifung am Tenderkasten eingedrückt. In Codroipo entgleist Lok 4.74 mit allen Achsen infolge falscher Weichenstellung.
24. 1. Bahnhof Pontebba überlastet; Wartezeiten der Züge bis zu 12 Stunden. Bei Latisana wird Lok 4.20 durch Zusammenstoß beschädigt, Lok entgleist.
25. 1. Zug 318 Pianzano durch italienische Tiefflieger mit MG angegriffen; 3 Schwer-, 3 Leichtverletzte.
26. 1. Bei Lok 20.26 Feuerbüchse ausgeglüht.
27. 1. Zug 820 bei Risano durch Wassermangel liegengeblieben, Hilfslok wurde entsandt.
29. 1. Bei Zug 432 Riß der Hauptkupplung zwischen Lok 73.102 und Tender in einem Tunnel. Bei Zug 370 entgleisen 2 Wagen auf der Medunabrücke; 5 Stunden Verkehrsunterbrechung.
30. 1. Infolge Erweiterung der Spurweite entgleist Zug 1044 in San Vito.

Im Monat Jänner betrug der Nachschub für die Armee durchschnittlich pro Tag 1500 Achsen, zusätzlich dazu Truppentransporte mit täglich durchschnittlich 150–200 Achsen.

Februar 1918
1.2. S. M. in Udine eingetroffen (siehe Sonderzug „Donau").
2.2. Einführung des Urlauberverkehrs auf folgenden Strecken:
Cormons – Motta d. L.: UE 117/116, UP 115/118, 401/402, Züge verkehren ohne Umsteigen direkt bis Conegliano.
   Anschlußpendler Casarsa – S. Vito: 167/132
   Anschlußpendler Casarsa – Conegliano: 315/132
Udine – Motta d. L.: 173/170 Sammelgüterzug mit Postbeförderung
Cervignano – Portogruaro – S. Stino bzw. Motta d. L.:
   Cervignano – S. Stino UE 217/126. Cervignano – Motta d. L.: US 201/202.
Casarsa – Conegliano: 332/362. S. Vito – Portogruaro: GMP 1044/1049, 1064/1071.
Cividale – Udine: 644/657, 666/676. Udine – Cervignano: 847/856/872.
Gleichzeitig mit der Einführung des Urlauberverkehrs erfolgt der Fahrplanaushang in allen Bahnhöfen und Stationen.
Das tägliche Wagenaufkommen mit Armeenachschub in den Anschlußbahnhöfen beträgt 1000–1200 Achsen.
4.2. Lok 55.08 infolge Fliegerangriffs in Casarsa entgleist.
5.2. Das 24. Korpskommando führt den Generatorzugsverkehr in der Strecke Conegliano – Susegana ein. Italienischer Fliegerangriff auf Casarsa.
5., 6. u. 7.2. Conegliano liegt unter schwerem italienischem Artilleriefeuer, zahlreiche italienische Fliegerangriffe zusätzlich.
10.2. Zug 363 erhält Ausfahrt auf falschem Gleis, Zusammenstoß mit Lazarettzug.
12.2. Ab sofort läuft mit U 201 ein Feldpostwagen bis Motta d. L. durch.
13.2. Italienische Fliegerangriffe auf Casarsa und Conegliano. In Codroipo fährt Zug 173 infolge falscher Weichenstellung auf besetztes Gleis; drei Wagen beschädigt.
15.2. Zug 453 durchfährt Reana trotz vorgeschriebenen Halts mit ca. 70 km/h und gelangt erst 3 km hinter der Station zum Stehen. In Udine 2 Loks der Reihe 180 eingetroffen.
16.2. In Udine 5 Loks der Reihe 180 eingetroffen. In Majano entrollen 3 Waggons, in Cornino Auffahrt derselben auf stehenden Zug 368.
19.2. Durch Fliegerangriff auf Casarsa erhält Lok 47.02 mehrere MG-Treffer. Auf der Strecke Udine – Motta d. L. wird das Zugspaar 153/170 eingestellt, dafür verkehren ab sofort die Züge 147/149 und 166/170.

22.2. Auf der Strecke Pontebba – Gemona – Conegliano verkehren ab sofort direkte Züge.

23.2. In Pontebba Gabelfahrt des Zuges 237, 1 Wagen umgestürzt; Ein- und Ausfahrt in Richtung Süden durch 5 Stunden blockiert. Neue verschärfte Sicherheitsbestimmungen für den Zugsverkehr werden in allen Dienststellen der HB zum Aushang gebracht.

24.2. Conegliano liegt 8 Stunden unter italienischem Artilleriefeuer.

25.2. Italienischer Fliegerangriff auf Sacile, mehrere Gleise unterbrochen, ein Zug entgleist.

26.2. Heizhaus Casarsa übernimmt in Stand folgende rumänische Loks: 79, 195, 1494.
Udine übernimmt in Stand folgende rumänische Loks: 1415, 1639, 2029, 2505.
Im allgemeinen Stand der HB-SW stehen derzeit nicht reparaturfähige Loks: 25.617, 1464, 2026, 1, 5545, 4580.
In Casarsa streift Lok 5505 den Zug 132/II.

28.2. Lok 017 mit 2 Partien in Vittorio stationiert.

Der Armeenachschub im Februar beträgt durchschnittlich in den Übergabebahnhöfen täglich 1200–1600 Achsen.

März 1918

1.3. Es besteht dringendster Bedarf an Aschenkästen und Rauchkammersieben. Zug 666 wird in Remanzacco von Unbekannten beschossen.

2.3. Lok 220.049 geht in Heimatwerkstätte ab.

5.3. Conegliano liegt wieder unter italienischem Feuer. Ab sofort verkehren mit Zug 401 in der Strecke Bruck/Mur – Udine 1 AB + 1 C. In San Giorgio di Nogaro stößt Zug 295 mit Reservelok zusammen, beide Loks schwer beschädigt. In Portogruaro wird Munitionszug auf falschem Gleis abgefertigt, fährt auf Bauzug auf; 7 Wagen schwer beschädigt.

6.3. Conegliano wieder unter italienischem Feuer, 5 Tote, 30 Verletzte. Orsago von italienischen Fliegern bombardiert.

7., 8. u. 9.3. Conegliano unter ständigem italienischem Artilleriefeuer.

10.3. Italienischer Fliegerangriff auf Portogruaro, Anlagen beschädigt.

12.3. 220.125 geht in Heimatwerkstätte ab.

13.3. 4.40 geht in Heimatwerkstätte ab.

14.3. 3 smLoks von der Linie S. Daniele–Udine werden an die Feldtransportleitung Innsbruck abgesendet.

15.3. In Heimatwerkstätte gehen ab: 358.013 und 56.49.

17.3. Italienischer Fliegerangriff auf Pianzano. Heeresbahn SW erhält als Gegenleistung der Südbahngesellschaft für den Betrieb der Linie Cervignano – Stino und nach Grado 5 Loks (Reihe ?). 2. italienischer Fliegerangriff auf Pianzano, 10 Treffer in Bahnanlage.

19.3. In Heimatwerkstätte geht 73.420 ab.

20.3. Durch Entgleisung in Motta d. L. 6 Stunden Streckenunterbrechung, Stauungen auf der Strecke.

21.3. Auf der Strecke Udine – Cividale bei Wärterhaus I erfaßt Zug 641 deutschen LKW; dieser zertrümmert; Lok + 5 Kesselwagen entgleist.

22.3. Verkehrsaufkommen in den Übergabebahnhöfen 2629 Achsen.

23.3. Verkehrsaufkommen 1523 Achsen; Reparaturstand bei österreichischen Loks 25%, bei MAV Loks 45%.

24.3. Verkehrsaufkommen 2099 Achsen. Zwischen Buttrio und Manzano gerät Zug 168 durch Funkenflug in Brand, Conegliano wieder unter italienischem Artilleriefeuer; italienischer Fliegerangriff auf Pianzano.

25.3. Conegliano wieder unter italienischem Feuer. Verkehrsaufkommen 200 Achsen. In Cervignano von der k.k. Staatsbahn 5 Loks (Reihe ?) übernommen. Beim Ausladen einer schweren Mörserbatterie im Bahnhof Sacile 2 K-Wagen durch die Last hochgehoben und mit je einer Achse entgleist. Vom deutschen Munitionsgleis Vendemiano entrollen 2 beladene Munitionswagen über die Schleife auf dem Gleis Conegliano – Pianzano. Sie können erst in Pianzano zum Stillstand gebracht werden. Nach 30 Minuten entrollt neuerlich ein beladener Munitionswagen, dieser wird durch Reservelok in Conegliano abgefangen.

26.3. An Heimatwerkstätte geht ab: 325.160.
28.3. Pordenone wird beschossen. Verkehrsaufkommen 1980 Achsen.
Kohlenzuschub täglich 550 t. Im Bahnhofsbereich Conegliano 36 Einschläge schwerer Kaliber der italienischen Artillerie.

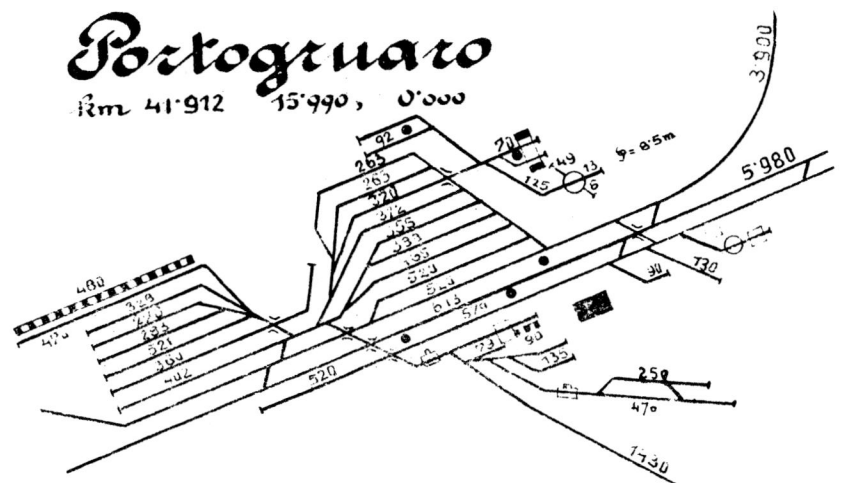

Zusammenstoß vor den Einfahrtsweichen des Bhf. Nabresina, August 1917

Der Bericht des Kommandos der HB-SW über das erste Quartal 1918 bietet einen detaillierten Einblick auf Personalstand, Fahrbetriebsmittel, geleistete Zug- und Bruttokilometer sowie die Art und Anzahl der Betriebsunfälle.

VI. Personal.
Stand mit Ende März 1918.

A. Militärisches Personal.

Dienststelle		Offiziere und Militärbeamte	Unteroffiziere und Mannschaften
a) Kommando		130	407
b) Exekutive:	Betr.-Baon VIII	81	2571
	Betr.-Komp. 13	26	353
	„ „ 14	34	686
	„ „ 15	13	188
	„ „ 17	28	331
	k. u. k. Hb. Mat. Mag. Udine	2	14
	Brückenhebedet.	1	63
	Zusammen	315	4613

B. Weibliches Personal.
Stand mit Ende März 1918.

Dienststelle		Qualifizierte weibl. Hilfskräfte	Nicht qualifizierte weibl. Hilfskräfte
a) Kommando		27	38
b) Exekutive:	Betr.-Baon VIII	9	8
	Zusammen	36	46

C. Zivilpersonen.
Stand mit Ende März 1918.

Dienststelle		Professionisten	Arbeiter
Exekutive:	Betr.-Baon VIII	126	945
	Betr.-Komp. 13	—	385
	„ „ 14	7	451
	„ „ 17	—	276
	k. u. k. Hb. Mat. Mag. Udine	3	22
	Zusammen	136	2079

B. Zugkilometer und Bruttokilometer.

Heeresbahn Südwest	Anzahl der Züge			Zug Kilometer	Bruttotonnen Kilometer
	Schnell u. Personen	Mil.-Güter u. sonstige	Zusammen		
Hb. SW. Bereich	1.285	9.084	10.369	483.999	142,653.660

C. Anzahl der beigestellten und verladenen Güterwagen.

Monat	Für Militärgut		Für Zivilgut	
	gedeckte	offene	gedeckte	offene
Jänner	2884	3171	—	—
Februar	8008	5537	—	—
März	8162	6251	—	—

K. u. k. Kriegsministerium Z. T. L. Nr. 440463.

Kilometerzeiger

für die

k. u. k. Heeresbahn Südwest.

Gültig vom 1. Jänner 1918.

VIII. Betriebsunfälle.

Entgleisungen:
- Auf freier Strecke 1
- In Stationen 67

Zusammenstösse:
- Auf freier Strecke . . . . ·1
- In Stationen 20

Gesamtzahl der Entgleisungen und Zusammenstösse:
- Auf freier Strecke 2
- In Stationen 87
  - Zusammen . . . 89

Zahl der getöteten Personen:
- Reisende (Militär Personen) 1
- Offiziere und Mannschaft der Hb. im Dienste 2
- Andere Militärpersonen im Dienste (hievon Eisb.-Sich.-Posten durch eigenes Verschulden) 4
- Fremde Personen und Organe der Hb. ausser Dienst 6
  - Zusammen . . . 13

Zahl der verletzten Personen:
- Reisende (Militär Personen) 3
- Offiziere und Mannschaft der Hb. im Dienste 7
- Andere Militärpersonen im Dienste (hievon Eisb.-Sich.-Posten durch eigenes Verschulden 10
- Fremde Personen und Organe der Hb. ausser Dienst 1
  - Zusammen . . . 21

Sonstige Betriebsunfälle usw.:
- Ueberfahren von Fuhrwerken und grösseren Tieren 9
- Feuer im Zuge, Brand von Objekten u. Wäldern infolge Funkenfluges 34
- Untauglichwerden von Lokomotiven 44
- Kesselexplosionen . . . . —
- Trennung von Zügen 4
- Andere Betriebsereignisse 44
  - Zusammen . . . 135

Anzahl der geleisteten Zugkilometer in 1000 484
Auf 100.000 Zugkilometer entfallen somit Tötungen 2.69
                            Verletzungen 4.34

Zur genauesten Beachtung!

Bei Annäherung eines Zuges an die Station darf kein ausfahrender Zug abgelassen und keine Verschiebung vorgenommen werden, welche die Fahrstrasse des einfahrenden Zuges durchschneiden könnten.

In unausweichlichen Fällen dürfen solche Fahrten erst dann vorgenommen werden, wenn die vollkommene Sicherheit besteht, dass der ankommende Zug beim Einfahren, bzw. Distanzsignale angehalten worden ist.

Auf eingleisigen Strecken ist bei Zugskreuzungen die gleichzeitige Einfahrt der Züge strengstens verboten.

IV. Fahrpark.

A.) Lokomotiven, Trieb- und Wassermengen

Lokomotiven

Betriebsbataillon bezw. Betriebskomp.	Heizhauskommando	Spur	Eigentum der k. u. k. Heeresverwaltung									Eigentum der k. k. Staatsbahnen									Eigentum der kgl. ung. Staatsbahnen									Norm. Insgesamt	Schmal. Lokomst.	Wasserwagen der k. u. k. Heeresverwaltung	Trieb-Wagen der k. u. k. Heeresverwaltung
			a) mit Schlepptender		b) Tenderlok.		zusammen		hievon mit gekuppelten Achsen				hievon mit			a) mit Schlepptender		b) Tenderlok.		zusammen		hievon mit gekuppelten Achsen				hievon mit			a) mit Schlepptender		b) Tenderlok.		zusammen		hievon mit gekuppelten Achsen				hievon mit						
			Norm.	Schm.	Norm.	Schm.	Norm.	Schm.	2	3	4	5	Heiz-Einrichtung	Brems-	Heiz- u. Brems.	Norm.	Schm.	Norm.	Schm.	Norm.	Schm.	2	3	4	5	Heiz-Einrichtung	Brems-	Heiz- u. Brems.	Norm.	Schm.	Norm.	Schm.	Norm.	Schm.	2	3	4	5	Heiz-Einrichtung	Brems-	Heiz- u. Brems.				
Betr. Baon VIII	Udine	Normal	9		2		11		2	9			6	7	5	28				28		11	17			28	15	15	15				15		9	6			15	15	15	54		4	
		Schmal																																												
	Pontafel	Normal			3		3			3			3	3	3	24				24		4	14	6		24	20	20	10				10		10				10	10	10	37			
		Schmal																																												
	Cervign.	Normal			6		6		2	4			6	6	6	12			3	15		12	3			12	15	12							9								30			
		Schmal																																												
Casarsa		Normal	6		3		9		2	6	1		8	8	8	19				19		19				19	12			12				12		9		12		10	10	10	40		5	
		Schmal																																												
Heeresbahn Sw. Stand		Normal	13		2		15		3	10	2		12	12	7															15				15			2	14					15			
		Schmal																																16									59			
In der Reparatur.		Normal	17		6		23		5	16	2					10		1		20				3		10	15																			
		Schmal																																												
Zusammen		Normal	28		16		44		9	32	3		35	36	29	83		3		86		23	43	14	6	83	50	47	35				46		9	37			35	25	35	176		9	
		Schmal																																												

IX. Uebersicht über den Umfang des kommerziellen Geschäftes im I. Quartal 1918.

Geschäftsbericht für das I. Quartal 1918.

Monat	Anzahl		Verfrachtete Gewichtsmengen		Verfrachtete Gewichtsmengen				Militärwagen-Ladungen	
	der verkauften Fahrkarten	der Expeditionen Frachtgut	Aufgabe	Abgabe	Stückgut-Verkehr	Wagen-Ladungs-Verkehr exclus. Kohle	Kohlen-Verkehr	Tier-Verkehr	Anzahl	
			Tonnen		Tonnen				Aufgabe	Abgabe
1	2	3	4	5	6	7	8	9	10	11
Jänner	508	2.856	66.598	85.741	184	80.160	5.508	2.999	7.499	9.316
Februar	1.707	10.262	81.475	101.845	318	108.729	6.028	3.688	9.581	13.026
März	3.371	14.993	161.388	242.994	6.952	203.513	22.858	9.012	19.566	25.352

In der Berichtsperiode wurden eingeführt:

Mit Z. T. L. Nr. 440.463 von 1918 der Provisorische Behelf für die Abfertigung von:

a) Zivilpersonen und Reisegepäck;
b) Zivilgüter.

Mit Z. T. L. Nr. 99093 von 1917 des Militärtarif mit Gültigkeit vom 1. Jänner 1918.

X. Einnahmen und Ausgaben.

Einnahmen	Jänner		Februar		März		Ausgaben	Jänner		Februar		März	
	K	h	K	h	K	h		K	h	K	h	K	h
Ordentliches Erfordernis:							**Ordentliches Erfordernis:**						
1. Transporteinnahmen	80	—	3648	80	45463	96	1. Personalkosten	113672	73	125856	81	163215	72
2. Sonstige Einnahmen	3234	20	5076	90	1053	17	2. Sachl. Kosten der Unterabteilung	—	—	1876	68	45	14
							3. Sachl. Betriebskosten	394	30	30 258	99	109462	74
Zusammen	3314	20	8725	70	46516	13	Zusammen	114067	03	175549	25	272679	86

Gesamteinnahmen Jänner bis März 1918 . . . . K 47720·03
Von den Einnahmen entfallen auf Lokalbahnen . . . . . K 76353·28

Gesamtausgaben Jänner bis März 1918 . . . . K 562295·14
Von den Ausgaben entfallen auf Lokalbahnen . . . . . K 89856·51

Im Ausgaben-Artikel 3: Sachl. Betriebskosten, sind enthalten:

a) Investitionen der Hauptbahn . . . K 87273·44
b) Investitionen der Lokalbahnen . . . K 16841·60 K 104115·04

April 1918

1.4. Anwendung des Militärtarifes auf allen Strecken wird verfügt; Verhandlungen mit den beteiligten Verwaltungen über ein Anschlußübereinkommen in Cormons, Cervignano und Pontafel. Zugsförderung San Giorgio nach Cervignano verlegt. Einführung der Zollrevision in den Grenz- bzw. Übergabebahnhöfen (Cormons, Cervignano, Pontafel) verfügt. Akuter Kohlenmangel.
Telegrafenlinie Udine — Cividale verlegt.

3.4. Heeresbahn-Station Dogna in Betrieb: Zugmeldeposten dort aufgelassen. An Heimatwerkstätte geht ab: 325.223. Ab sofort nimmt S 105/106, Wien — Motta d. L. — Wien, Aufenthalt in Codroipo.

4.4. An Heimatwerkstätte gehen ab: 180.34, 73.442.

5.4. Zugang von zentraler Transportleitung 23 Loks (?) + 30 Lok-Partien.

7.4. Zugang von 3 Loks (Reihe 180).

8.4. An Heimatwerkstätte gehen ab: 155.16 und 325.036.

10.4. In Gemona entgleist 114.992 mit allen Achsen.

11.4. An Heimatwerkstätte geht ab: 340.030.

12.4. An Heimatwerkstätte gehen ab: 325.185 und 340.009.
In Udine Verschublok 2498 mit 3 Achsen entgleist.

13.4. Verschublok 152 mit 3 Achsen entgleist. Aus Klein-München 34 Eisenbahner eingetroffen.

15.4. Verschublok 152 mit 1 Achse entgleist. Auf der Strecke Sacile — Cordignano bei km 0,8 stößt Schotterzug mit LKW zusammen; 5 Soldaten schwer verletzt; Lok mit einer Achse entgleist.

16.4. Sommerzeit wird eingeführt.

Auffahrunfall der SB Lok 570.02 im Bahnhof Nabresina, Datum unbekannt

17.4.	Strecke San Vito − Motta d. L. für 100 Achsen Verkehr zugelassen.
19.4.	Folgende Schmalspurstrecken werden in den Betrieb der Heeresbahn SW übernommen: Tolmezzo − Moscardo − Paluzza und Villa Santina − Comeglians. Genügend Loks vorhanden.
20.4.	In Gervasutta entrollen bei Zug 838/II der Dienstwagen und 2 G bis Risano, Auffahrt auf Truppentransport, 1 Soldat tot, 7 Wagen schwer beschädigt. 429.135, die zwecks Wenden über Verbindungskurve Cividale − Udine Ost fährt, entgleist mit 4 Achsen; Ursache schlechter Oberbau durch andauernden Regen.
21.4.	Im Heizhaus San Giorgio 380.005 entgleist.
22.4.	Zug 340 wird in der Strecke Conegliano − Pianzano beim Wächterhaus 50 irrtümlich angehalten; Zug 316 fährt dadurch auf, Nachschiebelok schwer beschädigt. Zug 361 stößt hinter Einfahrtsweiche von Forgaria frontal mit Zug 350 zusammen, 2 Tote, 2 Schwerverletzte, 15 Wagen Totalschaden, 11 Wagen noch reparaturfähig, beide Loks schwerstbeschädigt.
23.4.	Für Heizhaus S. Giorgio 15 Lok-Partien aus Lemberg eingetroffen. Lok-Abgaben an Heimatstrecken: 220.041, 340.018, 220.018, 73.167 und 56.120.
24.4.	Verbot für alle HB-Stationen, gleichzeitig 2 Züge in eine Station einfahren zu lassen.
28.4.	47.02 mit 15.514 in Conegliano auf Gleis II zusammengestoßen, Tender 47.02 schwer beschädigt.
30.4.	Zug 435 fährt in Stazione per la Carnia auf durch Zug 430 besetztes Gleis ein; 24 Wagen entgleist.

Zusammenstoß eines Zuges der HB-SW auf unbeschranktem Übergang mit k.u.k. Militärkraftwagen, 5.9.1918

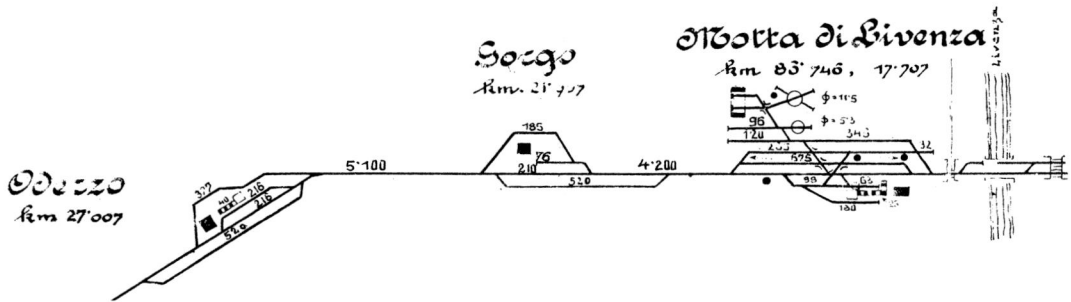

Mai 1918
Der Bahnhofsbereich Conegliano liegt nun fast ständig unter italienischem Artilleriefeuer.

- 1.5. Betriebssektion III der Lokfeldbahn 1 durch die Heeresbahn SW übernommen. Im Zuge der Offensivvorbereitungen wesentliche Verkehrssteigerungen im gesamten Bereich der Heeresbahn. 2131 Achsen übernommen; Lazarettzüge 100 Achsen.
- 2.5. 2432 Achsen übernommen.
- 3.5. Sonderzug „Donau" Pontebba – Udine – Casarsa – Udine – Pontebba glatt abgefertigt.
- 4.5. Fliegerangriff auf S. Stino d. L., Lok 4.51 vor Zug 218 beschädigt: schweres Feuer auf Conegliano. 2264 Achsen übernommen; Lazarettzüge 106 Achsen.
- 5.5. Bei der wiederholten Beschießung von Conegliano Waggons mit ausladendem HIR 12 getroffen. 1 Toter, zahlreiche Schwerverletzte. 2 Gleise unbefahrbar.
- 6.5. Heeresbahn-Station Ceggia Fliegerangriff. 2454 Achsen übernommen; Lazarettzüge 204 Achsen.
- 7.5. Zugang 3 Loks Reihe 324. Motta d. L.: durch falsche Weichenstellung fährt Überstellungszug auf Zug 168 auf; 6 Mann verletzt; 1 Lok, 2 Wagen beschädigt.
- 8.5. Wasserstation Costa fertiggestellt. Gegen Zug 315 wird von Unbekannten im Tunnel zwischen Pianzano–Valeriano 1 Handgranate geschleudert, einige Verwundete.
- 9.5. Lok 324.281 von Kiralyhyaza in so verrottetem Zustand eingetroffen, daß sie sofort aus dem Betrieb gezogen werden muß. Conegliano erhält an diesem Tag 29 italienische Artillerietreffer.
- 10.5. In Chiusaforte durch vorzeitiges Anfahren einer Schiebelok Weiche aufgeschnitten.
- 12.5. Die neu aufgestellte Betriebskompanie 10 nach Gemona in Marsch gesetzt, Betriebskp 19 nach San Giorgio. 2532 Achsen übernommen.
- 13.5. Lok des Zuges 1222 entgleist bei Ausfahrt Udine durch Tragfederbruch.
- 14.5. Bei Ausfahrt Zug 317 in Pramaggiore wird ein Oberleutnant an der Verladerampe zerquetscht. Zug 417 entgleist mit 7 Wagen in Pasian durch vorzeitiges Anfahren der Schiebelok.
- 15.5. Heeresbahn-Station Pravisdomini dem Verkehr übergeben. Amtliche Gepäckaufbewahrungsstellen in allen Stationen der Heeresbahn eingerichtet. Ab sofort führen 873/217; 218/878 ab San Stino d. L. 3 Wagen für Zivilbenützung. Mit sofortiger Wirkung treten die in allen Heeresbahn-Stationen kundgemachten Fahrpläne in Kraft.
- 19.5. 3045 Achsen übernommen; Lazarettzüge 254 Achsen.
- 20.5. Ab sofort werden 401/402 und 313/314 als Zug 813/814 nach und ab Costa in Betrieb gesetzt.
- 21.5. Verfügung, daß bei allen Stationen, die mit Einfahrtssignalen ausgerüstet sind, die Einfahrt eines Zuges erst nach zusätzlicher Zeichengebung durch den Weichensteller erfolgen darf.

22.5. Infolge versetzter Grenzmarken entgleisen in Udine (Industrieanlage) 2 Wagen.
23.5. 5 Geldwechselstuben, Cormons 2, Pontafel, Cervignano und Udine, eingerichtet.
25.5. Einheitliche Regelung des Feuerlöschdienstes bei der Heeresbahn verlautbart.
26.5. Fliegerangriff auf Udine.
27.5. Wasserstation Motta d. L. defekt.
28.5. Munitionsexplosion in Görz. Verkehrsumleitung über Cervignano. Fundbüro beim Kommando der Heeresbahn eingerichtet.

Juni 1918
1.6. Zur Hebung der Verkehrssicherheit wird verschärfte Kontrolle der Telefonprotokolle über Kreuzungen und Vorfahrten verfügt. Einführung der Lire-Währung.
2.6. Personen-Güterverkehrsabwicklung auf neu eröffneter Strecke Costa/Ort–Costa/Seilbahn geregelt.
5.6. Wegen Lokmangels neun Zugpaare eingestellt.
6.6. Verbindungsschleife Costa–Conegliano dem Betrieb übergeben.
9.6. Fliegerangriff auf Pramaggiore, 1 Soldat schwer verletzt, 3 Wagen zerstört, 2 Geleise und Gebäude beschädigt.
10.6. In Povia Flankenfahrt einer Verschubgarnitur gegen UP 120, 1 Toter, 1 Schwerverletzter, 1 C Totalschaden.
11.6. Fliegerangriff auf Pravisdomini. Bei Tolmezzo eine smLok nach Zusammenstoß mit entrollten Wagen über den Damm gestürzt.
16.6. Betriebskompanie 9 und 11 treffen für Codroipo und Pasian ein.
19.6. Verkehr des Hofzuges „Donau" und Sonderzug 105.
20.6. 15.507 in Casarsa entgleist. Südbahnlok 651 im Heizhaus Cervignano entgleist. Stückgutverkehr im Einvernehmen mit Anschlußbahnen geregelt. Einführung von Stückgutkurswagen in Regelgüterzügen (Gendarmeriebegleitung wegen Plünderung).
22.6. Fliegerangriff auf Casarsa, 1 Soldat tot; Wasserversorgung unterbrochen; beim Wasserstationszug der Kommandant und 1 Pionier durch Fliegerbomben getötet, Bauzug beschädigt.
24.6. Ab sofort führen 401/402 einen ABC für Zivil Udine–Pontafel und zurück.
25.6. Heizhaus Cervignano durch die k.k. StB übernommen.
28.6. Station Ceggia gesperrt, Personal nach Portogruaro.
29.6. Verbindungskurve bei Vendemiano unter Artilleriebeschuß, Schnellzug nach Vittorio muß über Schleife Vendrami umgeleitet werden.
Ab sofort 217/218 mit Postwagen Cervignano-Portogruaro. Beleuchtungswerkstätte und Gießerei des Heizhauses Udine werden selbständige Dienststellen.

Der Juni wurde bis Monatsmitte durch die getarnten Vorbereitungen für die Offensive geprägt, von da ab durch den Abbau der Vorkehrungen und Bereitstellungen. In der ersten Hälfte des Monats demnach stärkster Verkehr zur Front, in der zweiten Hälfte langsames Zurückfließen und Abschub einer enorm hohen Verwundetenanzahl.

Juli 1918
1.7. Infolge Notbremsung hält Zug 117 zwischen Dogna – Pontafel; eine Lok Reihe 180 fährt auf; Lokführer und Heizer schwer verletzt. Zwei gekuppelte Schienenautos entgleisen bei der Einfahrt in die Station Lison.
6.7. Infolge zu hoher Geschwindigkeit entgleisen auf der Schmalspurstrecke bei Sužid 2 Loks + 8 Wagen.

7.7.	Sacile von Fliegern angegriffen.
9.7.	Bei Lok 429.176 durch mangelhaftes Schmiermaterial überhitzter Kolbenschieber.
11.7.	Bei Einfahrt von Zug 115 in Dovia springt unbekannte Frau ab; die Zehen des linken Fußes abgefahren.
12.7.	Der Torrente bei Remanzacco unterwäscht durch Hochwasser 1 Brückenpfeiler und den Böschungskegel. Dadurch die Strecke Udine−Cividale bei km 44,5 unterbrochen; Verkehrseinstellung der durchgehenden Züge bis 19.7., für Personenzüge Umsteigeverkehr bei der Unterbrechungsstelle.
19.7.	Lok 324.393 fährt in Udine auf Überstellzug zu stark auf; 1 Wagen total, 1 Wagen schwer beschädigt.
21.7.	2 Stück smLoks 2107, 2110 gehen an Betriebskompanie Major Junk nach Toblach ab.
26.7.	Totale Sperre des Gleises II Pontafel−Pontebba wird für Verschubzwecke aufgehoben.
27.7.	Die Bohrungen für die Wasserstation der HbSt Pravisdomini sind bei 60 m Tiefe auf ergiebiges Grundwasser gestoßen. Einbau des Großaggregats. Strenge Trennung zwischen Sammel- und Direktgüterzügen durchgeführt.

Das ständig wachsende Verkehrsaufkommen führt seit Monaten zu Stauungen in den Bereichen der Übergabebahnhöfe. In Verhandlungen mit den anderen beteiligten Bahnverwaltungen soll durch innerbetriebliche Maßnahmen und Umbauten der Anlagen eine rasche Verkehrsabwicklung in Zukunft ermöglicht werden. Nachstehende Pläne der HB-SW zeigen die Situation in diesen Übergabebahnhöfen.

August 1918

1.8.	Ab sofort verkehrt täglich Bäderzug 913 Udine−Belvedere (bei Grado). 99.22 und 24.37 sind im Heizhaus Cervignano zusammengestoßen.
2.8.	Infolge der ständigen Beschießung erfolgt Verkehrseinstellung auf der Strecke Conegliano − Vittorio. Der Verkehr nach Vittorio kann von nun ab nur mehr von Pianzano über die 2. Schleife aufrechterhalten werden; damit eine Vergrößerung der Streckenentfernung nach Vittorio.
3.8.	In San Giovanni di Manzano engleist Lok 220.106 mit 4 Achsen infolge falscher Weichenstellung. In Codroipo entgleisen beim Verschub des Zuges 167 zwei Wagen infolge Kurzwechsel auf neuer englischer Weiche. Lok des Zuges 1224 entgleist mit 3 Achsen infolge unterwaschenen Oberbaues.
4.8.	Die Torrente-Torre-Brücke bei Remanzacco wird durch Hochwasser neuerlich an ihrem Böschungskegel unterwaschen. Außerdem im Dammbereich Gleisunterwaschungen, 24stündige Unterbrechung des direkten Verkehrs, für Personenzüge Umsteigeverkehr.
5.8.	Zug 162 fährt ohne Erlaubnis von der Strecke in die Station Pasian zurück und fährt am Gleis 2 auf wartenden Zug 120 auf.
6.8.	Stromversorgungsschwierigkeiten bei der Wasserstation Casarsa.
7.8.	In Sacile entgleist infolge falscher Weichenstellung der Tender der Lok 4702 mit 3 Achsen. 155.02 und 324.950 haben in Motta Streifung.
8.8.	Durch Überschwemmung wird die Strecke Costa−Costa/Seilbahn unterbrochen.
9.8.	In Orsago fallen bei Lok 55.16 beide Speiseapparate aus. Hilfslok entsandt. In der Station Fontana Fredda haben unbekannte Täter die Ein- und Ausfahrtssignale untauglich gemacht. Sonderzugfahrt „Donau" glatt durchgeführt.
10.8.	Zug 323 stößt bei km 10,2, Sacile − Costa, mit Straßenwalze der Straßenbaukompanie 16 Bh 2 zusammen; 44 Schwellen zertrümmert, Gleis verbogen, Lok mit allen Achsen entgleist.
12.8.	Sonderzugfahrt „Donau" glatt durchgeführt.

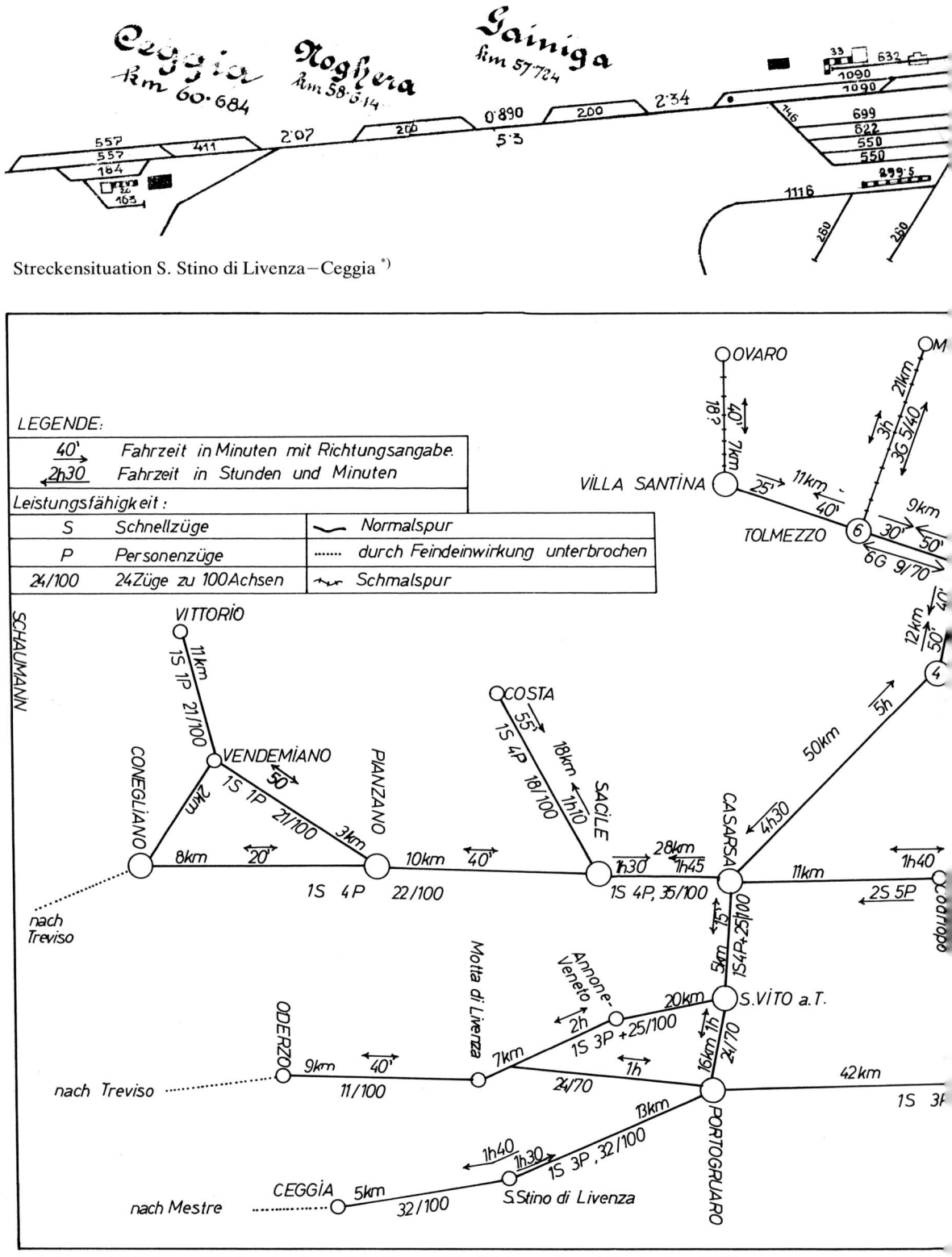

Streckensituation S. Stino di Livenza–Ceggia *)

Leistungsfähigkeits- und Fahrzeitenkarte der Heeresbahn Südwest, Stand September 1918

6·9
605
520
6·573
Lison
km 48·484
S. Stino di Livenza
km 55·384

S. Giorgio di Nogaro
km 10·384
5·622
Porto

SCARDO
PONTAFEL
nach Tarvis
28km
3h
2h30
1S 2P 19/70
1S 2P 19/60
Staz per la Carnia
SUŽID
3h
2G 15/30
EMONA
2h
28km
CIVIDALE
40'
15km
2G 14/70
UDINE
23km
35/100
18km
1h15
1S 5P 35/100
22km
1h40
CORMONS
nach Görz
Palmanova
2h30
4P 21/70
10km
CERVIGNANO
nach Monfalcone
35/100
GRADO

K.u.k. Heeresbahn Süd-West
Kommando der Heeresbahnstation
Latisana.
Preis der Karte 15 Heller

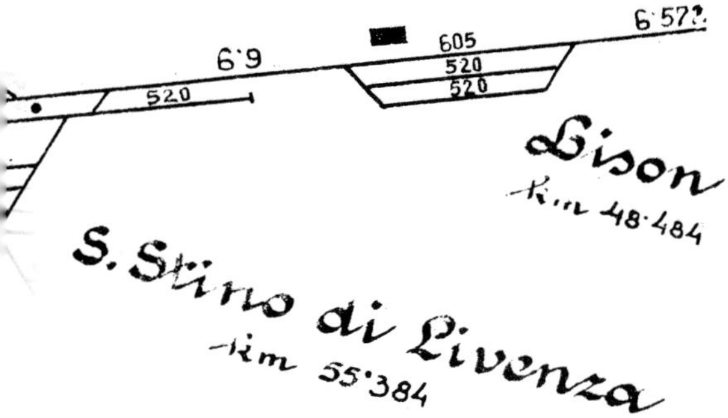

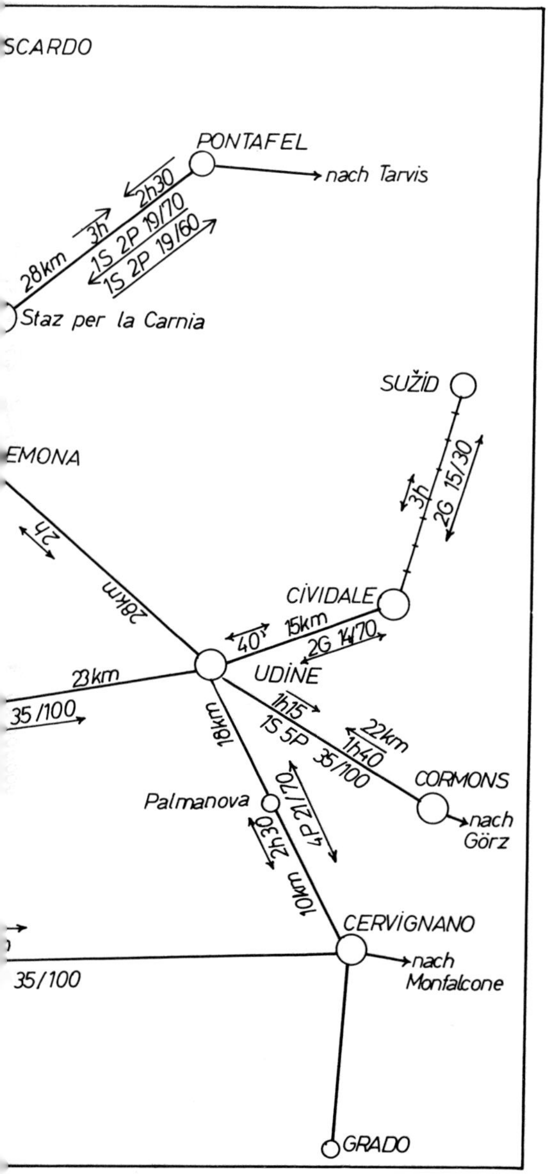

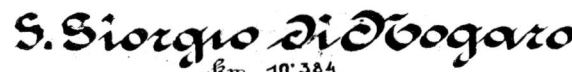

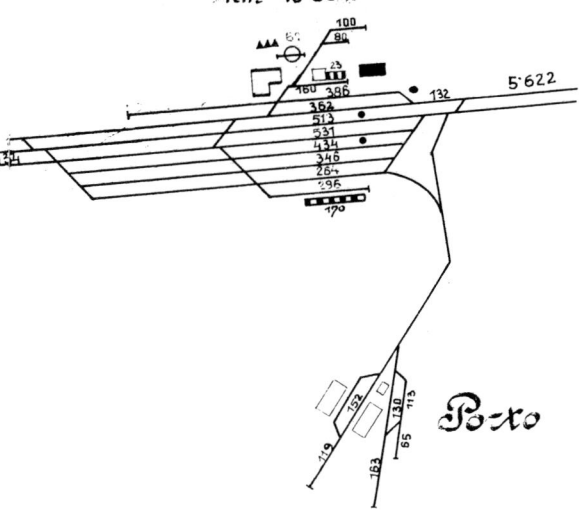

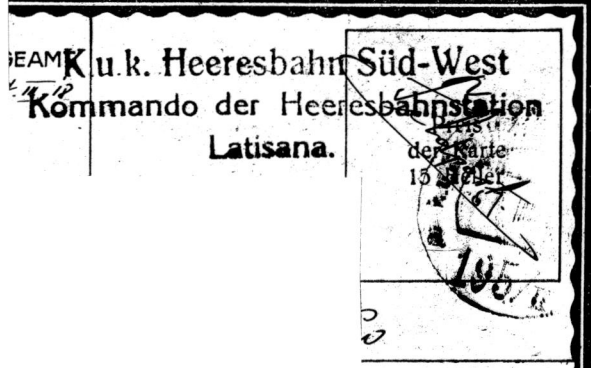

13.8.	Ab sofort verkehren Wagen für Zivilbenützung in der Strecke Udine — Cormons mit den Zügen 105/106, 114/15, 111/12.
15.8.	Infolge Befahrens eines noch nicht in Betrieb genommenen Gleises in Costa entgleist StB R 502174. Stellung eines Hilfszuges für schweres Zugsunglück auf der k.k. StB Strecke bei Uggowitz. In Udine Lok 324.940 mit 180.33 Streifung.
17.8.	Zugbegleiter erhalten die Weisung, streng gegen alle jene Militärpersonen vorzugehen, die Zivilwagen benützen.
18.8.	Streckenbegehung der Linie S. Stino — Ceggia wegen der Art einer eventuellen Betriebsführung; 23. Korpskommando besteht nur auf Nachtverkehr. Ab sofort verkehren 1 Lokzug, 1 Schienenautozug unter Begleitung eines Fahrdienstleiters nach Ceggia. Die Besetzung der Strecke mit Personal kann dadurch unterbleiben.
19.8.	Bei Zug 393 Lok 155.12 durch Ausblasen einer Dichtung fahruntauglich, Hilfslok entsandt.
20.8.	In San Vito Lok 20.29 entgleist.
24.8.	In Udine Ost hat Lok 73.360 Streifung mit Güterwagen; Zug 201 wegen Ausblasung der Dichtung am Speiskopf in Portogruaro liegengeblieben, Hilfslok.
26.8.	Lok 220.218 Bruch der Wasserstandsarmaturen, in Pasian, fahruntauglich.
27.8.	In Sacile ein Ochs überfahren.
28.8.	Auf der Strecke Cordignano — Costa 3 Wagen entlaufen.
29.8.	Bei Zug 436 in Magnano Weiche aufgeschnitten.
30.8.	Krankenzüge (für Verwundete und Kranke) leer von FTL 9 übernommen; 3 improvisierte und 2 permanente; beladen gerollt insgesamt 9 Züge mit einem Gesamtbelag von 4151 Mann.
31.8.	Im Heizhaus Udine Lok 180.16 nach Aufschneiden einer Weiche entgleist.

Hier enden die Tagebuchaufzeichnungen der Heeresbahn Südwest. Die nachfolgenden Unterlagen ab 1.9.1918 gingen in den Wirren des Zusammenbruches verloren. Einzelne noch erhalten gebliebene Befehle, Kundmachungen etc. aus diesem Zeitabschnitt werden im abschließenden Kapitel über den Zusammenbruch besprochen.

Beschädigtes österr.-ung. Flugzeug, auf einem K-Wagen verladen zum Abtransport in das Erzeugerwerk
Quelle: Musei provinciali Gorizia

Rollbahnlok auf Putzgrube, 29.5.1918; italienische Kriegsgefangene als Lokpersonal

Weitere Bahnlinien im Betrieb durch die Heeresbahn SW

Die Feld- und Rollbahnen unterstanden aus organisatorischen Gründen nicht dem Kommando der Heeresbahn SW, sondern direkt dem Kommando der Isonzoarmee, da sie den Nachschubererfordernissen der Fronttruppe unmittelbar dienten.

Die besonders reichlich vorgefundene Beute an Kleinbahnmaterial auf oberitalienischem Gebiet veranlaßte die k.u.k. Heeresleitung, den Rückbau der zahlreichen Feldbahnen anzuordnen, um vorerst im Hinterland und an anderen Fronten dringend benötigtes Material freizubekommen. Zur Durchführung dieser äußerst umfangreichen Arbeiten wurde die 36. EisbKp und 1 KgfAKp eingesetzt; sie dauerten vom 25.12.1917–1.4.1918. Bestehen blieben folgende Feldbahnnetze: Cervo, S. Marco, Capriva, Crauglio, S. Andrea, Cervignano, Villa Vicentina, Terzo und Natissa, für diese wurde je eine Betriebsleitung aufgestellt. Den Betriebsleitungen oblag Instandhaltung und Wartung aller Betriebsmittel und der Strecke, soweit sie mit eigenen Mitteln durchführbar waren; ferner die Ausbildung von Reservebedienungspersonal und die Abwicklung des Betriebsdienstes.

Giltig ab 15. Mai 1918

K. U. K. HEERESB[AHN]

1 Cormons S.B.–Casarsa–Motta di Livenza 1

											Stationen									
P	P	UP*	UP*	P	UP	P	UP*					P	UP*	P	P	UP	P	UP*	UP	UP*
							810	810		830	ab Wien S.B. an					1020				
							238	238		1224	ab Bruck a. M.					555				800
							438	438		142	ab Graz Hbf.					434				
				1205							ab Budapest Ostbhf.									15
				150				520	610	827	ab Budapest Südbhf.					1015	910			1201
				500			102	123	123	641	ab Pragerhof					832	821			750
				104						600	ab Laibach Südbhf.						417			
										325	ab Fiume						1127			205
925											ab Pola				950	845	645			
1030	1214						620		1045		ab Triest S.B.					1253				333
1120	220								112		ab Opčina				930	757	552			
1204	315						950	1040	1300		ab Nabresina				721	625	404	822		1255
											ab Görz S.B. an				640	535	337	737		1205
											an Cormons ab									
P	P	UP*	UP*	P	UP	P	UP*					P	UP*	P	P	UP	P	UP*	UP	UP*
118c	115	317	319	111	117	121	111	105	401	km	Stationen	120a	402	116	112	106	114	122	118	322
125	350	545		1010	112		125			—	ab Cormons S.B. an			610	515	310	732		829	112
137	357	552		1017	113					2	Povia			604	304	700			823	1115
144	404	559		1024	1140					4	Rinaldi Ladestelle			557	257	623			833	1115
152	412	608		1033	1143					6	S. Giovanni di Manzano			550	250	645			818	1049
200	420	615		1040	1150					8	Manzano			542	242	628			810	
212	432	627		1052	1202		211			13	Buttrio			532	232	628			818	1027
238	453	648		1113	1228		211			22	an Udine Pers. Bhf. (4, 6, 7) ⋊⋉ ab			514	436	214	628		1729	1027
	715	952			953						an Gemona (3, 4) ab			631	631					
	750	1045			1020						an Stazione per la Carnia (4, 5) ab			555	555					
	834	1230			1200						an Pontafel k. k. St. B. ab			438	438					
		285			588						an Cividale (6) ab					1253			652	
	425	840			330						an Cervignano k. k. St. B. (2, 7) ab					1040			720	711
525	725	818	1154		236	732	1045			—	ab Udine Pers. Bhf. (4, 6, 7) ⋊⋉ ab	520	733	411		533	805	1704	952	
552	743	834	1213							33	Pasian Schiavonesco	511					512	744	643	933
612	803	852	1233		311	825	1120			45	Codroipo	511	651	332		445	723	622	920	
634	825	915	1255		333	825	1142			55	an Casarsa (3) ab	449	630	310		428	701	600	902	
	836	1101			602	1056	125				an Conegliano Ostbhf. (3, 11) ab	307	428		1259			400	645	
1205				935	113		348	918		—	ab Casarsa (3) an	420		616	255	418	645			
1214				945	122		357	927		61	an S. Vito al Tagliamento (8) ab	408		604	243	406	635			
				1122				1122			▼ Portogruaro (2, 8, 9)			424			534			
				950	127		400	921		—	ab S. Vito al Tagliamento (8) an	400		352	239	352	627			
				1004	141		414	944		68	♦ Sesto al Reghena	345		336		336	613			
				1015	152		425	955		72	Chions Azzano Decimo	325		327		327	603			
				1028	211		437	1009		78	Pravisdomini	322		314		314	551			
				1034	215		442	1015		80	Annone Veneto	315		307		307	544			
				1045	225		453	1028		88	an Motta di Livenza (9) ab	301		251	151	251	528			

* Durchlaufender U-Personenzug Budapest Ostbhf.—Conegliano Ostbhf. über Laibach
* Durchlaufender U-Personenzug Pragerhof—Conegliano Ostbhf. über Assling
▼ Durchlaufender U-Personenzug Wien S. B.—Motta di Livenza über Pontafel
† Durchlaufender U-Personenzug Pragerhof—Motta di Livenza über Laibach
⊠ Durchlaufender U-Schnellzug Wien S. B.—Motta di Livenza über Laibach
◊ Durchlaufender U-Schnellzug Wien S. B.—Conegliano Ostbhf. über Pontafel

4 Pontafel k. k. St.B.–Udine

					Stationen		
1045	205		1045		ab Budapest über Bruck an	625	
	930	310			ab über Marchegg	800	
1010		940	745		ab Wien Südbhf.	940	
310		350	1150		ab Bruck a/M.		527
350		440	1220		ab Leoben Hbf.	456	
	650	650	810		ab Prag F.J.B.	810	1030
708	1222	645	505		ab Linz † üb. Salzburg † üb. Selztal	415	1014
515		535			ab St. Michael	705	
1150		1022			ab Innsbruck üb. Schwarzach St.Veit	705	
735		1105			„ Franzensfeste	643	
110	345	1201	440		ab Salzburg üb. Schwarzach St.Veit	1159600	
822		656			ab Klagenfurt über Villach über St. Veit	1521	
1225		120	230		ab Villach Hbf.	128	
335		410	545		an Pontafel (k. k. St.B.) ab	955	

UP 117	UP 315	P 415	US 401	km	Stationen	US 402	P 416
1. 2. 3.	1. 2. 3.	1. 2. 3.	1. 2. 3.			1. 2. 3.	1. 2. 3.
438	507		800	—	ab Pontafel (k. k. St.B.) an	824	
445	514		807	1	▼ Pontebba	819	
500	529		830	7	Dogna		
515	544		830	13	Chiusaforte	841	
529	558			21	Resiutta		
537	606			23	Moggio		
547	616		856	29	an Staz. per la Carnia (5) ab	755	
655	720		950		an Tolmezzo (5) ab	715	
1143	1233		1233		an Villa Santina (5) ab	432	
555	624		901	—	ab Staz. per la Carnia (5) an	750	
605	634			34	▼ Venzone		
616	645		919	40	an Gemona-Ospedaletto (3) ab	725	
904	858				an Casarsa (1, 3) ab		
1101	1054				an Conegliano Ostbhf. (3, 11) ab		
945	927				an S. Vito al Tagliamento (1, 8) ab		
1049	1030				an Motta di Livenza (1, 9) ab		
631	708	929		—	ab Gemona-Ospedaletto (3) an	715	832
644	721			46	▼ Magnano-Artegna		840
700	737			50	Tarcento		832
711	743			54	Tricesimo		820
716	748			57	S. Pelagio P. H.		810
723	755			60	♦ Reana del Roiale		800
738	810	1015		69	an Udine Pers.Bhf. (1, 6, 7) ⋊⋉ ab	621	741
850		1128	1128		an Cividale (6) ab	350	545
310		1133	1133		an Cormons (1) ab		630
850		1142	1142		an Cervignano k. k. St. B. (7, 2) ab	440	630
921		125	125		an Casarsa (1, 3) ab	307	430
945		1214	1214		an S. Vito al Tagliamento (1, 8) ab	408	604
1049					an Motta di Livenza (1, 9) ab		501

Giltig ab 15. Mai 1918.
AHN SÜDWEST.

8 S. Vito al Tagliamento–Portogruaro 8

			Stationen		
820	731	ab	Udine Pers.Bhf. (1, 4, 6, 7) × an	733	805
432	642	ab	Conegliano Ostbhf. (3, 11) an	836	1055
936	918	ab	Casarsa (1, 3) an	616	644

| Gm. 1051 | Gm. 1075 | km | Stationen | Gm. 1030 | Gm. 1064 |
2. 3.	2. 3.			2. 3.	2. 3.
1032	1032	—	ab S. Vito al Tagliamento (1.) an	516	616
1100	1100	8	♀ Sesto-Cordovado ↑	455	555
1112	1112	12	♀ Teglio Veneto P. H.	435	535
1122	1122	17	an Portogruaro (2, 9.) ab	424	524

920	140		an S. Stino di Livenza (2)	310	408
625	800		an Cervignano k.k. St. B. (2, 7.) ab	1151	

9 Portogruaro–Motta di Livenza 9

1151	408	ab	Cervignano k. k. St. B. (2, 7.)	625	500
310		ab	S. Stino di Livenza (2) an		920

| Gm. 1145 | Gm. 1165 | km | Stationen | Gm. 1154 | Gm. 1170 |
2. 3.	2. 3.			2. 3.	2. 3.
700	500	—	ab Portogruaro (2, 8.) an	1258	858
731	531	10	♀ Pramaggiore	1236	836
753	553	18	an Motta di Livenza (1.) ab	1207	807

10 Sacile–Costa 10

	ab	Udine Pers.Bhf. (1, 4, 6, 7) × an
	ab	Casarsa (1, 3) an
	ab	Conegliano Ostbhf. (3, 11) an

km	Stationen
	ab Sacile (3) an
	♀ Cordignano
	↓ Costa
	an Costa (Seilbahn) ab

Bestimmungen für den Personen- und Gepäck-Verkehr.

1. Ein Anspruch auf Beförderung von Zivilpersonen besteht nicht. Für die persönliche Sicherheit der Reisenden, Zugsanschlüsse und die Erreichung des Reiseszieles haftet die Eisenbahn nicht.

2. Voraussetzung für die Ausfolgung von Fahrkarten an Zivilpersonen ist die Vorweisung der Erlaubnis der Militärbehörde zur Benützung der Eisenbahn in der angegebenen Relation.

3. Reisegepäck (nur Gegenstände, deren der Reisende zur Reise bedarf) wird bis zu 100 kg Gesamtgewicht für eine Person zur Beförderung angenommen.

4. Für die Beförderung des Reisegepäckes innerhalb bestimmter Fristen, den Verlust oder die Beschädigung desselben haftet die Eisenbahn nicht.

(A. O. K. Qu. Abt. Z. 213.534 von 1917.)

Verkehrseinstellungen:

Züge 319 und 322 zwischen Conegliano Ostbhf. und Cormons S.B. verkehren nicht.

Durchlaufende Wagen verkehren:

zwischen den Stationen		über	hin	zurück	Wagen Klassen	Nr. Strecken Abschnitt
			in den Zügen			
Udine Persbhf.	Wien S. B.	Pontafel—Leoben—Bruck a/M.	402	401	I. II. III.	4.
Udine Persbhf.	Wien S. B.	Cervignano—Nabresina—Bruck a. M.	911	912	I. II. III.	7.
Udine	Triest	Cormons—Monfalcone	112	111	I. II. III.	1.
Udine	Triest	Cormons—Monfalcone	114	115	I. II. III.	1.
Udine Persbhf.	Monfalcone	Cervignano	911	912	I. II. III.	7.
Udine Persbhf.	Monfalcone	Cervignano	915	914	I. II. III.	7.
Udine Persbhf.	Grado	Cervignano—Belvedere	913	916	I. II. III.	7.
Conegliano Ostbhf.	Wien S. B.	Udine—Pontafel—Leoben—Bruck a/M.	402	401	I. II. III.	4.
Conegliano Ostbhf.	Villach	Casarsa—Gemona-Osp.—Pontafel	316	315	I. II. III.	8. 1.
Conegliano Ostbhf.	Budapest	Cormons—Görz—Opcina—Pragerhof	318	317	I. II. III.	8. 1.
Motta di Livenza	Wien S. B.	Cormons—Nabresina—Pragerhof	106	106	I. II. III.	
Motta di Livenza	Budapest	Cormons—Nabresina—Pragerhof	106	105	I. II. III.	
Motta di Livenza	Pragerhof	Cormons—Görz—Opcina	120	121	I. II. III.	
Motta di Livenza	Wien S. B.	Udine—Pontafel—Leoben—Bruck a/M.	118	117	I. II. III.	1. 4.
S. Stino di Livenza	Wien S. B.	Cervignano—Monfalcone—Nabresina—Bruck a/M.	202 215	201 217	I. II. III.	

Giltig ab 15. Mai 1918

K. U. K. HEERESB

2 Cervignano k. k. St.B.–S. Stino di Livenza 2

755	940		ab	Wien S.B.	ar	950	530
154	342		ab	Bruck a. M.	an	525	1112
1250	528		ab	Graz Hbf.	an	410	913
228	813		ab	Marburg	an	200	615
915	815		ab	Budapest Ostbhf.	an	715	910
318	851		ab	Pragerhof	an	202	535
631	100		ab	Laibach	an	1147	132
104			ab	Fiume	an	1133	
355			ab	Pola	an	205	
725			ab	Triest S.B.	an	1053	1020
955	530		ab	Nabresina	an	720	858
1030	600		ab	Monfalcone	an	612	752
1131	621		an	Cervignano (k. k. St. B.)	ab	520	702

US 201 1.2.3.	UP 217 1.2.3.	km	Stationen	US 202 1.2.3.	UP 218 1.2.3.
	1151		ab **Cervignano** (k. k. St. B.) (7) an	500	625
	1212		730	Torre di Zuino	615
		4	741	10	S. Giorgio di Nogaro	442	604
		17	756	Muzzana del Turgnano		548
	1245	21	808	Palazzolo della Stella		539
		28	818	Latisana	411	524
		36	841	Fossalto		459
	111	42	859	an **Portogruaro** (8, 9) ab	341	447
			910			

| 5⁴⁵ | 5¹⁵ | | an S. Vito al Tagliamento (1, 8,) ab | 10³² | 10³² |

	120		925	49	ab **Portogruaro** (8, 9) an	330	432
	140		939		Lison P. H.		421
			950	55	an **S. Stino di Livenza** ab	310	408

3 Gemona–Ospedaletto–Casarsa–Conegliano 3

			438 555	507 624		ab Pontafel (k. k. St. B.) (4) an		1132 945		1230 1038	
						ab Staz. per la Carnia (4, 5.) an					
						ab Udine Pers.Bhf. (1, 4, 6, 7.) × an					

UP 317 1.2.3.	P 311 1.2.3.	UP 319 1.2.3.	P 313 1.2.3.	UP 315 1.2.3.	US 401 1.2.3.	km	Stationen	US 402 1.2.3.	UP 316 1.2.3.	P 314 1.2.3.	UP 322 1.2.3.	P 312 1.2.3.	UP 318 1.2.3.
			654	700			ab **Gemona–Ospedaletto** (4.) an	901			941		
			704	710		5	Osoppo	851			931		
			713	718		9	Maiano	841			921		
			726	731		15	Cornino P. H.	825			904		
			736	740		19	Forgaria Bagni	814			853		
			757	750		22	Pinzano	806			845		
			807	800		26	Valeriano	745			829		
			826	820		32	Spilimbergo	730			814		
			839	833		39	S. Giorgio della Richinvelda	711			745		
			846	840		42	S. Martino al Tagliamento P. H.	702			736		
			853	847		44	Valvasone	648			729		
			904	858		50	an Casarsa (1.) ab	641			715		

| | 945 | | 927 | | | | an S. Vito al Tagliamento (1, 8.) ab | 604 | | | 642 | | |
| | 1049 | | 1030 | | | | an Motta di Livenza (1, 9.) ab | 501 | | | 528 | | |

652	727	917	420	913	1157		ab Casarsa (1.) an	434	620	240	540		830
742		952	455	948	1224	65	Pordenone	407	551	211	511		801
		1007	510	1003		72	Fontana fredda		530	150	451		740
753		1018	521	1014	1247	78	an **Sacile** (10) ab	341	516	136	437		721

| | | | | | | | an Costa (10) ab | | | | | | |

758		1023	525	1019	1252		ab **Sacile** (10) an	336	511	132	432		721
810		1035	537	1031		84	Orsago						711
813		1048	549	1043		88	Pianzano	320	452	113	413		702
836		1101	602	1056		95	an **Conegliano Ostbhf.** (11) ab	307	439	1259			649
945			712	1218		312	an Vittorio (11) ab	122	542	112			512

5 Villa Santina–Stazione per la Ca

Gm 521 2.3.	Gm 523 2.3.	Gm 525 2.3.	Gm 529a 2.3.	Gm 529 2.3.	km	Stationen	Gm 520 2.3.	Gm 522 2.3.	Gm 524 2.3.
430			455		—	ab Villa Santina an			1143
444			509		7	Caneva di Tolmezzo P. H.			1120
510	715	910	535	1005	9	Tolmezzo	655	845	1112
525	730	925	550	835 1020	16	Amaro P. H.	631	821	1023
535	740	935	600	845 1030	20	an Staz. per la Carnia (4.) ab	615	805	1010

	924	1132		1230		an Pontafel (k. k. St. B.) (4.)	438		
		652	912			an Gemona–Ospedaletto (3, 4.) ab		725	917
738		810	1013			an Udine Pers.-Bhf. (1, 4, 6, 7.) × ab		621	741

6 Cividale–Udine 6

Gm 653 2.3.	Gm 689 2.3.	km	Stationen	Gm 644 2.3.	Gm 66 1 2.3.
1039	652	—	ab Cividale an	859	559
1045	705	4	Molmacco P. H.	840	540
1059	719	8	Remanzacco	825	521
1120	740	16	an Udine Pers.-Bhf. (1, 4, 7) × ab	755	455

	953		an Gemona–Ospedaletto (3, 4.) ab	631	
	1038		an Staz. per la Carnia (4, 5.) ab	555	
	1230		an Pontafel (k. k. St. B.) (4.) ab	438	
1245	859		an Casarsa (1, 3) ab	630	310
602	1020		an Conegliano Ostbhf. (3, 11.) ab	439	10⁵¹
310	826		an Cormons (S.B.) (1.) ab	545	1120 1125
330	1133		an Cervignano (k. k. St.B) (2, 7.) ab	1258	1041

7 Udine–Cervignano k. k. St.B

			438 555	507 631	800 901	ab Pontafel (k. k. St. B.) (4.) an	924 1132		
				624	708 929	ab Staz. per la Carnia (4, 5.) an	750 945		
				439	649	ab G:mona–Ospedaletto (3, 4.) an	715 852		
				630		ab Conegliano Ostbhf. (3, 11.) an	836		
	120		350	1030	652	ab Casarsa (1, 3.) an	634	1255	
				1120 125		ab Cividale (6.) an	859	550	
						ab Cormons S. B. an	610		

P. 911 1.2.3.	P. 913 1.2.3.	P. 915 1.2.3.	P. 917 1.2.3.	km	Stationen	P. 912 1.2.3.	P. 914 1.2.3.
349	744		1030	—	ab Udine Pers. Bhf. (1, 4, 6) × an	211	1156
357			1038	3	Gervasutta	203	
409	811		1051	10	Risano	147	1130
419	820		1101	15	S. Maria la Longa	135	1118
430			1113	18	Palmanova	124	1108
441	831		1124	24	Strassoldo	108	1053
450	840		1133	29	an Cervignano k. k. St. B. (2.) ab	1258	1043

700	900		400		ab Cervignano k. k. St. B. an	1221	
548	935				an Grado ab	925	5⁵
812			432		an Monfalcone ab	1130	930
10⁵³			645		an Triest ab	925	725
			910	111	an Portogruaro ab		341
			950	140	an S. Stino di Livenza ab		313

Udine, im Mai 1918.

Giltig ab 15. Mai 1918.
AHN SÜDWEST.

11 Conegliano—Vittorio 11

Gm 1045	Gm 533	Gm 236	Gm 751		Stationen	Gm 559	Gm 733	Gm 411	Gm 952
528	501	251	528	ab	Udine Persbhf. (1, 4, 6, 7.) ✕ an	—	1049	443	1030
632	604	358	632	ab	Motta di Livenza (1, 9.) an	—	945	357	927
1157	652	420	913	ab	S. Vito al Tagliamento (1, 8.) an	434	620	240	820
				ab	Casarsa (1, 3.) an				

Gm 721	Gm 723	Gm 725	Gm 727	km	Stationen Nur für Militärpersonen.	Gm 720	Gm 722	Gm 724	Gm 726
2. 3.	2. 3.	2. 3.	2. 3.			2. 3.	2. 3.	2. 3.	2. 3.
230	900	630	1130	—	ab Conegliano Ostbhf. (3) an	200	420	1230	550
302	932	702	1202	11	▼ Sofratta P. H. ▲	133	353	1203	523
315	945	715	1215	14	an Vittorio ab	122	342	1152	512

12 Udine Nord—S. Daniele 12

Gm 1221	Gm 1225	km	Stationen	Gm 1222	Gm 1226
1. 2. 3.	1. 2. 3.			2. 3.	1. 2. 3.
510	235	—	ab Udine Nord an	947	836
541	306	8	Torreano	912	801
609	334	10	Martignacco	859	748
634	359	15	Fagagna	831	720
653	418	20	Rivotta	807	656
731	456	26	an S. Daniele ab	741	630

13 Tolmezzo—Moscardo 13

Gm 2	Gm 4	Gm 6	km	Stationen	Gm 1	Gm 3	Gm 5
2. 3.	2. 3.	2. 3.					
900	300	1000	—	ab Tolmezzo Schmalspurbahn an	630	120	730
940	340	1040	—	Cedarchis	605	1256	705
1030	430	1130	—	Arta-Piano	530	1230	630
1101	501	1200	—	Paluzza	1205	1200	600
1128	528	—	—	an Moscardo ab	—	1130	530

14 Cividale—Sužid 14

Gm 15	Gm 25	km	Stationen	Gm 10	Gm 20
2. 3.	2. 3.				
1030	600	—	ab Cividale Schmalspurbahn ar	1019	549
1054	624	4	▼ S. Quirino ▲	959	529
1110	640	6	S. Pietro al Natisone	945	515
1137	707	11	Brischis	912	442
1153	723	12	Pulfero	902	432
1215	745	15	Stupizza	835	405
1236	806	18	Poiana	815	345
103	833	22	Robić	747	317
113	846	25	an Sužid ab	725	255

Urlauberzüge von der Front.

Richtung		Zug-Nr.	Nummer des Strecken-Fahrplanes
Motta di Livenza	Cormons—Laibach—Wien S. B.	S.-Z. 106	1
	Cormons—Laibach—Pragerhof	P.-Z. 120	1
	Pontafel—Villach—Wien S. B.	P.-Z. 118	1
Conegliano	Pontafel—Villach—Wien S. B.	S.-Z. 402	3, 1, 4
	Pontafel—Villach	P.-Z. 316	3, 4
	Cormons—Laibach—Budapest	P.-Z. 318	3, 1
S. Stino di Livenza	Cerviguano—Laibach—Wien S. B.	S.-Z. 202 P.-Z. 218	2

Zeichenerklärung.

| = Zug hält nicht.
✕ = Bahnhofwirtschaften, in welchen zur Zeit der Mahlzeiten auch warme Speisen verabreicht werden.
U. S. = Urlauberschnellzug.
U. P. = Urlauberpersonenzug.
Gm. = Gemischter Zug.
P. H. = Personenhaltestelle.
B. A. = Betriebsausweiche.
---- = Verkehr nach Zulässigkeit der Betriebsverhältnisse.

Anmerkungen.

1. Die links von den Stationsnamen stehenden Zeitangaben sind von oben nach unten, die rechts stehenden von unten nach oben zu lesen.
2. Die Züge verkehren nach der Sommerzeit.
3. Die Nachtzeiten von 6⁰⁰ Uhr abends bis 5²⁹ früh sind durch Unterstreichung der Minutenziffern bezeichnet.
4. Die Schnellzüge sind durch fetten Druck der Stundenziffern gekennzeichnet.
5. Die Anschluss-Strecken sind in kleinerem Drucke angegeben, die durch Schnellzüge vermittelten Anschlüsse durch fetten Druck der Stundenziffern hervorgehoben.
Die den Anschluss-Stationen in Klammern beigefügten Zahlen weisen auf die Nummern hin, unter denen die Fahrpläne der Anschluss-Strecken angeführt sind.
6. Für die Richtigkeit der fremden Anschlüsse wird keine Gewähr geleistet.
Die Ankunfts- und Abfahrtszeiten der Züge der Anschlussbahnen sind in der von den betreffenden Bahnen publizierten Zeit ausgedrückt.

Streckenübersicht.

Kommando der k. u. k. Heeresbahn Südwest.

Oberer Tagliamento bis Raum Udine

Normalspur-Anschlußlinie Stazione per la Carnia — Tolmezzo — Villa Santina

(HB-Fahrplanbild Nr. 5)

Das obere Tagliomentotal benötigte aus wirtschaftlichen Gründen dringend einen Bahnanschluß zur Station per la Carnia der „Pontebbana" (Strecke Pontebba — Udine); wahrscheinlich beeinflußten auch Überlegungen von Seiten der italienischen Armee wegen der Grenznähe zu Österreich-Ungarn das Projekt günstig. Vergleichsweise wird dazu auf den Bau der Gailtalbahn, Arnoldstein — Hermagor, hingewiesen.

Die von der Società Veneta erbaute Linie wurde 1910 dem Betrieb übergeben.
Streckenlänge ab Stazione per la Carnia: nach Tolmezzo 11 km, bis Villa Santina 20 km.
Steigung: 16‰, Gesamthöhenunterschied: 103 m.
Min. Radius: 225 m bei Caneva, sonst 250—1000 m. Schienen: 35 kg/m
max. Geschwindigkeit: 40 km/h, Fahrzeit insgesamt: 41 min.

Zahlreiche Kunstbauten ab Tolmezzo mit Galerien, Tunnels (längster 270 m „Sasso Tagliato"), viele kleinere Brücken, 2 große steingemauerte Brücken, eine über die Fella (bei Stazione per la Carnia), die andere über den But (bei Tolmezzo).

Grußkarte eines italienischen Soldaten, der aus dem Heimaturlaub an die Front zurückkehrt.
Quelle: Archiv Masetti
Übersetzung:
„Adieu, bleib gesund. Es tut mir leid um die Gesellschaft, aber wenn es Gott gefällt (werden) wir uns am 11.9.1916 (sehen), wenn wir noch leben. Verfluchter Zug, auf Nimmerwiedersehen! Diese (Urlaubs-) Erlaubnis scheint wie ein Traum, so als wenn er nicht gewesen wäre. Auf Wiedersehen, auf Wiedersehen, auf Wiedersehen! Grüße an Mama, heute abend ist es kalt. Adieu Constantin"

Fahrbetriebsmittel: 5 C-Tender Loks Reihe T 3 (390 CV), erzeugt von Henschel in den Jahren 1906–1909. Ab 1911 trugen die Maschinen die Bahnbetriebsnummern 300–304, sie verblieben bis zur Einstellung des Betriebes auf ihrer Stammstrecke.

Nach der Kriegserklärung im Mai 1915 wurde Tolmezzo zu einem bedeutenden Umschlagplatz der italienischen Armee für die Versorgung wichtiger Abschnitte ihrer Karnischen Front. Dementsprechend erfuhr der Verkehr vor allem von Stazione per la Carnia nach Tolmezzo eine gewaltige Steigerung des Aufkommens, besonders in Verbindung mit der Weiterleitung über die neue Militärbahn in Richtung Paluzza.

Bei ihrem Rückzug infolge des Durchbruches von Flitsch-Tolmein sprengten italienische Truppen Teile der großen Fellabrücke bei Stazione per la Carnia. Über das Ausmaß der Zerstörung und den provisorischen Wiederaufbau durch k.u.k. Eisenbahnkompanien fehlen sämtliche Unterlagen. Lediglich die Wiederaufnahme des Verkehrs mit 2.12.1917 und die Baukosten in der Höhe von 45.000 Kronen sind bekannt.

Für die Betriebsdurchführung bis zum Zusammenbruch Österreich-Ungarns im November 1918 war das Kommando der HB Südwest verantwortlich.

Nach Kriegsende übernahm wieder die Società Veneta ihre Linie. Im Jahr 1958 wurde von der gleichen Gesellschaft eine parallel verlaufende Buslinie eingerichtet. Der Personenverkehr wurde sodann 1960 eingestellt. Es verblieben jedoch noch zwei täglich verkehrende Güterzugspaare, bis dann 1968 die Gesamteinstellung der Strecke verfügt wurde. Damit schien das Schicksal der Linie, wie so vieler anderer Nebenbahnen, endgültig besiegelt.

Eine überraschende Wende brachte die aufblühende Wirtschaft der Industriezone in Tolmezzo. Rentabilitätsberechnungen zeigten, daß für die ständig zunehmenden Transporte der Rohprodukte von Stazione per la Carnia nach Tolmezzo und der Fertigwaren in umgekehrter Richtung nicht Lastkraftwagen, sondern eine Rückkehr zum Schienenverkehr als kostengünstigste Lösung zu empfehlen sei. Die Unternehmen der Industriezone schlossen sich aufgrund des Gutachtens zu einer Interessensgemeinschaft zusammen, welche die Reaktivierung der Strecke durchführen ließ. Seit einigen Jahren verkehren nun wieder von Dieselloks gezogene Güterzüge zwischen Stazione per la Carnia und Tolmezzo.

Zug der HB-SW, bei Tolmezzo, Sommer 1918

Betriebsbahnhof Tolmezzo der sm-Bahn Paluzza–Moscardo, 17.8.1918

Italienische Heeresbahn Tolmezzo – Paluzza – Moscardo

(HB-Fahrplanbild Nr. 13)

Das Gebiet um den Plöckenpaß wurde zum Schwerpunkt der Kämpfe an der Karnischen Front. Der Transport des Kampf- und Lebensbedarfes stieg rasch so stark an, daß die durch das Tal des Torrente But in Richtung Front aufwärts führende Straße den Verkehr nicht mehr bewältigen konnte. Das italienische Kommando entschloß sich daher zu einem möglichst raschen Bau einer Feldbahn.

Die Trassenvermessung und der Streckenbau in einer Spurweite mit 750 mm wurde dem Genio Italiano (Pionierkorps) übertragen. Trotz der schwierigen geologischen Verhältnisse in dem alpinen Tal des But konnte der Verkehr bereits im Jahre 1915 aufgenommen werden.

Bis zum Herbst 1917 wurden laufend Permanierungsarbeiten und Stationserweiterungen durchgeführt sowie Abzweigungen zu Depots und Seilbahnstationen angelegt.

Über die Fahrbetriebsmittel fehlen genauere Angaben. Es ist nur bekannt, daß Loks verschiedensten Ursprungs durch die italienische Armee beschafft wurden:
Feldbahnloks erzeugt von Winterthur, 1886; Anzahl unbekannt. 1 Lok der Berner Oberlandbahn, Baujahr 1910 (Betriebsnummer der Società Nr. 110); Feldbahnloks erzeugt von Orenstein & Koppel; (Anzahl, Baujahr unbekannt).

Nach der Herbst-Offensive 1917 übernahm die HB Südwest den Betrieb, zum Teil mit italienischem Personal, bis zum Zusammenbruch 1918.

Nach kurzer Unterbrechung führte die italienische Armee den Betrieb wieder weiter, der sich ab 23.10.1919 als „Tranvia del But (T.B.)" bezeichnete. Die Bahn wurde dann immer mehr von einer Feld- in eine Kleinbahn, vor allem durch den Neu- oder Ausbau der Stationsgebäude, umgewandelt, bis die Buskonkurrenz im Jahr 1931 die Einstellung erzwang.

Aufnahmen aus den Nachkriegsjahren geben ein anschauliches Bild auch über den Betrieb 1915 bis 1918, da stets das gleiche Material für den Zugsverkehr Verwendung fand.

Bahnhof Paluzza, nach 1918 Quelle: Archiv Masetti

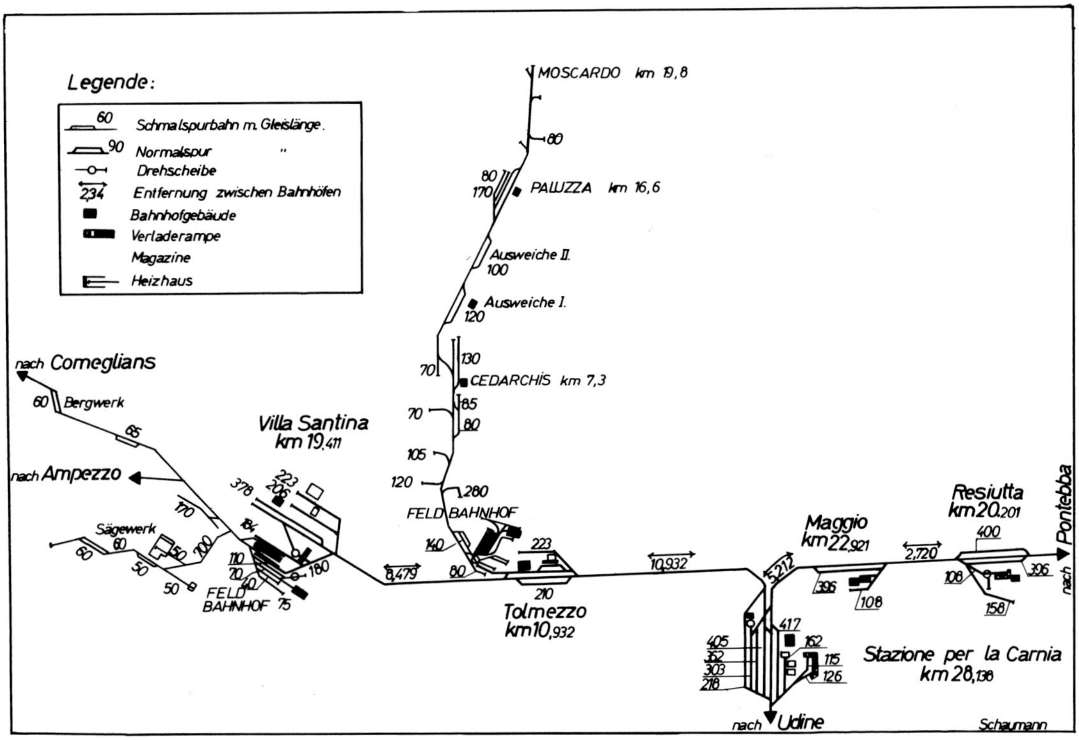

Streckensituation sm-Strecke Tolmezzo – Moscardo. Feldbahnhof Tolmezzo und Villa Santina; Normalspurstrecke Villa Santina – Stazione per la Carnia – Resiutta

Feldbahn Villa Santina – Comeglians

Diese Linie wurde ebenfalls durch italienische Pioniere im Jahr 1915 erbaut. Die Strecke mit einer Spurweite von 750 mm wurde als reine Militärbahn betrieben. Die reichen Holzvorkommen und ein Bergwerk lassen Rückschlüsse auf einen starken Güterverkehr zu. Dieser dürfte auch das Kommando der k.u.k. HB Südwest bewogen haben, vom November 1917 bis zum Zusammenbruch 1918 den Verkehr aufrechtzuerhalten.
Nach dem Ersten Weltkrieg bestand die Bahn weiter, bis auch hier die Buskonkurrenz im Jahr 1935 zur Betriebseinstellung zwang. Alle weiteren Angaben fehlen.

Rollbahn Villa Santina – Ampezzo

Wie die beiden vorher beschriebenen Feldbahnen wurde auch diese Rollbahn, aber mit Spurweite 600 mm, im Jahre 1915 von italienischen Pionieren erbaut und dann ab November 1917 durch die Heeresbahn SW weiterbetrieben.
Es fehlen hier sämtliche Angaben bis auf einen Befehl, der diese Strecke betrifft:

> „ZTL 128.454/18, vom 15.9.1918
> Für die kombinierte Roll- und Feldbahn Villa Santina – Ampezzo erfolgt die Zuweisung von Rollbahnwagen an die Bauleitung Oblt. Ing. Blanda."

Nach dem Ende des Ersten Weltkrieges erfolgte keine Wiederaufnahme des Verkehrs.

Station Ovaro, kurz nach dem Ersten Weltkrieg *Quelle: Archiv Masetti*

sm-Bahn Udine–San Daniele. Zug mit einer bei Sigl in Wr. Neustadt erbauten Dampftramway-Lok, vor 1914
Quelle: Archiv Dr. Roselli

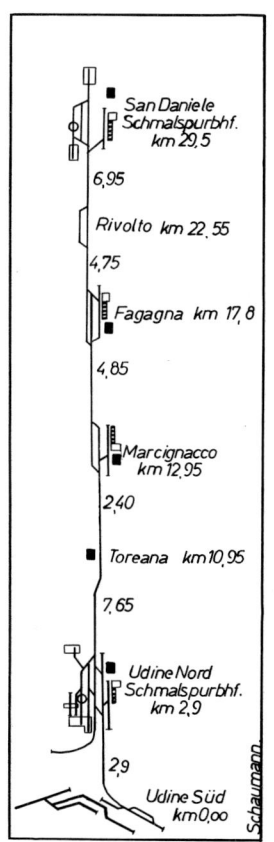

Udine – San Daniele

(HB-Fahrplanbild Nr. 12)

Die Projektierung und den Bau führte der Wiener Ingenieur Neufeldt durch, der dann auch Erstbesitzer wurde. Eröffnung der Strecke im Jahre 1889.

Streckenlänge: 29,2 km; max. Steigung: 20‰, Spurweite: 1 m, Achsdruck: 5 t

Fahrbetriebsmittel: Es ist nicht verwunderlich, daß Ing. Neufeldt als Österreicher zur Betriebsaufnahme 4 Loks von Sigl aus Wr. Neustadt beschaffte; zu einem heute nicht mehr bekannten Zeitpunkt wurde 1 Lok von der Schweizerischen Lokomotiv- und Maschinenfabrik Winterthur in den Fahrpark eingereiht. Im Jahr 1906 ging die Bahn in das Eigentum der Società Veneta über. Diese beschaffte für die projektierte (aber niemals ausgeführte) Streckenverlängerung nach Pinzano eine weitere Lok, erzeugt von Henschel 1911; schließlich wurden noch 3 Loks von der eingestellten Bahnlinie Susegana – Pieve di Soligo erworben.

Streckensituation sm-Strecke Udine – S. Daniele

Nach dem Durchbruch von Flitsch und Tolmein im Oktober 1917 übernahm das Kommando der k.u.k. Heeresbahn Südwest die Betriebsführung, über die erhalten gebliebene Aufzeichnungen Auskunft geben.

Die Strecke war ursprünglich nach der Besetzung des Gebietes zur völligen Demontage bestimmt worden. Das Oberbaumaterial sollte zum Bau der wichtigen Nachschublinie Toblach − Cortina − Calalzo (später Dolomitenbahn) dienen. Sofort nach der Aufstellung der Heeresbahn SW erhob dieses Kommando heftigste Einwände gegen die Abtragung der Strecke, weil:

a) die Strecke die normalspurigen Linien in diesem Abschnitt entlastete;
b) die Versorgung der Stadt Udine weitgehend von dem Betrieb abhängig war; die erforderlichen Lebensmittel- und Holztransporte auf der Straße nicht im notwendigen Umfang abgewickelt werden konnten;
c) die Marsch- und Ausbildungsbataillone aus der malariaverseuchten Tiefebene in dieses Gebiet verlegt werden sollten;
d) die Linie die höchsten Verkehrseinnahmen (!) im Gesamtbereich der HB Südwest einbrachte.

Dem Antrag wurde schließlich stattgegeben und der fahrplanmäßige Verkehr wieder aufgenommen. Die Loks wurden von italienischem Personal geführt, der Maschinenmeister und die Betriebsleiter dagegen durch die Heeresbahn gestellt.

Verkehrsdichte, Stand 15.2.1918:
3 Gemischte, 13 Güterzüge à 30 Achsen, pro Tag und Richtung.

An Betriebsmitteln waren vorhanden (ZTL. 441588/1918):
Lok Nr. 20: nicht betriebsfähig; 3fach gekuppelt, 9 atü Betriebsdruck, 1899 erbaut, Act. Ges. G. Sigl, Wr. Neustadt. Bei der Druckprobe wurde oben an der Kröpfung ein Durchriß von 400 mm festgestellt. Kessel stark mit Kesselstein belegt, Armaturen verrostet.

Lok Nr. 21: betriebsfähig; 3fach gekuppelt, 9 atü Betriebsdruck, 1899 erbaut Act. Ges. G. Sigl, Wr. Neustadt. Stangenlager ausgeschlagen, linker Speiseapparat defekt.

Lok Nr. 22: nicht betriebsfähig; 3fach gekuppelt, 9 atü Betriebsdruck, erbaut 1899 Act. Ges. G. Sigl, Wr. Neustadt. 50% der Siederohre zum Auswechseln; Stangenlager stark ausgeschlagen; linker Zylinder und Deckel durch Wasserschlag beschädigt.

Lok Nr. 23: nicht betriebsfähig; 3fach gekuppelt, 9 atü Betriebsdruck, erbaut vermutlich von Gustav Sigl, keine Firmentafel vorhanden. Auf Hebeböcken ruhend vorgefunden, Gestänge, Kolben und Schieber fehlen.

Lok Nr. 50: betriebsfähig; 3fach gekuppelt; Erbauer Lokfabrik Winterthur (Jahr ?); Westinghouse Bremse leicht defekt.

Lok Nr. 60: betriebsfähig; 3fach gekuppelt. Erzeuger Henschel u. Sohn, Kassel (Jahr ?).

Wagenpark:
BT		10 Stück, 1 nicht betriebsfähig,	DT	(Gepäckw.)	3 Stück
ABT		8 Stück, 1 nicht betriebsfähig,	NB	(G Wagen)	13 Stück
U	(K Wagen)	12 Stück, 3 nicht betriebsfähig,	L	(X Wagen)	10 Stück
			O	(4achsSS)	2 Stück

Nach dem Kriegsende 1918 wurde der Betrieb durch die Società Veneta weitergeführt. Der veraltete Fahrpark und die allmählich beginnende Konkurrenz durch Autobusse machten eine Modernisierung notwendig. Im Jahr 1928 erfolgte daraufhin der komplette Umbau von drei vierachsigen Personenwagen zu Akkumulatoren-Triebwagen (Elektromotoren Type TIBB), die sich sehr gut im Betrieb bewährten.

Nach mehrmaligem Eigentumswechsel übernahm schließlich die Provinz die Bahn. Im Jahr 1952 wurde eine parallel führende Autobuslinie eingerichtet, worauf man die Strecke 1955 stillegte und dann zur Gänze demontierte.

sm-Bahn Udine–San Daniele. Zug im Jahr 1920   *Quelle: Archiv Dr. Roselli*

Zugsgarnitur mit Akkumulator-Triebwagen in Udine   *Quelle: Archiv Dr. Roselli*

Cividale – Sužid (bei Karfreit)

(HB-Fahrplanbild 14)

Die italienische Armee sah sich mit ähnlichen Versorgungsproblemen für den Raum um Karfreit konfrontiert wie die österreichisch-ungarische im Bereich des Fleims- und Grödnertales, wo die vorhandenen Straßen nicht mehr den militärischen Transportanforderungen genügten. Erst durch den Bau von sm-Bahnen von bestehenden Strecken konnten die Lücken zur Front geschlossen werden – wie hier von Cividale durch das Natisonetal in Richtung Isonzo.

Die Vermessung und erste Trassierung nahmen italienische Pioniere vor, der Streckenbau erfolgte 1916, wobei italienische Feldbahnloks zur Verwendung kamen. Im Jahr 1917 wurden verschiedene Objekte dann noch in permanenter Ausführung fertiggestellt, wie die Tunnels am Fuß des Mte. Matajur. Streckenlänge: 24,48 km, Spurweite: 75 cm, (weitere Angaben fehlen).

Ausgangspunkt der Strecke war der Ortsteil Barbetta, ca. 1 km östlich des Endpunktes der Normalspur im Bahnhof Cividale, von dem ein Anschlußgleis zum Schmalspurbahnhof führte (auf der Karte als Feldbahnhof bezeichnet); dieser besaß Gleise in beiden Spurweiten sowie alle für den Betrieb und die Erhaltung notwendigen Einrichtungen. Im Bahnhofsbereich wurden umfangreiche militärische Depots und Verladerampen errichtet.

Wichtigster bereits militärischer Nachschubbahnhof war Robič. Hier befanden sich große Verladerampen und Depots. Die Bahn konnte nicht bis Karfreit gebaut werden, da dieser Ort bereits im Ertragsbereich der österreichisch-ungarischen Artillerie lag. Aus diesem Grund endete die Bahn in Sužid, ca. 3 km vor Karfreit.

Fahrbetriebsmittel:
Die Società Veneta beschaffte von der Fa. Breda Lokomotiven mit den Betriebsnummern 90–99.

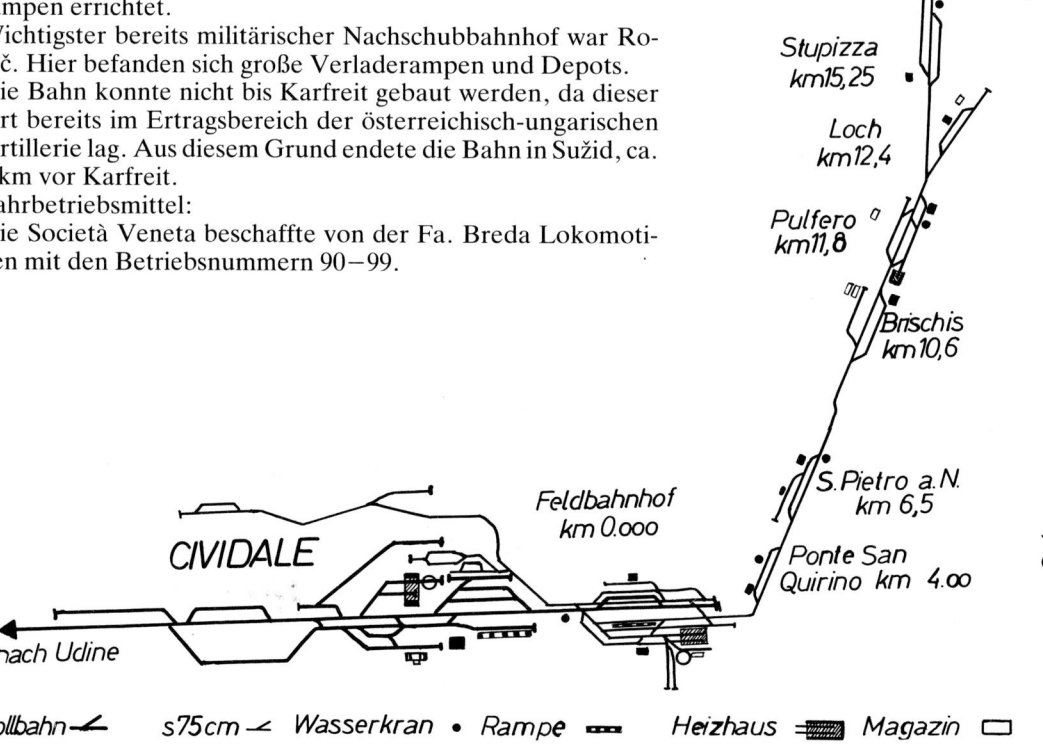

Streckensituation sm-Strecke Cividale – Sužid

Nach der Herbstoffensive 1917 unterstand die Linie zunächst Kaiserlich deutschen Eisenbahntruppen.
Die Strecke war durch die italienischen Truppen bei ihrem Rückzug nur wenig am Oberbau beschädigt worden. Nur die Natisonebrücke erwies sich durch nachhaltige Sprengungen für einen Wiederaufbau als ungeeignet.

Natisonebrücke bei Vernasso: 40 m lang, 30 m hoch, in einer Länge von 24 m gesprengt; nähere Angaben fehlen.
Wiederaufbau: Einbau einer Kohnbrücke von 24 m Länge. Bauzeit: 20.12.1917–7.1.1918
Bauausführende: Lokomotivfeldbahn Betr. Sekt. III, KgfEAK 2018.

Mit Erlaß des AOK (Chef d. Gstbs. Eb Nr. 9197/T vom 24.4.1918) übernahm das Kommando HB-SW die Strecke von den Kaiserlich deutschen Eisenbahntruppen in ihr Netz. Den Betrieb führte die III. Sektion der Lokfeldbahn Nr. 1 durch; die betriebsführende Truppe blieb dieselbe bis zum Zusammenbruch. Sämtliche Unterlagen bis auf eine Meldung gingen verloren. Diese besagt, daß mit 25. Mai 28 I K sm Wagen von Cividale nach Tolmezzo abzugeben waren. Dagegen blieb ein Feldakt des Streckenplanes erhalten. Die seinerzeit vor Beginn der Herbstoffensive 1917 geplante Verlängerung der Strecke bis zum Bhf. Tolmein unterblieb wegen der geänderten Frontlage; lediglich die Streckenvermessung und geringfügige Trassierungsarbeiten gelangten zur Ausführung.
In der Zeit der Betriebsführung durch die HB Südwest wurde auf dieser Strecke nur ein schwerer Unfall bekannt. Infolge überhöhter Geschwindigkeit entgleiste ein Zug bestehend aus 2 Loks und 8 Wagen und stürzte den Bahndamm hinab. Beide Loks (Betriebsnr. 90 und 97) wurden stark beschädigt und nach Laibach zur Reparatur abtransportiert. Nach der Reparatur wurden sie als Nr. 2115 und 2118 nach Bosnien transferiert. Nach dem Zusammenbruch 1918 als Kriegsbeute deklariert, verblieben sie in dem neu gegründeten Staat Jugoslawien. Die JDZ reihte die beiden Maschinen unter den Nummern 171.004 und 171.005 in ihren Bestand ein. Die ex 90 wurde dort 1941 und die ex 97 im Jahr 1960 verschrottet.

Italienische Soldaten beim Bau des Bahnhofes Stupizza, 1916   *Quelle: Archiv Dr. Roselli*

Lok Nr. 90 der Linie Cividale – Sužid   *Quelle: Archiv Dr. Roselli*

Nach dem Zusammenbruch der k.u.k. Monarchie im November 1918 wurde der Betrieb durch die italienische Armee weitergeführt. Es herrschte reger Güterverkehr zum Abschub von Beutematerial nach Cividale, in umgekehrter Richtung für den Transport von Baustoffen zum Wiederaufbau der zerstörten Ortschaften im Isonzotal nach Sužid. Allmählich belebte sich auch wieder der zivile Reiseverkehr in dem Ausmaß wie die Bevölkerung in das ehemalige Kriegsgebiet zurückkehrte.
Am 1.8.1921 übernahm die Fa. Eredi Binetti aus Cividale von der Armee die Bahn. Wegen der immer stärker werdenden Autobuskonkurrenz erfolgte die Betriebseinstellung am 1.8.1932.

Italienische Feldbahnlokomotiven in San Antonio, 1.11.1917

Rollbahnen im rückwärtigen Bereich

Fahrbare Werkstätte S. Vito
Für jene Fahrbetriebsmittel, die nicht in den zuständigen Betriebsleitungen wieder fahrbereit gemacht werden konnten, wurde die fahrbare Werkstätte S. Vito als Hauptreparaturwerkstätte für alle Feldbahnen der Isonzoarmeen zugewiesen. Die Werkstätte hatte die Möglichkeit, durch ihre werkzeugmäßige Ausstattung auch alle größeren Schäden zu beheben. Zur Vermeidung von zu langen Stehzeiten für die anderen Loks in den Werkstätten wurden jedoch jene Maschinen zur Instandsetzung in das Hinterland abgeschoben, deren Reparatur zu lange die laufenden kleineren Arbeiten blockiert hätte. Durchschnittlich befanden sich ständig 15 Loks zur Ausbesserung in dieser Werkstätte. Eine noch vorhandene Seite des Betriebsbuches gibt Auskunft über die Anzahl der Loks, die der Werkstätte zur Erhaltung zugewiesen waren:

	Dampfloks	Benzolloks	sm Generatorzüge
Anstalten und Depots (rückwärtige Gebiete):	18	–	–
Frontstrecken:	42	12	18 (?)
somit im Stand geführt: 72 Loks (18 Generatorzüge ?)	60	12	18

Im Verlauf der Konsolidierung der Verhältnisse, etwa ab Februar 1918, erhielt die fahrbare Werkstätte durch den Ausbau ortsfester Werkstättenräume mit Kesselschmiede, Schlosserei, Schweißerei, Tischlerei und Lackiererei die Möglichkeit zur rascheren Durchführung der anfallenden Arbeiten; nähere Unterlagen über diese Tätigkeit bis zum Zusammenbruch fehlen jedoch.

Beim Netz der Feld- und Rollbahnen im Bereich der ISA sind grundsätzlich zwei Hauptgruppen zu unterscheiden, die sich aus ihrem Verwendungszweck und Einsatzgebiet ergeben. Im rückwärtigen Raum waren es zahlreiche kürzere Strecken, die vornehmlich dem Verkehr von Anschlußbahnhöfen zu größeren Magazinen und Anstalten und der Verkehrsabwicklung innerhalb derselben dienten. Die andere Gruppe des sm-Netzes umfaßt jene Linien, die meist von den Endpunkten der Vollbahnen die Verbindung bis unmittelbar in den Frontraum herstellten.

Die Beschreibung der Roll- und Feldbahnanlagen im rückwärtigen Raum trotz der meist kurzen Streckenlänge soll vor allem die mannigfaltigen Aufgabenstellungen aufzeigen, die der Eisenbahnbetrieb zu erfüllen hatte. Neben den angeführten umfangreichen Anlagen bestanden noch zahlreiche andere Linien zu Depots, Magazinen, Fabriken oder zur Holzgewinnung usw. für Armeezwecke. Die vorhandenen Unterlagen geben wohl meist die Traktionsart an, die Betriebslängen der einzelnen Strecken sind jedoch nicht mehr feststellbar.

Belagerungssappeurpark Rinaldi
Zum Sappeurpark führten zwei längere Strecken: die eine von Cividale – Corno nach Rinaldi, die als überflüssig abgebaut wurde, während die andere nun den Gesamtverkehr abzuwickeln hatte; sie führte von Manzano – Bolzano nach Rinaldi. Diese Strecke hatte auch das in Bolzano liegende Sprengmitteldepot mitzubedienen. Zwei Rollbahnloks bewältigen den starken Verkehr zum Sappeurpark und in demselben. Das Lokpersonal war italienisch, der Betriebsleiter ein Korporal des Eisenbahnregimentes. Für die Unterbringung der beiden Loks und deren Instandhaltung bestand ein eigener Lokschuppen.

Schottergewinnung Buttrio
Der gewaltige Schotterbedarf der Armee sowohl für den Straßen- als auch den Eisenbahnbau wurde durch eine heereseigene Schottergewinnung aus dem Flußbett des Tagliamento zum Großteil gedeckt. Von dem Betrieb am Fluß führte eine Rollbahn zum Bahnhof Buttrio, sie hatte täglich für 60 Vollbahnwaggons Schotter zu transportieren. Nachdem für die Beladung eines Vollbahnwaggons 1/2 Rollbahnzug erforderlich war, mußten pro Tag 30 Rollbahnzüge geführt werden, bei einer reinen Streckenlänge von ca. 5 km. Zur Betriebsabwicklung standen 4 Loks zur Verfügung. 3 davon waren im Streckendienst eingesetzt; die vierte besorgte den Verschub im Schotterwerk, gleichzeitig diente sie als Reserve bei Ausfall einer Streckenlok. Das Personal war

österreichisch; die Maschinen wiesen einen hohen Reparaturstand auf, da für sie keine gedeckten Abstellmöglichkeiten bestanden und Reparaturen nur im kleinsten Umfang selbständig durchgeführt werden konnten.

Schanzzeugdepot Villa Vicentina
2 Rollbahnloks hatten auf ihren Strecken folgende Aufgaben zu bewältigen:
Transport zum und vom Bahnhof in die Depots Aquileja und Natissa,
Zementtransporte Cervignano–Aquileja und Natissa,
Sammelguttransporte aus dem Raum Vicentina,
Betonbalkentransporte aus der Fabrik in Ruda.

Armee-Munitionsfelddepot Terzo
2 Rollbahnloks führten hier den Verkehr vom Depot zu den Vollbahnhöfen Terzo und Aquileja durch. Ferner mußte noch der Munitionsumschlagplatz Belvedere mitbedient werden. Die Tageskapazität betrug im Durchschnitt etwa 60–70 t.

Filialeisenbahnzeugdepot Cervignano
Das von den zum Abbau bestimmten Roll- und Feldbahnen gewonnene Material gelangte in den Depots zur Lagerung. Daneben wurde auch umfangreiches Beutegut anderer Art hier aufbewahrt. 1 Lok besorgte den Verkehr in dem Depot.

Armeemunitionsdepot Giovanni di Manzano
Vom Vollbahnhof Giovanni di Manzano führte eine kürzere Zubringerstrecke in das Depot. In demselben war ein äußerst umfangreiches Rollbahnnetz vorhanden, da wegen der großen Explosionsgefahr die einzelnen Depots und Magazine weit auseinandergezogen über eine Geländefläche errichtet waren. Zur Betriebsabwicklung stand eine Rollbahnlok mit militärisch-österreichischem Personal zur Verfügung.

Felddampfwäscherei Manzano
Da der große Wasserbedarf der Dampfwäscherei nicht aus dem örtlichen Leitungsnetz gedeckt werden konnte und aus heute nicht mehr feststellbaren Gründen der Bau einer Wasserleitung nicht durchgeführt wurde, hatte die dortige Rollbahn als Hauptaufgabe, den Wassertransport von einem Bach in die Anstalt durchzuführen. Die tägliche Transportleistung betrug ca. 24 000 l Wasser. Als Nebenaufgabe der Rollbahn kam noch der Wäschetransport von und zu dem Bahnhof hinzu; eine Rollbahnlok bewältigte das gesamte Transportaufkommen.

Italienischer Feldbahnhof in Palmanova, 21.11.1917; der Lokschuppen trägt die Aufschrift „Deposito Locomotive Décauville"

Feld- und Rollbahnen im Frontbereich des Piave

Am 9.11.1917 erreichten die verbündeten österreichisch-ungarischen und deutschen Armeen den Piave, an dem die Offensive zum Stehen kam.

Der Piave bildete nun von seinem Durchbruch in die venezianische Tiefebene zwischen Fener und Valdobbiadene bis zu seiner Mündung in die Adria die beiderseitige vorderste Linie. Diese wurde zum neuen Brennpunkt der Kämpfe an der Südwestfront, die ständig einen hohen personellen und materiellen Einsatz erforderten.

Nachdem der Piave erreicht worden war, dauerten die Wiederherstellungsarbeiten an den drei Hauptstrecken, die zur Front führten, noch drei Wochen, ehe zumindest ein improvisierter Verkehr aufgenommen werden konnte.

Monfalcone – Portogruaro – San Donà di Piave

Monfalcone – Portogruaro – Oderzo – Ponte di Piave

Udine – Pordenone – Sacile – Conegliano – Susegana (–Ponte di Priula)

Zunächst sollten die Feld- und Rollbahnen die großen Zwischenräume von den Endpunkten der Hauptstrecken in Richtung Front schließen. In der Folge gelangten dann die bisherigen Endpunkte der Hauptbahnen immer mehr in den Ertragsbereich der schweren italienischen Batterien, die durch den Einsatz englischer und französischer Geschütze weitere wesentliche Verstärkung erhielten, sodaß der Verkehr auf diesen Streckenabschnitten eingestellt wurde.

Als Folge davon mußten die Feld- und Rollbahnen durch Streckenverlängerungen und erhöhte Transportleistungen einen Ausgleich für die entstandenen Lücken im Verkehrsnetz schaffen.

In der ersten Ausbauphase des RB-Netzes gelangte zunächst vor allem italienisches Beutematerial zum Einbau und dann solches, das aus dem Rückbau von nicht mehr benötigten Strecken der bisherigen Isonzofront stammte.

Insbesondere wurde das Gebiet zwischen Piave und Livenza reichlich mit Feldbahnen ausgestattet. Die zahlreichen Wasserläufe, Kanäle und versumpften Gebiete ließen keine andere Möglichkeit zu, um die Nachschubfrage zu lösen. Die Straßen konnten unter den gegebenen geländemäßigen Voraussetzungen unmöglich den Erfordernissen des ständig ansteigenden militärischen Bedarfes entsprechen. Nur der Bau von Feldbahnen konnte einen möglichst witterungsunabhängigen, leistungsstarken Nachschubverkehr sicherstellen.

Bhf. Ponte di Piave, 12.3.1918

Bis zum Kriegsende im Herbst 1918 nahmen in diesem Raum zahlreiche Feldbahnen den Verkehr auf. Ihre Gesamtbetriebslänge betrug schließlich 316 km: Davon wurden 232 km mit Dampftraktion betrieben, die restlichen Linien mit Benzol- oder mit Akkulokomotiven. Weitere 143 km Feldbahnstrecken waren noch zusätzlich in Bau oder Trassierung begriffen, als das Kriegsende eintrat.

In den Wirren des Zusammenbruches 1918 gingen fast sämtliche Unterlagen der diversen Kommandos verloren, die federführend für die Roll- und Feldbahnen waren. Erhalten blieben jedoch einzelne Berichte, Tagebuchblätter und Skizzen der betriebsdurchführenden Dienststellen. Diese Fragmente ergeben in ihrer Gesamtheit gleichsam ein zeitgeschichtliches Mosaik, aus dem schließlich eine Gesamtübersicht erwächst.

Die meisten Strecken entstanden aus Rollbahnen und wurden erst bei steigenden Anforderungen auf Lokomotivbetrieb umgestellt. Für Strecken, bei denen ein starkes Transportaufkommen zu erwarten war, wurde sofort die Loktraktion eingeführt. In dem Gesamtbereich bestanden 3 Stammstrecken, von denen zahlreiche Nebenstrecken abzweigten. Die Feldakte geben über deren Stand für den Monat April 1918 detaillierte Auskunft:

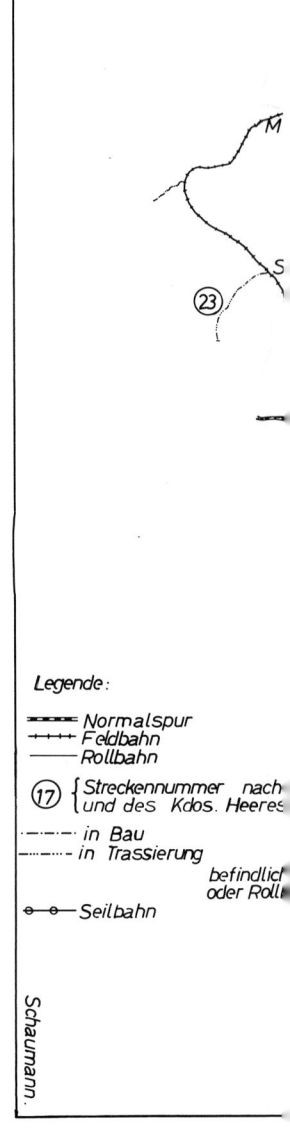

Stammstrecke ausgehend vom Bahnhof	Pravisdomini	Pramaggiore	S. Stino
Betriebslänge ohne Nebenstrecken	ca. 25 km	ca. 18 km	ca. 18 km
Lokbestand	24	20	10
Durchschnittl. tägliche Transportleistung	1000 t	1000 t	500 t

Diese angegebenen Werte für Streckenlängen, Transportleistungen und die Anzahl der Betriebsmittel erfuhren im Zuge der Vorbereitung für die Piave-Offensive ab Mai 1918 eine wesentliche Erhöhung.

Bereits ab 8.4.1918 verkehrten täglich quer durch die Monarchie pro Tag neun Transportzüge in Richtung Piavefront. Im AOK hatte man mit ca. 1050 Zügen in 50 Tagen für die Offensivvorbereitung gerechnet. Einen großen Teil der Versorgung hatten die Feld- und Rollbahnen als letztes Glied in dieser Transportkette bis knapp hinter die vorderste Front zu bringen, wo zahlreiche neue Zweigstrecken für diesen Zweck gebaut werden sollten. Nach dem Mißlingen der letzten österreichisch-ungarischen Großoffensive im Juni wurden diese Bauvorhaben eingestellt. Mangels entsprechender Unterlagen sind diese auch hier nicht berücksichtigt.

Im Zuge der Bautätigkeit waren zuerst deutsche und öst.-ung. Kräfte gemeinsam tätig (deutsche EBK 7, REBK 40 bis 23.1.1918). Im Zuge des forcierten Ausbaues des Feld- und Rollbahnnetzes kamen dann verschiedenste Truppenteile und Kriegsgefangenenabteilungen zum Einsatz. Bis zum Kriegsende waren hier nur für Bauzwecke eingesetzt:

1., 2., 9., 11., 17., 18., 27., 36. und 39. EisbKp; 4., 6., 11. und 19. FeldbahnKp; 5. SeilbahnbauKp; 7 Landsturm-Baukompanien; 15 Kgf AKp und 8 Kgf EAK.

Zur Betriebsdurchführung gelangten folgende Einheiten zum Einsatz:
Lok Rollb. Betr. Kp; 101, 103 und 112 Kleinb. Betr. Kp; 13. Feldb. Betr. Kp.

Das Personal dieser Kompanien befuhr ausnahmslos nur Frontstrecken, während die rückwärtigen Strecken teilweise Personal der Heeresbahn und der ISA besaßen.

Feld- und Rollbahnnetz am Piave, Stand Oktober 1918

„ZTL. 32.386/18.
ZTL hat für RB Soligo – Col S. Martino 9 km Rollbahngleis und 6 bemannte Benzinlokomotiven beizustellen;
für RB Pianzano – Vendemiano – S. Pasqua 5 bemannte RB-Dampfloks an Feldbahn-Betriebskompanie 13 nach Pianzano.
Das Material für die Soligorollbahn an Betriebskompanie 103 nach Vittorio (auch Zielstat. Costa manchmal genannt).
17.8.1918 gez. AOK Chef des Generalstabs
R IIIc 307–309 von Feldbach und 317 + 318 von Wegscheid nach Pianzano abgesandt (jeweils 2.9.1918).

Es folgt anschließend die Besprechung der Stammlinien des Feld- und Rollbahnnetzes, einschließlich der wichtigen Zweigstrecken, in der Reihenfolge der Versorgungsabschnitte vom Raum um Valdobbiadene bis zur Piave-Mündung.

Ab Vittorio Veneto

Versorgungsabschnitt: Valdobbiadene − Vidor − Sernaglia − Falze
In Vittorio V. endeten zwei Normalspurbahnen, die eine von Conegliano kommend im Bahnhof der Stadt, die k.u.k. Kriegsbahn von Sacile hatte in Costa/Seilbahnhof ihren Endpunkt. Beide Linien standen über eine Verbindungsschleife Vendrami-Costa in Verbindung.
Ab Vittorio V. führten nur landesübliche Straßen in Richtung Piavefront, die dem großen Transportaufkommen nicht entsprechen konnten. Überdies zwang der Mangel an Trainkolonnen dazu, eine andere Lösung für die Versorgung zu finden. Die Entscheidung fiel zugunsten einer kombinierten Seilbahn-Feldbahn-Verbindung. Maßgebend für diesen Entschluß waren die geländemäßigen Schwierigkeiten im Abschnitt Vittorio − Serravalle − Le Fornaci, die einen raschen Bau einer Feldbahn nicht zuließen.

Seilbahn Vittorio V. −Le Fornaci; errichtet als Schwerseilbahn, vorwiegend aus italienischem Beutematerial.
Betriebseröffnung am 8.12.1917. Dem Vorteil der schnelleren Inbetriebnahme der Seilbahn gegenüber einer Feldbahn stand der Nachteil der Umladezeiten in Le Fornaci gegenüber. Ob die geplante Verlängerung der Feldbahn von Le Fornaci nach Vittorio tatsächlich erfolgte, kann nicht mehr festgestellt werden.

Strecke 23 „Soligo-Bahn":
Le Fornaci − Lago − Fratta − Mura − Cison di Valmarino − Follina ⎡ Pedeguarda
⎣ Miane
Inbetriebnahme:
Teilstrecke Le Fornaci − Fratta am 8.12.1917: Teilstrecke Fratta − Pedeguarda am 15.3.1918.

Strecke 24
Pedeguarda − Pieve di Solighetto bis nahe Falze
Inbetriebnahme: 1.5.1918

Ab Pieve d. S. bis zum Zusammenbruch, November 1918, Zweigstrecke Soligo − Farra im Bau; über Fertigstellung sind keine Angaben vorhanden.

> „ZTL. 9.385/18, 8.3.1918.
> *Die Seilbahn Vittorio − Le Fornaci und die RB Le Fornaci − Follina ist am 15.3.1918 fertig, jedoch sind keine RB-Loks vorhanden.*
> *Bisher wurde nur die Lok 6067 nach Vittorio abgesandt.*
> *ZTL bietet 3-Kuppler mit 10,5 t Dienstgewicht und 25 m Krümmungsradius an."*

> „ZTL. 18.704/18, 13.5.1918.
> *Für den Betrieb der RB Le Fornaci−Follina sind im Monat Juni 200 t Kohle erforderlich. Zuschub über Zielstation Vittorio."*

> „ZTL. 27.491/18, 17.7.1918.
> *RB-Lok Nr. 191 (Fabr. Stahlbahnwerke Freudenstein & Co., vorher Reparatur bei Orenstein & Koppel in Pestszentlörincz) und RB-Lok Nr. 8060 zur Soligo-RB disponiert."*

Seilbahnhof Costa bei Vittorio Veneto; rechts ein Bauzug der HB-SW, links die Seilbahn nach Le Fornaci (erbaut durch 7. EisbKp und 40. EBK) als Anschluß an die „Soligo-Bahn"; Sommer 1918

Ab Pianzano

Versorgungsabschnitt: unterhalb von Falze bis Ponte di Priula

Ab 20.6.1918 in Betrieb:
Strecke 20 Pianzano − Conegliano ┌─ ab 6.8.1918 bis ca. Cle. di Guardia
                                      └─ 28 − San Pasqua (ab 3.8.1918)

> „ZTL. 27.101/18, 28.8.1918.
> RB-Motorisierung mit 3½ PS Daimler-Motoren TYP I. Zur Verteilung an Feldbahnbetriebskompanie Nr. 13 in Conegliano: 100 Stück mot. RB-Einzelwagen."
>
> „ZTL. 32.436/16, 31.8.1918.
> 25 Stück motorisierte RB-Wagen an Feldbahnbetriebskompanie Nr. 13 in Conegliano abgegangen."

Ab Pravisdomini

Versorgungsabschnitt: Ponte di Priula—Papadopoli Inseln — Cimadolmo — Ponte di Piave

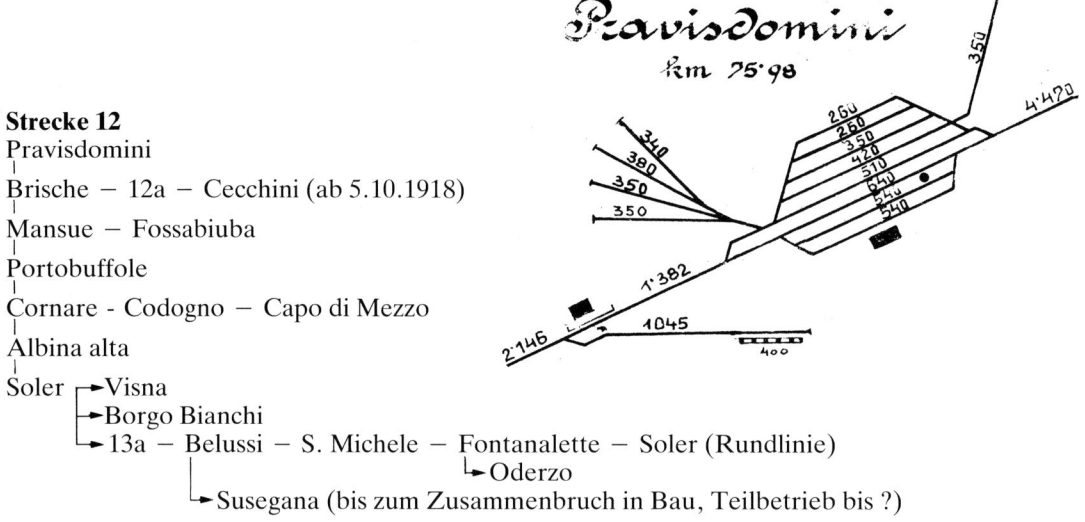

Strecke 12
Pravisdomini
|
Brische — 12a — Cecchini (ab 5.10.1918)
|
Mansue — Fossabiuba
|
Portobuffole
|
Cornare - Codogno — Capo di Mezzo
|
Albina alta
|
Soler ┌→Visna
      ├→Borgo Bianchi
      └→ 13a — Belussi — S. Michele — Fontanalette — Soler (Rundlinie)
                                      └→Oderzo
              └→Susegana (bis zum Zusammenbruch in Bau, Teilbetrieb bis ?)

Feldbahnbrücke über die Livenza bei Meduna (Linie 12)
Bauform: Neubau mit einem Feld Kohnbrücke, Bahn unten, 33 m Stützweite, auf gerammten Pfahlgruppenjochen über dem Stromstrich. Beiderseits davon Walzträgerfelder auf gerammten Doppeljochen. Mindestens 4 Felder auf jeder Seite, Walzträgerprofile I/50 cm, Stützweite je 10 m.
Brückenlänge: Kohnbrücke 33,0 m; Walzträgerbrücke 112,0 m; Gesamtlänge ca. 145 m.
Bauzeit: 22.1.1918—22.2.1918
Bauausführende: 27. od. 39. EisbKp, KgfEAK 29, KgfAK 1248.

> „ZTL. 3.888/18, 12.2.1918.
> Nach Pravisdomini für 5. EisbKp folgende Rollbahnloks RIIIc abgesandt: Nr. 135, 136, 137, 138, 139 und 140."

Ab Motta di Livenza

Versorgungsabschnitt: Ponte di Priula — Papadopoli Inseln — Cimadolmo — Ponte di Piave

ab 30.3.1918 in Betrieb:
Strecke 13   Motta d. L. — Gorgo ┌ Oderzo (Anschluß 13a)—Negresina
                                    └ 14 — Piaven — Rustigne — Ponte di Piave

Versorgungsabschnitt: Ponte d. P.— Salgaredo — Romanzol — Noventa d. P.— San Donà d. P.

ab 27.4.1918 in Betrieb:
Strecke 15   Motta d. L.— Carbonere ┌ Ponte di Piave
                                        ├ Campagna b. Cessalto (Anschl. an Linie 15a und 17)
                                        └ 19a — San Stino d. L. (Anschl. an 19)

Strecke Pravisdomini – Visna, Brücke über den Postumia-Kanal

Feldbahn Brische – Visna, Zug mit HB-Lok R IIIc in der Station Albina alta

Ab San Stino di Livenza
Versorgungsabschnitt: Piavedelta

Strecke 19
San Stino di Livenza
|
Torre di Mosto – 19b – Boccafasso – Sincielli – Cavanello
|
Staffolo
|
Canale Lanzalungo ┌─► Citta Nuova
                  ├─► 19a C. Veronese
                  └─► Streti – Pte. Crepaldo – Grisolera (heute Eraclea)

Eine der wichtigsten Strecken, die sofort für Lokbetrieb geplant und erbaut wurde, ist die Linie S. Stino di Livenza nach Grisolera. Da hier die Feldakte erhalten geblieben sind, wird diese Feldbahnlinie eingehender als Beispiel für alle anderen Strecken beschrieben, die sich in Bauausführung und Betrieb kaum von dieser unterschieden.

Sie führte über zahlreiche Wasserläufe und durch Gebiete, die oft durch Überschwemmungen unter Wasser standen. Auch im Zuge anderer Feldbahnen wurden längere Brücken über die Livenza notwendig, wobei Kohnbrücken zum Einsatz kamen.

Über alle anderen Brücken geben die Unterlagen keine Auskunft mehr. Die Karte zeigt jedoch, daß eine bedeutende Anzahl anderer Brücken im Zuge der Feldbahnen entstanden, ihre Längen dürften jedoch jeweils 10 m nicht überschritten haben. Während des Streckenbaues auf den ersten Betriebskilometern wurden die Bauzüge als Rollbahn mit tierischer Zugkraft betrieben. Doch bald während des weiteren Vorbaues kamen die ersten Dampfloks zum Einsatz. Aus den Akten ist die Herkunft vieler Maschinen nicht mehr nachweisbar, fest steht, daß jede Maschine eine andere Herkunft hatte. Gemeinsam war allen Typen der geringe Wasservorrat in ihren Behältern, der den Bau von 6 Wasserstationen erforderlich machte. Diese wurden in einfachster Weise aus Bottichen auf Betongerüsten hergestellt. Die zahlreichen Wasserläufe entlang der Strecke dienten zu ihrer Versorgung, für die man Pumpen einsetzte.

In S. Stino entstand der große Umladebahnhof zwischen Voll- und Feldbahn. Zahlreiche Weichenstraßen in Verbindung mit Abstell- und Umladegleisen ermöglichten einen rationellen Einsatz des rollenden smMaterials und kurze Verladezeiten. Für die Pflege und Wartung der Lokomotiven erbaute man ein Heizhaus, das die notwendigen Einrichtungen zur Bewältigung auch größerer Reparaturen besaß. Diese weiträumige Anlage wurde in der Folge das Ziel wiederholter feindlicher Fliegerangriffe. Durch den selbstlosen Einsatz des Bahnpersonals konnten aber alle Schäden an den Anlagen in kürzester Frist behoben werden.

Die Feldbahn erhielt durchgehend einen eigenen Unterbau, um die wenigen Straßen in diesem Gebiet für den Individualverkehr freizuhalten (!). Schwierigkeiten kurz nach der Inbetriebnahme ergaben sich vor allem aus den geologischen Voraussetzungen dieses Raumes. Da außer der weichen und morastigen Erde kaum anderes Material für die Dammaufschüttungen zur Verfügung stand, kam es, bevor sich das Erdreich setzen konnte, durch Dammrutschungen zu mehreren Betriebsunfällen.

HB-Lok R IIIc mit ungarischem Kobelrauchfang, eingesetzt auf der Linie San Stino di Livenza–Grisolera

Strecke nach Grisolera, durch Dammrutschung in km 0,6 umgestürzte Feldbahnlok

Linie nach Grisolera, Feldbahnbrücke über die Livenza

HB-Lok beim Wasserfassen in der Station Staffolo di sotto

Feldbahnbrücke über die Livenza bei Tezze (Linie 19)

Brückenform: Über dem Stromstrich 1 Feld Kohnbrücke, 30 m Stützweite, Bahn unten, auf gerammten Gruppenjochen. Beiderseits anschließend Walzträgerbrücken I/50 cm mit 10 m Stützweite; je 2 Felder gegen die beiden Ufer im Bogen liegende Walzträgerfelder I/35 cm mit 5 m Stützweite, je 2 bzw. 4 Felder.
Alle Walzträgerfelder auf gerammten Doppeljochen gelagert. Endunterlagen waren Erdjoche mit Pfostenwand und Dammabschluß. Die Brücke lag in der Zwischengeraden zweier Gegenbögen, Fahrbahnhöhe 5,5 m.
Baulänge: Kohnbrücke 30,0 m; Walzträger 70,0 m; Gesamtlänge 100 m.
Bauzeit: Ab 5.1.1918. Bauausführende: 11. und 18. EisbKp (abwechselnd?).
Eine weitere große Feldbahnbrücke über die Livenza im Zuge der Feldbahn Pramaggiore – Campano – Ceggia (Linie 16) muß eine ähnliche Größenordnung wie die vorhin beschriebene Anlage besessen haben; Unterlagen bestehen jedoch nicht mehr.

Feldbahnbrücke über den Kanal Lanzalungo bei Casa di Porto (Linie 19)

Konstruktionsart und Baumaterial dieser Feldbahnbrücke sind in der Geschichte des k.u.k. Feldeisenbahnwesens zumindest für den Zeitabschnitt des Ersten Weltkrieges einmalig; sie wurde als Hebebrücke ausgeführt, um den starken Schiffsverkehr (auch militärischen Nachschub) auf dem Kanal von Lanzalungo nicht zu beeinträchtigen.
Bauform: Gemischte Bauweise; aus beigetriebenen Gitterträgern und Walzträgern auf gerammten Doppeljochen mit Erdjochen als Endunterlagen. Die Gitterträger wurden aus Dachbindern eiserner Hallendächer gewonnen (!), da Materialknappheit die Verwendung von genormtem Brückengerät ausschloß. Brückenbahn gerade, waagrecht; Stützweite der Walzträger je 4,5 m, Profil I/35 cm; die der beiden Gitterträgerfelder etwa 15 m je Feld. Rest der Brücke wieder Walzträger mit Stützweite 4,5 m.
Ein Gitterträgerfeld war auf Hebejochen aufgelegt, um die Schiffahrt zu ermöglichen; das Anheben erfolgte mittels Handwinden. Die Gitterträger waren unbeweglich gelagert. 40 m der Brückenlänge lagen über dem Wasser, der Rest von 60 m über dem Überschwemmungsgebiet.
Bauzeit: 22.1.1918–?
Bauausführende: ? EisbKp mit KgfAA.

> „ZTL. 3888/18, 12.2.1918.
> An 18. EisbKp. für San Stino folgende Rollbahnloks RIIIc Nr. 156, 157 und 158 disponiert."

> „ZTL. 26.236/18, 3.7.1918.
> Wegen verstärkter Kampftätigkeit im Piavedelta Leistungserhöhung der Feldbahn (600 mm) von San Stino nach Grisolera (von 500 auf 1000 t täglich).
> Rollbahnwagen an Betriebskompanie Nr. 101. Die Wagen werden nach Pravisdomini, Pramaggiore, San Stino und Gorgo disponiert."

Über viele der kürzeren Rolbahnverbindungen sind keine Unterlagen mehr vorhanden. Diese stellten meist die Verbindung von Zubringerstrecken zu den zahlreichen Depots und Werkstätten her. Meist kann dann nur mehr der Zufall helfen, die Existenz einer Rollbahn nachzuweisen. Der folgende Befehl wurde im Zuge der Nachforschungen in einem Bauernhaus in Venetien gefunden:

> „ZTL. 233.807/18, 10.8.1918
> Lokfeldbahn Iwanicy gibt 30 RB-Wagen und RB Turyjsk 39 Wagen an Sacile (Munitionsdepot) ab. Außerdem Abgabe von 3 km RB-Gleis und von 12 Weichen."

Der Verkehr auf den Feldbahnen des Frontgebietes am Piave wurde bis in die Tage des Zusammenbruchs in vollem Umfang aufrechterhalten. Im Zuge der öst.-ung. Piave-Offensive 1918 konnten die Feldbahnen Transportleistungen erbringen, die kaum denen einer Vollbahn nachstanden; dies war nur durch den pausenlosen Einsatz von Personal und aller verfügbaren Fahrbetriebsmittel möglich. Trotz der ständig ansteigenden Zahl von Fliegerangriffen verkehrten die Feldbahnzüge weiter planmäßig nach den Erfordernissen. Zahlreiche Streckenabschnitte lagen im unmittelbaren Ertragsbereich der feindlichen Batterien. Überschwemmungen und Dammrutschungen erschwerten den Betrieb noch zusätzlich. Diese Arbeit der feldgrauen Eisenbahner wurde nicht im einschlägigen Schrifttum behandelt, ihre Leistungen kaum gewürdigt. Fast unbemerkt von der Allgemeinheit rollten die kleinen Schmalspurzüge von und zu der Front. Aber auch in pausenloser Folge schafften Feldbahnen die Schwerverwundeten zurück in die Feldlazarette oder zu dem im nächsten Vollbahnhof wartenden Lazarettzug. Einen Transport auf den landesüblichen Straßen und Fuhrwerken hätten viele der Schwerverwundeten nicht überstanden.

Strecke San Stino di Livenza — Grisolera, Bau einer Hebebrücke über den Kanal il Taglio

HB-Lok R IIIc in der klassischen Ursprungsausführung mit Urlauber- und Krankenzug zwischen Grisolera und San Stino di Livenza

DER ZUSAMMENBRUCH ÖSTERREICH-UNGARNS

Der chronologische Ablauf der Ereignisse im Zusammenhang mit dem Zusammenbruch der k.u.k. Monarchie an allen Fronten und im Heimatgebiet muß der zahlreichen Literatur über dieses Thema überlassen bleiben, eine eingehende Behandlung würde die Möglichkeiten des Buches vom Umfang her überfordern.
Bereis 1917 hatte das AOK, noch mit einem geregelten Waffenstillstand rechnend, die ZTL angewiesen, eine Demobilisierungsinstruktion auszuarbeiten, um den Eisenbahn-Rücktransport der Armeen und ihres Materials sicherzustellen. Die sich dann in den Tagen des Zusammenbruches überstürzenden Ereignisse machten jedoch alle Planungen zunichte.

k. u. k. Heeresbahnkommando Südwest / Abt. IV

Lokomotivstand am 15. September 1918

im Heizhaus	Lok. Reihe	Lok. Nr.
Udine	4	20, 34, 40, 42, 45, 147, 186.
	56	42, 55, 72, 87, 91, 136.
	429	57, 135, 176, 908, 936, 947, 967, 1927.
	220	038, 039, 075, 088, 106, 138, 152, 192.
	324	142, 154, 324, 902, 909, 920, 927, 930, 931, 932, 936, 937, 939, 950, 963, 971, 973, 976.
	342	226, 232.
	+)	73, 2.
Pontafel	73	80, 102, 140, 167, 241, 333, 342, 360, 382, 398, 411, 414, 420, 442.
	274	018, 019, 021, 027, 030.
	149	14, 22, 61.
	180	16, 27, 31, 33, 34, 36, 68, 108, 501
	324	901, 926, 934, 935, 938, 940, 942, 948, 972, 994, 995.
	+)	1639.
	++)	310, 316, 325.
Schadlok i. Stand HB.	+)	25, 195, 617, 620, 1415, 1464, 2026.
	++)	1, 272, 275, 3217, 4580, 5545.
Casarsa	47	02, 03, 04, 37, 40, 53, 57, 61.
	55	01, 05, 06, 08, 16, 17, 20.
	155	02, 03, 06, 07, 12, 14, 15, 16, 18.
	56	31, 33, 120.
	325	009, 052, 069, 073, 086, 122, 134, 142, 200, 231.
	340	003, 005, 038.
	220	040, 125.
	+)	017, 479, 486, 1478, 1479.
	++)	330, 4582, 29322, 83598.
Cervignano	4	06, 33, 44, 46, 51, 70, 74, 88, 92, 121, 130, 165, 188, 189, 191, 202.
	99	22.
	326	108, 331.
	340	012, 016, 039, 040.
	358	005.
	+)	79, 452, 1367, 1481, 1486, 1494, 2029, 2505.
	++)	302, 303, 342 361, 2437, 2450, 2498, 8632.

+) Rumänische Lok, ++) Italienische Lok.

Als sich im Herbst 1918 bereits bei etlichen österreichisch-ungarischen Truppenverbänden die Anzeichen beginnender Auflösung und Zersetzung bedenklich mehrten, konnte im Bereich der Heeresbahn SW der Zugverkehr zunächst noch fast im vollen Umfang aufrechterhalten werden. Durch Rationalisierungsmaßnahmen, die Zusammenlegung von Zugspaaren, rascheren Lokumlauf konnte noch ab 1.10. ein neues durchlaufendes Zugspaar Budapest — Costa in Verkehr gesetzt werden.

Kommando der k.u.k. Heeresbahn Südwest. Udine, am 25. September 1918.

Nr. 52800/V.
Neuer U-Zug Costa—Budapest ab 1. Oktober.

Befehl Nr. 75

An alle Dienststellen!

Mit 1. Oktober 1918 wird unter gleichzeitiger Auflassung des U.-P.-Zuges Costa—Bosn. Brod ein neuer U.-P.-Zug Costa—Budapest Deli Vasut über Cormons—Görz—Opcina—Pragerhof in Verkehr gesetzt.

Die Fahrordnungen der neuen Züge 323 und 324 folgen unter einem mit und sind in die KFO. Hefte 1, 3 und 9 einzulegen. In den zugehörigen Bildfahrplänen sind die Trassen der neuen Züge einzuzeichnen.

Der neue U.-Zug vermittelt gleichzeitig eine günstige Verbindung der Piavefront mit Bosnien, indem er in Steinbrück, bezw. Pragerhof, an den neugelegten U.-P.-Zug Trient—Bos. Brod Anschluss findet.

Zug 324 bekommt in Udine Ostbhf. Mittagessen und darf der vorgesehene Aufenthalt auch in Verspätungsfällen nicht gekürzt werden.

Die Garnitur besteht aus 1 D, 1 ABe, 14 C Mil. Costa—Budapest und 1 AB, 1 C Zivil Costa—Cormons.

Für den Umlauf werden 4 Garnituren benötigt, von denen zwei aus dem bisherigen U.-Zug Costa—Bos. Brod, zwei von der ungar. Südbahn gedeckt werden.

Am ersten Tage ist Zug 324 mit der aufgestellten Reservegarnitur des Bos. Broder Zuges, am zweiten Tage mit der Garnitur des Zuges 319 vom Vortage zu führen. Für die dritte Tour rollt am 2. Oktober bereits die Garnitur als Zug 323 von Budapest zu.

Fünf Wagen des Urlauberzuges sind ab Costa für bosnische Urlauber zu bestimmen.

Für die Isa sind drei Wagen zu reservieren und abzusperren und ist deren Besetzung von Costa bis Casarsa unbedingt untersagt.

Die Zuführung der Urlauber zwischen Motta und Casarsa wird durch die Züge 150 und 179 besorgt, welche hinter dem Dienstwagen einen AB- und drei C-Wagen bis und ab Casarsa zu führen haben.

Mit 1. Oktober ist also Zug 183 zwischen Udine Ostbhf. und Motta als regelmässig verkehrend abzusagen, dagegen Zug 179 in gleicher Strecke täglich regelmässig in Verkehr zu setzen. Die Mannschafts- und Häftlingstransporte der Personalsammelstelle Udine übergehen auf Zug 179.

Zug 324 ist mit 1. Oktober, Zug 323 mit 2. Oktober in Verkehr zu setzen, Zug 322 mit 1. Oktober, Zug 319 mit 2. Oktober abzusagen.

In Casarsa ist mit Zug 324 auf Zug 150 unbedingt, mit Zug 179 auf Zug 323 bis zu 2 Stunden zuzuwarten. Sollte Zug 323 mehr als 2 Stunden verspätet sein, sind die drei Personenwagen vom Zug 179 dem nächsten Güterzuge beizugeben.

Zur besseren Ausnützung der ungarischen Züge und gleichzeitigen Entlastung der Züge 316 und 118 werden die Bhfkmden und Hbstationen im Raume Spilimbergo und Gemona angewiesen, die Benützung der letztgenannten Wiener Züge durch ungarische Urlauber nicht zu dulden, sondern diese Mannschaft auf die Züge gegen Casarsa und Udine zum Anschluss an die direkten ungarischen Züge zu verweisen.

Ab 1. Oktober wird durch regelmässige Führung der gem. Züge 1032/1035 zwischen S. Vito und Portogruaro eine Zuführung zum U-S-Zug 202 geschaffen. Dieses Zugspaar ist erstmalig in der Nacht vom 30. September auf den 1. Oktober in Verkehr zu setzen und mit der Lok. und Garnitur des Zuges 1075 zu führen. Portogruaro hat in den Personenzugsturnus S. Vito—Portogruaro eine dritte Zugspartie einzustellen. Turnusberechtigung folgt. Züge 1032/1035 haben in der Haltestelle Taglio Veneto eine Minute zu halten.

Zug 1032 hat auf Zug 201, Zug 202 auf Zug 1035 bis zu 20 Minuten in Portogruaro zuzuwarten.

Mit 1. Oktober wird ferner zur Erleichterung der lokalen Personenfrequenz zwischen Portogruaro und Cervignano bei den Güterzügen 246 und 269 die Personenbeförderung eingeführt. Zu diesem Zwecke sind dem Zuge 246 in Portogruaro hinter dem Dienstwagen 1 B, 3 C für Mil. 1 BC für Zivil beizugeben und in Cervignano für den Rücklauf auf Zug 269, ebenfalls hinter dem Dienstwagen zu überstellen.

Es wird neuerdings aufmerksam gemacht, dass Güterzüge mit Personenbeförderung unter keinen Umständen abgesagt oder auf andere Trassen verlegt werden dürfen!

In den Einfahrtstabellen ist handschriftlich nachzutragen bezw. zu berichtigen:

befährt in	Zug Nr.					
	323	324	179	1032	1035	
Cormons Sbhf.	—	2				Normale Einfahrt des Zuges 415 in Udine Persbhf. von Gleis 2 auf Gleis 4 richtigstellen.
Povia	1	2				
S. Giovanni di Manzano	1					
Manzano	1	2				
Buttrio	1	2				
Udine Ostbhf.	1	2				
Udine Persbhf.	3	2	3			
Udine Rangbhf.	11	10	11			
Pasian Sch.	1	2	1			
Codroipo	1	2	1			
Casarsa	1	2	3			
S. Vito al Tagliamento			1	1		
Sesto al Reghena			1			
Chions Azzano Dez			1			
Pravisdomini			1			
Annone Veneto			1			
Motta di Livenza			2			
Pordenone	1	2				
Fontana fredda	1	2				
Sacile	1	2				
Cordignano	1	2				
Costa	1					
Sesto Cordovado				1	1	
Portogruaro					4	

Oberst Butterweck, m. p.

In den Übergabebahnhöfen nahm jedoch die Anzahl der überdurchschnittlichen Verspätungen bei den Zügen zu, die der Heeresbahn durch die k.k. StB oder SB übergeben wurden. Naturgemäß hatten diese Übergabeverspätungen weitreichende Auswirkungen auf das Streckennetz der HB SW. Die Ursachen dieser Verspätungen lagen vor allem in der Überforderung des Personals, in den immer stärker werdenden nationalen Selbständigkeitsbestrebungen der slawischen Volksstämme, die sich in passiver Resistenz auf den Dienstbetrieb auswirkten. Zusätzlich ergaben sich durch das Fehlen von genügend Ersatzteilen, geeigneten Schmiermitteln, überhöhte Reparaturstände bei den Fahrbetriebsmitteln.

Die immer stärker werdende italienische Fliegertätigkeit auch in weiter rückwärts gelegenen Gebieten führte zu einer zusätzlichen Behinderung des Zugsverkehrs. Ab September trafen auch in ständig wachsender Anzahl die Kohlentransporte für die Heizhäuser der HB verzögert und dann oft gar nicht mehr ein. Fahrpläne und Verkehrskundmachungen waren schon immer ein Spiegelbild der politischen bzw. wirtschaftlichen Situation eines Staates. Die im Bereich der Heeresbahn SW verfügten tiefgreifenden Zugseinstellungen künden das nahe Ende.

K. und k. Heeresbahn Südwest.

Verkehrseinstellungen.

Bis auf weiteres unterbleiben:

U.-S.-Z. 201 (Wien SB.)—Cervignano—S. Stino di Liv.	U.-S.-Z. 202 S. Stino di Liv.—Cervignano—(Wien SB.)
U.-P.-Z. 121 (Pragerhof)—Cormons—Motta di Livenza	U.-P.-Z. 120 Motta di Livenza—Cormons—(Pragerhof)
U.-P.-Z. 117 (Wien SB.)—Pontafel—Motta di Livenza	U.-P.-Z. 118 Motta di Livenza—Pontafel—(Wien SB.)
U.-P.-Z. 323 (Pragerhof)—Cormons—Costa	U.-P.-Z. 324 Costa—Cormons—(Pragerhof)
P.-Z. 115 (Triest)—Cormons—Udine	P.-Z. 112 Udine—Cormons—(Triest)
P.-Z. 912 (Monfalcone)—Cervignano—Udine	P.-Z. 911 Udine—Cervignano—(Monfalcone)
P.-Z. 914 Cervignano—Udine	P.-Z. 917 Udine—Cervignano
P.-Z. 311 Gemona—Casarsa	P.-Z. 312 Casarsa—Gemona
Gm.-Z. 1145 und 1165 Portogruaro—Motta di Livenza	Gm.-Z. 1154 und 1170 Motta di Livenza—Portogruaro

Personenbeförderung bei den Zügen 179 und 150 zwischen Casarsa und Motta di Livenza entfällt.

Dagegen verkehrt:			Personenbeförderung wird eingeführt bei den Zügen:		
Gm. 1175		Gm. 1160	G.-Z. 139		G.-Z. 184/178
10⁰⁰ ab	Portogruaro	an 3⁵⁸	7⁴³ ab Casarsa	an	7⁵⁵
10³¹	Pramaggiore	3³⁶	8⁰⁷ S. Vito al Tagliamento		7³⁵
10⁵³ an	Motta di Livenza	ab 3⁰⁷	8²⁷ Sesto al Reghena		7¹²
			8⁵⁴ Chions Azz. Dec.		6⁵⁶
			9³⁵ Pravisdomini		6²¹
			10⁰⁶ Annone Veneto		5³¹
			10²⁸ an Motta di Livenza	ab	4⁴⁴

Udine, am 20. Oktober 1918.   Kommando der k. u. k. Heeresbahn Südwest.

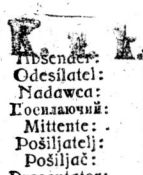

K. u. k. Eisenbahnkompagnie Nr. 15
Feldpostkorrespondenzkarte.

Der Rücktransport ab 28.10.1918 in die Heimat

Die Anforderungen des Rücktransportes trafen die Bahnen insgesamt in einem Moment, in dem sie im Grunde genommen weder vom technischen noch vom personellen Gesichtspunkt her für einen derartigen Großeinsatz in der Lage gewesen wären.
Der Reparaturstand an Lokomotiven war von 12% im Frieden im Verlaufe des Krieges auf 20 und 30, teilweise sogar bis 50% angestiegen. Beim Waggonmaterial gestaltete sich die Situation ähnlich. Die dauernde Überbeanspruchung durch die Kriegsanforderungen, die Verwendung von Ersatzstoffen bei Reparaturmaterial sowie der Mangel an geeigneten Ölen und Schmiermitteln hatten zu dieser Entwicklung geführt. In den letzten Kriegsmonaten führte die immer geringer werdende Zufuhr von Lokomotivkohle zu drastischen Verkehrseinschränkungen, die sich bis auf wichtige Transporte erstreckten. Der Kohlenmangel zwang sogar dazu, für untergeordnetere Betriebsleistungen Holzfeuerung bei Lokomotiven einzuführen.
Das Bahnpersonal, unterernährt und schlecht bekleidet, war durch den nun oft bis zu 60 Stunden währenden Schichtdienst physisch verbraucht und übermüdet.
Daß überhaupt noch ein Bahnbetrieb aufrechterhalten werden konnte, bezweifelten sämtliche Experten. Die den Eisenbahnbetrieb Durchführenden bewiesen jedoch durch ihren persönlichen Einsatz das Gegenteil.
Beginnend mit 28.10.1918 setzte schlagartig der Ansturm von Hunderttausenden auf die wenigen in den Frontbereichen abfahrbereiten Züge ein. Ein Chaos war die Folge. Die Züge wurden regelrecht – manchesmal auch unter Gewaltanwendung – gestürmt. Wagenübergänge, Puffer und Dächer waren von Soldaten dicht besetzt. Viele, die sich glücklich den Schrecken des Krieges entronnen wähnten, wurden bei Fahrten über Brücken und durch Tunnels herabgestreift, schwer verletzt oder getötet.
In Bahnhöfen kam es zu Auseinandersetzungen zwischen Bahnbeamten und Militärangehörigen, die häufig mit Waffengewalt beendet wurden. Inzwischen spielten sich um die letzten von der Front in Richtung Heimat abfahrenden Züge erschütternde Szenen ab.
Trotzdem kehrte ein Großteil der Eisenbahner wieder mit ihren Garnituren in die Gegenrichtung zurück, soweit es die jeweilige Situation erlaubte. Jetzt füllten ehemalige italienische Kriegsgefangene und Zivilinternierte die Züge, auch sie hatten nur das eine Ziel, wieder ihre Heimat zu erreichen, von der sie der Krieg getrennt hatte.
Die Zustände verschlimmerten sich von Tag zu Tag. Raub und Plünderungen in den Stationen, vor allem der Lebensmitteldepots, durch die ausgehungerten Soldaten oder Einheimische wurden immer häufiger. Es kam dabei wiederholt zu regelrechten Feuergefechten, so auf den Strecken der Ost- und Westbahn, in Laibach sowie auf dem Wiener Westbahnhof und in Stadlau. Sie forderten zahlreiche Verletzte und Tote.
Unbefugte beanspruchten die Bahntelephone, sodaß kaum mehr eine Möglichkeit bestand, bahndienstliche Gespräche zu führen. Die sich konstituierenden Nachfolgestaaten der ehemaligen k.u.k. Monarchie ließen die auf ihrem Gebiet eintreffenden Züge nicht mehr zurück. Das bisher einheitliche Bahnnetz war in wenigen Tagen in getrennte Verkehrsgebiete zerfallen. Die Gesamtsituation erschien ausweglos.
Doch am 6.11.1918 trat eine Wende zum Positiven ein. Dem Chef des Feldeisenbahnwesens, gemeinsam mit der ZTL und den noch bestehenden FTL, war es gelungen, mit den Nachfolgestaaten in Budapest, Krakau, Laibach und Prag Kontakte aufzunehmen. Es wurde dabei vereinbart, daß die ZTL als die Stelle anerkannt wurde, die für den Rücktransport zuständig war. Allerdings mußte sich die ZTL verpflichten, bei Grenzübergangsverkehr jeden einzelnen Zug ordnungsgemäß und raschest zurückzustellen.
Die ungeheuer große Zahl der noch in ihre Heimat Rückzubefördernden verlangte eine gezielte Koordinierung der Maßnahmen. Nach schwierigen gegenseitigen Verhandlungen konnte bei der ZTL ein „Zwischenstaatliches Verkehrskomitée" mit Vertretern der Nachfolgestaaten ins Leben gerufen werden, bei dem der Chef des Feldeisenbahnwesens den Vorsitz führte. Die neue Zusammenarbeit wirkte sich jetzt sehr positiv auf die konkrete weitere Verkehrsabwicklung aus.

Auch die Bahnanlagen der HB-SW künden von dem sich anbahnenden Ende, Bhf. Susegana, Oktober 1918
Quelle: Musei provinciali Gorizia

Bhf. Trient, die letzten betriebsbereiten Lokomotiven (Bildmitte K.k. StB R 60, links R 73) stehen für die Fahrt in Richtung Brenner vor dem Heizhaus. Im gesamten Bahnhofsgelände Zeichen des beginnenden Chaos; 1.11.1918
Quelle: Museo storico italiano della guerra Rovereto

Gemeinsam wurde nun der Plan für die Transportbewegungen für die frühere Südwestfront festgelegt, wobei aus Sicherheits- und Versorgungsgründen nach Möglichkeit die Notstands- und Hungergebiete des Großraumes Wien umfahren wurden:
Heimkehrer ungarischer Nationalität über Laibach-Steinbrück und Agram oder über Pragerhof zur anschließenden Übergabe an die MÁV;
Heimkehrer tschechischer Nationalität über Linz-Summerau und weiter mit der ČSD in Richtung Budweis.
Die Statistik des „Zwischenstaatlichen Verkehrskomitées" weist folgende geschlossene Rücktransporte von der Südwestfront auf:
täglich 14 Züge aus dem Inntal;
täglich 18 Züge aus dem Pustertal und dem westlichen Kärnten und
täglich 32 Züge aus Krain und dem Küstenland.

Befördert wurden mit diesen Transporten:
  16.858 Offiziere
 382.700 Mann
  20.455 Pferde
   2.518 Fuhrwerke und
  21.000 Tonnen Material.

Im gleichen Zeitraum traten als Einzelreisende die Heimkehr an (jeweils ca.): 400.000 aus Nordtirol, 400.000 aus dem Pustertal und 800.000 aus dem Raum Triest bis Laibach.
Innerhalb rund eines Monats konnten die Massentransporte im wesentlichen beendet werden, eine Zeitspanne, für die die eingangs erwähnte „Demobilisierungsinstruktion" fünf Monate veranschlagt hatte.
Keiner der Fachverantwortlichen hatte in den ersten Tages des Zusammenbruches zu hoffen gewagt, daß je ein Abtransport in dieser Form möglich sein könnte. Erst das Zusammenwirken der nun auseinanderstrebenden diversen nationalen Bahndienste schuf über die ZTL die organisatorische Voraussetzung für die Durchführung, die sich nur durch den vollen persönlichen Einsatz der Eisenbahner in der Praxis bewerkstelligen ließ.

Bhf. Trient, einer der letzten Züge, die noch eine Heimkehr ermöglichten; wenige Stunden danach besetzten bereits italienische Truppen Trient, 2.11.1918   *Quelle: Museo storico italiano della guerra Rovereto*

Tschechische Legionäre auf der Rückfahrt in die Heimat; (es handelt sich um ehemalige kriegsgefangene k.u.k. Soldaten oder Überläufer, die von Italien in Freiwilligenverbänden gegen Österreich-Ungarn eingesetzt wurden).   *Quelle: Musei provinciali Gorizia*

Vor dem Heizhaus in Trient stehen in langen Reihen k.k. StB. Lokomotiven, vorne links R 73, dann R 170 oder 73, jetzt Kriegsbeute; 6.11.1918   *Quelle: Museo storico italiano della guerra Rovereto*

Materielle Verluste

Bald nach Kriegsende erhielt die ehemalige ZTL den Auftrag, eine Übersicht über die an der Südwestfront eingetretenen materiellen Verluste auf dem Eisenbahnsektor anzulegen. Diese Zusammenstellung konnte nur anhand der letzten noch bei der ZTL eingetroffenen Meldungen im Vergleich zu den Bestandslisten von Anfang Oktober 1918 erstellt werden. Bei den hier enthaltenden Angaben handelt es sich um solches Material, das, als Kriegsbeute deklariert, in Italien oder Jugoslawien zurückgeblieben war.

Die Anzahl der später von Österreich aufgrund des Friedensvertrages als Reparationsleistungen auszuliefernden, generalüberholten Lokomotiven und Waggons ist in den folgenden Angaben nicht berücksichtigt.

„Feldeisenbahnwesen
AO, Nr. 35/460 ital.
Jänner 1919

Verluste

1) FTL 7 Innsbruck:
Gesamtes Klein-, Feld- und Rollbahnmaterial, da keine Möglichkeit des Abtransportes bestand. Infolge des raschen Vormarsches der italienischen Armee blieben im Bereich der Valsuganabahn und im Raum Trient an normalspurigem Material zurück: 67 SB-Loks; 42 deutsche Leihlokomotiven; ? Waggons.

Bei der Fleimstalbahn: 10 Loks Serie VI; 10 kleine Loks; 185 Waggons.

Bei der Grödnerbahn: 11 Loks; 76 Waggons.

2) FTL 8 Villach:
Da sich der Streckenanteil dieser FTL größtenteils im Gebiet der heutigen Österreichs befindet, liegen keine Verlustmeldungen vor, da hier noch soviel Zeit verblieb, um das Material abzufahren.

3) FTL 9 Laibach:
Bedingt durch die Neugründung des Staates Jugoslawien blieben sämtliche Unterlagen dieser FTL in Laibach zurück. Da außerdem auch alle Dokumente der ehemaligen militärischen Zentralstellen sowie der k.k. StB und der k.k. priv. SB gemäß des Friedensvertrages, soweit diese das Staatsgebiet Jugoslawien betrafen, abgegeben werden mußten, fehlt das Archivmaterial; (annähernde Richtwerte über dort zurückgebliebene Lokomotiven und Waggons, siehe Pkt. 5).

4) HB-SW:
4a. Südlinie (Portogruaro – Cervignano): Fahrbetriebsmittel über ehemalige k.u.k. Reichsgrenze bis Cervignano oder Monfalcone gebracht; Anzahl ziemlich bedeutend.
4b. Nordlinie (Übergang in Cormons und Pontebba): Codroipo 2 Loks, Dogna 1 Lok; Strecke Udine–Cormons 15 Züge à 50 Waggons samt Loks, sonstiger Bereich 2 Loks und 250 Waggons.
4c. Gesamtes Klein-, Feld- und Rollbahnmaterial, da keine Möglichkeit des Abtransportes.

5) K.k. StB und k.k. priv. SB:
Im Bereich des Streckennetzes der beiden Bahnverwaltungen in Italien und Jugoslawien verblieben:
5a. von der HB-SW 93 österreichische StB-Loks; 122 deutsche Leihlokomotiven
5b. in Fiume: 7 SB-Loks
5c. zwischen Triest und Laibach: 70 SB-Loks; 80 Leihlokomotiven; 1000 Waggons.
Aufteilungsschlüssel nicht bekannt; er dürfte aber mit 75% bei Italien und dem Rest bei Jugoslawien gelegen sein.

6. Finanzielle Werte

6a.	Tagliamento-Brücke bei Latisana, Wiederaufbau HB-SW,	385.275,00 Kronen
6b.	Pravisdomini, Stationsausbau, HB-SW,	2.879.872,41 Kronen
6c.	Strecke Sacile-Vittorio/Costa, 17 km Streckenneubau, HB-SW,	1.979.946,40 Kronen
6d.	Bau Schleppgleis bei HB-SW für Flugplatz Campoformido	91.500,00 Kronen
6e.	Eingebaute Kriegsbrücken bei HB-SW, Tagliamento, Codroipo, Spilimbergo, Livenzabrücke	5.814.825,00 Kronen
6f.	Bei HB-SW zurückgebliebenes Material: Inventar Heizhäuser mit Maschinen und Ersatzteilen; Oberbaulager, Signalmaterial, Waggon-Einrichtungen, Beleuchtungs- und Kraftanlagen, Fernsprech-, Telegraphenapparate, u. a.	20.000.000,00 Kronen
6g.	Grödnerbahn, reine Baukosten	34.000.000,00 Kronen
6h.	Fleimstalbahn, reine Baukosten	68.000.000,00 Kronen

Die Kosten nach Kronen sind nach dem Einheitswert von Mai 1918 berechnet.
In den Baukosten ist die Entlohnung kriegsgefangener Arbeiter enthalten: Italiener pro Tag 4 Kronen, Russen pro Tag 6 Kronen.

(Anm. d. Autors: Von dem aus 19 Folio-Seiten bestehenden Konvolut über die auf dem Eisenbahnsektor für Bauten und sonstiges Material aufgewendeten Summen können nur Beispiele für den ungeheuer großen kriegsbedingten Finanzbedarf angeführt werden).

Ihnen glückte die Heimkehr nicht mehr. Kriegsgefangene ehemalige k.u.k. Soldaten säubern den Bhf. Trient von den Spuren des Rückzuges, 11.11.1918
Quelle: Museo storico italiano della guerra Rovereto

Durch den Bahnhof von Bozen verkehrten im Frieden die internationalen Schnellzüge nach dem Süden, dann folgten die Transporte an die Front, die Lazarettzüge in die Heimat. Am 9.11.1918 besichtigen Alpini ein am Bahnsteig zurückgebliebenes Geschütz. *Quelle: Museo storico italiano della guerra Rovereto*

Personelle Verluste

Die offizielle Verlustliste für Österreich-Ungarn im Ersten Weltkrieg gibt an:
Zur k.u.k. Armee eingerückt: 8.000.000 Mann
davon gefallen oder verstorben: 1.016.000 Mann
In der Verlustziffer sind die 550.000 in der Kriegsgefangenschaft Verstorbenen nicht enthalten.
Die weiteren Angaben geben auch ziemlich genau die Verlustquoten an, die auf die verschiedenen Truppenkörper und Waffengattungen entfallen. Hingegen fehlen alle diesbezüglichen Hinweise über die im Eisenbahndienst eingesetzten Männer. Aus den wenigen Aufzeichnungen kann jedoch geschlossen werden, daß sowohl bei den Soldaten der Eisenbahntruppe als auch unter den Angehörigen der verschiedensten Bahnverwaltungen, die zum Dienst bei Feldtransportleitungen und Heeresbahnen eingezogen wurden, sehr erhebliche Verluste zu verzeichnen waren. Als Todesursache scheinen neben gegnerischer Waffenwirkung und Betriebsunfällen auch sehr häufig Malariaerkrankungen auf, die durch den Dienst in Sumpfniederungen verursacht wurden.

Selbst Statistiken erwähnen die Transportleistungen durch Bahnen meist nur dann, wenn diese im Zusammenhang mit großangelegten Defensiv- oder Offensivhandlungen stehen.
„Kaum genannt und nie gedankt", dies trifft auf alle im Eisenbahndienst Stehenden zu, die trotz aller Not und Gefahren die Lazarettzüge in das Hinterland brachten, die 1918, während um sie das Chaos des Zusammenbruches herrschte und jede Rechtsstaatlichkeit aufgehört hatte, Hunderttausende in die Heimat transportierten und damit Müttern ihre Söhne, Familien ihre Väter wieder zurückbrachten. Es waren Züge, die unzählige Menschen aus dem Grauen und Leiden des Krieges heraus in ein neues Leben und in einen erhofften, langen Frieden, führten, der trotz aller Erfahrungswerte doch nur 20 Jahre währen sollte.

ANHANG

Die Formationen der k.u.k. Eisenbahntruppe am 25.8.1918

1. Eisenbahnbauformationen und Feldbahnbetriebsorganisationen:

		je Einheit Offz.	je Einheit Mann	insgesamt Offz.	insgesamt Mann
39	Eisenbahnkompanien	6	270	234	10530
32	Feldbahnkompanien	6	260	192	8320
2	Roth-Waagner-Brückenbaudetachements	4	187	8	374
2	Brückenbaudetachements	2	80	4	160
1	Trassierungsdetachement			12	120
1	Baukompanie für elektrische Bahnen			6	266
3	Feldbahnkommandos mit 20 Feldbahnbetriebskompanien			122	4838
1	Lokomotivfeldbahnkommando mit 3 Betriebssektionen			83	2807
110	technische Führungskader für Kgf EAA			333	3960
9	Seilbahnbaukompanien	7	286	63	2574
5	Militär-Eisenbahnbauleitungen			100	1075
	Summe			1157	35024

2. Betriebs- und Werkstättenformationen:

		je Einheit Offz.	je Einheit Mann	insgesamt Offz.	insgesamt Mann
4	Eisenbahnwerkstätten fahrbar in Eisenbahnzügen	4	174	16	696
3	Trajektdetachements	4	170	12	510
3	Heeresbahnkommandos mit 8 Betriebsbataillonen			1046	10648
15	Vollbahnbetriebskompanien	34	562	510	8430
2	Benzin-Elektro-Bahnen	17	459	34	918
1	Betriebskompanie für Elektrobahnen			16	470
3	Spezialbahnen			26	1247
10	Kleinbahnbetriebskompanien			41	2315
39	Seilbahnbetriebskompanien			312	9633
28	Eisenbahn-Betriebsdetachements bei den Feldbahntransportleitungen			33	5807
3	Betriebsdetachements für Schmalspurbahnen			14	462
	Summe			2060	41136

3. Verschiedene Sonderformationen:

		je Einheit Offz.	je Einheit Mann	insgesamt Offz.	insgesamt Mann
5	Panzerzüge	1	48	5	240
1	Sprengdetachement			4	70
1	Unterwasser-Schneide-Kompanie zur Entfernung gesprengter Brücken			6	266
4	Eisenbahn-Zeugsdepots-Kompanien			28	480
7	Seilbahn-Depots			28	420
	Stabsoffiziere der Eisenbahntruppe beim AOK und den Armeekommanden (mit Personal)			32	96
1	Militärbahn am Steinfeld (Mun. Fabriken)			29	898
8	Detachements bei den Förder-Bahnen im k.u.k. Mil. Gouv. Polen			34	217
	Summe			166	2687

Gesamtsumme 3380 Offiziere und 78847 Mann.

Formationen der Kaiserlich deutschen Eisenbahntruppe an der SW-Front, Stand Jänner 1918:

im oberitalienischen Raum: REBK 16, EEBK 40, EBK 7, 18, EH Btl. 4 (m. 1. Komp.)

im Valsugana: REBK 46

Ab Anfang Feber 1918 verließen die deutschen Eisenbahnformationen den italienischen Kriegsschauplatz in der oben angeführten Reihenfolge.

Ortsnamensverzeichnis

Abbazia – Opatija
Adelsberg – Postumia – Postojna
Aßling – Jesenice
Auer – Ora
Auzza – Avče
Bischoflack – Skofja Loka
Branzoll – Bronzolo
Brioni – Brijun
Britof – Brje
Bruneck – Brunico
Budweis – Ceské Budějovice
Canale – Kanal
Canfanaro – Kanfanar
Cernizza – Crniče
Cilli – Celje
Comen – Comeno – Komen
Divača – Divaccia – Divača
Dorn – Trnovo
Dornberg – Montespino – Dornberk
Dutovlje – Duttogliano – Duttoule – Dutovlje
Ehrenburg – Casteldarne
Eisack – Isarco
Etschtal – Val d' Adige
Feistritz/Wocheinersee – Bohinjska Bistrica
Feld – Polje
Fischgereuth – Ribčev laz
Fiume – Rijeka
Fleimstal – Val di Fiemme
Flitsch – Plezzo – Bovec
Flitscher Klause – Kluže
Franzensfeste – Fortezza
Gemärk – Cimabanche
Godowitsch – Godovič
Görz – Gorizia – Nova Gorica
Grisolera – Eraclea
Grödnertal – Val Gardena
Haidenschaft – Aidussina – Ajdovščina
Hermada – Mte. Ermada
Hotaule – Hotavlje
Hotederschitz – Hotedršica
Idria – Idrija
Innichen – San Candido
Isonzo – Soča
Kaltwassertal – Val di Riofreddo
Karfreit – Caporetto – Kobarid
Klausen – Chiusa
Kostanjevica – Castagnevizza – Kostanjevica
Krainburg – Kranj
Krepelje – Kreplje
Kronau – Kranjska Gora
Laibach – Ljubljana
Lajen – Laion
Lußnitz – Bagni di Lusnizza
Mals – Malles Venosta
Marburg – Maribor
Mattuglie – Matulji
Mojstrovkapaß – Passo Moistrocca – Vrsič
Mühlbach – Rio di Pusteria
Niederdorf – Villabassa
Nonstal – Val di Non
Olang – Valdaora
Opčina – Villa Opicina
Plava – Plave
Plöckenpaß – Passo Monte Croce Carnico
Podmelec – Piedimelze – Podmelec
Pola – Pula
Prvačina – Prevacina – Prvačina
Pustertal – Val Pusteria
Raibl – Cave del Predil
Ratschach – Rateče
Reifenberg – Rifembergo – Branik
Reschenpaß – Passo Resia
Rovigno – Rovinj
Sadlog – Zadlog
Saifnitz – Camporosso
Salcano – Solkan
Schluderbach – Carbonin
Schönpaß – Sambasso – Sempas
Schwarzenberg – Crni vrh
Sdobba – Mündungsarm des Isonzo
Seisera – Saisera
Sesana – Sežana
Sieben Gemeinden – Sette Comuni
St. Daniel a. K. – S. Daniele d. C. – Stanjel
St. Peter bei Görz – Sempeter pri Gorici
St. Peter in Krain – Pivka
St. Ulrich – Ortisei
Sta. Lucia – Most na Soči
Steinbrück – Zidani Most
Tarvis – Tarvisio
Tolmein – Tolmino – Tolmin
Tribusa – Trebuša
Trient – Trento
Uggowitz – Ugovizza
Unterbreth – Log pod Mangrtom
Unterdrauburg – Dravograd
Unterloitsch – Dolnji Logatec
Vierschach – Versciaco
Vintl – Vandoies
Weißenfels – Fusine in Valromana
Wippachtal – Vipacco – Vipava
Wocheinersee – Bohinjsko Jezero
Wolfsbach – Valbruna
Wolkenstein – Selva di Val Gardena

Quellen- und Literaturverzeichnis

Czibulka Anton: Weltkrieg und Eisenbahn, Wien 1922

Delladio Mariano: Vapore in Val di Fiemme; Genesi di una ferrovia militare; Verlag Calosci, Cartona 1987

Dultinger Dr. Josef: Vergessene Vergangenheit; sm-Bahnen der k.u.k. Armee zur Dolomitenfront 1915−1918; Verlag Dr. R. Erhard, Rum 1982;
150 Jahre Lokomotiveisenbahnen in Österreich, Verlag w. o., 1989

Gutkas Karl und Bruckmüller Ernst: Verkehrswege und Eisenbahnen, Österr. Bundesverlag Wien 1989

Int. Transport-Ges. AG Wien (Herausgeber): Handbuch für die k.k. österr. Staatsbahnen; Druck Ges. f. graphische Industrie 1907

Kastel Richard: Die schmalspurigen Gebirgsbahnen Südtirols, Schweizerische Bauzeitung 1924

Khu OberstdR Ing. Julius: Der Bau der Grödnerbahn 1915−1916; Mil.wiss.Mitteilungen August 1937

Kiszling Rudolf: Österreich-Ungarns letzter Krieg, Band II-VII, Wien 1931−1938

Knely Mag. Horst: Die Gailtalbahn, „Eisenbahn"-Monatsschrift Folge 8/1974, Bohmann Verlag Wien und Relikte der ehem. Rudolfsbahn zwischen Kranjska Gora und Jesenice (Kronau und Aßling), „Eisenbahn"-Monatsschrift Folge 2/90, Bohmann Verlag Wien

Kreutz Walter: Die Nonstalbahn, „Eisenbahn"-Monatsschrift Folge 6/1958, 12/1968, Bohmann Verlag Wien

Kriegsarchiv Wien: Feldakte der Qu. Abt. d. 6. Armee, KISA, Landesverteidigungskommando Tirol sowie der ZTL und der FTL 7 und 8, der Kommanden der k.u.k. Fleimstal- und Grödnerbahn, sowie der HB Südwest.

Landesverkehrsamt Tirol: Tiroler Verkehrs- und Hotelbuch, Selbstverlag Wagner, 12. Auflage 1914

Meistner-Keutnersheim Oberst Johann: Der Eisenbahnverkehr beim Zusammenbruch im Herbst 1918. Mil.wiss.Mitteilungen 1928

Meyers Reisebücher: Das Mittelmeer, Bibliographisches Institut, Leipzig und Wien, III. Auflage 1907

Muratori Alessandro: La ferrovia Carnia − Villa Santina, unveröffentl. Manuskript

Muscolino Piero: Ricordi ferrotramviari di viaggi per le Dolomiti (2° ediz.); Die Dolomiten-Schmalspurbahnen Auer − Predazzo und Klausen − Plan und Reiseerinnerungen (Manus, Druck ?)

Österr. Eisenbahnbeamtenverein: Die Geschichte der Eisenbahn der österreichisch-ungarischen Monarchie, 4 Bände; k.u.k. Hofbuchhandlung und k.u.k. Hofbuchdruckerei Karl Prochaska, Wien-Teschen-Leipzig, 1899

Österr. Kursbuch: Ausgabe Nr. 6. Aug.−Sept. 1914, Herausgegeben vom Postkursbureau des k.k. Handelsministeriums; Nachdruck Verlag Otto Slezak Wien 1980

Ratzenhofer Gen. Ing. Emil: Das Kriegsverkehrswesen, Mil.wiss.Mitteilungen 1930
Bahnauswertungen im 1. Halbjahr 1916, Mil.wiss.Mitteilungen 1933

Rihosek Prof. Dr. techn.h.c. DI Johann: Die normalspurigen Lokomotiven der Heeresbahn im Ersten Weltkrieg; „Eisenbahn"-Monatsschrift, Folge 12/1953, Bohmann Verlag Wien

Roselli Dott. Giulio: La ferrovia Cividale−Caporetto, Bollettino FIMF 1976 Heft Nr. 84

Rudolf Hon. Prof. DI Egon: Österreicher als Pioniere der Allradtechnik, Zeitschrift 4 WD, 4. Jhg. Dez. 89

Schaumann Prof. Walther: Schauplätze des Gebirgskrieges, Band Ia, II, IIIa, Ghedina & Tassotti Editori, Bassano del Grappa

Schaumann Walther − Schubert Dr. Peter: Isonzo, Ghedina & Tassotti Editori, Bassano del Grappa

Scheda Ing. Robert v.: Die k.u.k. Eisenbahntruppe im Weltkrieg 1914−1918, Band I, II, IXa und IXb (ungedrucktes Manuskript)

Schneller Christian: Südtiroler Landschaften, Nons- und Sulzberg, Civezzano und Piné, Pergine, Valsugana Wagner'sche Univ. Buchhandlung Innsbruck, 1899

Seper Hans: Österr. Automobilgeschichte 1815 bis heute, ORAC Verlag Wien 1986

Empfehlenswerte Museen die auf Grund ihrer Dokumentation und der Exponate eine spezielle Information über die im Buch beschriebene Epoche vermitteln.

Eisenbahnmuseum/Museo ferroviario Campo Marzio, Triest

Im vorbildlich restaurierten Gebäude des ehemaligen k.k. Staatsbahnhofes (Sant' Andrea) zeigen zahlreiche Exponate und Dokumente die Geschichte der Strecken der k.k. Staatsbahnen und der k.k. priv. Südbahngesellschaft, die aus allen Teilen Europas und der Monarchie nach Triest führten. Eine meisterhaft gestaltete Vorführanlage (Spur HO) zeigt die Bahnhöfe von Opicina vor dem Ersten Weltkrieg. In der ehemaligen Bahnhofshalle befinden sich 11 Dampf-, 1 Elektrolokomotive sowie 1 Dieseltriebwagen aus österreichisch-ungarischen, deutschen und italienischen Beständen, die auf den Karst-Strecken Dienst versahen. Eine Sonderabteilung ist den heute nicht mehr existierenden Straßenbahnen Triests, Friauls und Istriens vorbehalten. Die seit langem eingestellte sm-Strecke Triest–Buje–Parenzo wird gleichfalls eindrucksvoll präsentiert.

Information: Museo Ferroviario Campo Marzio, I-34123 TRIESTE, Via G. Cesare 1

Österreichisches Eisenbahnmuseum, Wien

Das heute im Westtrakt des Technischen Museums für Industrie und Gewerbe in Wien 14 (Mariahilferstraße 212) untergebrachte Österr. Eisenbahnmuseum verdankt seine Entstehung dem späteren Sektionschef im Eisenbahnministerium, Dr. Freiherr von Röll, der 1885 anregte, historisch wertvolle Gegenstände der verstaatlichten Privatbahnen als Grundstock zu einem Museum der Österr. Staatsbahnen zusammenzutragen. Schon ein Jahr später konnte eine erste Sammlung von Originalen, Modellen und Dokumenten im Wiener Westbahnhof ausgestellt werden. 1888 siedelten sie in ein Gebäude der Generaldirektion am Westbahnhof um und ab 1893 war das „Historische Museum der k.k. österr. Staatsbahnen" (ab 1895: „k.k. Historisches Museum der Österr. Eisenbahnen") öffentlich zugänglich. 1914 fand es im neuen Gebäude des Technischen Museums eine endgültige Bleibe.
Auch bei diesem Museum finden nur jene Exponate Erwähnung, die während der im Buch beschriebenen Epoche im Einsatz standen:
BBÖ 1.20: 2B-n2, Floridsdorf 445/1883, ehem. kkStB (1.20), zur Innenansicht aufgeschnitten.
BBÖ 180.01: E-n2v, Floridsdorf 1343/1900, ehem. kkStB (180.01)
„Ajax": B1-n2, Jones 23/1841, ehem. Kaiser-Ferdinand-Nordbahn (Lok 37)
kkStB 1060.001: 1C, Floridsdorf/AEG 2022/1911, ehem. E-Lok der Mittenwaldbahn.
In den Freiständen neben dem Technischen Museum sind aufgestellt:
ÖBB 55.5708: D-n2, Wiener Neustadt 3169/1887, ehem. kkStB (73.79),
ÖBB 54.14: 1C-n2v, Wiener Neustadt 4221/1899, ehem. kkStB (60.115),
ÖBB 15.13: 1C1-h4v, Wiener Neustadt 4995/1910, ehem. kkStB (10.13).
Information: Technisches Museum, A-1140 Wien, Mariahilferstraße 212

Feld- und Industriebahnmuseum, Freiland/NÖ

Dieses Museum bietet vor allem dank vieler fahrfähiger Lokomotiven und Wagen eine umfangreiche Übersicht über die einst in großer Anzahl existierenden schmalspurigen Feld- und Industriebahnen. Eigene Vorführanlage.
Im Museumsbestand befinden sich auch besonders interessante Exemplare, die 1915–1918 bei den zahlreichen k.u.k. Feld- und Rollbahnen an der Südwestfront im Einsatz standen:
Puch-Benzin-Feldbahntriebwagen (k.u.k. Heeresbahn, Inv. Nr. 202)
Austro-Daimler-Feldbahnlokomotive (Inv. Nr. 205)
O&K-Dampflokomotive 366/1899 (Inv. Nr. 101)
Austro-Daimler-Benzin-Motorlokomotive FB 6/8 (Inv. Nr. 212)
sowie verschiedene Heeresbahnwagen.
Information: Feld- und Industriebahnmuseum, A-3183 FREILAND, Auwerk 27

DAS BOHMANN-PROGRAMM FÜR EISENBAHNFREUNDE

Preßburgerbahn
75 Jahre in Bildern
Eine Dokumentation von Alfred Horn
Die Preßburgerbahn war ein Eisenbahnbetrieb ohnegleichen in Europa. Gegründet 1914, verband ihre Strecke die beiden Städte Wien und Preßburg. Als Straßenbahn in Wien und ebenso im damals ungarischen Pozsony ausgebildet, war das dazwischenliegende Streckenstück dennoch ein vollwertiger, damals bereits mit Einphasenwechselstrom elektrifizierter Eisenbahnbetrieb. Die ausgewählten, seltenen und in vielen Fällen unbekannten Bilder besitzen hohen historischen Dokumentationswert, denn der ungarische, später slowakische und auch der Wiener Stadtabschnitt der Preßburgerbahn sind bekanntlich längst verschwunden. Farbbilder alter Fahrzeuge runden als besondere Rarität das Werk ab, das alle Eisenbahninteressenten und Liebhaber schöner Bilder begeistern wird.
96 Seiten, ca. 300 z. T. farbige Abbildungen, 21 × 29,7 cm,
öS 268,– / DM 39,– / sfr 34,–

Wiener Stadtbahn
Vom „30er-Bock" zum „Silberpfeil"
Von der Dampfbahn über die elektrische Stadtbahn zur U-Bahn: Eine ausführliche Geschichte der drei Generationen von Stadtbahnen in Wien. Mit eingehenden Darstellungen zu verschiedenen Themen wie z. B. Sicherungstechnik, Betriebsabwicklung, Tarife und Fahrscheine, sowie zahlreichen Übersichtsskizzen, mit reichhaltiger Statistik und einem umfangreichen Bildteil.
312 Seiten, ca. 250 z. T. farbige Abbildungen, 17 × 24 cm,
öS 498,– / DM 71,– / sfr 62,30

Rechsbahndirektion Wien
Eisenbahn und Expansionspolitik, kaum sonst wird diese Beziehung so deutlich wie in der Geschichte der Reichsbahndirektion Wien. Mit allen Streckenskizzen und vielen Fotos.
280 Seiten, zahlreiche Abbildungen und Tabellen, 17 × 24 cm,
öS 380,– / DM 54,50 / sfr 47,50

Eisenbahn – Bild
Sonderhefte 1 und 2 der Zeitschrift „Eisenbahn"
Die schönsten Bilder aus dem Eisenbahn-Geschehen, mit 8 Seiten aktuellem Modellbahnteil. Unter besonderer Berücksichtigung des Betriebes auf den eingestellten Nebenbahnen.
Jedes Heft 48 Seiten, zahlreiche große z. T. farbige Abbildungen, 21 × 29,7 cm,
öS 195,– / DM 28,– / sfr 24,40

ÖBB-Handbuch 1991
Fahrzeuge und Strecken, Bauten, Ausrüstung, Kenzeichnung, mit zahlreichen Statistiken. Eine Fundgrube für den Eisenbahnfreund und -fachmann.
ca. 224 Seiten, zahlreiche Fotos und Skizzen, 17 × 24 cm,
öS 298,– / DM 42,50,– / sfr 37,–
Erscheinungstermin Mai 1991

Bahn-Revue '89 und '90

64 plus 4 Seiten, öS 198,– / DM 29,– / sfr 25,–   64 plus 4 Seiten, öS 248,– / DM 35,50 / sfr 31,–

Die ÖBB in Wort und Bild:
Neue Fahrzeugfarben bis Eisenbahn-Nostalgie.
Zusammengefaßte Darstellung aller erwähnenswerten Ereignisse bei den ÖBB im abgelaufenen Jahr.
17 × 24 cm,
Reich illustriert, zum Teil großformatige Farbfotos.

Eisenbahnkalender 1992

Erscheinungstermin: 15. Oktober 1991
Motto: Schöne Eisenbahnbilder aus Österreich
Umfang: 13 große Farbtafeln inklusive vierfärbigem Deckblatt
Format: 44 × 31 cm
öS 198,– / DM 29,– / sfr 25,-

Bohmann Druck und Verlag
1110 Wien, Leberstraße 122, Telefon 74 15 95 (74 095)/241, 242

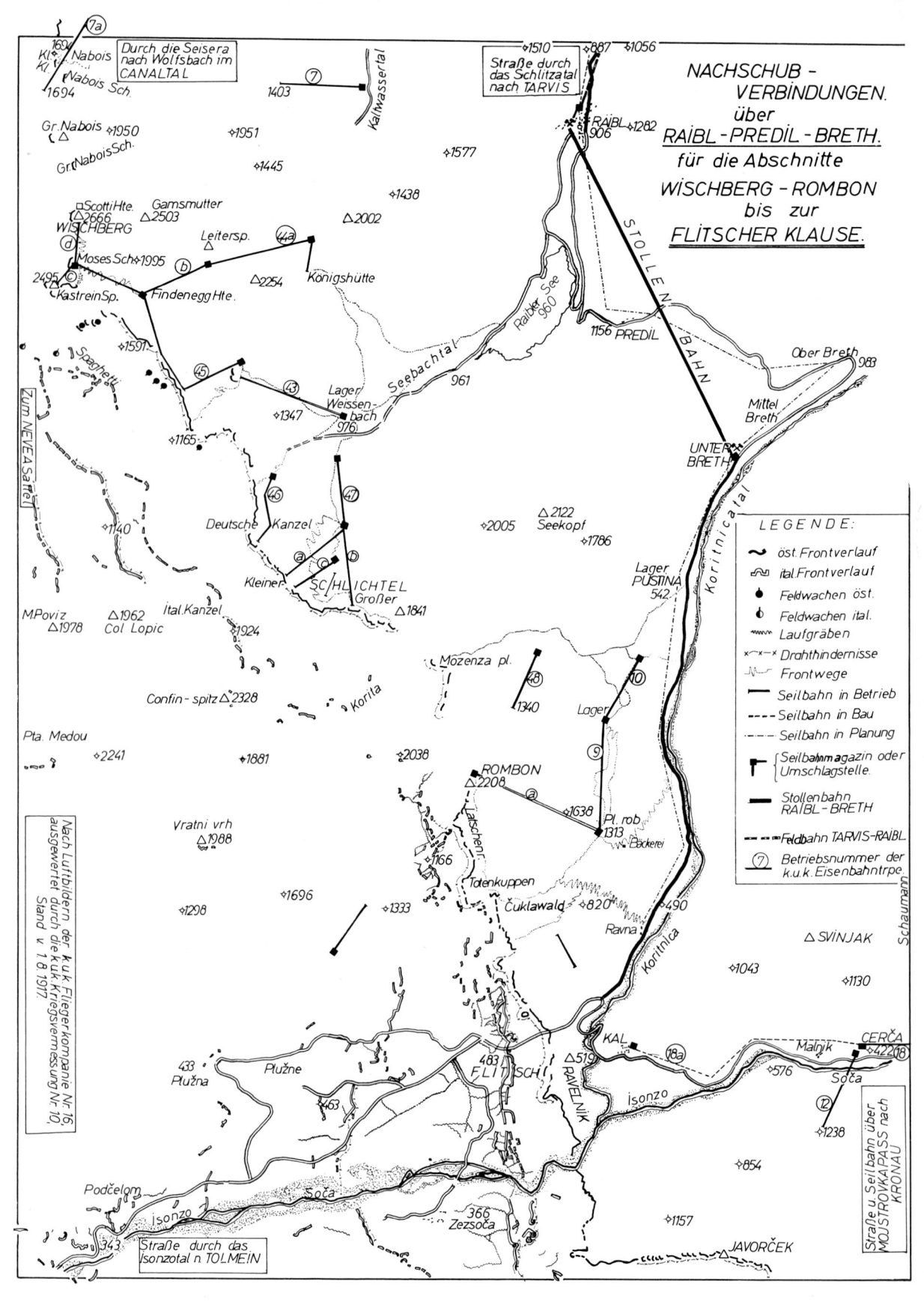